NIACL

सहायक प्रारंभिक परीक्षा

नवीनतम संस्करण

अभ्यास किट

12 टेस्ट्स

06 मॉक टेस्ट्स

06 सेक्शनल टेस्ट्स

वास्तविक परीक्षा प्रारूप पर आधारित टेस्ट

✓ पूर्णतः संशोधित और अद्यतन

✓ सभी बहुविकल्पीय प्रश्नो का विस्तृत विश्लेषण

शीर्षक : NIACL सहायक प्रारंभिक परीक्षा
लेखक का नाम : Mr. Rohit Manglik
प्रकाशक : EduGorilla Community Pvt. Ltd.
प्रकाशक का पता : 12/651 प्रथम तल, अरविन्दो पार्क के सामने, निकट जामा मस्जिद, इंदिरा नगर लखनऊ, उत्तर प्रदेश, 226016, भारत।

कॉपीराइट EduGorilla

ISBN : 978-93-55564-87-0
प्रथम संस्करण

अस्वीकरण EduGorilla

Compiled and created by EduGorilla Community Pvt. Ltd

EduGorilla Community Pvt. Ltd. द्वारा मुद्रित

संपादक की कलम से

रोहित मांगलिक
सीईओ, EduGorilla

प्रिय छात्रों,

एक बहुत ही प्रचलित कहावत है कि "सफलता उन्हीं को मिलती है जो उसके लिए कड़ी मेहनत करते हैं।" लेकिन मैंने लोगों को उनकी परीक्षाओं के लिए दिन-रात एक करके मेहनत करते हुए देखा है, पर फिर भी वे सफल नहीं हो पाते। तो वहीं दूसरी ओर, कुछ लोग बस आधी मेहनत करके परीक्षा में सफलता प्राप्त करते हैं। तो, क्या वे किस्मत वाले हैं? नहीं मेरा मानना है, कि ऐसा इसलिए है क्योंकि वे सिर्फ कड़ी नहीं बल्कि कुशल तरीके से अपनी तैयारी करते हैं। इसी तरह आपको भी अपनी परीक्षाओं की तैयारी के लिए अपनी योजना बनानी चाहिए, ताकि आपकी भी सफलता की संभावना बढ़ सके। तो तैयार हो जाइये EduGorilla के साथ अपनी परीक्षा में चयन होने की संभावना को 16 गुना बढ़ाने के लिए।

EduGorilla आपको न केवल कड़ी मेहनत करने में मदद करता है, बल्कि एक स्मार्ट और योजनाबद्ध तरीके से तैयारी करने में भी सहायता प्रदान करता है। EduGorilla की तैयारी पैकेज के साथ आप अपने परीक्षा में चयन होने के रास्ते को सहज और मनोरंजक बना सकते हैं। अपनी तैयारी के लिए सही रास्ता खोजना मुश्किल हो सकता है, यदि आप ये नहीं जानते कि आपको किस दिशा में जाना है। चिंता न करें हम आपके साथ खड़े हैं! EduGorilla आपकी सफलता में आपका मार्गदर्शक बनेगा। हमारे तैयारी पैकेज के साथ आप रणनीतिक रूप से तैयारी कर, अपनी परीक्षा में सिर्फ एक ही प्रयास में सफल हो सकते हैं।

EduGorilla के तैयारी पैकेज में शामिल हैं-

- टेस्ट सीरीज़
- किताबें

हमारे तैयारी पैकेज को सभी तरह के नये बदलवों, विशेषज्ञों की राय एवं छात्रों के प्रतिक्रिया के अनुसार तैयार किया गया है। जो आपको परीक्षा के प्रत्येक चरण की चयन प्रक्रिया को पार करने के योग्य बनाता है।

हमारी किताबें शिक्षकों और विशेषज्ञों द्वारा आपकी परीक्षा के लिए तैयार की गई हैं, 150+ वर्षों के अनुभव के साथ; ताकि आपको आसान, कुशल और प्रभावी शिक्षण प्रदान किया जा सके। हमारी स्मार्ट किताबें न सिर्फ आपको प्रश्नों के उत्तर देने की समझ देती हैं, अपितु आपके अभ्यास के लिए समान रूप के प्रश्न भी प्रदान करती हैं।

EduGorilla की सक्षम टेस्ट सीरीज आपको वास्तविक अनुभव और आत्मविश्वास प्रदान करती हैं, जिसके माध्यम से आप केवल एक प्रयास में अपनी ऑफलाइन अथवा ऑनलाइन परीक्षा पास कर सकते हैं। वर्तमान में हम 79,000+ मॉक टेस्ट्स और 1,440+ प्रतियोगी एवं शैक्षणिक परीक्षाओं की तैयारी कराते हैं।

अर्थात, EduGorilla आपकी तैयारी में आपकी सहायता करने का कोई भी मौका नहीं छोड़ता है और परीक्षा के सभी चरणों को कवर करता है, ताकि परीक्षा की तैयारी के लिए आपको कहीं और भटकना ना पड़े।

हम आपको डिफेन्स, बैंकिंग, टीचिंग और अन्य राष्ट्रीय एवं राज्य स्तरीय परीक्षाओं के लिए सम्पूर्ण तैयारी पैकेज प्रदान करते हैं। अतः इससे कोई फर्क नहीं पड़ता कि आप किस परीक्षा के लिए तैयारी कर रहे हैं, क्योंकि आप सफलता हासिल करेंगे।

आपको परीक्षा की शुभकामनाएं!

रोहित मांगलिक,
संस्थापक और मुख्य कार्यकारी अधिकारी, EduGorilla

प्रस्तावना

EduGorilla छात्रों को उनकी परीक्षा में सफल होने के लिए मार्गदर्शन प्रदान करता है। जिसको ध्यान में रखते हुए हमारे कुल 150+ वर्षों का अनुभव रखने वाले प्रतिष्ठित विशेषज्ञों ने कड़े प्रयासों के द्वारा "NIACL : सहायक प्रारंभिक परीक्षा" को तैयार किया है। इस किताब के प्रश्नों को हाल ही में परीक्षा के पाठ्यक्रम और पैटर्न में हुए सभी बदलावों को ध्यान में रखकर बनाया गया है। वो प्रश्न जिनकी NIACL सहायक परीक्षा में आने कि संभवना काफी प्रबल है, उनको इस किताब मे रखा गया है। आप EduGorilla की "NIACL : सहायक प्रारंभिक परीक्षा" के माध्यम से अपनी सफलता की संभावना को 16 गुना बढ़ा सकते हैं।

EduGorilla ये अपनी संपूर्ण तैयारी पैकेज के माध्यम से साकार करता है। इस किट में आपको प्रश्न अच्छी तरह अवधारित एवं संरचित रूप मे मिलेंगे जिन्हे आपकी जरूरतों के अनुसार बनाया गया है। इसके माध्यम से आपको स्मार्ट तरीके से परीक्षा के लिए अभ्यास करने में मदद मिलेगी। साथ ही आपको सहायक, समाधान और स्मार्ट उत्तर पत्रिका भी प्रदान की जायेंगी। जिससे आप अपना मूल्यांकन स्वयं कर सकते हैं। आप स्वयं की समीक्षा कर, उन सभी बिन्दुओं पर खुद को बेहतर तरीके से तैयार कर सकते हैं।

EduGorilla आपको अपनी परीक्षा में सफ़लता दिलाने और आपके लक्ष्य को हासिल करने में आपकी सहायता करने का वादा करता हैं। हम अपने प्रतिभागियों पर पूरा भरोसा करते हैं और उन्हें मेरिट सूची के शीर्ष पर देखते हैं। शीर्ष स्थान की ओर आपका पहला कदम है हमारे साथ तैयारी शुरू करना। EduGorilla की "NIACL : सहायक प्रारंभिक परीक्षा" की विशेषताएं कुछ इस प्रकार हैं।

- अच्छी तरह से शोध किया हुआ पाठ्यक्रम
- उच्च गुणवत्ता
- विस्तृत उत्तर और विश्लेषण
- स्मार्ट उत्तर पत्रिका
- परीक्षा सुसंगत प्रश्न

इस प्रकार EduGorilla आपकी तैयारी को मजबूत और आपको परीक्षा में सफल होने के योग्य बनाता है।

NIACL सहायक
परीक्षा की योग्यता, परीक्षा पैटर्न, विषय को जानने के लिए QR कोड को स्कैन करें।

Book ID: 1189

विषय-सूची

मॉक टेस्ट 01

English Language

Ques (1-5):Direction: Read the passage and answer the questions that follow. Some words may be highlighted for you. Pay careful attention.

The Directive Principle of State Policy to provide for primary education to all children has failed in its objectives. At present, almost half of India's population is still illiterate. Through the ages, the illiterate masses have been exploited. The present-day politicians have exploited them for their perverted interests. This has resulted in the formation of unstable coalition governments at the Centre. Social evils like drug abuse, consumption of alcohol and child labour are a result of illiteracy among the masses. Kerala has concentrated on mass education and has, thus, **controlled** many social evils. With the nation hovering around the 1 billion mark and around 48 percent of its population still illiterate, there is hardly a ray of hope for India. In the near future, the rising illiterate population would further impede the growth and development of the nation. The Directive Principles of State Policy **inter alia** provide that the State shall endeavour to provide for free and compulsory education to all children below the age of 14 years, within a period of ten years from the commencement of the Constitution of India. However, because of the lack of resources and foresight among politicians, this dream has never been realized. The **prevalence** of illiteracy among the masses has made them vulnerable to exploitation, as they are unaware of their rights and privileges. The Indian masses have throughout the age remained illiterate and naive because education had been the privilege of only the Brahmins and the upper classes. The **underprivileged** looked up to them, but never **envied** them. On the contrary, the masses resigned themselves to their fate. The Government launched the National Literacy Mission (NLM) with the objective of achieving total adult literacy in 1988. The objective was to achieve total adult literacy among 80 million adults in the age group of 15-35 by the year 1995. Non-Governmental Organizations should also take part in the literacy mission to help the government in achieving its targets sooner than proposed. Though total adult literacy is a stupendous task, we must contribute our bit in achieving the desired targets.

Q.1 Why it is said that there is hardly any ray of hope for India?

A. India's population is around 1 billion
B. 48 percent of the population is illiterate
C. It will provide free education to children
D. It has an adult literacy
E. None of the above

Q.2 Why citizens are vulnerable to exploitation?

A. They are literate
B. They are unaware of their rights and privileges.
C. There's mass education
D. Lack of resources
E. None of the above

Q.3 From the options given below, select the most appropriate synonym for the word "**controlled**".

A. Loose **B.** Wild
C. Rampant **D.** Irrepressible
E. Administer

Q.4 From the options given below, select the most appropriate synonym for the word "**underprivileged**".

A. Deprived **B.** Privileged
C. Wealthy **D.** Prosperous
E. None of the above

Q.5 Who has failed in its objectives?

A. The government
B. The illiterate citizens
C. The Directive Principle of State Policy
D. The Constitution of India
E. None of the above

Ques (6-10):Direction: Read the following sentence and determine whether there is an error in it. The error, if any, will be in one part of the sentence. If the sentence is error-free, select 'No Error' as your answer.

Q.6 Samantha felt it was more better (A)/ if she chose the job in London (B)/ as compared to Dubai (C)/ as it was closer to home. (D)

A. (A) **B.** (B) **C.** (C) **D.** (D)
E. No error

Q.7 When it comes to playing (A)/ cricket, Amisha is better then (B)/ Samuel yet no one (C)/ selects her for the team. (D)

A. (A) **B.** (B) **C.** (C) **D.** (D)
E. No error

Q.8 Three jawans of District (A)/ Reserve Guard were killed (B)/ while ten others were injured (C)/ in an IED blast on Tuesday. (D)

A. (A) **B.** (B) **C.** (C) **D.** (D)
E. No error

Q.9 The Delhi government has come up (A)/ with a plan that aims at making nearly 70 (B)/ essential transport services completely online (C)/ in two phases over the next few months. (D)

A. (A) **B.** (B) **C.** (C) **D.** (D)
E. No error

Q.10 The brother-in-laws (A)/ were very helpful (B)/ and supportive of (C)/ their choices. (D)

A. (A) **B.** (B) **C.** (C) **D.** (D)
E. No error

Q.11 Choose the wrongly spelt word from the following words.

A. Censure
B. Iconoclast
C. Amalgam
D. Profilgate
E. Auspicious

Q.12 Choose the wrongly spelt word from the following words.
A. Castigate
B. Gregarious
C. Parsimonious
D. Chastise
E. Inocuous

Q.13 Choose the wrongly spelt word from the following words.
A. Egregious
B. Laconic
C. Demare
D. Venerate
E. Ingenious

Ques (14-18):Direction: In the following question, some of the words have been left out. Read the passage carefully and select the correct answer for the given blank out of the five alternatives given in the questions that follow:

Abhinandan Varthaman, Wing Commander of Indian Air Force was _____(P)______ by Pakistan Army recently. This news sent a turmoil in the nation and immediate provisions were being made for his rescue. Thereafter, Pakistan decided to release the Wing Commander, following which tensions between India and Pakistan may finally _____(Q)_______ . This has been called as an offer of peace and goodwill by Pakistan Prime Minister Imran Khan. Though this offer is said to be made under pressure from other countries to prevent further ________(R)________ from India. Pakistan must realise that the time for denial and ________(S)________ is over. Unless it begins to act on India's and the world community's concerns about Pakistan-based terror safe havens in a time-bound manner, the two nations could be back _________(T)_______ of war if there is another trigger.

Q.14 Which of the following words most appropriately fits the blank labeled (P)?
A. Released
B. Placate
C. Fanatic
D. Vitiate
E. Captured

Q.15 Which of the following words most appropriately fits the blank labelled (Q)?
A. Cracked up
B. Run for
C. Make it up
D. Bear out
E. Wind down

Q.16 Which of the following words most appropriately fits the blank labelled (R)?
A. Bridge
B. Incarcerate
C. Abdicate
D. Escalation
E. Berate

Q.17 Which of the following words most appropriately fits the blank labelled (S)?
A. Snare
B. Pupillage
C. Charlatan
D. Desiccated
E. Obfuscation

Q.18 Which of the following words most appropriately fits the blank labelled (T)?
A. Out of the brink
B. On the brink
C. In the brink
D. Inside the brink
E. Off the brink

Ques (19-23):Direction: In the question given below, a part of the sentence is bold. Below are given alternatives to the bold part which may correct the sentence. Choose the correct alternative. In case no correction is required, choose 'No Correction Required' as your answer.

Q.19 The chickens on his farm **are fatted** up nicely.
A. are fattened
B. are fattening
C. are fattying
D. are fattered
E. No Correction required

Q.20 These flowers smell sweetly and are sold at high prices in the market.
A. These flowers will smell sweetly
B. These flowers smelt sweetly
C. These flowers smell sweet
D. Those flowers smell sweet
E. No Correction required

Q.21 While learning to drive, one of the most important things is to know the traffic rules first.
A. When learned to drive
B. When learn driving
C. When learn to drive
D. When learning to drive
E. No Correction required

Q.22 Employees should **avail them the opportunity** to buy cheap shares in the company.
A. avail the opportunity
B. avail to the opportunity
C. avail themselves of the opportunity
D. avail themselves to the opportunity
E. No correction required

Q.23 Farther discussion on the proposal will be deferred until August.
A. Further discussion on
B. Farther discussion of
C. Next discussion on
D. Next discussion of
E. No correction required

Q.24 Direction: Choose the word that is the same in the meaning of the given word.
Ablution
A. Dirtying
B. Adulteration
C. Purification
D. Abscission
E. Bridge

Q.25 Direction: Choose the word that is opposite in the meaning of the given word.
Obsolete
A. Current
B. Archaic
C. Archive
D. Ancient
E. Outdated

Ques (26-30):Direction: Rearrange the following five sentences/group of sentences (A), (B), (C), (D), and (E) in the proper sequence to form a meaningful paragraph; then answer the questions given below them.

A. The first factory for the industrial production of cheese opened in Switzerland in 1815.

B. The mass production of cheese made it readily available to the poorer classes.

C. Earliest proposed dates for the origin of cheese making range from around 8000 BCE, when sheep were first domesticated.

D. Factory-made cheese overtook traditional cheese making in the World War II era.

E. There is no conclusive evidence indicating where cheese making originated, whether in Europe, Central Asia or the Middle East.

Q.26 Which of the following should be the FIRST sentence after rearrangement?

A. C **B.** D **C.** A **D.** B
E. E

Q.27 Which of the following should be the THIRD sentence after rearrangement?

[IBPS PO, 2020]

A. A **B.** C **C.** D **D.** B
E. E

Q.28 Which of the following should be the SECOND sentence after rearrangement?

A. B **B.** C **C.** D **D.** A
E. E

Q.29 Which of the following should be the FOURTH sentence after rearrangement?

[IBPS PO, 2020]

A. A **B.** D **C.** B **D.** E
E. C

Q.30 Which of the following should be the LAST sentence after rearrangement?

A. B **B.** C **C.** D **D.** A
E. E

Reasoning Ability

Q.31 एक स्कूल में खेल दिवस पर 8 छात्रों ने एक दौड़ में भाग लिया। वे सभी एक सीधी रेखा में किये गए थे। सुमित दायें छोर से 5वें स्थान पर खड़ा था और सुमित और रितेश के बीच में 3 छात्र किये गए थे। पंक्ति के बाएं छोर से रितेश का स्थान क्या है?

A. 6वाँ **B.** 2वाँ **C.** 8वाँ **D.** 9वाँ
E. 5वाँ

Q.32 निम्नलिखित जानकारी का अध्ययन कर इस पर आधारित प्रश्न का उत्तर दें।

(A) 'श्रीकांत', नीलिमा से नाटा है।
(B) 'प्रतिमा', श्रीकांत से लम्बी है।
(C) 'सुभाष', नीलिमा से लम्बा है, लेकिन हेम्ब्रम से नाटा है।
(D) 'नीलिमा', प्रतिमा से लम्बी है।

यदि इन सब को ऊँचाई के क्रम में कतार में खड़ा किया जाए, तो इनमें से कतार के ठीक मध्य में कौन होगा?

A. श्रीकांत **B.** नीलिमा **C.** प्रतिमा **D.** हेम्ब्रम
E. सुभाष

Ques (33-35):निर्देश: ये प्रश्न निम्नलिखित जानकारी पर आधारित हैं।

चार पीढ़ियों वाले एक परिवार में आठ सदस्य A, B, C, D, E, F, G और H हैं। F, A का पिता है और B, E का पोता है। C, E की बहू है, जो B की दादी है। A, B और D का पिता है जिनके लिंग अलग-अलग हैं। G, H का पुत्र है, जो B की पत्नी है।

Q.33 D, C से किस प्रकार संबंधित है?

A. पुत्र
B. बहन
C. पुत्री
D. भाई
E. निर्धारित नहीं किया जा सकता है

Q.34 निम्नलिखित में से कौन एक शादीशुदा जोड़ा है?

A. A और C
B. E और A
C. F और C
D. D और H
E. निर्धारित नहीं किया जा सकता है

Q.35 निम्नलिखित में से कौन सा कथन सत्य है?

A. C, H का पिता है।
B. B और D कज़िन हैं।
C. E और F शादीशुदा जोड़ा हैं।
D. D, G का चाचा है।
E. H, D का ब्रदर-इन-लॉ है।

Ques (36-40):निर्देश: निम्नलिखित जानकारी का अध्ययन कीजिए और दिए गए प्रश्नों के उत्तर दीजिए।

आठ सदस्य अमर, दिनेश, गोलू, हुमा, पूजा, कामरान, राजू और सुल्तान प्रत्येक पंक्ति में समान संख्या में सदस्यों के साथ दो पंक्तियों में बैठे हैं। एक पंक्ति के सदस्य उत्तर दिशा की ओर सम्मुख हैं और दूसरी पंक्ति के सदस्य दक्षिण की ओर सम्मुख हैं। एक पंक्ति में प्रत्येक सदस्य दूसरी पंक्ति के सदस्य के बिल्कुल विपरीत बैठा है।

सुल्तान राजू के निकटतम दाईं ओर दक्षिण दिशा की ओर सम्मुख एक पंक्ति में बैठता है। सुल्तान और राजू दोनों ही पंक्ति के किसी भी छोर पर नहीं बैठते हैं। राजू हुमा के सम्मुख है, जो गोलू के दाईं ओर से दूसरे स्थान पर है। अमर हुमा के निकटतम बाईं ओर बैठता है। कामरान, पूजा के बाएँ से तीसरे स्थान पर है। पूजा दिनेश की ओर सम्मुख नहीं है।

Q.36 पंक्ति के अंतिम छोर पर कौन बैठता है?

A. गोलू, कामरान **B.** सुल्तान, दिनेश
C. पूजा, हुमा **D.** दिनेश, राजू
E. गोलू, सुल्तान

Q.37 सुल्तान के संबंध में कामरान की स्थिति क्या है?

A. इसके दाईं ओर से दो स्थान
B. विपरीत
C. विकर्णतः विपरीत है
D. इसके बाईं ओर से दूसरा स्थान
E. ठीक समीप में

Q.38 कामरान का स्थान क्या है?

A. हुमा के विपरीत
B. राजू के निकटतम दाईं ओर
C. सुल्तान के निकटतम बाईं ओर
D. गोलू के दाईं ओर से दूसरा
E. इनमें से कोई नहीं है

Q.39 गोलू के संबंध में दिनेश की स्थिति क्या है?

A. बाईं ओर से दूसरा **B.** दाईं ओर से तीसरा
C. निकटतम बाईं ओर **D.** दाईं ओर से दूसरा
E. बाईं ओर से तीसरा

Q.40 पूजा और राजू के मध्य कौन बैठता है?

A. कामरान **B.** गोलू **C.** सुल्तान **D.** अमर
E. हुमा

Ques (41-45):निर्देश: निम्नलिखित जानकारी का ध्यानपूर्वक अध्ययन कीजिए और दिए गए प्रश्नों के उत्तर दीजिये।

आठ व्यक्ति L, M, N, O, P, Q, R और S एक वृत्ताकार मेज के आसपास बैठे हैं। उनमें से प्रत्येक अलग-अलग बैंक जैसे कि केनरा, बैंक ऑफ इंडिया (BOI), सैंट्रल बैंक ऑफ इंडिया (CBI), बैंक ऑफ बड़ौदा (BOB), इंडियन बैंक (IB), यूनियन बैंक ऑफ इंडिया (UBI), ओरियंटल बैंक ऑफ कॉमर्स (OBC) और देना बैंक (DB) में काम करते हैं, लेकिन आवश्यक नहीं कि समान क्रम में हों। उनमें से चार केंद्र के सम्मुख हैं जबकि अन्य केंद्र के बाहर हैं।

O, S के दाईं ओर से तीसरा है। इंडियन बैंक में काम करने वाला व्यक्ति O के निकटतम बाईं ओर है, जो कि देना बैंक में काम नहीं करता है। R, Q के बाईं ओर से चौथा है। न तो R और न ही Q, O का निकटतम पड़ोसी है। L केनरा बैंक में काम करता है और इंडियन बैंक में काम करने वाले व्यक्ति के दायें ओर से तीसरे स्थान पर बैठा है। यूनियन बैंक ऑफ इंडिया में काम करने वाला व्यक्ति केनरा बैंक में काम करने वाले व्यक्ति के बाईं ओर से दूसरे स्थान पर बैठा है। ओरियंटल बैंक ऑफ कॉमर्स में काम करने वाला व्यक्ति O के दाईं ओर से दूसरे स्थान पर बैठा है। बैंक ऑफ इंडिया में काम करने वाला व्यक्ति L और Q के ठीक बीच में बैठा है और उनके निकटवर्ती है। सेंट्रल बैंक ऑफ इंडिया में काम करने वाला व्यक्ति, बैंक ऑफ इंडिया में काम करने वाले व्यक्ति के दाईं ओर से दूसरे स्थान पर बैठा है। P, L के बाईं ओर से तीसरे स्थान पर बैठा है। N केंद्र के सम्मुख है और L तथा Q के निकटतम दाईं ओर है। M और R समान दिशा के सम्मुख हैं। L, N की विपरीत दिशा के सम्मुख है।

Q.41 O किस बैंक में काम करता है?

A. ओरियंटल बैंक ऑफ कॉमर्स
B. बैंक ऑफ इंडिया
C. केनरा बैंक
D. बैंक ऑफ बड़ौदा
E. यूनियन बैंक ऑफ इंडिया

Q.42 इंडियन बैंक में काम करने वाले व्यक्ति के निकटतम बाईं ओर कौन बैठा है?

A. R **B.** L **C.** M **D.** N
E. O

Q.43 Q के विपरीत कौन बैठा है?

A. R **B.** O **C.** L **D.** N
E. M

Q.44 L किस बैंक में कार्य करता है?

A. ओरिएंटल बैंक ऑफ कॉमर्स
B. बैंक ऑफ इंडिया
C. केनरा बैंक
D. बैंक ऑफ बड़ौदा
E. यूनियन बैंक ऑफ इंडिया

Q.45 ओरिएंटल बैंक ऑफ कॉमर्स में कार्य करने वाले व्यक्ति के ठीक बायें कौन बैठा है?

A. R **B.** L **C.** M **D.** N
E. O

Q.46 निर्देश: निम्न प्रश्न में कुछ कथन और उसके बाद I और II से अंकित दो निष्कर्ष दिए गये हैं। आपको दिए गये कथनों को सत्य मानना है, भले ही वे ज्ञात तथ्यों से अलग प्रतीत होते हों। सभी निष्कर्षों को पढ़िए और फिर निर्णय कीजिए कि दिये गये निष्कर्षों में से कौन सा/कौन से निष्कर्ष ज्ञात तथ्यों को नजरअंदाज करने पर कथनों का तार्किक रूप से अनुसरण करता है/करते हैं।

कथन:

सभी आइसक्रीम चॉकलेट हैं।

कुछ मैंगो वेनिला हैं।

कुछ आइसक्रीम वेनिला है।

निष्कर्ष:

I. कुछ आइसक्रीम का वेनिला होना संभावना है।

II. कुछ मैंगो चॉकलेट है।

A. केवल निष्कर्ष I अनुसरण करता है
B. केवल निष्कर्ष II अनुसरण करता है
C. या तो निष्कर्ष I या II अनुसरण करता है
D. न तो निष्कर्ष I न II अनुसरण करता है
E. निष्कर्ष I और II दोनों अनुसरण करते हैं

Q.47 निर्देश: निम्न प्रश्न में एक कथन और उसके बाद I, II और III से अंकित तीन निष्कर्ष दिए गये हैं। आपको दिए गये कथनों को सत्य मानना है, भले ही वे ज्ञात तथ्यों से अलग प्रतीत होते हों। सभी निष्कर्षों को पढ़िए और फिर निर्णय कीजिए कि दिये गये निष्कर्षों में से कौन-सा/से निष्कर्ष ज्ञात तथ्यों को नजरअंदाज करने पर कथनों का तार्किक रूप से अनुसरण करता/करते है/हैं।

कथन:

सभी घड़ी डिजिटल हैं

कुछ हाथ घड़ी कैलकुलेटर हैं

कोई घड़ी हाथ घड़ी नहीं है

निष्कर्ष:

I. सभी हाथ घड़ी के डिजिटल होने की संभावना है

II. कोई कैलकुलेटर घड़ी नहीं है

III. कुछ डिजिटल घड़ी हैं

A. केवल II पालन करता है
B. केवल III पालन करता है
C. दोनों I और III पलना करते हैं
D. या I या III पालन करता है
E. कोई पालन नहीं करता है

Q.48 निर्देश: नीचे प्रश्न में कुछ कथन और उसके बाद I और II से अंकित दो निष्कर्ष दिए गये हैं। आपको दिए गये कथनों को सत्य मानना है, भले ही वे ज्ञात तथ्यों से अलग प्रतीत होते हों। सभी निष्कर्षों को पढ़िए और निर्णय कीजिए कि दिये गये निष्कर्षों में से कौन सा/कौन से निष्कर्ष ज्ञात तथ्यों को नजरअंदाज करने पर कथनों का तार्किक रूप से अनुसरण करता है/करते हैं।

कथन:

सभी कुर्सियां ताले हैं।

सभी ताले चाबी हैं।

कुछ चाबी बक्से हैं।

निष्कर्ष:

I. कुछ कुर्सियां चाबी हैं।

II. कुछ बक्से कुर्सियां हैं।

A. केवल निष्कर्ष I अनुसरण करता है।
B. केवल निष्कर्ष II अनुसरण करता है।
C. या तो निष्कर्ष I या II अनुसरण करता है।
D. ना तो निष्कर्ष I ना ही II अनुसरण करता है।
E. I और II दोनों अनुसरण करते हैं।

Q.49 निर्देश: नीचे दिए गए प्रत्येक प्रश्न में कुछ निष्कर्ष दिए गए हैं। आपको दिए गए कथनों को सत्य मानना है, भले ही वे सामान्यतः ज्ञात तथ्यों से भिन्न प्रतीत होते हों। सभी निष्कर्षों को पढ़ें और फिर निर्णय लीजिये कि सामान्यतः ज्ञात तथ्यों को नजरअंदाज करते हुए दिए गए कथनों में से कौन सा निष्कर्ष दिए गए कथनों का तार्किक रूप से अनुसरण करता है।

कथन:

अक्सर चांदी काली होती है।

कोई काले सफ़ेद नहीं है।

कभी-कभी सोना, चांदी होता है।

ज्यादातर सफ़ेद पीले है।

निष्कर्ष:

I) कुछ पीले काले नहीं है।

II) कुछ चांदी काली है।

III) सभी सफ़ेद कभी चांदी नहीं हो सकते ।

A. केवल III और II अनुसरण करते हैं।
B. केवल I अनुसरण करता है।
C. केवल I और II अनुसरण करते हैं।
D. सभी अनुसरण करते हैं।
E. केवल II अनुसरण करता है।

Q.50 निर्देश: नीचे दिए गए प्रश्न में कुछ कथनों के बाद कुछ निष्कर्ष दिए गए हैं। आपको दिए गए कथनों को सत्य मानना है, भले ही वे सर्वज्ञात तथ्यों से भिन्न प्रतीत हों। सभी निष्कर्षों को पढ़िए और फिर निर्णय कीजिए कि दिये गये निष्कर्षों में से कौन सा निष्कर्ष कथनों का तार्किक रूप से अनुसरण करते हैं।

कथन:

कुछ चित्रकार कलाकार हैं।

केवल कुछ ब्रश पेंट हैं।

सभी कलाकार पेंट हैं।

कोई फ्रेम पेंट नहीं है।

निष्कर्ष:

I. कुछ पेंट चित्रकार हैं।

II. कुछ ब्रश पेंट नहीं हैं।

III. कुछ ब्रश कलाकार हैं।

A. केवल I और II अनुसरण करते हैं
B. केवल I और या तो II या III अनुसरण करते हैं
C. या तो II या III
D. केवल III अनुसरण करता है
E. केवल I अनुसरण करता है

Ques (51-55):निर्देश: दिए गए प्रश्न का उत्तर देने के लिए निम्नलिखित जानकारी का ध्यानपूर्वक अध्ययन करें।

F @ 5 3 R $ J P E 1 H % I 8 4 B 6 # A W 2 U G C * 9 & Z N M © C

Q.51 उपरोक्त व्यवस्था में ऐसे कितने प्रतीक हैं जो एक वर्ण से ठीक पहले और एक संख्या के ठीक बाद है?

A. दो
B. तीन
C. कोई नहीं
D. एक
E. तीन से ज्यादा

Q.52 यदि उपरोक्त व्यवस्था में सभी संख्याओं को हटा दिया जाता है, तो निम्नलिखित में से कौन सा दाहिने छोर से ग्यारहवां होगा?

A. U
B. B
C. W
D. A
E. इनमें से कोई नहीं

Q.53 उपरोक्त व्यवस्था के बाएं छोर से 18 वें पद के बाईं ओर 10 वे स्थान पर निम्नलिखित में से कौनसा विकल्प है?

A. J
B. E
C. I
D. P
E. इनमें से कोई नहीं

Q.54 उपरोक्त व्यवस्था में निम्नलिखित पांच में से चार के उनके स्थानों के आधार पर एक निश्चित तरीके से एकसमान हैं और इसलिए एक समूह बनाते हैं। कौन सा पद उस समूह से संबंधित नहीं है?

A. 3 J $ **B.** E % H **C.** # 2 W **D.** Z © M
E. U * 9

Q.55 उपरोक्त व्यवस्था में ऐसे कितने व्यंजन हैं जिनके पूर्व संख्या है लेकिन उनके पश्चात चिह्न नहीं है?

A. दो
B. एक
C. तीन
D. पांच
E. कोई भी नहीं

Ques (56-57):निर्देश: निम्नलिखित प्रश्न में दिए गए कथनों को सत्य मानकर यह ज्ञात कीजिये कि दिए गए निष्कर्षों में से कौन सा निष्कर्ष निश्चित रूप से सत्य है/हैं और फिर उसके अनुसार उत्तर दीजिये।

Q.56 कथन: $P \le Q > W = K; K < X; X = P > L; N < L$

निष्कर्ष:

I. Q = P

II. Q > P

A. कोई सत्य नहीं है
B. I और II दोनों सत्य हैं
C. केवल II सत्य है
D. केवल I सत्य है
E. या तो I या II सत्य है

Q.57 कथन: $P \ge S < R, T = Q > P, U \le L < T$

निष्कर्ष:

I. T > S

II. R ≥ T

A. केवल निष्कर्ष I सत्य है।
B. केवल निष्कर्ष II सत्य है।
C. या तो I या II सत्य है।
D. न तो I न II सत्य है।
E. I और II दोनों सत्य हैं।

Q.58 'CORONAVIRUS' शब्द में ऐसे कितने अक्षरों के युग्म (आगे और पीछे दोनों तरफ से) हैं, जिनके बीच उतने ही अक्षर हैं, जितने अंग्रेजी वर्णमाला में उनके बीच हैं।

A. 5 **B.** 7 **C.** 6 **D.** 4
E. 3

Ques (59-61):निर्देश: निम्नलिखित प्रश्न में दिए गए कथनों को सत्य मानते हुए, ज्ञात कीजिये कि दिए गए निष्कर्षों में से कौन-सा/कौन-से निष्कर्ष निश्चित रूप से सत्य है/हैं और उसके अनुसार अपने उत्तर दीजिये।

Q.59 कथन:

A ≥ B = C < D; D = E > F

निष्कर्ष:

I. B < E

II. A ≥ C

A. केवल I सत्य है
B. केवल II सत्य है
C. या तो I या II सत्य है
D. निष्कर्ष I और II दोनों सत्य हैं
E. कोई भी सत्य नहीं है

Q.60 कथन:

P = U < H < K ≤ G > N; D ≤ K

निष्कर्ष:

I. D ≥ U

II. P > D

[IDBI Bank Executive, 2021]

A. न निष्कर्ष I और न ही II सत्य है।
B. दोनों निष्कर्ष I और II सत्य हैं।
C. केवल निष्कर्ष II सत्य है।
D. या निष्कर्ष I या फिर II सत्य है।
E. केवल निष्कर्ष I सत्य है।

Q.61 कथन:

T ≤ U > S; H > G ≥ M = U; S ≥ R = Q ≥ P

निष्कर्ष:

I. S > P

II. P ≤ S

[IDBI Bank Executive, 2021]

A. केवल निष्कर्ष I अनुसरण करता है
B. केवल निष्कर्ष II अनुसरण करता है
C. न तो निष्कर्ष I और न ही II अनुसरण करता है
D. निष्कर्ष I और II दोनों अनुसरण करते हैं
E. इनमें से कोई नहीं

Q.62 यदि SKEPTICAL शब्द के पहले, पांचवें, आठवें और नौवें अक्षर से केवल एक अर्थपूर्ण अंग्रेजी शब्द बनाना संभव है, तब उस शब्द का तीसरा अक्षर निम्न में से कौन सा होगा? यदि ऐसा कोई शब्द नहीं बनाया जा सकता है तब 'X' के रूप में उत्तर दीजिये और यदि ऐसे एक से अधिक शब्द बनाये जा सकते हैं तब 'Y' के रूप में अपना उत्तर दीजिये।

A. N **B.** D **C.** S **D.** X
E. Y

Q.63 एक विशिष्ट कूट भाषा में, 'PAINTS' को 'CRPKUV' के रूप में लिखा जाता है। इस कूट भाषा में 'PURITY' को किस प्रकार लिखा जयेगा?

A. WRKSNU **B.** XSISBM
C. VSKTAZ **D.** WRKTAV
E. WRKTBV

Q.64 एक निश्चित कूट में LUCKNOW को YQPMEWN के रूप में कूटबद्ध किया जाता है, तो ENGLISH के लिए कूट क्या है?

A. JTICFKC **B.** EJCPFKI
C. TJICFKC **D.** JUKNIPG
E. JKCPIPG

Q.65 एक निश्चित कूट भाषा में, GOOGLE को TLLTOV के रूप में लिखा जाता है। उस कूट भाषा में समान स्वरूप में REALME को किस प्रकार लिखा जाएगा?

A. VNOZVI **B.** VNOZIV
C. IVZONV **D.** ZVIVNO
E. इनमें से कोई नहीं

Quantitative Aptitude

Q.66 राज एक थैली से कुछ संख्या में गेंदें निकालता है। प्रत्येक गेंद पर कुछ अंक अंकित हैं। यदि हम केवल पहले 9 अंकों पर ध्यान देते हैं, तो उनका औसत 11 है। यदि इन अंकों में से प्रत्येक अंक को 5 से गुणा किया जाए और फिर प्रत्येक के परिणामी अंक में 8 जोड़ा जाए, तो औसत होगा:

A. 55 **B.** 20
C. 95 **D.** 63
E. उपरोक्त में से कोई नहीं

Ques (67-71):निर्देश: दिए गए प्रश्न में, दो समीकरण संख्या I और II दिए गए हैं। दोनों समीकरणों को हल करें और उचित उत्तर को चिह्नित करें।

Q.67 I. $15x^2 - 30x - 225 = 0$

II. $12y^2 + 96y + 180 = 0$

A. $x > y$
B. $x < y$
C. $x \geq y$
D. $x \leq y$
E. x = y या x और y के बीच संबंध स्थापित नहीं किया जा सकता है

Q.68 I. $24x^2 + 96x + 90 = 0$

II. $28y^2 + 56y + 21 = 0$

A. $x > y$
B. $x < y$
C. $x \geq y$
D. $x \leq y$
E. x = y या x और y के बीच संबंध स्थापित नहीं किया जा सकता है

Q.69 (I) $x^2 + 11x + 24 = 0$

(II) $y^2 + 9y + 14 = 0$

A. $x > y$
B. $x < y$
C. $x \geq y$
D. $x \leq y$
E. x = y या x और y के बीच संबंध स्थापित नहीं किया जा सकता है

Q.70 I $x^2 - 9x + 20 = 0$

II $y^2 - 11y + 30 = 0$

A. $x > y$
B. $x < y$
C. $x \geq y$
D. $x \leq y$
E. x = y या x और y के बीच संबंध स्थापित नहीं किया जा सकता है

Q.71 I. $x^2 - 20x + 91 = 0$

II. $y^2 + 16y + 63 = 0$

[IBPS RRB Scale I, 2020]

A. $x > y$
B. $x \geq y$
C. $x < y$
D. $x \leq y$
E. x = y या संबंध निर्धारित नहीं किया जा सकता है

Ques (72-76):निर्देश: निम्न रेखीय ग्राफ़ का ध्यानपूर्वक अध्ययन करें और निम्नलिखित प्रश्नों के उत्तर दें।

ग्राफ़ एमबीए की विभिन्न शाखाओं में छात्रों के प्रतिशत के अनुसार वितरण को दर्शाता है।

छात्रों की कुल संख्या = 6000

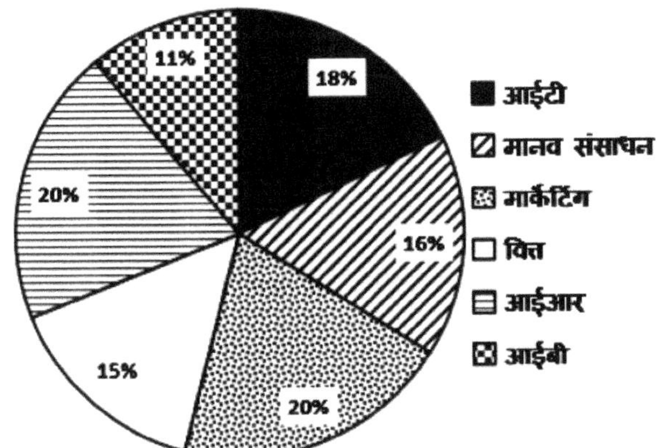

Q.72 मार्केटिंग और आईआर में विशेषज्ञता रखने वाले छात्रों की कुल संख्या ज्ञात कीजिये?

A. 2300 **B.** 2450 **C.** 2400 **D.** 1960
E. 2100

Q.73 आईटी की विशेषज्ञता वाले छात्रों से आईबी की विशेषज्ञता वाले छात्रों का संबंधित अनुपात क्या है?

A. 18:11 **B.** 11:18 **C.** 14:19 **D.** 5:6
E. 4:7

Q.74 एचआर और वित्त के छात्रों के बीच अंतर क्या है?

A. 70 **B.** 60 **C.** 120 **D.** 100
E. 80

Q.75 एचआर के छात्र मार्केटिंग के छात्रों का कितने प्रतिशत हैं?

A. 70% **B.** 50% **C.** 90% **D.** 80%
E. 75%

Q.76 यदि छात्रों की संख्या में 2000 की वृद्धि हो जाती है, लेकिन विभिन्न विशेषज्ञताओं में छात्रों का प्रतिशत वितरण समान रहता है, तो आईबी में विशेषज्ञता रखने वाले प्रारंभिक छात्रों की संख्या और वृद्धि के बाद छात्रों की संख्या के बीच क्या अंतर है।

A. 330 **B.** 220 **C.** 400 **D.** 300
E. 350

Q.77 यदि 8544 रुपये को A, B और C के बीच 6:11:15 के अनुपात में विभाजित किया जाता है। यदि B धनराशि में 50% की वृद्धि करता है और A अपनी धनराशि का 20% व्यय करता है। धनराशि का नया अनुपात ज्ञात कीजिये।

A. 16:55:50 **B.** 17:58:49
C. 18:55:50 **D.** 17:55:49
E. जानकारी अपर्याप्त है

Q.78 A, 24 दिनों में एक कार्य कर सकता है, B वही कार्य 48 दिनों में कर सकता है और C वही कार्य 72 दिनों में कर सकता है। दुर्भाग्य से, B कार्य का हिस्सा नहीं बन सका, इसलिए कार्य केवल A और C द्वारा पूरा किया गया, इसलिए इस स्थिति में A द्वारा पिछली स्थिति की तुलना में कितना अधिक धन अर्जित किया गया, यदि दोनों स्थितियों में उन्हें कुल 4400 रुपये की राशि वितरित की गयी थी।

A. 600 रुपये **B.** 700 रुपये
C. 800 रुपये **D.** 900 रुपये
E. 1000 रुपये

Q.79 वस्तु A का क्रय मूल्य वस्तु B के क्रय मूल्य के बराबर है। यदि वस्तु A का अंकित मूल्य इसके क्रय मूल्य में 60% की वृद्धि के बाद ____ रुपये है और B का अंकित मूल्य इसके क्रय मूल्य में 50% की वृद्धि के बाद 600 रुपये है। वस्तु B और वस्तु A के विक्रय मूल्य के बीच का अंतर ____ रुपये है यदि दोनों वस्तुओं के अंकित मूल्य पर 10% की छूट दी गई है।

A. 680,80 **B.** 640,36 **C.** 540,28 **D.** 720,240
E. 480,120

Ques (80-84):निर्देश: दिए गए प्रश्न में क्रमशः 2 कथन I और II हैं। कृपया प्रश्न का ध्यानपूर्वक अध्ययन कीजिये और निर्णय लीजिये कि प्रश्न का उत्तर देने के लिए कौन सा/से कथन पर्याप्त/आवश्यक है/हैं।

Q.80 अनिल का हिस्सा ज्ञात कीजिये।

I: राहुल, अमित, और अनिल 24,000 रुपए कमाते हैं।

II: राहुल और अमित कार्य का $\left(\frac{1}{4}\right)$ हिस्सा पूरा करते हैं।

A. केवल कथन I में दिया गया डेटा प्रश्न का उत्तर देने के लिए पर्याप्त है, जबकि केवल कथन II में दिया गया डेटा प्रश्न का उत्तर देने के लिए पर्याप्त नहीं है।
B. केवल कथन II में दिया गया डेटा प्रश्न का उत्तर देने के लिए पर्याप्त है, जबकि केवल कथन I में दिया गया डेटा प्रश्न का उत्तर देने के लिए पर्याप्त नहीं है।
C. या तो कथन I या केवल कथन II प्रश्न का उत्तर देने के लिए पर्याप्त है।
D. कथन I और II में दिया गया डेटा प्रश्न का उत्तर देने के लिए पर्याप्त नहीं है।
E. कथन I और II दोनों में एकसाथ दिया गया डेटा उत्तर देने के लिए आवश्यक है।

Q.81 क्या प्रायिकता है कि निकाली गई 2 पेंसिल नीले रंग की हैं जब 2 पेंसिल यादृच्छिक रूप निकाली जाती हैं?

I: जार में 3 लाल पेंसिल, 4 नीली पेंसिल, और 2 काली पेंसिल हैं।

II: जार में अलग-अलग रंग की 9 पेंसिल हैं।

A. केवल कथन I में दिया गया डेटा प्रश्न का उत्तर देने के लिए पर्याप्त है, जबकि केवल कथन II में दिया गया डेटा प्रश्न का उत्तर देने के लिए पर्याप्त नहीं है।
B. केवल कथन II में दिया गया डेटा प्रश्न का उत्तर देने के लिए पर्याप्त है, जबकि केवल कथन I में दिया गया डेटा प्रश्न का उत्तर देने के लिए पर्याप्त नहीं है।
C. या तो कथन I या केवल कथन II प्रश्न का उत्तर देने के लिए पर्याप्त है।
D. कथन I और II में दिया गया डेटा प्रश्न का उत्तर देने के लिए पर्याप्त नहीं है।
E. कथन I और II दोनों में एकसाथ दिया गया डेटा उत्तर देने के लिए आवश्यक है।

Q.82 धनराशि ज्ञात कीजिये।

I: ब्याज की 7% की दर से अर्जित साधारण ब्याज 1190 रुपए है।

II: धनराशि का निवेश 2 वर्ष के लिए किया जाता है।

A. केवल कथन I प्रश्न का उत्तर देने के लिए पर्याप्त है, जबकि केवल कथन II प्रश्न का उत्तर देने के लिए पर्याप्त नहीं है।
B. केवल कथन II प्रश्न का उत्तर देने के लिए पर्याप्त है, जबकि केवल कथन I प्रश्न का उत्तर देने के लिए पर्याप्त नहीं है।
C. कथन I और II दोनों प्रश्न का उत्तर देने के लिए आवश्यक हैं।

D. या तो कथन I या केवल कथन II प्रश्न का उत्तर देने के लिए पर्याप्त है।
E. न तो कथन I और न ही कथन II प्रश्न का उत्तर देने के लिए पर्याप्त है।

Q.83 I. कार बेचने पर अर्जित लाभ की राशि 3,20,000 रुपए थी।
II. विक्रय मूल्य कार के क्रय मूल्य से दोगुना था।
कार का क्रय मूल्य क्या है?

A. प्रश्न का उत्तर देने के लिए केवल कथन I पर्याप्त है, लेकिन केवल कथन II पर्याप्त नहीं है।
B. प्रश्न का उत्तर देने के लिए केवल कथन II पर्याप्त है, लेकिन केवल कथन I पर्याप्त नहीं है।
C. कथन I और II दोनों प्रश्न का उत्तर देने के लिए आवश्यक हैं।
D. या तो केवल कथन I या केवल कथन II प्रश्न का उत्तर देने के लिए पर्याप्त है।
E. न तो कथन I और न ही कथन II प्रश्न का उत्तर देने के लिए पर्याप्त है।

Q.84 रोहन की औसत गति क्या है?
I. रोहन की औसत गति राम से दोगुनी है। निशा की औसत गति 10 किमी/घंटा है।
II. राम की औसत गति निशा की औसत गति से तीन गुना है।

A. कथन I पर्याप्त है
B. कथन II पर्याप्त है
C. कथन I और कथन II पर्याप्त हैं
D. ना तो कथन I और ना ही कथन II पर्याप्त है
E. कथन I और II एक साथ पर्याप्त है

Ques (85-87):निम्न प्रश्न में प्रश्न चिह्न ' ?' के स्थान पर कौन सा अनुमानित मान आएगा?

Q.85 $[(-251) \times 21 \times (-12)] \div ? = 63$

A. 2501 **B.** 1004 **C.** 3005 **D.** 1503 **E.** 1808

Q.86 22% का $4350 + 47.25 \times 4 + 17 \times 51 - 1013 = ?$

A. 1005 **B.** 900 **C.** 1200 **D.** 1000 **E.** इनमें से कोई नहीं

Q.87 $888 + 88.8 + 8.88 + 8 - 1.88 - 18.8 = ?$

A. 983 **B.** 975 **C.** 963 **D.** 973 **E.** इनमें से कोई नहीं

Q.88 एक बीकर में रॉकफोर्ड और वोडका के मिश्रण का अनुपात 4: 7 हैं। यदि बीकर से 11 लीटर मिश्रण निकाल लिया जाता है और उसके स्थान पर 11 लीटर वोडका को बीकर में डाल दिया जाता है, तो रॉकफोर्ड और वोडका का अनुपात 1: 2 हो जाता है। बीकर में शुरू में कितने लीटर रॉकफोर्ड थी?

A. 38 लीटर **B.** 84 लीटर **C.** 48 लीटर **D.** 54 लीटर **E.** 68 लीटर

Ques (89-93):निर्देश: निम्नलिखित श्रृंखला में प्रश्न चिन्ह '?' के स्थान पर क्या आएगा?

Q.89 1,2,6,21,88, ?

A. 425 **B.** 435 **C.** 445 **D.** 450 **E.** 465

Q.90 130,115,135,110, ?,105

A. 120 **B.** 130 **C.** 140 **D.** 100 **E.** 110

Q.91 4,2,2,3, ?,15

A. 3 **B.** 4 **C.** 5 **D.** 6 **E.** 9

Q.92 17,22,48,147, ?,2951

A. 1024 **B.** 848 **C.** 590 **D.** 455 **E.** 782

Q.93 2,10,30,68, ?,222

A. 125 **B.** 130 **C.** 245 **D.** 155 **E.** 165

Q.94 निम्नलिखित प्रश्न में ' x' के स्थान पर क्या आना चाहिए?

2835 का $28\frac{4}{7}\% + 1245$ का $66\frac{2}{3}\% = 1156 + x^2$

A. 26 **B.** 24 **C.** 32 **D.** 22 **E.** 28

Q.95 निम्न प्रश्न में प्रश्न चिह्न ' ?' के स्थान पर कौन सा अनुमानित मान आएगा?

50 का $90\% + \left(\frac{1}{2}\right) \times 30 - 45 \div ? = 57$

A. 15 **B.** 45 **C.** 30 **D.** 3 **E.** 12

Ques (96-100):निम्नलिखित प्रश्न में प्रश्न चिन्ह ' ?' के स्थान पर क्या आना चाहिए?

Q.96 $18 + 12 \times 6 - 12 \div 3 + 77 \div 11 = ?$

A. 73 **B.** 83 **C.** 93 **D.** 133 **E.** इनमें से कोई नहीं

Q.97 $(14)^2 \times 10 \div 4 - (15)^2 + 16 = ?^2 + 5^2$

A. 4 **B.** 16 **C.** 8 **D.** 10 **E.** 14

Q.98 135 का $60\% - (\sqrt{729} + ?) = 4$

A. 90 **B.** 20 **C.** 50 **D.** 30 **E.** 5

Q.99 400 का 35% − 12.5 का 24% = 110+?

A. 21 **B.** 37 **C.** 27 **D.** 32 **E.** 16

Q.100 150 का $52\% + 15 \times 35 - \sqrt{841} \times 8 = ?$

A. 372 **B.** 373 **C.** 371 **D.** 370 **E.** इनमे से कोई नहीं

// स्मार्ट उत्तर पुस्तिका //

सही उत्तर उन छात्रों के प्रतिशत को इंगित करता है जिन्होंने प्रश्नों का सही उत्तर दिया था।

छोड़ दिया उन छात्रों के प्रतिशत को इंगित करता है जिन्होंने प्रश्नों को छोड़ दिया था।

प्रश्न संख्या	उत्तर	सही उत्तर	छोड़ दिया
1	B	21.86 %	67.05 %
2	B	5.47 %	77.78 %
3	E	1.95 %	79.69 %
4	A	17.37 %	51.08 %
5	C	19.32 %	51.6 %
6	A	24.88 %	58.81 %
7	B	2.29 %	76.66 %
8	E	14.61 %	61.87 %
9	E	16.4 %	65.07 %
10	A	22.73 %	66.95 %
11	D	44.46 %	47.39 %
12	E	25.73 %	53.71 %
13	C	24.54 %	63.8 %
14	E	27.66 %	53.96 %
15	E	19.23 %	61.1 %
16	D	14.72 %	65.87 %
17	E	0.89 %	89.65 %
18	B	27.86 %	56.23 %
19	A	15.28 %	67.92 %
20	C	19.76 %	68.28 %
21	E	14.9 %	56.86 %
22	C	26.15 %	53.68 %
23	A	16.69 %	66.57 %
24	C	23.75 %	61.22 %
25	A	22.4 %	53.94 %
26	E	27.03 %	54.84 %
27	A	3.36 %	86.73 %
28	B	17.82 %	58.01 %
29	B	21.42 %	56.14 %
30	A	14.6 %	67.0 %
31	C	22.74 %	55.21 %
32	B	15.63 %	68.78 %
33	C	17.75 %	56.02 %
34	A	21.19 %	68.55 %
35	C	23.11 %	61.57 %
36	A	24.84 %	64.12 %
37	D	18.48 %	58.93 %
38	E	21.05 %	56.51 %
39	B	21.95 %	66.59 %
40	C	61.06 %	33.21 %
41	D	59.9 %	32.48 %
42	E	20.89 %	50.07 %
43	A	19.81 %	53.52 %
44	C	7.31 %	73.66 %
45	D	21.99 %	59.0 %
46	D	11.63 %	68.86 %
47	C	17.15 %	66.45 %
48	A	28.47 %	52.24 %
49	C	24.57 %	53.33 %
50	A	13.76 %	67.3 %
51	A	20.79 %	54.46 %
52	C	49.49 %	35.74 %
53	D	21.46 %	61.08 %
54	E	18.51 %	62.19 %
55	B	15.42 %	58.42 %
56	E	20.0 %	52.69 %
57	A	16.19 %	54.89 %
58	A	64.25 %	31.03 %
59	D	47.04 %	45.08 %
60	D	25.06 %	58.03 %
61	B	23.49 %	53.13 %
62	E	25.65 %	51.71 %
63	D	20.1 %	65.68 %
64	D	26.74 %	57.4 %
65	C	23.14 %	51.79 %
66	D	18.26 %	58.6 %
67	C	18.15 %	66.44 %
68	D	27.27 %	53.25 %
69	E	57.56 %	32.63 %
70	D	6.02 %	80.75 %
71	A	18.43 %	60.88 %
72	C	26.37 %	56.38 %
73	A	5.66 %	81.89 %
74	B	26.66 %	56.99 %
75	D	17.38 %	68.84 %
76	B	18.14 %	59.61 %
77	A	17.66 %	65.65 %
78	D	24.59 %	63.78 %
79	B	20.05 %	57.51 %
80	E	60.46 %	35.74 %

प्रश्न संख्या	उत्तर	सही उत्तर / छोड़ दिया
81	A	16.18 %
		68.45 %
82	C	22.6 %
		56.53 %
83	C	20.56 %
		66.28 %
84	E	26.38 %
		56.47 %

प्रश्न संख्या	उत्तर	सही उत्तर / छोड़ दिया
85	B	16.68 %
		54.85 %
86	D	5.97 %
		78.32 %
87	D	30.3 %
		52.08 %
88	C	1.8 %
		74.42 %

प्रश्न संख्या	उत्तर	सही उत्तर / छोड़ दिया
89	C	46.31 %
		45.22 %
90	C	14.76 %
		61.24 %
91	D	16.04 %
		66.77 %
92	C	17.3 %
		66.82 %

प्रश्न संख्या	उत्तर	सही उत्तर / छोड़ दिया
93	B	32.95 %
		51.2 %
94	D	6.8 %
		73.93 %
95	A	13.74 %
		61.66 %
96	C	14.69 %
		66.51 %

प्रश्न संख्या	उत्तर	सही उत्तर / छोड़ दिया
97	B	19.8 %
		58.62 %
98	C	17.78 %
		56.73 %
99	C	46.44 %
		44.72 %
100	C	28.88 %
		53.48 %

कार्य विश्लेषण	
औसत अंक (%)	60.0%
टॉपर्स स्कोर (%)	65.0%
आपका स्कोर	

//संकेत और समाधान//

1. The given passage is about Adult Illiteracy.

- Let us refer to the line from the passage, "With the nation hovering around the 1 billion marks and around 48 percent of its population still illiterate, there is hardly a ray of hope for India".
- From the given passage we get to know India's population is around 1 billion and out of this 48 percent of the population is illiterate. This is a very large portion of the population.
- It is very hard to change this situation in a short period of time. So, it is said that there is hardly any ray of hope for India

So, '48 percent of the population is illiterate' is the correct option.

Hence, the correct option is (B).

2. The given passage is about Adult Illiteracy.

- Let us refer to the line from the passage, "The prevalence of illiteracy among the masses has made them vulnerable to exploitation, as they are unaware of their rights and privileges".
- Here, 'prevalence' means the fact or condition of being prevalent; commonness.
- From the given passage we get to know as the masses are illiterate, they lack knowledge on their rights and privileges. Due to these, they tend to become a target of exploitation.

So, 'They are unaware of their rights and privileges' is the correct option.

Hence, the correct option is (B).

3. The given passage is about Adult Illiteracy.

- The given word controlled means the power to influence or direct people's behaviour or the course of events.
- In option 5, administer means to manage or supervise the execution, use, or conduct.

So, 'administer' is the correct synonym for the word.

Let us see the meanings of the other words:

- loose - set free; release.
- wild - living or growing in the natural environment; not domesticated or cultivated.
- rampant - flourishing or spreading unchecked.
- irrepressible - not able to be controlled or restrained.

Hence, the correct option is (E).

4. The given passage is about Adult Illiteracy.

- The underlined word underprivileged means deprived through the social or economic condition of some of the fundamental rights of all members of a civilized society.
- In option (A), Deprived means suffering a severe and damaging lack of basic material and cultural benefits.

So, 'Deprived' is the correct word.

Let us see the meanings of the other words:

- Privileged - having special rights, advantages, or immunities.
- Wealthy - having a great deal of money, resources, or assets; rich.
- prosperous - successful in material terms; flourishing financially.

Hence, the correct option is (A).

5. The given passage is about Adult Illiteracy.

- Let us refer to the line from the passage, "The Directive Principle of State Policy to provide for primary education to all children has failed in its objectives. At present, almost half of India's population is still illiterate".
- From the given passage we get to know that half of India's population is still illiterate. This situation shows that the Directive Principle of State Policy has failed to achieve its objective of providing primary education to all children.

So, 'The Directive Principle of State Policy' is the correct option.

Hence, the correct option is (C).

6. The given sentence is in the past tense as can be seen from the use of the verbs 'felt' and 'chose' in the past tense.

'Better' is an adjective which means 'of a more excellent or effective type or quality'.

By referring to something as 'more' in a certain quality than something else automatically means it is a comparison.

Example: Dean was better than his brother at hunting.

'More' is also a determiner which means 'a greater or additional amount or degree of'

Example: Patrick was more talented at carrom than Stewart.

Both of them mean the same thing and thus using both of them at the same time becomes redundant.

Thus, the 'more' needs to be removed from the sentence in order to make the sentence grammatically correct.

Thus, the correct sentence: 'Samantha felt it was better if she chose the job in London as compared to Dubai as it was closer to home.'

Hence, the correct option is (A).

7. 'Then' is an adverb that is used to refers to a particular time period. Example: It was then that Ashley decided to leave her job and move to another city.

'Than' is a conjunction that means 'used to introduce the second element in a comparison. Example: Saurabh was richer than Mayuri and yet they led a very happy life.

The current sentence compares 2 people, Amisha and Samuel in terms of their cricket playing skills.

The sentence is not referring to any particular time period and thus the use of the adverb 'then' does not seem correct.

Thus, the adverb 'then' needs to be replaced with the conjunction 'than' in order to make it grammatically correct.

Thus, the correct sentence is: 'When it comes to playing cricket, Amisha is better than Samuel yet no one selects for the team.'

Hence, the correct option is (B).

8. There are no errors in the sentence.

The given sentence is in the past tense as can be seen by the use of the verbs 'killed' and 'injured' in the past tense. Thus, the correct sentence is: 'Three jawans of District Reserve Guard were killed while ten others were injured in an IED blast on Tuesday.'

Hence, the correct option is (E).

9. There are no errors in the sentence.

The given sentence is in the present perfect tense as the plan has been created in the present and the action is complete as can be seen by the usage of the verb 'has come'. Thus, the correct sentence will be: The Delhi government has come up with a plan that aims at making nearly 70 essential transport services completely online in two phases over the next few months.

Hence, the correct option is (E).

10. In the given sentence, the error in the part is the inappropriate use of the noun number.

Nouns are words used to name person, place, animal, thing, emotion, or state.

In the given statement, the incorrect plural form of 'brother-in-law' is being used.

Compound nouns are made plural by adding 's' to the main word.

For example: Commander-in-chief - Commanders-in-chief, brother-in-law - brothers-in-law etc.

Therefore, we will replace 'brother-in-laws' with 'brothers-in-law' to make the sentence grammatically correct.

The correct sentence will be: 'The brothers-in-law were very helpful and supportive to their choices.'

Hence, the correct option is (A).

11. The word 'profilgate' is correctly spelt as 'profligate' which means recklessly extravagant or wasteful in the use of resources.

Censure: express severe disapproval of (someone or something), especially in a formal statement

Iconoclast: a person who attacks or criticizes cherished beliefs or institutions

Amalgam: a mixture or blend

Auspicious: conducive to success; favourable

Hence, the correct option is (D).

12. The word 'inocuous' is correctly spelt as 'innocuous' which means not harmful or offensive.

Castigate: reprimand or rebuke (someone) severely.

Gregarious: (of a person) fond of company; sociable

Parsimonious: very unwilling to spend money or use resources

Chastise: rebuke or reprimand severely; castigate

Hence, the correct option is (E).

13. The word 'demare' is correctly spelled as 'demur' which means to raise objections or to show reluctance.

Egregious: outstandingly bad; shocking

Laconic: (of a person, speech, or style of writing) using very few words

Venerate: regard with great respect; revere

Ingenious: (of a person) clever, original, and inventive

Hence, the correct option is (C).

14. Here, knowing the meanings of the given words and the context of the statement is equally important because that will help decide the correct answer.

Released means to set someone free.

Placate means to make (someone) less angry or hostile.

Fanatic means a person filled with excessive and single-minded zeal, especially for an extreme religious or political cause.

Vitiate means to make faulty or defective, hurt

Captured means to take into one's possession. This fits in with the context because the sentence following after it tells that the reaction of the preceding statement.

Hence, the correct option is (E).

15. The context of the second sentence suggests that the tension between the two countries should reduce or lessen down. So the correct word that should fit here is 'wind down'.

The meanings of the given phrasal verbs are:

Cracked up means outburst of laughter.

Run for means to pursue something or someone.

Make it up means to compensate.

Bear out means to conform to the correctness of something.

Wind down means to draw or bring down gradually to close.

Hence, the correct option is (E).

16. Here, knowing the meanings of the given words is very important to understand the context of the sentence.

'Bridge' means to connect.

'Incarcerate' is to imprison or confine someone.

'Berate' is to scold or criticize someone angrily.

'Abdicate' is to fail to fulfill or reject a responsibility or duty.

'Escalation' means an increase in the intensity or seriousness of something.

Since the paragraph tells that further worsening of the situation has to be controlled as suggested by other countries so the word 'escalation' fits here as it makes the sentence meaningful.

Hence, the correct option is (D).

17. Here, knowing the meanings of the given words is very important to understand the context of the sentence.

A snare is a trap meant to catch birds or animals.

Pupillage is the period during which one is a student and is taught by a particular person.

Charlatan refers to a person falsely claiming to have special knowledge or skill.

Desiccated means 'completely dried out; completely devoid of any moisture.

Obfuscation refers to make something unclear or obscure (mostly intentional).

Now, reading the sentence "Pakistan must realise that the time for denial and" gives a fair idea that the word must be related to some negative trait of a personality. Since the only word that fits in is 'Obfuscation'.

Hence, the correct option is (E).

18. Here, out of the given options, only one of them is correct. Using elimination method one can easily find the correct answer.

'On the brink' means being very close or nearly close to something.

Other option are incorrect because they are grammatically incorrect sentences.

Hence, the correct option is (B).

19. Correct sentence: The chickens on his farms are fattened up nicely.

The concept is: 'Fat' is a transitive verb and it means 'to make fat' but we need an intransitive verb here because there is no object.

'Fatten' is an intransitive verb that means 'to become fat' hence we can use this verb in the present progressive tense. As this verb is an intransitive verb.

Hence, the correct option is (A).

20. The correct answer is 'These flowers smell sweet'.

The word 'sweetly' is inappropriate. Here, the smell of the flowers are being described. So, an adjective should be used instead of an adverb. The word 'sweet' should replace 'sweetly'.

Hence, the correct option is (C).

21. While means 'during', 'when', or 'at the same time'. While can also be a noun that would be translated as 'a short period of time' (this is not the case with 'whilst').

The underlined segment is absolutely free from grammatical errors. Hence, no correction is required here.

Hence, the correct option is (E).

22. Reflexive pronouns are words like myself, yourself, themselves, himself, etc.

These are used when the subject and the object of the sentence are the same.

- E.g. The poor man poisoned himself.

Certain verbs such as enjoy, avail, acquit, etc. are followed by reflexive pronouns.

- E.g. We enjoyed ourselves at the annual function of our school.

According to the rule and example that are given above, 'avail themselves of the opportunity' will be used in the underlined part of the sentence.

Correct Sentence: Employees should avail themselves of the opportunity to buy cheap shares in the company.

Hence, the correct option is (C).

23. 'Farther' and 'further' are comparative adverbs or adjectives.

Further: We use 'further' before a noun to mean 'extra', 'additional' or 'a higher level'.

- Example: She's gone to a college of further education.

Farther: When used as an adjective, 'farther' describes when one object is more distant than the other, requiring a measurement of the distance from one common point to both objects.

- Example: The red car is farther away than the blue car.

The given sentence talks about the additional discussion on a proposal.

Therefore, the usage of 'further' is the most appropriate answer in the given sentence.

The correct sentence is: Further discussion on the proposal will be deferred until August.

Hence, the correct option is (A).

24. The word Ablution means an act of washing oneself.

Purification: The act of cleaning by getting rid of impurities.

It is clear that Ablution and Purification are synonyms of each other.

Hence, the correct option is (C).

25. The word Obsolete means No longer in use.

Current: Occurring in or belonging to the present time.

It is clear that Obsolete and Current are opposite of each other, all other options are synonyms of Obsolete.

Hence, the correct option is (A).

26. The first sentence is E as it start discussing about the origination of cheese making.

The second sentence is C as it mentions the time when the process of cheese making started.

The third sentence is A as it informs about the first factory of cheese which was opened in Switzerland.

The fourth sentence is D as it mentions the consequence of preparing cheese in the factories.

The fifth sentence is B because it concludes the passage by mentioning that cheese is available to poor classes because of the mass production.

Thus the correct sequence is ECADB.

Hence, the correct option is (E).

27. The first sentence is E as it start discussing about the origination of cheese making.

The second sentence is C as it mentions the time when the process of cheese making started.

The third sentence is A as it informs about the first factory of cheese which was opened in Switzerland.

The fourth sentence is D as it mentions the consequence of preparing cheese in the factories.

The fifth sentence is B because it concludes the passage by mentioning that cheese is available to poor classes because of the mass production.

Thus the correct sequence is ECADB.

Hence, the correct option is (A).

28. The first sentence is E as it start discussing about the origination of cheese making.

The second sentence is C as it mentions the time when the process of cheese making started.

The third sentence is A as it informs about the first factory of cheese which was opened in Switzerland.

The fourth sentence is D as it mentions the consequence of preparing cheese in the factories.

The fifth sentence is B because it concludes the passage by mentioning that cheese is available to poor classes because of the mass production.

Thus the correct sequence is ECADB.

Hence, the correct option is (B).

29. The first sentence is E as it start discussing about the origination of cheese making.

The second sentence is C as it mentions the time when the process of cheese making started.

The third sentence is A as it informs about the first factory of cheese which was opened in Switzerland.

The fourth sentence is D as it mentions the consequence of preparing cheese in the factories.

The fifth sentence is B because it concludes the passage by mentioning that cheese is available to poor classes because of the mass production.

Thus the correct sequence is ECADB.

Hence, the correct option is (B).

30. The first sentence is E as it start discussing about the origination of cheese making.

The second sentence is C as it mentions the time when the process of cheese making started.

The third sentence is A as it informs about the first factory of cheese which was opened in Switzerland.

The fourth sentence is D as it mentions the consequence of preparing cheese in the factories.

The fifth sentence is B because it concludes the passage by mentioning that cheese is available to poor classes because of the mass production.

Thus the correct sequence is ECADB.

Hence, the correct option is (A).

31. दिया गया,

एक स्कूल में खेल दिवस पर 8 छात्रों ने एक दौड़ में भाग लिया। वे सभी एक सीधी रेखा में किये गए थे। सुमित दायें छोर से 5वें स्थान पर खड़ा था और सुमित और रितेश के बीच में 3 छात्र किये गए थे।

जैसा कि हम देख सकते हैं,

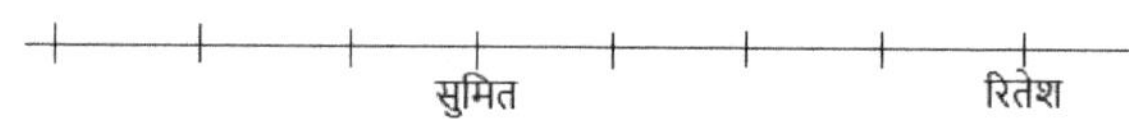

इस प्रकार, पंक्ति के बाएं छोर से रितेश का स्थान 8वां है।

अतः विकल्प (C) सही है।

32. दी गई जानकारी के अनुसार, कतार में ऊँचाई के क्रम में इनका क्रम निम्न प्रकार है-

श्रीकांत < नीलिमा = नीलिमा > श्रीकांत ...(i)

प्रतिमा > श्रीकांत ...(ii)

हेम्ब्रम > सुभाष > नीलिमा...(iii)

नीलिमा > प्रतिमा ...(iv)

यहाँ ' > ' का अर्थ 'से लम्बा' और '<' का अर्थ 'से नाटा' निरूपित किया गया है।

समीकरण (i), (ii), (iii) और (iv) से इनका क्रम व्यवस्थित करने पर,

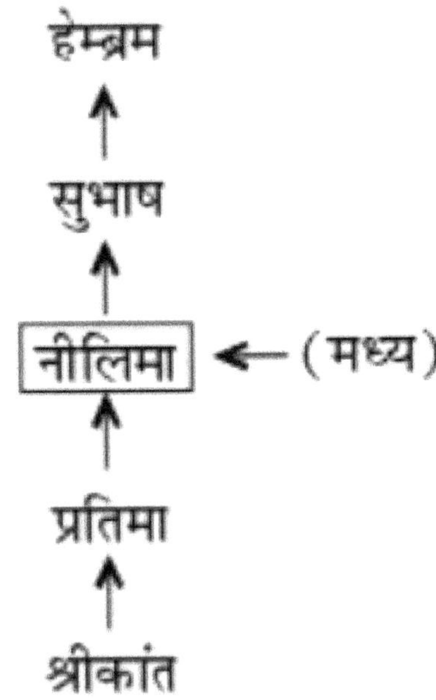

इस प्रकार, कतार के ठीक मध्य में नीलिमा होगी।

अतः विकल्प (B) सही है।

Ques (33-35):दी गयी जानकारी से,

आरेख में प्रतीक	अर्थ
○	महिला
□	पुरुष
═	विवाहित जोड़ा
—	भाई/बहन
|	पीढ़ी का अंतर

1. F, A का पिता है और B, E का पोता है।
2. C, E की बहू है, जो B की दादी है।
3. A, B और D का पिता है जिनके लिंग अलग-अलग हैं।
4. G, H का पुत्र है, जो B की पत्नी है।

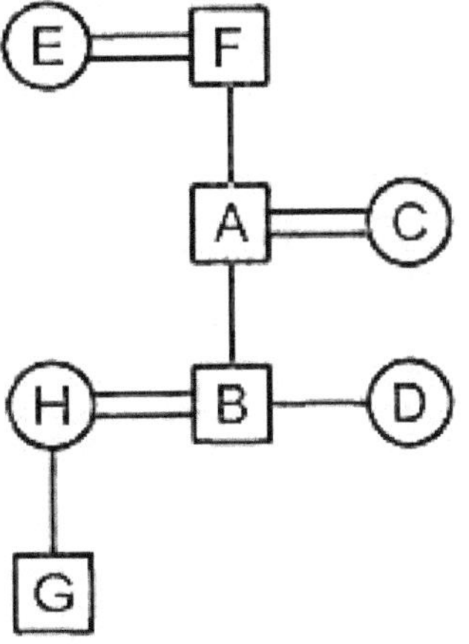

33. इसलिए, D, C की पुत्री है।

अत: विकल्प (C) सही है।

34. इसलिए, परिवार में A और C एक शादीशुदा जोड़ा है।

अत: विकल्प (A) सही है।

35. 1) C, H का पिता है। - असत्य (चूँकि C, H की माँ है)

2) B और D कज़िन हैं। - असत्य (चूँकि B और D भाई और बहन हैं)

3) E और F शादीशुदा जोड़ा हैं। - सत्य

4) D, G का चाचा है। - असत्य (चूँकि D, G की चाची है)

5) H, D का ब्रदर-इन-लॉ है। - असत्य (चूँकि H, D की सिस्टर-इन-लॉ है)

इसलिए, E और F शादीशुदा जोड़ा हैं, सही कथन है।

अत: विकल्प (C) सही है।

Ques (36-40):व्यक्ति: अमर, दिनेश, गोलू, हुमा, पूजा, कामरान, राजू और सुल्तान

(1) सुल्तान राजू के निकटतम दाईं ओर दक्षिण दिशा की ओर सम्मुख एक पंक्ति में बैठता है।

(2) सुल्तान और राजू दोनों ही पंक्ति के किसी भी छोर पर नहीं बैठते हैं।

(3) राजू हुमा के सम्मुख है, जो गोलू के दाईं ओर से दूसरे स्थान पर है।

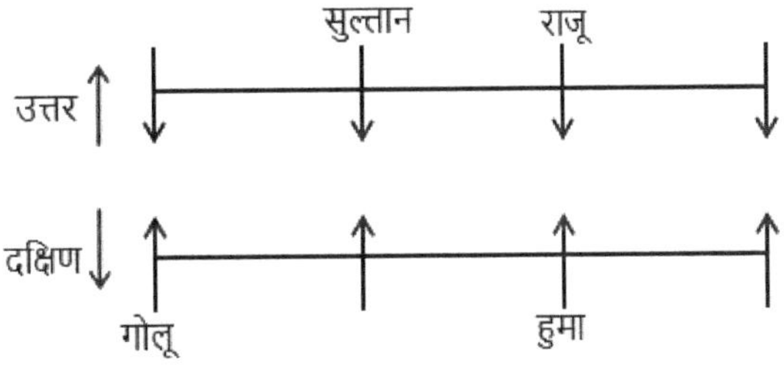

(4) अमर हुमा के निकटतम बाईं ओर बैठता है।

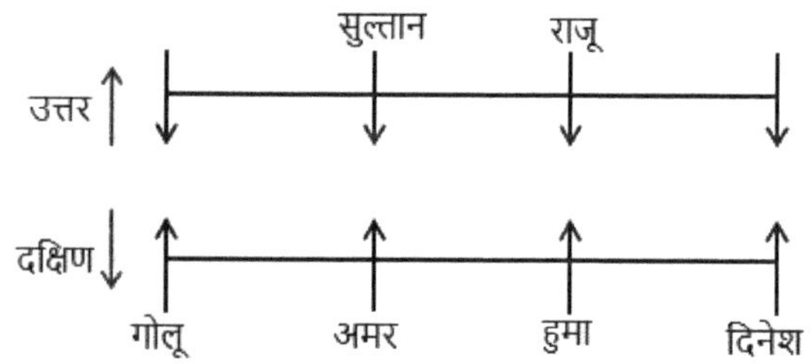

(5) पूजा दिनेश की ओर सम्मुख नहीं है।

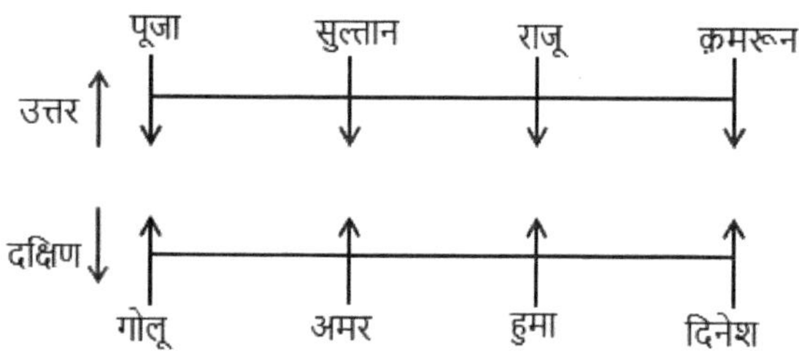

36. इसलिए, गोलू और कामरान पंक्ति के छोर पर बैठे हैं।

अत: विकल्प (A) सही है।

37. इसलिए, इसके बाईं ओर से दूसरा स्थान सही उत्तर है।

अत: विकल्प (D) सही है।

38. इसलिए, इनमें से कोई भी सत्य नहीं है।

अत: विकल्प (E) सही है।

39. इसलिए, दिनेश गोलू के दाईं ओर से तीसरे स्थान पर बैठता है।

अत: विकल्प (B) सही है।

40. इसलिए, पूजा और राजू के मध्य में सुलतान बैठता है।

अत: विकल्प (C) सही है।

Ques (41-45):दिया है:

व्यक्ति: L, M, N, O, P, Q, R और S एक वृत्ताकार मेज के आसपास बैठे हैं।

बैंक: केनरा, बैंक ऑफ इंडिया (BOI), सैंट्रल बैंक ऑफ इंडिया (CBI), बैंक ऑफ बड़ौदा (BOB), इंडियन बैंक (IB), यूनियन बैंक ऑफ इंडिया (UBI), ओरियंटल बैंक ऑफ कॉमर्स (OBC) और देना बैंक (DB)।

उनमें से चार केंद्र के सम्मुख हैं जबकि अन्य केंद्र के बाहर हैं।

1) N केंद्र के सम्मुख है और L तथा Q के निकटतम दाईं ओर है। M और R समान दिशा के सम्मुख हैं। L, N की विपरीत दिशा के सम्मुख है।

2) R, Q के बाईं ओर से चौथा है।

3) न तो R और न ही Q, O का निकटतम पड़ोसी है।

4) L केनरा बैंक में काम करता है और इंडियन बैंक में काम करने वाले व्यक्ति के दायें ओर से तीसरे स्थान पर बैठा है।

5) यूनियन बैंक ऑफ इंडिया में काम करने वाला व्यक्ति केनरा बैंक में काम करने वाले व्यक्ति के बाईं ओर से दूसरे स्थान पर बैठा है।

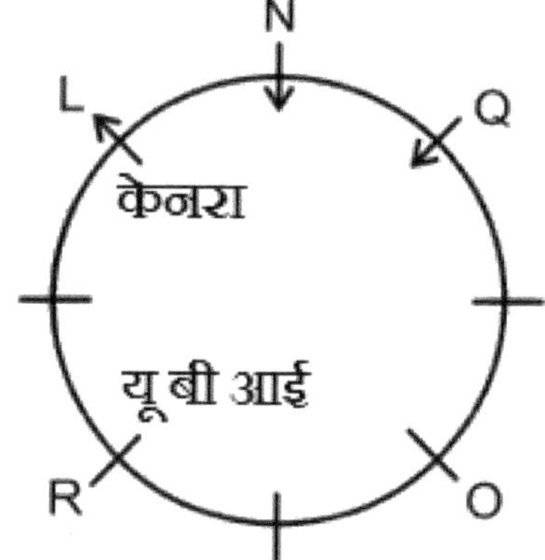

6) बैंक ऑफ इंडिया में काम करने वाला व्यक्ति L और Q के ठीक बीच में बैठा है और उनके निकटवर्ती है।

7) ओरियंटल बैंक ऑफ कॉमर्स में काम करने वाला व्यक्ति O के दाईं ओर से दूसरे स्थान पर बैठा है।

8) P, L के बाईं ओर से तीसरे स्थान पर बैठा है।

9) O, S के दाईं ओर से तीसरा है।

10) M और R समान दिशा के सम्मुख हैं।

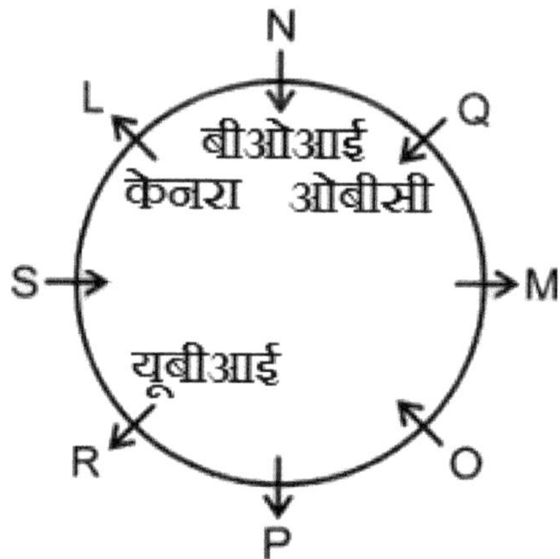

11) इंडियन बैंक में काम करने वाला व्यक्ति O के निकटतम बाईं ओर है, जो कि देना बैंक में काम नहीं करता है।

12) सेंट्रल बैंक ऑफ इंडिया में काम करने वाला व्यक्ति, बैंक ऑफ इंडिया में काम करने वाले व्यक्ति के दाईं ओर से दूसरे स्थान पर बैठा है।

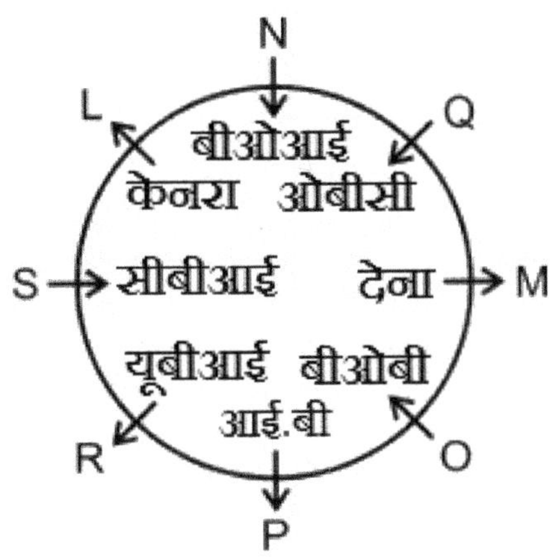

41. इसलिए, O, बैंक ऑफ बड़ौदा में काम करता है।

अतः विकल्प (D) सही है।

42. इसलिए, इंडियन बैंक में काम करने वाले व्यक्ति के निकटतम बाईं ओर O बैठा है।

अतः विकल्प (E) सही है।

43. इसलिए, Q के विपरीत R बैठा है।

अतः विकल्प (A) सही है।

44. इसलिए, L केनरा बैंक में कार्य करता है।

अत: विकल्प (C) सही है।

45. तो, N उस व्यक्ति के ठीक बायें बैठा है जो ओरिएंटल बैंक ऑफ कॉमर्स में काम करता है।

अत: विकल्प (D) सही है।

46. हम न्यूनतम सम्भव वेन आरेख खींचते हैं:

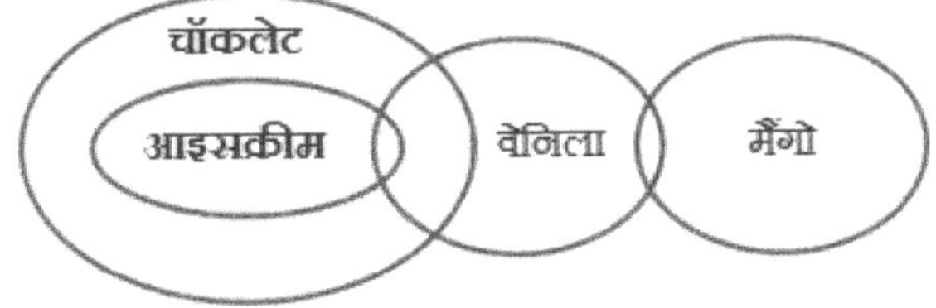

निष्कर्ष:

I. कुछ आइसक्रीम का वेनिला होना संभावना है → असत्य (कुछ आइसक्रीम निश्चित रूप से वेनिला है। इसलिए, संभावना गलत है)

II. कुछ मैंगो चॉकलेट है → यह सम्भव है लेकिन निश्चित नहीं।

इसलिए, न तो निष्कर्ष I न II अनुसरण करता है।

अतः विकल्प (D) सही है।

47. दिए गये कथन के लिए संभावित वेन आरेख इस प्रकार है,

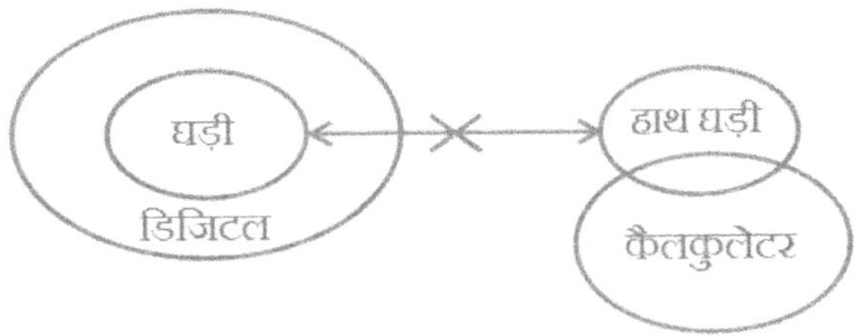

निष्कर्ष:

I. सभी हाथ घड़ी की डिजिटल होने की संभावना है → संभावना सत्य है

II. कोई कैलकुलेटर घड़ी नहीं है → असत्य

III. कुछ डिजिटल घड़ी हैं → सत्य

इसलिए, निष्कर्ष I और III पालन करते हैं।

अतः विकल्प (C) सही है।

48. सम्भव वेन आरेख है:

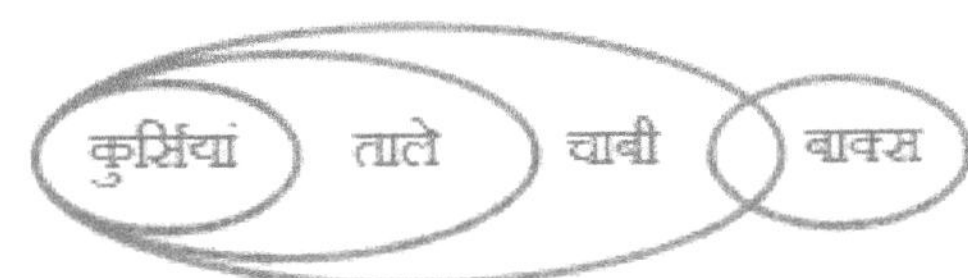

I. कुछ कुर्सियां चाबी हैं → यह निश्चित स्थिति है, इसलिए, सत्य है।

II. कुछ बक्से कुर्सियां हैं → यह निश्चित स्थिति नहीं है, इसलिए, असत्य है।

इसलिए, केवल निष्कर्ष I अनुसरण करता है।

अतः विकल्प (A) सही है।

49. न्यूनतम संभावित वेन आरेख निम्न प्रकार होगा,

I) कुछ पीले काले नहीं है → सत्य (चूँकि कुछ पीले सफ़ेद है और कोई काले सफ़ेद नहीं है, इसलिए कुछ पीले कभी काले नहीं हो सकते है, यह सत्य है)।

II) कुछ चांदी काली है। → सत्य (यह सत्य है क्योंकि दिया गया है अक्सर चांदी काली होती है)।

III) सभी सफ़ेद कभी चांदी नहीं हो सकते → असत्य

इसलिए, सही उत्तर है कि निष्कर्ष I और II अनुसरण करते हैं।

अतः विकल्प (C) सही है।

50. न्यूनतम संभावित वेन आरेख नीचे दर्शाया गया है:

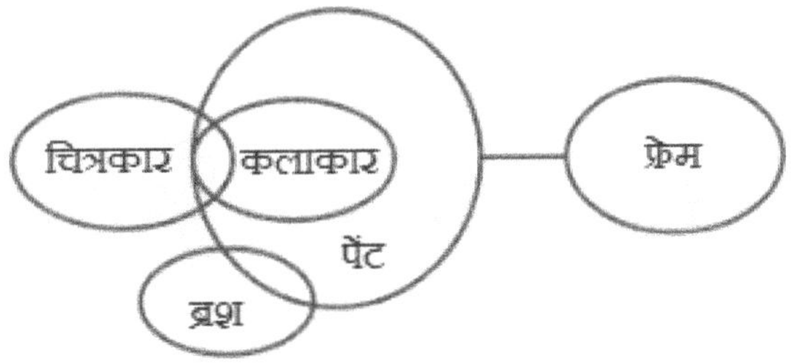

I. कुछ पेंट चित्रकार हैं → सत्य

I. कुछ ब्रश पेंट नहीं हैं → सत्य (क्योंकि कथन में यह दिया गया है कि सख्ती से केवल कुछ ब्रश पेंट हैं जो इंगित करते हैं कि कुछ ब्रश हैं जो पेंट नहीं हैं)

II. कुछ ब्रश कलाकार हैं → असत्य

इसलिए, सही उत्तर केवल I और II अनुसरण करते है।

अतः विकल्प (A) सही है।

Ques (51-55):दी गई श्रृंखला:

बायाँ पक्ष F @ 5 3 R $ J P E 1 H % I 8 4 B 6 # A W 2 U G C * 9 & Z N M © C दायाँ पक्ष

51. 1) ऐसे प्रतीक जो एक वर्ण से ठीक पहले और एक संख्या के ठीक बाद है:

आवश्यक क्रम है, वर्ण → चिह्न → संख्या

F @ 5 3 R $ J P E 1 H % I 8 4 B 6 # A W 2 U G C * 9 & Z N M © C

इसलिए, ऐसे कितने प्रतीक हैं जो एक वर्ण से ठीक पहले और एक संख्या के ठीक बाद है: F @ 5 और C * 9

अत: विकल्प (A) सही है।

52. 1) यदि सभी संख्याओं को हटा दिया जाता है:

बायाँ पक्ष F @ R $ J P E H % I B # A W U G C * & Z N M © C दायाँ पक्ष

2) दाएँ तरफ से 11वां तत्व W

तो, दाएँ तरफ से 11वां अक्षर/संख्या 'W' है।

अत: विकल्प (C) सही है।

53. चूँकि, बायाँ – बायाँ = बायाँ

बाईं ओर से 18 वां - बाईं ओर से 10 वां = बाईं ओर से 8 वां

स्पष्ट रूप से, बाईं ओर से 8 वां 'P' है।

अत: विकल्प (D) सही है।

54. यहाँ, एक समूह बनता है जिसमें दूसरा पद पहले पद के दाईं ओर तीसरा है, और तीसरा पद दूसरे पद से ठीक पहले है।

3 J $ → F @ 5 3 R $ J P E 1 H % I 8 4 B 6 # A W 2 U G C * 9 & Z N M © C

E % H → F @ 5 3 R $ J P E 1 H % I 8 4 B 6 # A W 2 U G C * 9 & Z N M © C

2 W → F @ 5 3 R $ J P E 1 H % I 8 4 B 6 # A W 2 U G C * 9 & Z N M © C

Z © M → F @ 5 3 R $ J P E 1 H % I 8 4 B 6 # A W 2 U G C * 9 & Z N M © C

U * 9 → F @ 5 3 R $ J P E 1 H % I 8 4 B 6 # A W 2 U G C * 9 & Z N M © C

इसलिए, U * 9 समूह से संबंधित नहीं है।

अत: विकल्प (E) सही है।

55. ऐसे व्यंजन जिनके पूर्व संख्या है लेकिन पश्चात चिह्न नहीं है:

आवश्यक क्रम है: संख्या → व्यंजन → संख्या / वर्ण

F @ 5 3 R $ J P E 1 H % I 8 4 B 6 # A W 2 U G C * 9 & Z N M © C

इसलिए, उपरोक्त व्यवस्था में ऐसा केवल एक व्यंजन है, जिसके पूर्व संख्या है लेकिन उसके पश्चात चिह्न नहीं है: '4 B 6'

अत: विकल्प (B) सही है।

56. दिया गया कथन: P ≤ Q > W = K; K < X; X = P > L; N < L

संयोजित करने पर: P ≤ Q > W = K < X; X = P > L > N

निष्कर्ष:

I. Q = P → असत्य (क्योंकि P ≤ Q → इसलिए P और Q के बीच स्पष्ट संबंध निर्धारित नहीं किया जा सकता है।)

II. Q > P → असत्य (क्योंकि P ≤ Q → इसलिए P और Q के बीच स्पष्ट संबंध निर्धारित नहीं किया जा सकता है।)

निष्कर्ष I और II दोनों असत्य हैं।

इसलिए, निष्कर्ष I और II एक-दूसरे की पूरक जोड़ी बनाते हैं।

इसलिए या तो I या II अनुसरण करता है।

अत: विकल्प (E) सही है।

57. दिए गए कथन: P ≥ S < R, T = Q > P, U ≤ L < T

संयोजन करने पर: U ≤ L < T = Q > P ≥ S < R

निष्कर्ष:

I. T > S → सत्य (क्योंकि T = Q > P ≥ S → T > S)

II. R ≥ T → असत्य (क्योंकि T = Q > P ≥ S < R → अत: R और T के बीच में स्पष्ट सम्बन्ध निर्धारित नहीं किया जा सकता)

इसलिए, केवल निष्कर्ष I सत्य है।

अत: विकल्प (A) सही है।

58. अंग्रेजी वर्णमाला श्रृंखला और उसके स्थानीय मानों के अनुसार:

वर्णमाला	A	B	C	D	E	F	G	H	I	J	K	L	M
स्थानीय मान	1	2	3	4	5	6	7	8	9	10	11	12	13
स्थानीय मान	26	25	24	23	22	21	20	19	18	17	16	15	14
वर्णमाला	Z	Y	X	W	V	U	T	S	R	Q	P	0	N

इसलिए 5 अक्षर हैं (आगे और पीछे दोनों तरफ से), जितने अंग्रेजी वर्णमाला में उनके बीच हैं।

अत: विकल्प (A) सही है।

59. दिया गया है:

A ≥ B = C < D; D = E > F

जोड़ने पर:

A ≥ B = C < D = E > F

निष्कर्ष:

I. B < E→ सत्य (क्योंकि B = C < D = E; इसलिए B < E)

II. A ≥ C→ सत्य (क्योंकि A ≥ B = C; इसलिए A ≥ C)

इसलिए निष्कर्ष I और II दोनों सत्य हैं।

अत: विकल्प (D) सही है।

60. कथन:

P = U < H < K ≤ G > N; D ≤ K

निष्कर्ष:

I. D ≥ U → असत्य (D ≤ K > H > U = P; D और U के बीच के संबंध को स्पष्ट रूप से निर्धारित नहीं किया जा सकता)

II. P > D → असत्य (P = U < H < K ≥ D; D और U के बीच के संबंध को स्पष्ट रूप से निर्धारित नहीं किया जा सकता)

इसलिए, या निष्कर्ष I या फिर II सत्य है।

अत: विकल्प (D) सही है।

61. दिये गए कथन हैं: T ≤ U > S; H > G ≥ M = U; S ≥ R = Q ≥ P

संयोजन करने पर: T ≤ U > S ≥ R = Q ≥ P; H > G ≥ M = U

निष्कर्ष:

I. S > P → असत्य (चूंकि S ≥ R = Q ≥ P, स्पष्ट रूप से S ≥ P).

II. P ≤ S → असत्य (चूंकि S ≥ R = Q ≥ P, स्पष्ट रूप से S ≥ P).

इसलिए, केवल निष्कर्ष II अनुसरण करता है।

अत: विकल्प (B) सही है।

62. शब्द: SKEPTICAL

पहला अक्षर = S; पांचवां अक्षर = T; आठवाँ अक्षर = A; नौवां अक्षर = L

दिए गए अक्षर हैं: STAL

संभव शब्द: LAST, SALT, SLAT

स्पष्ट रूप से, Y सही उत्तर है।

अत: विकल्प (E) सही है।

63. अंग्रेजी वर्णमाला श्रृंखला और उसके स्थानीय मानों के अनुसार:

वर्ण माला	A	B	C	D	E	F	G	H	I	J	K	L	M
स्थानीय मान	1	2	3	4	5	6	7	8	9	10	11	12	13
स्थानीय मान	26	25	24	23	22	21	20	19	18	17	16	15	14
वर्ण माला	Z	Y	X	W	V	U	T	S	R	Q	P	O	N

अनुसारित स्वरूप निम्न प्रकार है,

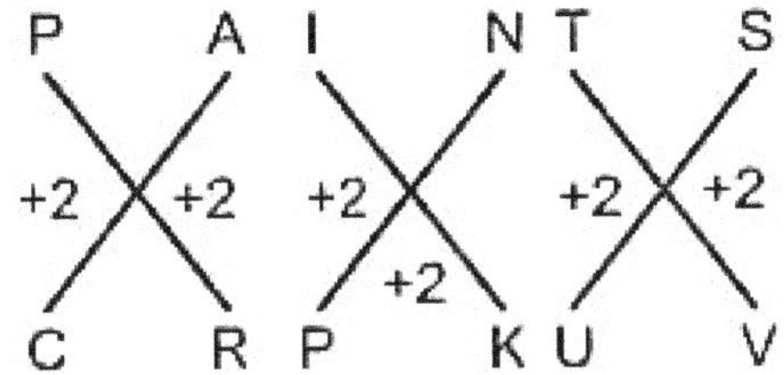

इसी प्रकार,

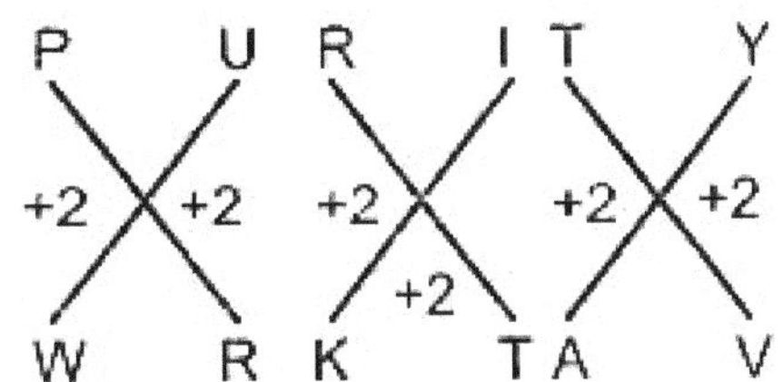

इसलिए, "WRKTAV" सही उत्तर है।

अत: विकल्प (D) सही है।

64. कूट के लिए स्वरूप इस प्रकार है;

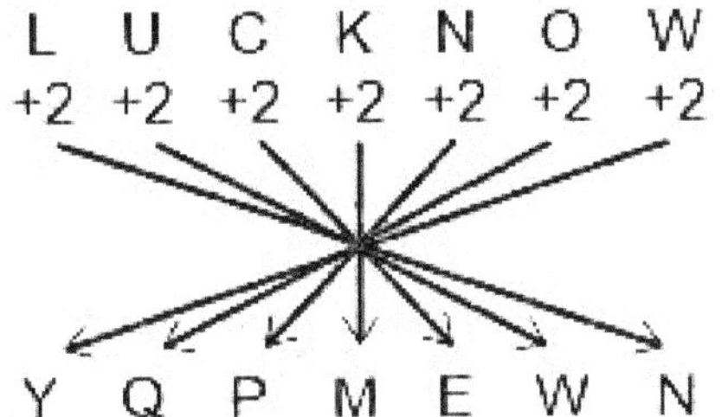

शब्द का प्रत्येक अक्षर संगत अक्षर से दो-चरण आगे है और एक तिरछे प्रारूप में भी है।

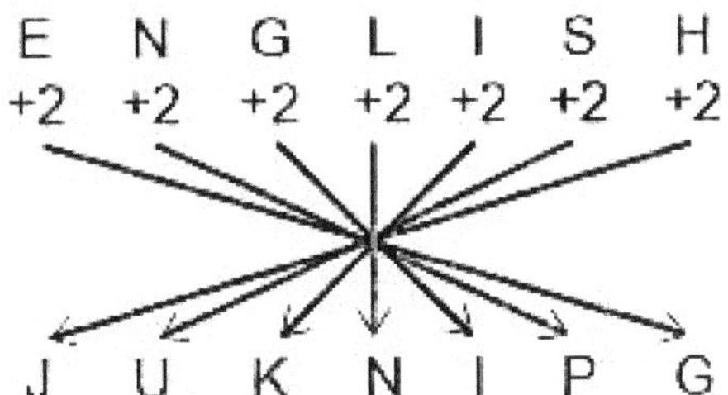

इसलिए, ENGLISH को JUKNIPG के रूप में कूटबद्ध किया जाता है।

अत: विकल्प (D) सही है।

65. कूट के लिए स्वरूप इस प्रकार है,

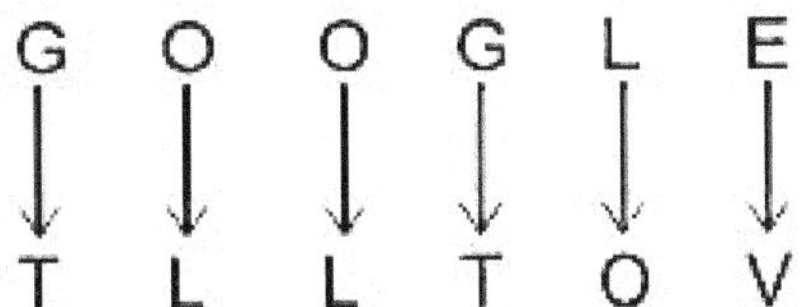

यहाँ संयोजन अंग्रेजी वर्णमाला क्रम के पहले 13 अक्षरों (A से M) से अंतिम 13 अक्षरों (N से Z) का व्युत्क्रम है और उसके बाद दिए गए अक्षरों को दी गई श्रृंखला में सम्मुख अक्षरों से बदला गया है।

A B C D E F G H I J K L M
Z Y X W V U T S R Q P O N

इसी प्रकार, यहाँ REALME के लिए भी व्युत्क्रम वर्णमाला क्रम है।

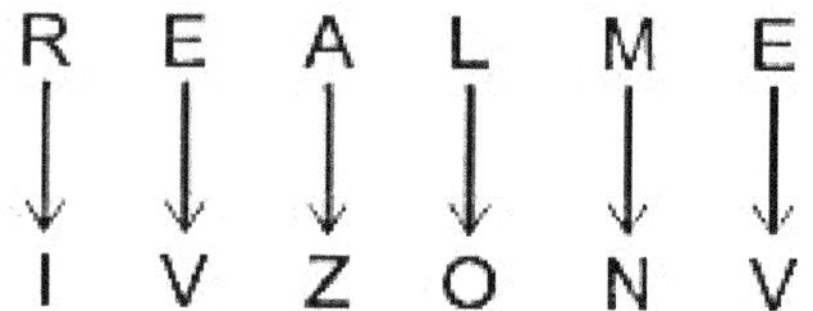

इसलिए, REALME के लिए कूट IVZONV है।

अत: विकल्प (C) सही है।

66. 9 अंको का औसत 11 दिया गया है।

अब, प्रत्येक अंक को 5 से गुणा करने पर

हम जानते हैं, यदि प्रत्येक मात्रा को निश्चित मान 'k' से गुणा किया जाए, तो नए औसत को भी 'k' से गुणा किया जाएगा।

यहाँ, k = 5

नया औसत = पुराना औसत × k

⇒ नया औसत = 11 × 5

⇒ नया औसत = 55

पुन: इन अंकों में से प्रत्येक अंक में 8 जोड़ने पर

इसी प्रकार, यदि प्रत्येक मात्रा को 'k' से घटाया/बढ़ाया जाए, तो नया औसत भी 'k' से घटेगा/बढ़ेगा।

यहाँ, k = 8

नया औसत = पुराना औसत + k

⇒ नया औसत = 55 + 8

∴ नया औसत 63 है।

अत: विकल्प (D) सही है।

67. I. $15x^2 - 30x - 225 = 0$

$\Rightarrow 15(x^2 - 2x - 15) = 0$

$\Rightarrow x^2 - 2x - 15 = 0$

$\Rightarrow x^2 - 5x + 3x - 15 = 0$

$\Rightarrow x(x - 5) + 3(x - 5) = 0$

$\Rightarrow (x - 5)(x + 3) = 0$

$\Rightarrow x = 5, -3$

II. $12y^2 + 96y + 180 = 0$

$\Rightarrow 12(y^2 + 8y + 15) = 0$

$\Rightarrow y^2 + 8y + 15 = 0$

$\Rightarrow y^2 + 5y + 3y + 15 = 0$

$\Rightarrow y(y + 5) + 3(y + 5) = 0$

$\Rightarrow (y + 5)(y + 3) = 0$

$\Rightarrow y = -5, -3$

x का मान	y का मान	संबंध
5	-5	x > y
5	-3	x > y
-3	-5	x > y
-3	-3	x = y

∴ $x \geq y$

अत: विकल्प (C) सही है।

68. I. $24x^2 + 96x + 90 = 0$

$\Rightarrow 6(4x^2 + 16x + 15) = 0$

$\Rightarrow 4x^2 + 16x + 15 = 0$

$\Rightarrow 4x^2 + 10x + 6x + 15 = 0$

$\Rightarrow 2x(2x + 5) + 3(2x + 5) = 0$

$\Rightarrow (2x + 5)(2x + 3) = 0$

$\Rightarrow x = \frac{-5}{2}, \frac{-3}{2}$

II. $28y^2 + 56y + 21 = 0$

$\Rightarrow 7(4y^2 + 8y + 3) = 0$

$\Rightarrow 4y^2 + 8y + 3 = 0$

$\Rightarrow 4y^2 + 6y + 2y + 3 = 0$

$\Rightarrow 2y(2y + 3) + 1(2y + 3) = 0$

$\Rightarrow (2y + 3)(2y + 1) = 0$

$\Rightarrow y = \frac{-3}{2}, \frac{-1}{2}$

x का मान	y का मान	संबंध
$\frac{-5}{2}$	$\frac{-3}{2}$	x < y
$\frac{-5}{2}$	$\frac{-1}{2}$	x < y
$\frac{-3}{2}$	$\frac{-3}{2}$	x = y
$\frac{-3}{2}$	$\frac{-1}{2}$	x < y

∴ $x \leq y$

अत: विकल्प (D) सही है।

69. I. $x^2 + 11x + 24 = 0$

$\Rightarrow x^2 + 8x + 3x + 24 = 0$

$\Rightarrow x(x + 8) + 3(x + 8) = 0$

$\Rightarrow (x + 8)(x + 3) = 0$

$\Rightarrow x = -8, -3$

II. $y^2 + 9y + 14 = 0$

$\Rightarrow y^2 + 7y + 2y + 14 = 0$

$\Rightarrow y(y + 7) + 2(y + 7) = 0$

$\Rightarrow (y + 7)(y + 2) = 0$

$\Rightarrow y = -7, -2$

x का मान	y का मान	संबंध
-8	-7	x < y
-8	-2	x < y
-3	-7	x > y

-3	-2	x < y

∴ x = y या x और y के बीच संबंध स्थापित नहीं किया जा सकता है।

अतः विकल्प (E) सही है।

70. I. $x^2 - 9x + 20 = 0$

$\Rightarrow x^2 - 5x - 4x + 20 = 0$

$\Rightarrow x(x - 5) - 4(x - 5) = 0$

$\Rightarrow (x - 5)(x - 4) = 0$

$\Rightarrow x = 5, 4$

II. $y^2 - 11y + 30 = 0$

$\Rightarrow y^2 - 6y - 5y + 30 = 0$

$\Rightarrow y(y - 6) - 5(y - 6) = 0$

$\Rightarrow (y - 6)(y - 5) = 0$

$\Rightarrow y = 6, 5$

x का मान	y का मान	संबंध
5	6	x < y
4	6	x < y
5	5	x = y
4	5	x < y

$\therefore x \leq y$

अतः विकल्प (D) सही है।

71. I. $x^2 - 20x - 91 = 0$

$\Rightarrow x^2 - 13x - 7x - 91 = 0$

$\Rightarrow x(x - 13) - 7(x - 13) = 0$

$\Rightarrow (x - 13)(x - 7) = 0$

$\Rightarrow x = 7, 13$

II. $y^2 + 16y + 63 = 0$

$\Rightarrow y^2 + 9y + 7y + 63 = 0$

$\Rightarrow y(y + 9) + 7(y + 9) = 0$

$\Rightarrow (y + 9)(y + 7) = 0$

$\Rightarrow y = -7, -9$

x	y	संबंध
7	-7	x > y
7	-9	x > y
13	-7	x > y
13	-9	x > y

$\therefore x > y$

अतः विकल्प (A) सही है।

72. मार्केटिंग में छात्र $= \left(\frac{20}{100}\right) \times 6000 = 1200$

आईआर में छात्र $= \left(\frac{20}{100}\right) \times 6000 = 1200$

मार्केटिंग और आईआर में छात्रों की कुल संख्या $= 1200 + 1200 = 2400$

∴ मार्केटिंग और आईआर में विशेषज्ञता रखने वाले छात्रों की कुल संख्या 2400 है।

अतः विकल्प (C) सही है।

73. आईटी की विशेषज्ञता वाले छात्रों का प्रतिशत $= 18\%$

आईबी की विशेषज्ञता वाले छात्रों का प्रतिशत $= 11\%$

अभीष्ट अनुपात $= 18\% : 11\%$

$= 18 : 11$

∴ अभीष्ट अनुपात $18 : 11$ है

अतः विकल्प (A) सही है।

74. एचआर के छात्र $= \left(\frac{16}{100}\right) \times 6000 = 960$

वित्त के छात्र $= \left(\frac{15}{100}\right) \times 6000 = 900$

अभीष्ट अंतर $= 960 - 900 = 60$

∴ एचआर और वित्त के छात्रों के बीच अंतर 60 है।

अतः विकल्प (B) सही है।

75. एचआर के छात्रों का प्रतिशत $= 16\%$

मार्केटिंग के छात्रों का प्रतिशत $= 20\%$

अभीष्ट प्रतिशत $= \left(\frac{16\%}{20\%}\right) \times 100 = 80$

∴ एचआर के छात्र मार्केटिंग के छात्रों का 80% हैं।

अतः विकल्प (D) सही है।

76. आईबी में प्रारंभिक छात्र $= \left(\frac{11}{100}\right) \times 6000 = 660$

वृद्धि के बाद आईबी में छात्र $= \left(\frac{11}{100}\right) \times 8000 = 880$

अंतर $= 880 - 660 = 220$

अतः विकल्प (B) सही है।

77. दिया गया है:

कुल धनराशि $= 8544$ रुपये

माना अनुपात x है

अनुपात उस संख्या का निम्नतम अंक होता है

सूत्र:

प्रतिशत $=$ (वास्तविक मान/मूल मान) $\times 100$

तो संख्या अनुपात $6x$, $11x$ और $15x$ है

प्रश्नानुसार,

$\Rightarrow 6x + 11x + 15x = 8544$

$\Rightarrow 32x = 8544$

$\Rightarrow x = 267$

इसलिए,

A की धनराशि $= 6 \times 267 = 1602$

A का व्यय $= 20\% \times 1602 = 320.4$

A की शेष धनराशि $= 1281.6$

B की धनराशि $= 11 \times 267 = 2937$

B धनराशि में 50 की वृद्धि करता है $= 50\% \times 2937 = 1468.5$

B की धनराशि 4405.5 हो जाती है

C की धनराशि $= 15 \times 267 = 4005$

C की धनराशि में कोई परिवर्तन नहीं हुआ है

A, B और C की नयी धनराशि का अनुपात $=$ $1281.6 : 4405.5 : 4005$

$\Rightarrow 12816 : 44055 : 40050$

$\therefore$ A, B और C की धनराशि का अनुपात $=$ $12816 : 44055 : 40050 = 16 : 55 : 50$

अतः विकल्प (A) सही है।

78. दिया गया है:

A, 24 दिनों में एक कार्य कर सकता है, B वही कार्य 48 दिनों में कर सकता है और C वही कार्य 72 दिनों में कर सकता है।

पहली स्थिति में,

A 24 दिनों में कार्य कर सकता है

B 48 दिनों में कार्य कर सकता है

C 72 दिनों में कार्य कर सकता है

उनकी क्षमता का अनुपात होगा A : B : C $= \frac{1}{24} : \frac{1}{48} : \frac{1}{72} = 6 : 3 : 2$

A कुल राशि का $\frac{6}{(6+3+2)} = \frac{6}{11}$

$= \frac{6}{11} \times 4400$ प्राप्त करेगा जो 2400 रुपये के बराबर होगा

लेकिन दूसरी स्थिति में केवल A और C कार्य करते हैं,

A : C का क्षमता $= \frac{1}{24} : \frac{1}{72} = 3 : 1$

इसलिए A को अब कुल राशि का $\frac{3}{(1+3)} = \left(\frac{3}{4}\right)$

$= \frac{3}{4} \times 4400$ प्राप्त करेगा जो 3300 रुपये के बराबर होगा

$\therefore$ A द्वारा अर्जित अतिरिक्त धन = $(3300 - 2400)$ रुपये = 900 रुपये

अतः विकल्प (D) सही है।

79. दिया गया है:

वस्तु A का क्रय मूल्य, B के क्रय मूल्य के बराबर है

वस्तु A का अंकित मूल्य $=$ क्र.मू का 160%

वस्तु B का अंकित मूल्य $=$ क्र.मू का 150%

50% की वृद्धि के बाद वस्तु B का अंकित मूल्य 600 है

वस्तु B का क्र.मू

क्र.मू $\times \frac{150}{100} = 600$

वस्तु B का क्रय मूल्य $=$ Rs. 400

A का क्र.मू $=$ B का क्र.मू

वस्तु A का अंकित मूल्य $= 400 \times \frac{160}{100}$

वस्तु A का अंकित मूल्य $= 640$ रुपये

वस्तु B का अंकित मूल्य $= 600$ रुपये

10% छूट देने के बाद वस्तु A और वस्तु B का विक्रय मूल्य

वस्तु A का विक्रय मूल्य $= 640 \times \frac{90}{100} = 576$

वस्तु B का विक्रय मूल्य $= 600 \times \frac{90}{100} = 540$

वस्तु A और B के विक्रय मूल्य के बीच का अंतर $= 576 - 540$ $= 36$ रुपये

अतः विकल्प (B) सही है।

80. कथन I और II से,

मान लीजिये कि कुल कार्य 1 है,

राहुल और अमित द्वारा किया गया कार्य $= \frac{1}{4}$

अनिल द्वारा किया गया कार्य $= 1 - \left(\frac{1}{4}\right) = \frac{3}{4}$

अनिल का हिस्सा उसके द्वारा किए गए कार्य का समानुपाती है,

अनिल का हिस्सा $= \left(\frac{3}{4}\right) \times$ रुपए 24,000

$=$ रुपए 18,000

$\therefore$ कथन I और II दोनों में एकसाथ दिया गया डेटा उत्तर देने के लिए आवश्यक है।

अतः विकल्प (E) सही है।

81. कथन I से,

मान लीजिये कि 'E' घटना की प्रायिकता है,

अनुकूल परिणामों की संख्या: ${}^4C_2 = \frac{4!}{(2! \times 2!)} = 6$

परिणामों की कुल संख्या $= {}^9C_2 = \frac{9!}{(2! \times 7!)} = 36$

$P(E) = \left(\frac{6}{36}\right)$

$\Rightarrow P(E) = \frac{1}{6}$

कथन II से,

प्रत्येक रंग की पेंसिल की संख्या नहीं दी गई है। इसलिए, हमें इसका उत्तर नहीं मिल सकता है।

∴ केवल कथन I में दिया गया डेटा प्रश्न का उत्तर देने के लिए पर्याप्त है, जबकि केवल कथन II में दिया गया डेटा प्रश्न का उत्तर देने के लिए पर्याप्त नहीं है।

अत: विकल्प (A) सही है।

82. कथन I और II से,

$S.I = \frac{PRT}{100}$

$\Rightarrow 1190 = ($ मूलधन $\times 7 \times 2)/100$

$\Rightarrow \frac{(1190\times100)}{(2\times7)} =$ मूलधन

$\Rightarrow$ रुपए $8{,}500 =$ मूलधन

∴ कथन I और II दोनों में दिया गया डेटा प्रश्न का उत्तर देने के लिए आवश्यक है।

अत: विकल्प (C) सही है।

83. कथन I से,

अर्जित लाभ $=$ रुपए $3{,}20{,}000$

यह प्रश्न का उत्तर देने के लिए पर्याप्त नहीं है,

कथन II से,

विक्रय मूल्य क्रय मूल्य से दोगुना है,

इसलिए,

लाभ $= 6{,}40{,}000 \div 2$

$= 3{,}20{,}000$

विक्रय मूल्य $= 3{,}20{,}000 \times 2$

$= 6{,}40{,}000$

विक्रय मूल्य $=$ क्रय मूल्य $+$ लाभ

$\Rightarrow 6{,}40{,}000 =$ क्रय मूल्य $+3{,}20{,}000$

$\Rightarrow$ क्रय मूल्य $= 3{,}20{,}000$

इसलिए, केवल कथन II प्रश्न का उत्तर देने के लिए पर्याप्त नहीं है।

∴ प्रश्न का उत्तर देने के लिए दोनों कथन आवश्यक हैं।

अत: विकल्प (C) सही है।

84. I. हम निशा की गति जानते हैं और रोहन और राम की गति के बीच एक संबंध स्थापित किया जा सकता है, लेकिन निशा और रोहन की गति के बीच कोई संबंध स्थापित नहीं किया जा सकता है।

इसलिए, केवल कथन I अपर्याप्त है।

II. राम और निशा की गति के बीच संबंध स्थापित किया जा सकता है लेकिन रोहन की गति के साथ कोई संबंध स्थापित नहीं किया जा सकता है।

तो, केवल कथन II अपर्याप्त है।

दोनों कथनों को मिलाकर हमारे पास निशा की गति है और निशा और राम की गति के बीच एक संबंध और तत्पश्चात् राम और रोहन के बीच संबंध बन सकते हैं।

∴ कथन I और कथन II एक साथ पर्याप्त है।

अत: विकल्प (E) सही है।

85. दिया है:

$[(-251) \times 21 \times (-12)] \div ? = 63$

$\Rightarrow \frac{[(-251)\times21\times(-12)]}{63} = ?$

$\Rightarrow \frac{(251\times12)}{3} = ?$

$\Rightarrow 251 \times 4 = ?$

$\Rightarrow ? = 1004$

अत: विकल्प (B) सही है।

86. दिया है:

22% का $4350 + 47.25 \times 4 + 17 \times 51 - 1013 = ?$

$\Rightarrow 957 + 47.25 \times 4 + 17 \times 51 - 1013 = ?$

$\Rightarrow 957 + 189 + 867 - 1013 = ?$

$\Rightarrow 2013 - 1013 = ?$

$\Rightarrow ? = 1000$

अत: विकल्प (D) सही है।

87. दिया है:

$888 + 88.8 + 8.88 + 8 - 1.88 - 18.8 = ?$

$\Rightarrow 993.68 - 1.88 - 18.8 = ?$

$\Rightarrow 993.68 - 20.68$

$\Rightarrow ? = 973$

अत: विकल्प (D) सही है।

88. दिया हुआ:

प्रारंभ में, मिश्रण में रॉकफोर्ड और वोडका का अनुपात $= 4:7$

बीकर से 11 लीटर मिश्रण निकाला जाता है।

11 लीटर मिश्रण निकाल लिए और 11 लीटर वोडका डालने के बाद रॉकफोर्ड और वोडका का अनुपात $= 1:2$

अब,

प्रारंभ में, मिश्रण में रॉकफोर्ड और वोडका का अनुपात $= 4:7$

माना बीकर में रॉकफोर्ड की प्रारंभिक मात्रा $4x$ लीटर है और वोडका की प्रारंभिक मात्रा $7x$ लीटर है।

अब बर्तन से 11 लीटर मिश्रण निकाला जाता है।

11 लीटर मिश्रण में रॉकफोर्ड की मात्रा $= 11 \times \frac{4}{4+7} = 11 \times \frac{4}{11} = 4$ लीटर

11 लीटर मिश्रण में वोडका की मात्रा $= 11 - 4 = 7$ लीटर

इसलिए,

11 लीटर मिश्रण निकालने के बाद मिश्रण में शेष रॉकफोर्ड की मात्रा $= 4x - 4$

11 लीटर मिश्रण निकालने के बाद मिश्रण में शेष वोडका की मात्रा $= 7x - 7$

चूँकि बीकर में से 11 लीटर मिश्रण निकलने के बाद उसमें 11 लीटर वोडका डाली गई है, मिश्रण में वोडका की मात्रा

$= 7x - 7 + 11$

$= 7x + 4$

इसके बाद यह दिया गया कि रॉकफोर्ड और वोडका का अनुपात 1: 2 हो जाता है।

$(4x - 4): (7x + 4) = 1: 2$

$\Rightarrow 2 \times (4x - 4) = 1 \times (7x + 4)$

$\Rightarrow 8x - 8 = 7x + 4$

$\Rightarrow x = 12$

अब बीकर में रॉकफोर्ड की प्रारंभिक मात्रा $= 4x = 12 \times 4 = 48$ लीटर

अतः विकल्प (C) सही है।

89. श्रृंखला में निम्न स्वरूप का अनुसरण किया गया है:

$1 \times 1 + 1 = 2$

$2 \times 2 + 2 = 6$

$6 \times 3 + 3 = 21$

$21 \times 4 + 4 = 88$

$88 \times 5 + 5 = 445$

∴ श्रृंखला में लुप्त पद 445 है।

अतः विकल्प (C) सही है।

90. श्रृंखला में निम्न स्वरूप का अनुसरण किया गया है:

$130 - 15 = 115$

$115 + 20 = 135$

$135 - 25 = 110$

$110 + 30 = 140$

$140 - 35 = 105$

∴ श्रृंखला में लुप्त पद 140 है।

अतः विकल्प (C) सही है।

91. श्रृंखला में निम्न स्वरूप का अनुसरण किया गया है:

$4 \times 0.5 = 2$

$2 \times 1 = 2$

$2 \times 1.5 = 3$

$3 \times 2 = 6$

$6 \times 2.5 = 15$

∴ श्रृंखला में ? पद 6 है।

अतः विकल्प (D) सही है।

92. श्रृंखला में निम्न स्वरूप का अनुसरण किया गया है:

$17 \times 1 + 5 = 22$

$22 \times 2 + 4 = 48$

$48 \times 3 + 3 = 147$

$147 \times 4 + 2 = 590$

$590 \times 5 + 1 = 2951$

∴ श्रृंखला में ? पद 590 है।

अतः विकल्प (C) सही है।

93. यह श्रृंखला निम्न स्वरूप का अनुसरण करती है:

$1^3 + 1 = 2$

$2^3 + 2 = 10$

$3^3 + 3 = 30$

$4^3 + 4 = 68$

$5^3 + 5 = 130$

$6^3 + 6 = 222$

∴ श्रृंखला में लुप्त पद 130 है।

अतः विकल्प (B) सही है।

94. दिया है:

2835 का $28\frac{4}{7}\% +$ 1245 का $66\frac{2}{3}\% = 1156 + x^2$

$\Rightarrow$ 2835 का $\frac{200}{7}\% +$ 1245 का $\frac{200}{3}\% = 1156 + x^2$

$\Rightarrow \frac{200}{7\times100} \times 2835 + \frac{200}{3\times100} \times 1245 = 1156 + x^2$

$\Rightarrow 2 \times 405 + 2 \times 415 = 1156 + x^2$

$\Rightarrow 810 + 830 = 1156 + x^2$

$\Rightarrow x^2 = 1640 - 1156 = 484$

$\Rightarrow x = \sqrt{484}$

$\Rightarrow x = 22$

अतः विकल्प (D) सही है।

95. दिया है:

50 का $90\% + \left(\frac{1}{2}\right) \times 30 - 45 \div ? = 57$

$\Rightarrow 45 + 15 - 45 \div ? = 57$

$\Rightarrow 45 + 15 - 57 = \frac{45}{?}$

$\Rightarrow 60 - 57 = \frac{45}{?}$

$\Rightarrow 3 = \frac{45}{?}$

$\Rightarrow ? = \frac{45}{3}$

$\Rightarrow ? = 15$

अतः विकल्प (A) सही है।

96. दिया है:

$18 + 12 \times 6 - 12 \div 3 + 77 \div 11 = ?$

$\Rightarrow 18 + 72 - 4 + 7 = ?$

$\Rightarrow 18 + 68 + 7 = ?$

$\Rightarrow ? = 93$

अतः विकल्प (C) सही है।

97. दिया है:

$(14)^2 \times 10 \div 4 - (15)^2 + 16 = ?^2 + 5^2$

$\Rightarrow 196 \times \left(\frac{5}{2}\right) - 225 + 16 = ?^2 + 25$

$\Rightarrow 98 \times 5 - 209 - 25 = ?^2$

$\Rightarrow 490 - 234 = ?^2$

$\Rightarrow 256 = ?^2$

$\Rightarrow ? = 16$

अतः विकल्प (B) सही है।

98. दिया है:

135 का $60\% - \left(\sqrt{729} + ?\right) = 4$

$\Rightarrow 135 \times \left(\frac{60}{100}\right) - (27 + ?) = 4$

$\Rightarrow 135 \times \left(\frac{3}{5}\right) - 27 - ? = 4$

$\Rightarrow 81 - 27 - 4 = ?$

$\Rightarrow 50 = ?$

अतः विकल्प (C) सही है।

99. दिया है:

400 का $35\% - 12.5$ का $24\% = 110 + ?$

$\Rightarrow \left(\frac{35}{100}\right) \times 400 - \left(\frac{24}{100}\right) \times \left(\frac{25}{2}\right) = 110 + ?$

$\Rightarrow 35 \times 4 - \left(\frac{12}{4}\right) = 110 + ?$

$\Rightarrow 140 - 3 - 110 = ?$

$\Rightarrow ? = 27$

अतः विकल्प (C) सही है।

100. दिया है:

150 का $52\% + 15 \times 35 - \sqrt{841} \times 8 = ?$

$\Rightarrow 78 + 525 - 29 \times 8 = ?$

$\Rightarrow 78 + 525 - 232 = ?$

$\Rightarrow ? = 371$

अतः विकल्प (C) सही है।

English Language

Ques (1-5):Direction: Select the most appropriate word to fill in the blanks.

Q.1 He plays the flute ______.

A. beautiful **B.** beauty
C. beautifully **D.** more beautiful
E. pretty

Q.2 I worked hard ______ that I can catch up to you.

A. there **B.** so **C.** by **D.** since
E. for

Q.3 She _____ me to tie her bow.

A. say **B.** ask **C.** said **D.** asked
E. asking

Q.4 He will return ______ a month.

A. in **B.** within **C.** into **D.** on
E. by

Q.5 Every man and every woman ______ the right to express his or her views.

A. has **B.** have **C.** had **D.** was
E. is

Q.6 Direction: Select the most appropriate ANTONYM of the given word.

Exonerate

A. Vindicate **B.** Sentence
C. Acquit **D.** Absolve
E. Assigned

Q.7 Direction: Choose from the options, the correct synonym of the given word:

Expediency

[Allahabad High Court ARO, 2020]

A. Expense **B.** Sentence
C. Disadvantage **D.** Altruism
E. Convenience

Q.8 Select the incorrectly spelt word from the given alternatives.

A. Muliebrity **B.** Lalochezia
C. Verbatim **D.** Toople
E. None of the above

Q.9 Select the word which is wrongly spelt.

A. Onerous **B.** Tentetive
C. Deleterious **D.** Parochial
E. Ostentation

Q.10 Select the correctly spelt word.

[NCHM JEE (Hotel Mgmt & Catering), 2018]

A. Manoeuvre **B.** Maneuever
C. Maneuvar **D.** Manuever
E. None of the above

Ques (11-15):Direction: In this question, a sentence has been given with some of its part in bold. To make the sentence grammatically and idiomatically correct you have to replace the bold part with the correct alternative given below. If the sentence is correct as it is, mark 'No correction required' as your answer.

Q.11 The man who has committed such a heinous crime **must get the mostly severe** punishment.

A. be getting the mostly severely
B. have got the most severely
C. must get the most severe
D. have been getting the severe most
E. No correction required

Q.12 I rang the Colonel and asked him to **put my name forward** for the vacancy in Zurich.

A. put my name up
B. put my name around
C. put out my name
D. put my name through
E. No correction required

Q.13 According to the International Migration Outlook 2017 report on OECD member countries, **Indians ought to be among top asylum-seekers in other countries.**

A. Indians are among top asylum-seekers in other countries
B. Indians are amidst top asylum-seekers in other countries
C. Indians are said to be among the top asylum-seekers in other countries
D. Indian's are among maximum asylum-seekers in all countries
E. No correction required

Q.14 The US and Australia have jointly test-fired a hypersonic missile capable of moving **at a speed eight times more fast** than sound, as part of $54-million research project.

A. at a speed eight times as fast as
B. at a speed eight times faster
C. with the speed eight times as faster as
D. at a speed eight times much fast
E. No correction required

Q.15 World football's governing body FIFA lifted the ban it had imposed on the Sudan Football Association (SFA) **for failed to abide to agreements** mentioned in articles 14 and 19 of the FIFA statute.

A. for having failed to abide to agreements
B. for its failure to abide by the agreements
C. for failure to abide by agreement
D. for having failed to abide by the agreement

E. No correction required

Ques (16-20):Direction: Read each sentence to find out whether there is any grammatical error in it. The error, if any will be in one part of the sentence. The number of that part is the answer. If there is no error, the answer is E. i.e. no error. (Ignore the errors of punctuation if any).

Q.16 The Renaissance was (A)/a time to 'reawakening' (B)/in both the arts (C)/and the sciences. (D)/No error (E).

A. A **B.** B **C.** C **D.** D
E. E

Q.17 Nuclear waste will still be (A)/ radioactive even after twenty thousand years (B)/ so it must be disposed (C)/ of very carefully. (D)/ No error (E).

A. A **B.** B **C.** C **D.** D
E. E

Q.18 From the 1970's, (A)/ William's has been the (B)/ most popular ice cream (C)/parlor in town. (D)/ No Error (E)

A. A **B.** B **C.** C **D.** D
E. E

Q.19 The challenge before India is (A)/ to deepening the tactical (B)/ engagement with China (C)/ keeping strategic glitches at bay (D)/. No error.

[IBPS PO, 2019]

A. A **B.** B **C.** C **D.** D
E. E

Q.20 The trip to the airport and the (A)/ flight to Singapore was both uneventful, (B)/ the hotel accommodations were better than they (C)/ could have expected on such short notice. (D)/ No error (E)

[IBPS PO, 2019]

A. A **B.** B **C.** C **D.** D
E. E

Ques (21-25):Direction: Rearrange the following five segments A, B, C, D and E in the proper sequence to form a meaningful paragraph; then answer the questions given below them.

A. NPCIL is a dividend-paying company with the highest credit rating of AAA by CRISIL and CARE

B. At present, NPCIL operates 22 nuclear power reactors with an installed capacity of 6780 MW.

C. NPCIL is responsible for siting, design, construction, commissioning and operation of nuclear power reactors.

D. Nuclear Power Corporation of India Limited (NPCIL), formed in 1987, is a Public Sector Enterprise under the administrative control of Department of Atomic Energy (DAE).

E. Safety is given overriding priority in all facets of nuclear power reactors.

Q.21 Which is the first sentence according to the paragraph?

[SBI Clerk, 2021]

A. A **B.** B **C.** C **D.** D
E. E

Q.22 Which is the second sentence according to the passage?

[SBI Clerk, 2021]

A. A **B.** B **C.** C **D.** D
E. E

Q.23 Which is the third sentence according to the paragraph?

[SBI Clerk, 2021]

A. A **B.** B **C.** C **D.** D
E. E

Q.24 Which is the fourth sentence according to the paragraph?

[SBI Clerk, 2021]

A. A **B.** B **C.** C **D.** D
E. E

Q.25 Which is the fifth sentence according to the paragraph?

[SBI Clerk, 2021]

A. A **B.** B **C.** C **D.** D
E. E

Ques (26-30):Direction: Read the passage given below and answer the question that follow by choosing the correct/most appropriate options.

In the present predicament when we are not able to adjust ourselves to the new conditions which science has brought about it is not easy to adopt the principles of non-violence, truth and understanding. But on that ground we should not give up the effort. While the obstinacy of the political leaders puts fear into our hearts, the common sense and conscience of the people of the world give us hope. With the increased velocity of modern changes we do not know what the world will be a hundred years hence. We cannot anticipate the future currents of thought and feeling. But years may go their way, yet the great principal of satya and ahimsa, truth and non-violence, are there to guide us. They are the silent stars keeping holy vigil above a tired and turbulent world. Like Gandhi we may be firm in our conviction that the sun shines above the drifting clouds. We live in an age which is aware of its own defeat and moral coarsening, an age in which old certainties are breaking down, the familiar patterns are tilting and cracking. There is increasing intolerance and embitterment. The creative flame that kindled the great human society is languishing. The human mind in all its baffling strangeness and variety produces contrary types, a Buddha or a Gandhi, a Nero or a Hitler. It is our pride that one of the greatest figures of history lived in our generations, walked with us, spoke to us, taught us the way of civilized living. He who wrongs no one fears no one. He has nothing to hide and so is fearless. He looks everyone in the face. His step is firm, his body upright, and his words are direct and straight. Plato said long ago: 'There always are in the world a few inspired men whose acquaintance is beyond price.'

Q.26 It is not easy to follow the principles of non-violence and truth because ___________.

A. scientific innovations in modern age are not free from violence.

B. science & technology have changed the perception of truth and non-violence.
C. new condition in society and religious beliefs can not exist together.
D. there is the problem of adjustment between emerging new conditions which science has brought about.
E. None of these

Q.27 What according to the writer instils fear into our heart?
A. Lack of honest and committed leaders
B. Overriding ambition of politicians
C. New condition in society and religious beliefs can not exist together
D. Declining moral statements
E. Obstinacy of our political leaders

Q.28 Which of the following is not a characteristic of modern Age?
A. Social coarseness and moral degradation
B. Breaking down of conventional values
C. Reviving of traditional familiar patterns
D. Increasing intolerance and embitterment
E. Overriding ambition of politicians

Q.29 Choose the correct antonym of the word from the given alternatives - "'obstinacy' of the political leaders puts fears into our hearts"
A. Tenacity
B. Obduracy
C. Tractability
D. Compliance
E. None of these

Q.30 It is difficult to predict the world after hundred years from today because:
A. Science has changed the world
B. Modern society is changing very rapidly
C. Life style is unpredictable
D. Breaking down of conventional values
E. Our thoughts and perceptions are subjects to change

Reasoning Ability

Q.31 निर्देश: निम्नलिखित प्रश्नों में दिए गए कथनों को सत्य मानिए, ज्ञात कीजिए कि दिए गए निष्कर्षों में से कौन-सा/से निष्कर्ष निश्चित रूप से सत्य है/हैं और फिर उसी के अनुसार अपना उत्तर दीजिए।
कथन: $A > B < C < D; K \geq L > M = D; G > H \geq I \leq J < A$
निष्कर्ष:
I. $G > A$
II. $A \geq G$
III. $K > I$
A. केवल I सत्य है
B. केवल II सत्य है
C. केवल III सत्य है
D. कोई सत्य नहीं है
E. या तो I या II सत्य है

Ques (32-35):निर्देश: निम्नलिखित प्रश्नों में दिए गए कथनों को सत्य मानिए, ज्ञात कीजिए कि दिए गए निष्कर्षों में से कौन-सा/से निष्कर्ष निश्चित रूप से सत्य है/हैं और फिर उसी के अनुसार अपना उत्तर दीजिए।

Q.32 कथन: $A \leq B < C; A \geq E; C \leq F$
निष्कर्ष:
I. $E < C$
II. $F \geq E$
A. केवल निष्कर्ष I सत्य है।
B. केवल निष्कर्ष II सत्य है।
C. या तो I या II निष्कर्ष सत्य है।
D. न तो I और न ही II निष्कर्ष सत्य है।
E. I और II दोनों निष्कर्ष सत्य है।

Q.33 कथन: $X < M \leq W; B \geq L \geq O; O = X$
निष्कर्ष:
I. $B > M$
II. $M \geq B$
III. $L < W$
A. केवल III सत्य है
B. I और III दोनों सत्य हैं
C. या तो I या II सत्य है
D. II और III दोनों सत्य हैं
E. केवल II सत्य है

Q.34 कथन: $R \leq A < N \leq I; K \geq I; V > A$
निष्कर्ष:
I) $K \geq A$
II) $V > I$
III) $R \leq K$
A. केवल I और II सत्य है
B. केवल I सत्य है
C. केवल II और III सत्य है
D. केवल III सत्य है
E. इनमें से कोई नहीं

Q.35 कथन: $U \leq W \geq R > S; T > S = V$
निष्कर्ष:
I. $W < V$
II. $T < V$
A. केवल I सत्य है
B. केवल II सत्य है
C. या तो I या II सत्य है
D. न तो I और न ही II सत्य है
E. I और II दोनों सत्य है

Q.36 सभी अक्षरों को वर्णानुक्रम में पुनर्व्यवस्थित करने के बाद 'MAGNIFICENT' शब्द के पहले, तीसरे, चौथे और आठवें अक्षरों का उपयोग करके कितने अर्थपूर्ण अंग्रेजी शब्द बनाए जा सकते हैं?
A. शून्य
B. एक
C. दो
D. तीन
E. तीन से अधिक

Q.37 शब्द 'MAGNIFICENT' में, यदि अंग्रेजी वर्णमाला श्रृंखला के अनुसार सभी स्वरों को उनके तुरंत अगले अक्षर से बदल दिया जाता है, तो नए बने शब्द (या तो आगे या पीछे) में कितने युग्म हैं जिनके बीच उतने ही अक्षर हैं जितने अंग्रेजी वर्णमाला श्रृंखला में उनके बीच हैं?
A. एक
B. दो
C. तीन
D. शून्य
E. इनमें से कोई नहीं

Ques (38-40):निर्देश: निम्नलिखित जानकारी का ध्यानपूर्वक अध्ययन कीजिये और दिए गए प्रश्नों के उत्तर दीजिये।

एक निश्चित कूट भाषा में,

'di ma ti bi' का अर्थ 'sky is blue colour' है,

'ti ja ma pa' का अर्थ 'moon colour is white' है,

'ma ca fo ti' का अर्थ 'sun is red colour' है,

'ma di ko' का अर्थ 'ocean is blue' है।

Q.38 उसी कूट भाषा में निम्नलिखित में से किसका अर्थ 'red' है?

A. bi
B. ca
C. fo
D. या तो (B) या (C)
E. ma

Q.39 दी गई भाषा में कूट 'ti' किस शब्द के लिए है?

A. sky
B. blue
C. colour
D. या तो (A) या (B)
E. sun

Q.40 उसी कूट भाषा में निम्नलिखित में से किसका अर्थ 'moon' है?

A. bi
B. ca
C. ja
D. pa
E. या तो (C) या (D)

Q.41 राज्य स्तरीय नृत्य प्रतियोगिता में कुल 75 लोगों ने हिस्सा लिया। स्तुति ऊपर से 13वें और बरखा नीचे से 25वें स्थान पर रहीं। स्तुति और बरखा के बीच कुल कितने प्रतिभागी खड़े थे?

A. 42 **B.** 30 **C.** 45 **D.** 37
E. 50

Q.42 बच्चों की किसी कतार में दीपा बाएँ से 9वें स्थान पर है और विजय दाएँ से 13 वें स्थान पर है। जब ये दोनों आपस में अपना स्थान अदल-बदल कर लेते हैं, तो दीपा बाएँ से 17 वें स्थान पर आ जाती है। बताएँ कि दाएँ से विजय किस स्थान पर होगा?

A. 9वाँ **B.** 21वाँ **C.** 20वाँ **D.** 7वाँ
E. 14वाँ

Ques (43-47):निर्देश: निम्नलिखित जानकारी का ध्यानपूर्वक अध्ययन कीजिये और दिए गए प्रश्नों के उत्तर दीजिये:

आठ व्यक्ति - A, E, I, J, K, L, M, और O संकेंद्रित वृत्तों में इस प्रकार बैठे हैं कि आंतरिक वृत्त में बैठे व्यक्ति, बाहरी वृत्त में बैठे व्यक्तियों के सम्मुख हैं और समान वृत्त पर बैठे व्यक्ति समान दिशा के सम्मुख है बैठे व्यक्तियों की ओर है। वे सभी अलग-अलग रंग पसंद करते हैं - लाल, हरा, पीला, बैंगनी, सफेद, गुलाबी, ग्रे और काला। काला रंग पसंद करने वाला व्यक्ति, L के ठीक बाएं बैठा है जिसे हरा रंग पसंद है। वह व्यक्ति जिसे गुलाबी रंग पसंद है वह उसी वृत्त में बैंगनी रंग पसंद करने वाले व्यक्ति के विपरीत बैठा है। वह व्यक्ति जिसे पीला रंग पसंद है, वह बैंगनी रंग पसंद करने वाले व्यक्ति के सम्मुख है। E, K, के ठीक बायें बैठा है, जिसे ग्रे रंग पसंद है। काला रंग पसंद करने वाला व्यक्ति, सफेद रंग पसंद करने वाले व्यक्ति के सम्मुख है। O को पीला रंग पसंद है और वह M के ठीक दायें बैठा है। गुलाबी रंग पसंद करने वाला व्यक्ति अन्दर की ओर सम्मुख है। I, J के ठीक दायें बैठा है।

Q.43 काला रंग किसे पसंद है?

A. J **B.** M **C.** E **D.** K
E. A

Q.44 लाल रंग किसे पसंद है?

A. E **B.** I **C.** J **D.** M
E. K

Q.45 समान गोले में हरा रंग पसंद करने वाले व्यक्ति के विपरीत कौन बैठा है?

A. E
B. J
C. वह व्यक्ति जिसे पीला रंग पसंद है
D. वह व्यक्ति जिसे सफेद पसंद है
E. निर्धारित नहीं किया जा सकता है

Q.46 A के सम्मुख कौन है?

A. I **B.** M **C.** J **D.** L
E. K

Q.47 ग्रे रंग पसंद करने वाले व्यक्ति के ठीक दायें कौन बैठा है?

A. वह व्यक्ति जिसे काला रंग पसंद है
B. वह व्यक्ति जिसे गुलाबी रंग पसंद है
C. O
D. E
E. इनमें से कोई नहीं

Ques (48-52):निर्देश: नीचे दी गई जानकारी को पढ़िए और उस प्रश्न का उत्तर दीजिये जो अनुसरण करता है।

आठ व्यक्ति M, N, O, P, Q, R, S और T एक सीधी रेखा में उत्तर दिशा के सम्मुख होकर बैठे हैं। उनमें से प्रत्येक के पास 13, 21, 25, 30, 50, 64, 70 और 90 के मध्य विभिन्न बैग हैं।

R के पास Q से अधिक बैग हैं, जिसके पास M से अधिक बैग हैं। N, R के निकटतम नहीं है। M उस व्यक्ति के बाएं तीसरे स्थान पर बैठा है, जिसके पास 50 बैग हैं। O, M के निकटतम बैठा है। केवल दो व्यक्ति M के बाएं बैठे हैं। O और S के मध्य तीन व्यक्ति बैठे हैं। T के पास N से 4 अधिक बैग हैं। R, T के निकटतम दाएं बैठा है और दोनों में से कोई भी अंतिम छोर पर नहीं बैठा है। वह जिसके पास 70 बैग हैं, Q के निकटतम बाएं बैठा है। O के पास विषम संख्या में बैग हैं।

Q.48 N और P के मध्य कितने व्यक्ति बैठे हैं?

A. पाँच
B. चार
C. दो
D. छः
E. इनमें से कोई भी नहीं

Q.49 T और S के बैग की संख्या में क्या अंतर है?

A. 22 **B.** 20 **C.** 16 **D.** 25
E. 30

Q.50 T के बाएं दूसरे स्थान पर कौन बैठा है?

A. वह जिसके पास 90 बैग हैं।
B. वह जिसके पास 21 बैग हैं।
C. O
D. P
E. इनमें से कोई भी नहीं

Q.51 O के पास कितने बैग हैं?

A. 21 **B.** 90 **C.** 70 **D.** 13
E. 25

Q.52 S के दाएं कितने व्यक्ति बैठे हैं?

A. तीन
B. चार
C. दो
D. पाँच
E. इनमें से कोई भी नहीं

Ques (53-55):निर्देश: निम्नलिखित जानकारी का ध्यानपूर्वक अध्ययन कीजिये और उस पर आधारित प्रश्नों के उत्तर दीजिये।

R एक महिला है और अविवाहित है। O परिवार में सबसे बुजुर्ग सदस्य है। P, जो S की ग्रैंडमदर है, O से विवाहित है। N, S का भाई है और M का पुत्र है। Q, O की डॉटर-इन-लॉ है, जिसके दो बच्चे हैं।

Q.53 निम्नलिखित पाँच में से चार एक निश्चित तरीके से एक समान हैं और इसलिए एक समूह का निर्माण करते हैं। कौन उस समूह से संबंधित नहीं है?

A. O
B. M
C. Q
D. N
E. इनमें से कोई नहीं

Q.54 निम्नलिखित में से कौन P की पुत्री है?

A. Q
B. S
C. N
D. R
E. O

Q.55 R, S से कैसे संबंधित है?

A. मां
B. आन्टी
C. अंकल
D. पिता
E. इनमें से कोई नहीं

Ques (56-59):निर्देश: नीचे दिए गए प्रत्येक प्रश्न में दो कथनों के बाद कुछ निष्कर्ष दिए गए हैं। आपको दिए गये कथन को सत्य मानना है, भले ही वे ज्ञात तथ्यों से अलग प्रतीत होते हों। सभी निष्कर्षों को पढ़िए और फिर निर्णय कीजिए कि दिये गये निष्कर्षों में से कौन सा निष्कर्ष सामान्य ज्ञात तथ्यों को नज़रअंदाज करने पर दिए गए कथनों का तार्किक रूप से अनुसरण करता है। उत्तर दीजिये।

Q.56 कथन:

केवल कुछ जीमेल याहू हैं।

कुछ याहू विंडोज़ हैं।

निष्कर्ष:

I. कुछ जीमेल विंडोज़ हैं।

II. कोई जीमेल विंडोज़ नहीं है।

A. केवल I अनुसरण करता है
B. केवल II अनुसरण करता है
C. या तो I या II अनुसरण करता है
D. न तो I न ही II अनुसरण करता है
E. I और II दोनों अनुसरण करते हैं

Q.57 कथन:

केवल कुछ स्पीकर स्पेशल हैं।

केवल स्पीकर स्पीर हैं।

निष्कर्ष:

I. कुछ स्पीर स्पेशल है, एक संभावना है।

II. केवल कुछ स्पीर स्पेशल है।

A. केवल I अनुसरण करता है
B. केवल II अनुसरण करता है
C. या तो I या II अनुसरण करता है
D. न तो I न ही II अनुसरण करता है
E. I और II दोनों अनुसरण करते हैं

Q.58 कथन:

सभी अध्ययनशील छात्र हैं।

कुछ अध्ययनशील शिक्षक हैं।

निष्कर्ष:

I. कुछ शिक्षक छात्र हैं।

II. कोई छात्र शिक्षक नहीं है।

A. केवल I अनुसरण करता है
B. केवल II अनुसरण करता है
C. या तो I या II अनुसरण करता है
D. न तो I न ही II अनुसरण करता है
E. I और II दोनों अनुसरण करते हैं

Q.59 कथन:

केवल कुछ सात आठ हैं।

केवल आठ नौ हैं।

निष्कर्ष:

I. कुछ सात नौ हैं।

II. सभी नौ आठ हैं।

A. केवल I अनुसरण करता है
B. केवल II अनुसरण करता है
C. या तो I या II अनुसरण करता है
D. न तो I न ही II अनुसरण करता है
E. I और II दोनों अनुसरण करते हैं

Q.60 निर्देश: नीचे प्रश्न में तीन कथन और उसके बाद I, II और III से अंकित तीन निष्कर्ष दिए गये हैं। आपको दिए गये कथनों को सत्य मानना है, भले ही वे ज्ञात तथ्यों से अलग प्रतीत होते हों। सभी निष्कर्षों को पढ़िए और निर्णय कीजिए कि दिये गये निष्कर्षों में से कौनसा/कौनसे निष्कर्ष ज्ञात तथ्यों को नजरंदाज करने पर कथनों का तार्किक रूप से अनुसरण करता है/करते हैं।

कथन:

कुछ पुरुष गाय हैं।

सभी पुरुष और गाय प्रतिभाशाली हैं।

कुछ पुरुष जो गाय नहीं हैं वे अमीर हैं।

निष्कर्ष:

I. कुछ प्रतिभाशाली लोग अमीर हैं।

II. कुछ अमीर गाय हैं।

III. कुछ गाय प्रतिभाशाली हैं।

A. केवल I और II अनुसरण करते हैं
B. केवल II और III अनुसरण करते हैं
C. केवल I और III अनुसरण करते हैं
D. सभी अनुसरण करते हैं
E. इनमें से कोई नहीं

Ques (61-65):निर्देश: निम्नलिखित व्यवस्था का ध्यानपूर्वक अध्ययन करें और नीचे दिए गए प्रश्नों के उत्तर दें।

A 3 * 4 @ E 2 > I O 9 % G & 6 K P $ U 8 F # 1 0 T X / 7 V ^ 5

Q.61 यदि अनुक्रम से सभी चिन्हों और संख्याओं को हटा दिया जाए, तो दायें छोर से सातवें वर्ण के बायें से दूसरा अक्षर क्या होगा?

A. I
B. O
C. K
D. F
E. &

Q.62 कौन सा पद बायें छोर से उन्नीसवें पद के दायें से दसवां पद होगा?

A. /
B. *
C. V
D. 7
E. X

Q.63 उपरोक्त व्यवस्था में अपनी स्थिति के आधार पर निम्नलिखित पांच में से चार एक निश्चित तरीके से समान हैं और इसलिए एक समूह बनाते हैं। कौन सा पद उस समूह से संबंधित नहीं है?

A. 4EA
B. >O@
C. KU6
D. %&I
E. %VI

Q.64 अनुक्रम में ऐसी कितनी संख्याएँ हैं जिनके ठीक पहले एक प्रतीक और ठीक बाद एक वर्ण है?

A. एक
B. दो
C. तीन
D. चार
E. पाँच

Q.65 ऐसे कितने स्वर हैं जिनके ठीक पहले एक प्रतीक और ठीक बाद एक संख्या है?

A. तीन
B. चार
C. दो
D. एक
E. इनमें से कोई नहीं

Quantitative Aptitude

Q.66 निर्देश: दिए गए द्विघात समीकरण को हल कीजिए और आपके उत्तर पर आधारित सही विकल्प को चिह्नित कीजिए।

(i) $x^2 + 4x - 32 = 0$

(ii) $y^2 - 13y + 40 = 0$

A. $x > y$
B. $x \geq y$
C. $x < y$
D. $x \leq y$
E. $x = y$ या x और y के बीच कोई संबंध स्थापित नहीं किया जा सकता है

Q.67 निर्देश: निम्नलिखित प्रश्न में I और II से अंकित दो समीकरण दिए गये हैं। आपको दोनों समीकरणों को हल करना है और उनका उत्तर देना है।

(I) $2m^2 - 11m + 14 = 0$

(II) $3n^2 - 7n - 3 = 8n - 3n^2 - 9$

A. $m > n$
B. $n \leq m$
C. $n \geq m$
D. $m < n$
E. या तो $m = n$ या m और n के बीच संबंध स्थापित नहीं किया जा सकता है।

Q.68 निर्देश: निम्नलिखित प्रश्न में दो समीकरण दिए गए हैं। समीकरणों को हल करने के बाद सही उत्तर ज्ञात कीजिए।

I. $x^2 + x(\sqrt{5} + \sqrt{7}) + \sqrt{35} = 0$

II. $y^2 + y(\sqrt{3} + \sqrt{5}) + \sqrt{15} = 0$

A. $x > y$
B. $x < y$
C. $x \geq y$
D. $x \leq y$
E. $x = y$ या कोई संबंध प्राप्त नहीं किया जा सकता

Q.69 निर्देश: निम्नलिखित प्रश्न में, दो समीकरण I और II दिए गए हैं। आपको दोनों समीकरण को हल करना है और उत्तर देना है।

I. $(24 - 10x)^{\frac{1}{2}} = 3 - 4x$

II. $6y^2 - 5y - 25 = 0$

A. यदि $x > y$
B. यदि $x < y$
C. यदि $x \geq y$
D. यदि $x \leq y$
E. यदि $x = y$ या कोई सम्बन्ध स्थापित नहीं किया जा सकता।

Q.70 निर्देश: निम्नलिखित प्रश्न में I और II से संख्यांकित दो समीकरण दिए गए हैं। समीकरण को हल कीजिये और प्रश्न का उत्तर दीजिये।

(i) $2x^2 - (6 + \sqrt{15})x + 3\sqrt{15} = 0$

(ii) $5y^2 - (9 + 5\sqrt{15})y + 9\sqrt{15} = 0$

A. $x > y$
B. $x \geq y$
C. $x < y$
D. $x \leq y$
E. $x = y$ या x और y के बीच कोई संबंध स्थापित नहीं किया जा सकता है

Q.71 निर्देश: निम्नलिखित प्रश्न में प्रश्नवाचक चिह्न (?) के स्थान पर कौन सी संख्या आएगी?

$\sqrt{676} \times \sqrt{576} - ? \times 18 = 300$

A. 14 **B.** 16 **C.** 18 **D.** 20
E. 22

Q.72 निर्देश: निम्नलिखित प्रश्न में, A और B से अंकित दो कथन हैं। इन कथनों को हल करने पर, हम क्रमशः राशि A और B प्राप्त करते हैं। दोनों राशियों को हल कीजिए और सही विकल्प को चुनिए।

राशि A: किसी दो अंकीय संख्या के अंको का स्थान बदल जाता है जब उसमे उसका $\frac{1}{5}$ भाग जोड़ा जाता है। संख्या का 1% ज्ञात कीजिये।

राशि B: एक बैग में 5 लाल और 3 काली गेंदें हैं। एक अन्य बैग में 4 लाल और 6 काली गेंदें हैं। यदि प्रत्येक बैग से एक गेंद निकली जाती है, तो एक गेंद के लाल और एक गेंद के काले होने की प्रायिकता ज्ञात कीजिये।

A. राशि A > राशि B **B.** राशि A < राशि B
C. राशि A = राशि B **D.** राशि A ≥ राशि B
E. राशि A ≤ राशि B

Q.73 निर्देश: निम्नलिखित प्रश्न में प्रश्नवाचक चिह्न (?) के स्थान पर कौन सी संख्या आएगी?

180 का 40%+? का 70% = 121

A. 81 **B.** 77 **C.** 65 **D.** 70
E. 75

Q.74 एक दुकानदार के पास समान क्रय मूल्य की दो वस्तुएँ हैं। एक वस्तु 10% लाभ पर और दूसरी 5% हानि पर बेची। उसे कुल 200 रुपये का लाभ प्राप्त होता है। कुल अर्जित लाभ प्रतिशत ज्ञात कीजिये।

A. 8% **B.** 1.5% **C.** 3% **D.** 2%
E. 2.5%

Q.75 तीन पाइप A, B, और C एक खाली टैंक को पूर्ण रूप से क्रमशः 30 मिनट, 20 मिनट और 10 मिनट में भर सकते हैं। जब टैंक खाली होता है, तो तीनों पाइप खोल दिए जाते हैं। A , B, और C क्रमशः रासायनिक विलियन P ,Q, और R का निर्वहन करते हैं। 3 मिनट के बाद विलियन R का टैंक में क्या अनुपात है?

A. $\frac{5}{11}$ **B.** $\frac{6}{11}$ **C.** $\frac{7}{11}$ **D.** $\frac{8}{11}$
E. $\frac{9}{11}$

Q.76 किसी कार्य को पूरा करने के लिए A, B की तुलना में 50% अधिक समय लेता है। यदि दोनों को कार्य पूरा करने में 18 दिन लगते हैं, तो B को इसे करने में कितना समय लगेगा?

A. 30 दिन **B.** 35 दिन **C.** 40 दिन **D.** 45 दिन
E. 50 दिन

Q.77 एक बर्तन में 90 लीटर दूध है। बाद में 9 लीटर दूध के स्थान पर पानी मिलाया गया। प्रक्रिया को एक और बार दोहराया गया। प्रक्रिया के बाद बर्तन में दूध की मात्रा ज्ञात करें?

A. 72.0 लीटर **B.** 72.9 लीटर
C. 62.9 लीटर **D.** 63 लीटर
E. 81 लीटर

Q.78 फैक्ट्री में मैदान और प्रलेखन के मजदूरों की औसत उम्र 45 वर्ष थी। प्रलेखन के सभी 16 मजदूरों की औसत उम्र 38 वर्ष थी और मैदान के मजदूरों की औसत उम्र 52 वर्ष थी। यदि मैदान के 7 मजदुर विवाहित थे तो मैदान में अविवाहित मजदूरों की संख्या क्या थी?

A. 5 **B.** 6 **C.** 7 **D.** 8

E. 9

Ques (79-83):निर्देश: निम्नलिखित रेखा आलेख को ध्यान से पढ़ें और नीचे दिए गए प्रश्नों के उत्तर दें।

दिया गया रेखा आलेख 4 विभिन्न महीनों में 3 ब्रांड्स के द्वारा बेचे गए जूतों की संख्या दर्शाता है।

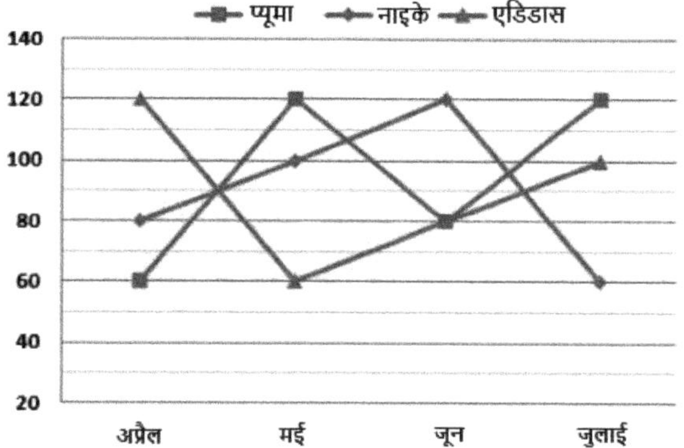

Q.79 अप्रैल और जून में प्यूमा के द्वारा बेचे गए जूतों का मई और जुलाई में एडिडास के द्वारा बेचे गए जूतों की संख्या से अनुपात क्या है?

A. 7 : 8 **B.** 7 : 9 **C.** 5 : 8 **D.** 6 : 7
E. 4 : 5

Q.80 सभी कंपनियों द्वारा मई और जून में बेचे गए जूतों की संख्या सभी महीनों में एडिडास द्वारा बेचे गए जूतों की संख्या से कितने प्रतिशत अधिक/कम है?

A. $64\frac{2}{7}\%$ **B.** $48\frac{5}{9}\%$ **C.** $53\frac{5}{9}\%$ **D.** $55\frac{5}{9}\%$
E. $54\frac{2}{7}\%$

Q.81 प्यूमा द्वारा अप्रैल में, नाइके द्वारा जून में और एडिडास द्वारा मई में बेचे गए जूतों की औसत संख्या क्या है?

A. 78 **B.** 80 **C.** 76 **D.** 82
E. 84

Q.82 सभी महीनों में प्यूमा द्वारा बेचे गए जूते और जून में सभी कंपनियों द्वारा बेचे गए जूतों की संख्या के बीच अंतर क्या है?

A. 90 **B.** 80 **C.** 60 **D.** 120
E. 100

Q.83 अप्रैल में सभी कंपनियों द्वारा बेचे गए जूतों की संख्या जुलाई में सभी कंपनियों द्वारा बेचे गए जूतों की संख्या का लगभग कितने प्रतिशत है?

A. 117% **B.** 86% **C.** 93% **D.** 107%
E. 99%

Ques (84-85):निर्देश: नीचे दी गई I और II नाम की दो मात्राएं हैं। दी गई जानकारी के आधार पर, आपको दोनों मात्राओं के बीच संबंध निर्धारित करना होगा। आपको संभावित उत्तरों के बीच चयन करने के लिए दिए गए आंकड़ें और गणित के अपने ज्ञान का उपयोग करना चाहिए।

Q.84 मात्रा I: श्रृंखला में लुप्त पद ज्ञात कीजिये $2, 11, 38, X, 362$

मात्रा II: X का मान ज्ञात कीजिए, X का 125% = 250

A. मात्रा I > मात्रा II **B.** मात्रा I ≥ मात्रा II
C. मात्रा I < मात्रा II **D.** मात्रा I ≤ मात्रा II
E. मात्रा I = मात्रा II

Q.85 मात्रा A: एक राशि $1:3:2$ के अनुपात में A, B और C के बीच वितरित की जानी है, लेकिन गलत तरीके से $2:7:9$ के अनुपात में वितरित की गई जिसके कारण B को 136 रुपये कम मिले। वितरित की जाने वाली राशि क्या है?

मात्रा B: 1228 रुपये

A. मात्रा $A >$ मात्रा B
B. मात्रा $A <$ मात्रा B
C. मात्रा $A \geq$ मात्रा B
D. मात्रा $A \leq$ मात्रा B
E. मात्रा $A =$ मात्रा B या कोई संबंध नहीं

Q.86 एक आयत के विकर्ण का वर्ग मान $(36 + B^2)$ वर्ग सेंटीमीटर है, जहाँ B, 10 सेंटीमीटर से कम है। उस आयत की चौड़ाई कितनी है?

A. 10 सेंटीमीटर **B.** 8 सेंटीमीटर
C. 12 सेंटीमीटर **D.** 15 सेंटीमीटर
E. इनमें से कोई नही

Q.87 जॉन, जैक्सन और जोसेफ क्रमशः 4000 रूपये, 6000 रूपये और 8000 रूपये की साझेदारी में निवेश करते हैं। 4 महीने के बाद जॉन ने अपने निवेश का 25% वापस निकाल लिया और 6 महीने के बाद जैक्सन ने $\frac{50}{3}\%$ का अतिरिक्त निवेश किया और 8 महीने के बाद जोसेफ ने 25% वापस निकाल लिया। यदि 1 वर्ष के बाद उन्हें कुल 7500 रूपये का लाभ प्राप्त होता है, तो जॉन का लाभांश ज्ञात कीजिए (लगभग)।

A. 1456 रूपये **B.** 6194 रूपये
C. 2048 रूपये **D.** 3066 रूपये
E. 4124 रूपये

Q.88 $\frac{(0.625 \times 0.0729 \times 28.9)}{(0.0017 \times 0.025 \times 8.1)}$ का मान है:

A. 3825 **B.** 3.825 **C.** 38.25 **D.** 382.5
E. 0.3825

Ques (89-90):निर्देश: निम्नलिखित प्रश्न में प्रश्नवाचक चिन्ह (?) के स्थान पर क्या आएगा?

Q.89 1500 का 88.60% + 800 का 39.25% + 2500 का 63.20% + 4500 का 25.40% =?

A. 4856 **B.** 4466 **C.** 4256 **D.** 4366
E. 466

Q.90 225 का $6.67\% + 1120$ का $6.25\% = (?)^3 + 3$

A. $(-76)^{\frac{1}{2}}$ **B.** $(76)^{\frac{1}{2}}$ **C.** $(-76)^{\frac{1}{3}}$ **D.** $(76)^{\frac{1}{3}}$
E. $(82)^{\frac{1}{3}}$

Q.91 निर्देश: निम्नलिखित प्रश्न में प्रश्नवाचक चिन्ह (?) के स्थान पर क्या आएगा?

$(18 \times \frac{8}{15} + 624$ का $10\%)/? = 4$

A. 16 **B.** 18 **C.** 22 **D.** 24
E. 26

Ques (92-95):निर्देश: निम्नलिखित प्रश्न में प्रश्न चिह्न (?) के स्थान पर क्या मान आना चाहिए?

Q.92 $\sqrt{225} + (1500$ का $55\%) - \{(45)^2 \div 81 \times 4\} + 20 - 16 = ?$

A. 744 **B.** 748 **C.** 746 **D.** 752
E. 742

Q.93 $(8375 \div 67)^{\frac{1}{3}} + (7.84 \times 25)^{\frac{1}{2}} = (?)^{\frac{1}{2}}$

A. 456 **B.** 361 **C.** 324 **D.** 338
E. 432

Q.94 $?^{\frac{1}{3}} + 200$ का $47\% = 112$ का $60\% + 136$ का 30%

A. 4096 **B.** 1331 **C.** 3375 **D.** 2744
E. 729

Q.95 $37 \times 43 - 40^2 + \left(\frac{11500}{3}\right)$ का $\left(\frac{15}{23}\right)\% = (?)^2$

A. +4 **B.** -4 **C.** ±4 **D.** 0
E. 3

Ques (96-100):निर्देश: निम्न संख्या-श्रेणी में प्रश्नवाचक चिह्न (?) के स्थान पर कौन-सी संख्या आएगी?

Q.96 24,61,122,213, ?

A. 343 **B.** 334 **C.** 337 **D.** 340
E. 390

Q.97 7,8,18,57,232, ?

A. 260 **B.** 360 **C.** 1165 **D.** 560
E. 380

Q.98 17,23,35, ?,85

A. 47 **B.** 60 **C.** 55 **D.** 53
E. 40

Q.99 12,15,75, ?,738,749

A. 259 **B.** 155 **C.** 90 **D.** 82
E. 100

Q.100 19,24,30,37,45, ?

A. 57 **B.** 64 **C.** 49 **D.** 82
E. 54

// स्मार्ट उत्तर पुस्तिका //

सही उत्तर उन छात्रों के प्रतिशत को इंगित करता है जिन्होंने प्रश्नों का सही उत्तर दिया था।

छोड़ दिया उन छात्रों के प्रतिशत को इंगित करता है जिन्होंने प्रश्नों को छोड़ दिया था।

प्रश्न संख्या	उत्तर	सही उत्तर	छोड़ दिया
1	C	24.74 %	54.67 %
2	B	21.95 %	63.67 %
3	D	20.32 %	62.78 %
4	B	22.78 %	55.3 %
5	A	24.15 %	54.26 %
6	B	15.34 %	58.26 %
7	E	16.82 %	53.29 %
8	D	15.39 %	62.5 %
9	B	14.99 %	65.24 %
10	A	24.42 %	57.71 %
11	C	18.03 %	61.03 %
12	E	28.41 %	55.63 %
13	A	25.41 %	57.6 %
14	B	25.0 %	51.28 %
15	B	14.88 %	68.52 %
16	B	15.14 %	68.68 %
17	E	16.14 %	60.74 %
18	A	21.26 %	57.99 %
19	B	13.52 %	66.31 %
20	B	23.14 %	61.14 %
21	D	20.62 %	56.39 %
22	A	23.34 %	56.4 %
23	C	18.4 %	55.99 %
24	E	22.34 %	62.8 %
25	B	24.32 %	51.83 %
26	D	22.84 %	66.26 %
27	E	21.78 %	67.18 %
28	C	17.35 %	56.91 %
29	D	23.13 %	64.95 %
30	E	17.1 %	51.43 %
31	E	1.73 %	71.45 %
32	A	15.91 %	66.3 %
33	C	16.88 %	58.56 %
34	E	15.68 %	65.97 %
35	D	16.2 %	54.54 %
36	B	12.66 %	65.19 %
37	C	12.73 %	67.33 %
38	D	24.75 %	59.81 %
39	C	17.91 %	59.55 %
40	E	21.53 %	52.44 %
41	D	24.69 %	62.7 %
42	B	18.03 %	58.88 %
43	E	19.13 %	68.0 %
44	D	19.56 %	53.03 %
45	C	17.59 %	60.34 %
46	A	14.52 %	67.27 %
47	B	17.2 %	56.48 %
48	A	31.89 %	53.79 %
49	D	25.02 %	59.49 %
50	C	28.22 %	53.28 %
51	D	25.22 %	62.87 %
52	C	18.97 %	59.39 %
53	C	27.39 %	51.07 %
54	D	14.63 %	68.98 %
55	B	18.4 %	53.45 %
56	B	53.63 %	39.18 %
57	D	17.63 %	62.14 %
58	A	16.91 %	65.94 %
59	B	7.93 %	75.36 %
60	C	27.77 %	59.27 %
61	B	20.96 %	59.13 %
62	C	27.12 %	54.26 %
63	C	47.82 %	47.98 %
64	B	26.21 %	59.04 %
65	C	19.57 %	59.0 %
66	C	4.75 %	76.35 %
67	B	0.9 %	84.19 %
68	D	14.67 %	66.92 %
69	E	24.69 %	54.73 %
70	E	22.74 %	54.0 %
71	C	23.43 %	59.71 %
72	B	17.2 %	65.35 %
73	D	18.58 %	60.52 %
74	E	23.2 %	55.99 %
75	B	16.56 %	65.34 %
76	A	17.98 %	67.68 %
77	B	26.91 %	52.15 %
78	E	3.61 %	82.75 %
79	A	23.59 %	57.71 %
80	D	16.12 %	65.28 %

प्रश्न संख्या	उत्तर	सही उत्तर / छोड़ दिया
81	B	22.08 %
		66.59 %
82	E	23.3 %
		64.41 %
83	C	27.16 %
		60.95 %
84	C	15.13 %
		58.9 %

प्रश्न संख्या	उत्तर	सही उत्तर / छोड़ दिया
85	B	17.57 %
		50.25 %
86	B	24.95 %
		57.72 %
87	A	16.41 %
		67.5 %
88	A	31.39 %
		51.17 %

प्रश्न संख्या	उत्तर	सही उत्तर / छोड़ दिया
89	D	23.32 %
		64.26 %
90	E	16.75 %
		68.71 %
91	B	21.35 %
		61.55 %
92	A	23.96 %
		60.57 %

प्रश्न संख्या	उत्तर	सही उत्तर / छोड़ दिया
93	B	23.17 %
		60.99 %
94	D	20.64 %
		62.0 %
95	C	21.53 %
		63.73 %
96	D	21.71 %
		67.78 %

प्रश्न संख्या	उत्तर	सही उत्तर / छोड़ दिया
97	C	18.97 %
		66.99 %
98	C	18.99 %
		61.13 %
99	D	15.86 %
		60.51 %
100	E	13.28 %
		64.93 %

कार्य विश्लेषण	
औसत अंक (%)	65.0%
टॉपर्स स्कोर (%)	71.0%
आपका स्कोर	

//संकेत और समाधान//

1. Adverb of manner- describes the manner of action. It answers the question – How is the action carried out?

Here, the blank expresses how the flute is played so 'Beautifully' is the correct solution. The other options are not adverbs.

So, The correct sentence is "He plays the flute beautifully".

Hence, the correct option is (C).

2. We have to use a conjunction in the blank that means 'with the aim that; in order that'. Hence, the correct answer is 'so'.

Eg - They whisper to each other so that no one else can hear.

Other options are rejected because :

'There' means in, at, or to that place or position.

'By' means identifying the agent performing the action. Eg - The door was opened by her.

'For' is used for a length of time whereas 'since' shows some point in time in the past as being the starting point of the action or event.

So, The correct sentence is "I worked hard so that I can catch up to you".

Hence, the correct option is (B).

3. The given sentence is in indirect speech. In indirect speech, we often use a tense which is 'further back' in the past (e.g. worked) than the tense originally used (e.g. work). This is called 'backshift'.

We have to use a verb in the past tense in the blank. The past tense is used for anything that happened before the time of speaking.

Even though a time frame is not given in the question, only 'asked' is appropriate in the sentence.

Other options are wrong because:

'Say' means 'speak'.

'Ask' is grammatically wrong as 'asked' is used in indirect speech.

'Said' is also grammatically wrong as it is the past tense and past participle of 'say'.

'Asking' is the present participle and gerund of 'ask'.

So, The correct sentence is "She asked me to tie her bow".

Hence, the correct option is (D).

4. The correct preposition to be used in the blank is 'Within' as it means 'occurring inside (a particular period of time)'.

Eg - The tickets were sold out within two hours.

Other options are rejected because:

'In' is used for expressing a period of time during which an event happens or a situation remains the case.

Eg - They met in 1999.

'Into' is used for expressing movement or action.

Eg - Put it into the fridge.

'On' means physically in contact with and supported by (a surface).

'By' is used for identifying the agent performing an action.

Eg - The door was opened by him.

So, The correct sentence is "He will return within a month".

Hence, the correct option is (B).

5. 'Man' and 'Woman' both are singular nouns.

When two singular subjects are preceded by each or every, the verb should be in the singular.

The verb 'has' is to be used in the blank as it means 'possess, own, or hold'.

Other options are rejected because :

'Have' is used with plural subjects.

'Had' is the past tense as well as the past participle of 'have'.

'Was' is the singular past tense of 'be' and 'Is' is the singular present tense of 'be'.

So, The correct sentence is "Every man and every woman has the right to express his or her views".

Hence, the correct option is (A).

6. The word 'Exonerate' means to free from a charge of wrongdoing.

The antonyms of the word 'Exonerate' are "sentence, accuse, convict".

From the antonym of the given word, we can say that the word 'sentence' is the opposite in meaning.

The word 'sentence' means the punishment assigned to a defendant found guilty by a court or fixed by law for a particular offence.

Hence, the correct option is (B).

7. The correct answer is 'Convenience'.

- The word 'Expediency' means 'the quality of being convenient and practical despite possibly being improper or immoral; convenience.
- The synonyms of the word 'Expediency' are "advisability, advisableness, desirability, convenience, desirableness, expedience, judiciousness, prudence, wisdom".
- From the synonym of the given word, we can say that the word 'Convenience' is the most similar in meaning.
- The word 'Convenience' means 'the quality of being easy, useful or suitable for somebody.

Hence, the correct option is (B).

8. The correct spelling of the given option is Topple.

To topple a government or leader, especially one that is not elected by the people, means to cause them to lose power.

Hence, the correct option is (D).

9. The word which is wrongly spelt is tentetive.

The correct spelling of the marked option is 'Tentative' which means not certain or fixed; provisional.

Hence, the correct option is (B).

10. The correctly spelt word is Manoeuvre.

Manoeuvre - perform a movement in military or naval tactics to secure an advantage in attack or defence.

Hence, the correct option is (A).

11. The adverb 'mostly' which refers to 'Usually' or 'Generally' is wrongly used here and should be replaced by 'most' which refers to 'to the greatest extent' to make the sentence grammatically correct. All other parts which are in bold are correct and need no improvement.

So the correct sentence is "The man who has committed such a heinous crime must get the most severe punishment".

Hence, the correct option is (C).

12. The correct phrasal verb to be used here is 'put forward' itself.

'Put through' means to connect to someone and thus Option (D) is incorrect.

If we put out an announcement or story, we make it known to a lot of people. Thus, option (C) is also unsuitable.

If we put forward a plan, proposal, or name, we suggest that it should be considered for a particular purpose or job.

Clearly, the sentence is absolutely correct and thus needs no improvement.

Hence, the correct option is (E).

13. Option (B) is incorrect because 'among' is being replaced by 'amidst', changing the meaning of the sentence.

Option (C) is incorrect as 'the' is a definite article and is to be used when the noun is specific.

Ex: "The dog that bit me ran away." Here, we're talking about a specific dog, the dog that bit me. However, here the word 'asylum seekers' is used in general terms.

Option (D) is fallacious due to incorrect use of apostrophe (Indian's) which is used to denote only one Indian. Also, the word 'maximum' is incorrect with respect to the context.

Option (A) is grammatically correct.

So the correct sentence is "According to the International Migration Outlook 2017 report on OECD member countries, Indians are among top asylum-seekers in other countries".

Hence, the correct option is (A).

14. The presence of the preposition 'than' right after the bold part confirm that an adjective of comparative degree must be used here. Option (A) and (D) get eliminated straightaway.

Option (C) is ungrammatical as an adjective of comparative degree is not used with 'as ... as' phrase.

So the correct sentence is "The US and Australia have jointly test-fired a hypersonic missile capable of moving at a speed eight times faster than sound, as part of $54-million research project".

Hence, the correct option is (B).

15. Here, the correct phrase should be 'abide by' and not 'abide to'.

Abide by (Phrasal Verb): to follow a rule, decision, or instruction

Ex. They promised to abide by the rules of the contest.

So, option (A) can be eliminated.

Option (C) and (D) can also be eliminated as well as it's clear that there are more than one agreement and the noun 'agreement' has to be in plural to stay relevant in the context.

So the correct sentence is "World football's governing body FIFA lifted the ban it had imposed on the Sudan Football Association (SFA) for its failure to abide by the agreements mentioned in articles 14 and 19 of the FIFA statute".

Hence, the correct option is (B).

16. Replace 'to' with 'of'.

We use 'to' to show direction and here we can not find any such direction in the sentence.

The preposition 'of' is used to show the position of something/somebody in space or time. E.g. at the time of the revolution.

So the correct sentence is "The Renaissance was a time of 'reawakening' in both the arts and the sciences".

Hence, the correct option is (B).

17. The sentence is correct. So, the complete sentence is:

Nuclear waste will still be radioactive even after twenty thousand years so it must be disposed of very carefully.

So, Clearly, the sentence is absolutely correct.

Hence, the correct option is (E).

18. From time period 1 to time period 2 - indicates a length of time.

e.g: I had lived in Delhi from 2014 to 2017. (for 3 years)

Since (Prep.) indicates a past time until a later time, or until now.

e.g: I have been living in Delhi since 1964. (from 1964 until now)

The given sentence implies that William's ice-cream gained popularity for the first time in 1970 and since then its popularity still exists.

Correct sentence:

Since the 1970's, William's has been the most popular ice cream parlor in town.

Hence, the correct option is (A).

19. The error lies in part (B) of the sentence. The usage of 'deepening' is incorrect. Use 'deepen' in place of deepening.

According to grammar, whenever we have an infinitive phrase we need to use the base form of the verb with the preposition 'to' i.e., 'to + V1'

Example- I decided not to go to London.

So, the correct sentence is: The challenge before India is to deepen the tactical engagement with China keeping strategic glitches at bay.

Hence, the correct option is (B).

20. The error lies in part (B) of the sentence.

In Part (B), replace 'was' with were because here two individual subjects are connected by 'and' so the subject is in the plural and the verb should also be in plural.

When the subject of the sentence is composed of two or more nouns or pronouns connected by and, use a plural verb.

So, the correct sentence is: The trip to the airport and the flight to Singapore were both uneventful, the hotel accommodations were better than they could have expected on such short notice.

Hence, the correct option is (B).

21. Reading the given sentences we find that:

- The paragraph starts by introducing the Nuclear Power Corporation of India Limited, and my mentioning what it is; which is D.
- Then statement A provides us more information regarding NPCIL that it is a dividend-paying company.
- This is soon followed by statement C which elaborates on what NPCIL does, its responsibilities.
- This is elaborated using the second statement that is the overriding priority given to safety as mentioned in E.
- The paragraph ends by concluding the present operation of NPCIL i.e the number of power reactors and it's capacity, which is B.
- Therefore the correct sequence is DACEB.

So, D is the first sentence according to the paragraph.

Hence, the correct option is (D).

22. Reading the given sentences we find that:

- The paragraph starts by introducing the Nuclear Power Corporation of India Limited, and my mentioning what it is; which is D.
- Then statement A provides us more information regarding NPCIL that it is a dividend-paying company.
- This is soon followed by statement C which elaborates on what NPCIL does, its responsibilities.
- This is elaborated using the second statement that is the overriding priority given to safety as mentioned in E.
- The paragraph ends by concluding the present operation of NPCIL i.e the number of power reactors and it's capacity, which is B.
- Therefore the correct sequence is DACEB.

So, A is the second sentence according to the passage.

Hence, the correct option is (A).

23. Reading the given sentences we find that:

- The paragraph starts by introducing the Nuclear Power Corporation of India Limited, and my mentioning what it is; which is D.
- Then statement A provides us more information regarding NPCIL that it is a dividend-paying company.
- This is soon followed by statement C which elaborates on what NPCIL does, its responsibilities.
- This is elaborated using the second statement that is the overriding priority given to safety as mentioned in E.
- The paragraph ends by concluding the present operation of NPCIL i.e the number of power reactors and it's capacity, which is B.
- Therefore the correct sequence is DACEB.

So, C is the third sentence according to the paragraph.

Hence, the correct option is (C).

24. Reading the given sentences we find that:

- The paragraph starts by introducing the Nuclear Power Corporation of India Limited, and my mentioning what it is; which is D.
- Then statement A provides us more information regarding NPCIL that it is a dividend-paying company.
- This is soon followed by statement C which elaborates on what NPCIL does, its responsibilities.
- This is elaborated using the second statement that is the overriding priority given to safety as mentioned in E.
- The paragraph ends by concluding the present operation of NPCIL i.e the number of power reactors and it's capacity, which is B.
- Therefore the correct sequence is DACEB.

So, E is the fourth sentence according to the paragraph.

Hence, the correct option is (E).

25. Reading the given sentences we find that:

- The paragraph starts by introducing the Nuclear Power Corporation of India Limited, and my mentioning what it is; which is D.
- Then statement A provides us more information regarding NPCIL that it is a dividend-paying company.
- This is soon followed by statement C which elaborates on what NPCIL does, its responsibilities.

- This is elaborated using the second statement that is the overriding priority given to safety as mentioned in E.
- The paragraph ends by concluding the present operation of NPCIL i.e the number of power reactors and it's capacity, which is B.
- Therefore the correct sequence is DACEB.

So, B is the fifth sentence according to the paragraph.

Hence, the correct option is (B).

26. According to the passage, "In the present predicament when we are not able to adjust ourselves to the new conditions which science has brought about it is not easy to adopt the principles of non-violence, truth and understanding. But on that ground we should not give up the effort."

So, it can be concluded that It is not easy to follow the principles of non-violence and truth because there is the problem of adjustment between emerging new conditions which science has brought about.

Hence, the correct option is (D).

27. According to the passage, "While the obstinacy of the political leaders puts fear into our hearts, the common sense and conscience of the people of the world give us hope. "

So, it can be concluded that according to the writer obstinacy of our political leaders instils fear into our heart.

Hence, the correct option is (E).

28. According to the passage, "We live in an age which is aware of its own defeat and moral coarsening, an age in which old certainties are breaking down, the familiar patterns are tilting and cracking. There is increasing intolerance and embitterment. The creative flame that kindled the great human society is languishing. The human mind in all its baffling strangeness and variety produces contrary types, a Buddha or a Gandhi, a Nero or a Hitler."

So, it can be concluded that "Reviving of traditional familiar patterns" is not a characteristic of modern Age.

Hence, the correct option is (C).

29. The meaning of the given words:

- Obstinacy: stubbornness
- Compliance: the act or process of complying to a desire, demand, proposal, or regimen or to coercion
- Tenacity: mental or moral strength to resist opposition, danger, or hardship.
- Obduracy: stubbornly persistent in wrongdoing
- Tractability: capable of being easily led, taught, or controlled

So, from the meanings of the given words, we can conclude that compliance is correct antonym of the obstinacy.

Hence, the correct option is (D).

30. According to the passage, "We live in an age which is aware of its own defeat and moral coarsening, an age in which old certainties are breaking down, the familiar patterns are tilting and cracking. There is increasing intolerance and embitterment. The creative flame that kindled the great human society is languishing. The human mind in all its baffling strangeness and variety produces contrary types, a Buddha or a Gandhi, a Nero or a Hitler."

So, it can be concluded that "Reviving of traditional familiar patterns" is not a characteristic of modern Age.

Hence, the correct option is (E).

31. दिए गए कथन: $A > B < C < D; K \geq L > M = D; G > H \geq I \leq J < A$

संयोजित करने पर: $G > H \geq I \leq J < A > B < C < D = M < L \leq K$

निष्कर्ष:

I. $G > A \rightarrow$ असत्य (दिया गया है $G > H \geq I \leq J < A$ इस प्रकार G और A के बीच स्पष्ट संबंध निर्धारित नहीं किया जा सकता है)

II. $A \geq G \rightarrow$ असत्य (दिया गया है $G > H \geq I \leq J < A$ इस प्रकार G और A के बीच स्पष्ट संबंध निर्धारित नहीं किया जा सकता है)

III. $K > I \rightarrow$ असत्य (दिया गया है $I \leq J < A > B < C < D = M < L \leq K$ इसलिए $K > B$ है लेकिन B और I के बीच संबंध स्पष्ट नहीं है इस प्रकार K और I के बीच स्पष्ट संबंध निर्धारित नहीं किया जा सकता है)

अतः विकल्प (E) सही है।

32. कथन: $A \leq B < C; A \geq E; C \leq F$

जोड़ने पर: $E \leq A \leq B < C \leq F$

निष्कर्ष:

I. $E < C \Rightarrow$ सत्य है क्योंकि $C > B$ और $B \geq E$ इसलिए $C > E$

II. $F \geq E \Rightarrow$ सत्य नहीं है क्योंकि $F > B$ और $B \geq E$ इसलिए $F > E$

इसलिए, केवल निष्कर्ष I सत्य है।

अतः विकल्प (A) सही है।

33. दिए गए कथन: $X < M \leq W; B \geq L \geq O; O = X$

संयोजन करने पर: $B \geq L \geq O = X; W \geq M > O = X$

निष्कर्ष:

I. $B > M \rightarrow$ असत्य ($B \geq L \geq O$ and $M > O \rightarrow$ B और M के बीच संबंध निर्धारित नहीं किया जा सकता है।)

II. $M \geq B \rightarrow$ असत्य ($B \geq L \geq O$ and $M > O \rightarrow$ B और M के बीच संबंध निर्धारित नहीं किया जा सकता है।)

III. $L < W \rightarrow$ असत्य ($L \geq O$ and $W \geq M > O \rightarrow$ L और W के बीच संबंध निर्धारित नहीं किया जा सकता है।)

निष्कर्ष में से कोई सत्य नहीं है, लेकिन निष्कर्ष I और II एक पूरक युग्म बनाते हैं।

इस प्रकार, या तो निष्कर्ष I या निष्कर्ष II सत्य है।

अतः विकल्प (C) सही है।

34. दिए गए कथन: $R \leq A < N \leq I; K \geq I; V > A$

संयोजन करने पर: $R \leq A < N \leq I \leq K$ और $V > A$

निष्कर्ष:

I) $K \geq A \rightarrow$ असत्य ($A < N \leq I \leq K$ का अर्थ है कि K, A से बड़ा है)

II) V > I → असत्य (V > A < N ≤ I यहाँ हमारे पास V और I के बीच स्पष्ट संबंध नहीं है)

III) R ≤ K → असत्य (R ≤ A < N ≤ I ≤ K यहाँ हमारे पास R, K से छोटा है)

इस प्रकार सही उत्तर इनमें से कोई नहीं है।

अतः विकल्प (E) सही है।

35. दिए गए कथन: U ≤ W ≥ R > S ; T > S = V

संयोजन पर : U ≤ W ≥ R > S = V < T

निष्कर्ष:

I. W < V → असत्य (जैसे W ≥ R > S = V) यह स्पष्ट है कि W, V से बड़ा है

II. T < V → असत्य (जैसे S = V < T) V, T से छोटा है

दोनों कथन दिए गए कथन के अनुसार दिए गए कथन का पालन नहीं करते हैं W ≥ R > S = V यह स्पष्ट है कि W > V जबकि निष्कर्ष में यह दिया गया है

W < V इसलिए यह असत्य है।

उसी प्रकार S = V < T → V < T लेकिन निष्कर्ष में यह है T < V इसलिए यह असत्य है

इसलिए न तो I और न ही II सत्य है।

अतः विकल्प (D) सही है।

36. दिया गया शब्द:

MAGNIFICIENT

वर्णानुक्रम में व्यवस्थित करने पर:

ACEFGIIMNNT

पहले, तीसरे, चौथे और आठवें अक्षर A, E, F और M हैं।

A, E, F और M का उपयोग करके जो अर्थपूर्ण अंग्रेजी शब्द बनाया जा सकता है वह FAME है।

इस प्रकार केवल एक शब्द बनाया जा सकता है।

अतः विकल्प (B) सही है।

37. दिया गया शब्द:

MAGNIFICENT

उपरोक्त शर्त को लागू करते हुए नया शब्द है:

MBGNJFJCFNT

जिन दो अक्षर युग्मों के बीच वर्णमाला क्रम के अनुसार समान शब्द हैं, वे हैं- 'B और F', 'G और N' और 'F और J'।

अतः विकल्प (C) सही है।

Ques (38-40):दी गई जानकारी के अनुसार-

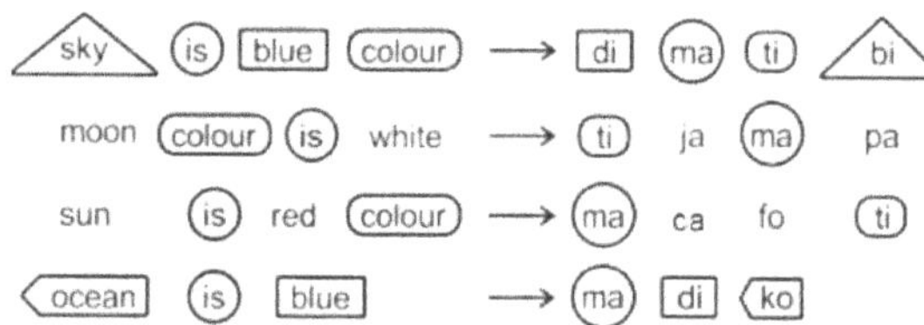

38. इसलिए, 'red' को या तो 'ca' या 'fo' के रूप में कूटबद्ध किया जाता है।

अतः विकल्प (D) सही है।

39. इसलिए, 'ti' शब्द 'colour' का कूट है।

अतः विकल्प (C) सही है।

40. इसलिए, 'moon' को या तो 'ja' या 'pa' के रूप में कूटबद्ध किया जाता है।

अतः विकल्प (E) सही है।

41. दिया गया है,

राज्य स्तरीय नृत्य प्रतियोगिता में कुल 75 लोगों ने हिस्सा लिया।

सोनू का स्थान = ऊपर से 13वां

बरखा का स्थान = नीचे से 25वां

तो, स्तुति के बाद रैंक करने वाले प्रतिभागियों की संख्या = 75-13 = 62

बरखा से पहले रैंक करने वाले प्रतिभागियों की संख्या = 75-25 = 50

अतः उन दोनों के बीच खड़े प्रतिभागियों की संख्या = 50-13 = 37

अतः विकल्प (D) सही है।

42. दिया गया है:

बच्चों की किसी कतार में दीपा बाएँ से 9वें स्थान पर है और विजय दाएँ से 13 वें स्थान पर है। जब ये दोनों आपस में अपना स्थान अदल-बदल कर लेते हैं, तो दीपा बाएँ से 17 वें स्थान पर आ जाती है।

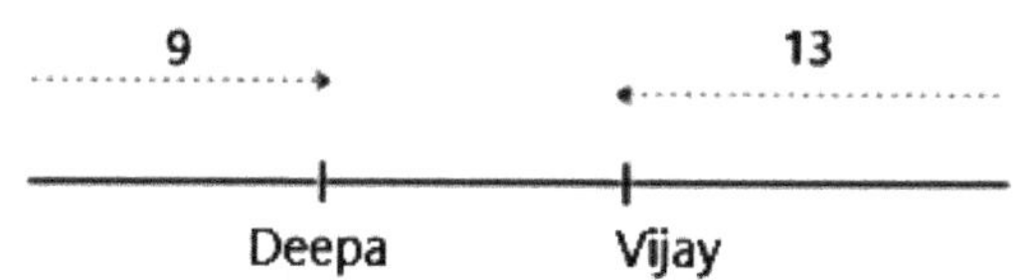

स्थानांतरण करने पर,

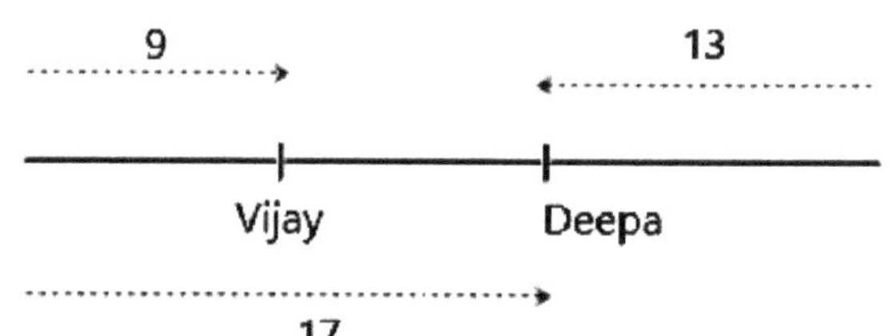

फिर,

दीपा की वर्तमान स्थिति = 17

दीपा की पूर्व स्थिति = 9

दीपा की वर्तमान एवं पूर्व स्थिति का अंतर = 17 - 9 = 8

विजय की पूर्व स्थिति = 13

विजय की वर्तमान स्थिति = दीपा की वर्तमान एवं पूर्व स्थिति का अंतर + विजय की पूर्व स्थिति

$= (17 - 9) + 13 = 21$वाँ

अतः विकल्प (B) सही है।

Ques (43-47):आठ व्यक्ति: A, E, I, J, K, L, M, और O

रंग: लाल, हरा, पीला, बैंगनी, सफेद, गुलाबी, ग्रे और काला

1) काला रंग पसंद करने वाला व्यक्ति, L के ठीक बाएं बैठा है जिसे हरा रंग पसंद है।

जैसा कि यह स्पष्ट नहीं है, यदि L आंतरिक वृत्त या बाहरी वृत्त पर बैठता है, तो दो स्थितियाँ बनेंगी।

स्थिति 1:

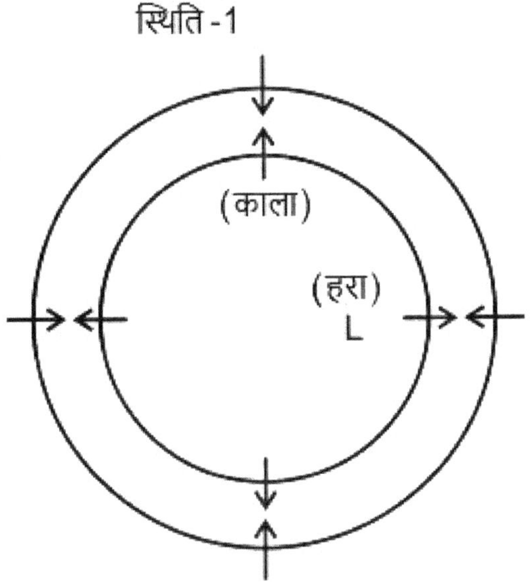

स्थिति 2:

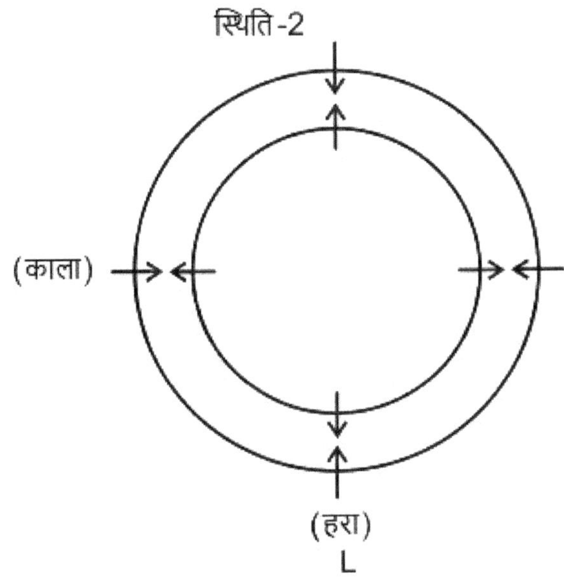

2) काला रंग पसंद करने वाला व्यक्ति, सफेद रंग पसंद करने वाले व्यक्ति के सम्मुख है।

स्थिति 1:

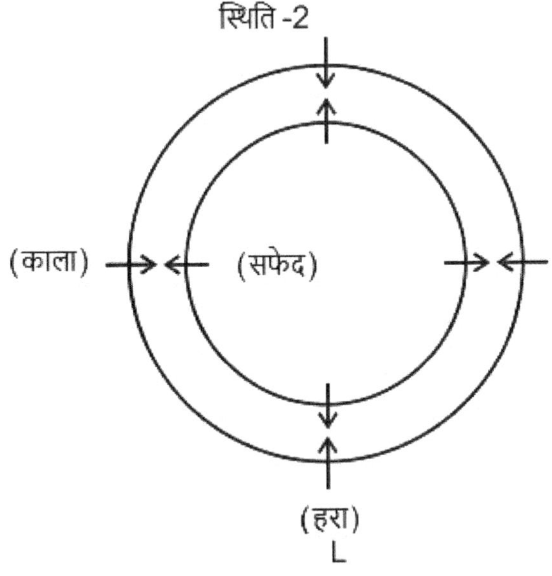

स्थिति 2:

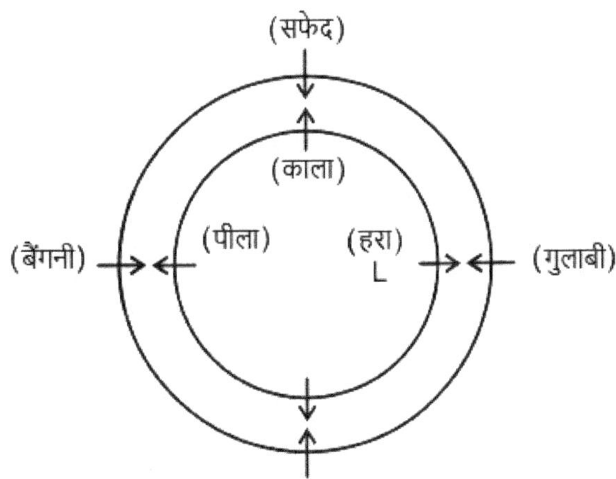

3) वह व्यक्ति जिसे गुलाबी रंग पसंद है वह उसी वृत्त में बैंगनी रंग पसंद करने वाले व्यक्ति के विपरीत बैठा है।

4) गुलाबी रंग पसंद करने वाला व्यक्ति अन्दर की ओर सम्मुख है।

जैसा कि उपरोक्त शर्त स्थिति 2 में संतुष्ट नहीं हो रही है, इसे रद्द कर दिया जाएगा।

5) पीला रंग पसंद करने वाला व्यक्ति, बैंगनी रंग पसंद करने वाले व्यक्ति के सम्मुख है।

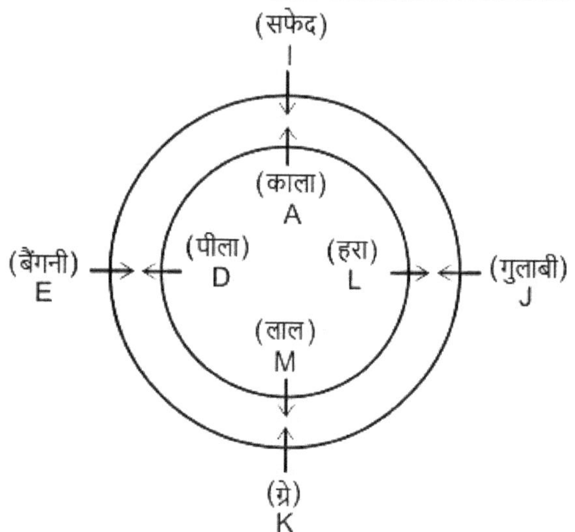

6) E, K के ठीक बायें बैठा है, जिसे ग्रे रंग पसंद है।

7) O को पीला रंग पसंद है और वह M के ठीक दायें बैठा है।

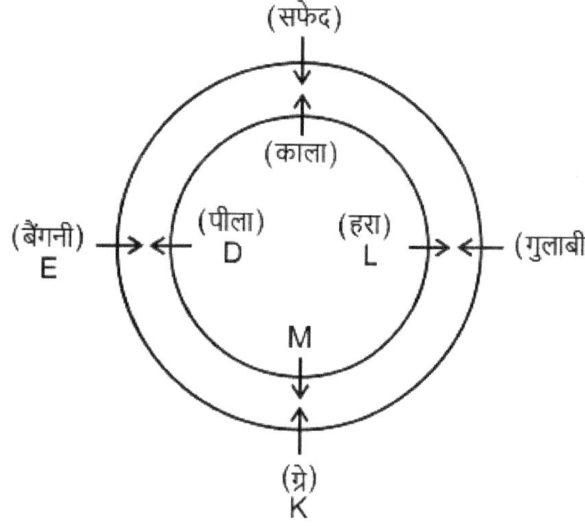

8) I, J के ठीक दायें बैठा है।

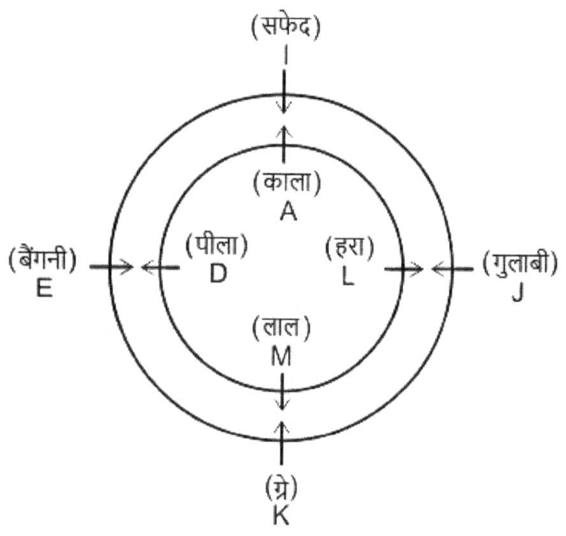

43. इसलिए, A को काला रंग पसंद है।

अतः विकल्प (E) सही है।

44. इसलिए, M को लाल रंग पसंद है।

अतः विकल्प (D) सही है।

45. इसलिए, जिसे पीला रंग पसंद है वह हरा रंग पसंद करने वाले व्यक्ति के विपरीत बैठा है।

अतः विकल्प (C) सही है।

46. इसलिए, I, J के सम्मुख है।

अतः विकल्प (A) सही है।

47. इसलिए, वह व्यक्ति जिसे गुलाबी रंग पसंद है वह ग्रे रंग पसंद करने वाले व्यक्ति के ठीक दायें बैठा है।

अतः विकल्प (B) सही है।

48. व्यक्ति: M, N, O, P, Q, R, S और T

बैग की संख्या: 13, 21, 25, 30, 50, 64, 70 और 90

1) M उस व्यक्ति के बाएं तीसरे स्थान पर बैठा है, जिसके पास 50 बैग हैं।

2) O, M के निकटतम बैठा है।

3) केवल दो व्यक्ति M के बाएं बैठे हैं।

स्थिति 1:

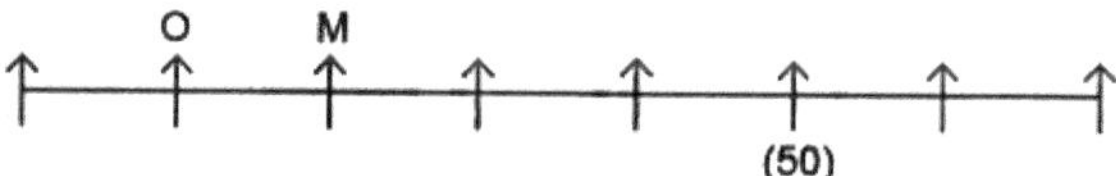

स्थिति 2:

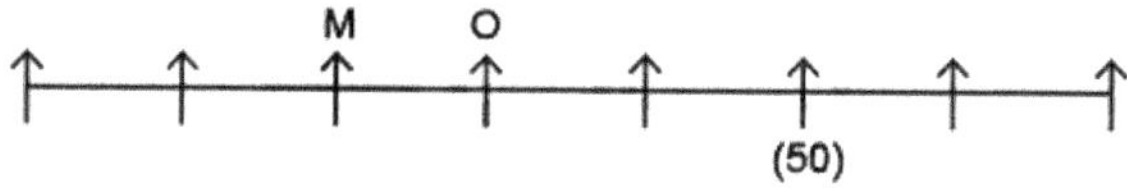

4) T के पास N से 4 अधिक बैग हैं। इसलिए, T और N के पास क्रमशः 25 और 21 बैग या 70 और 66 बैग होने चाहिए।

5) O और S के मध्य तीन व्यक्ति बैठे हैं।

6) R, T के निकटतम दाएं बैठा है और दोनों में से कोई भी अंतिम छोर पर नहीं बैठा है।

स्थिति 1:

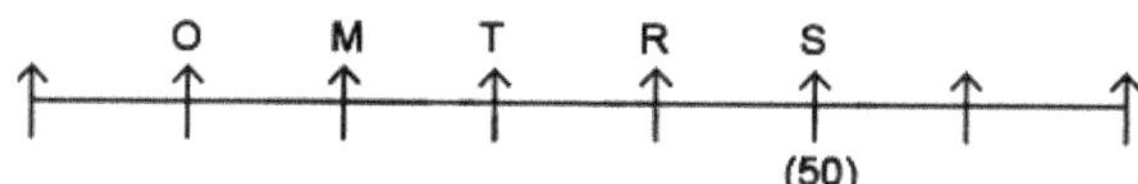

स्थिति 2:

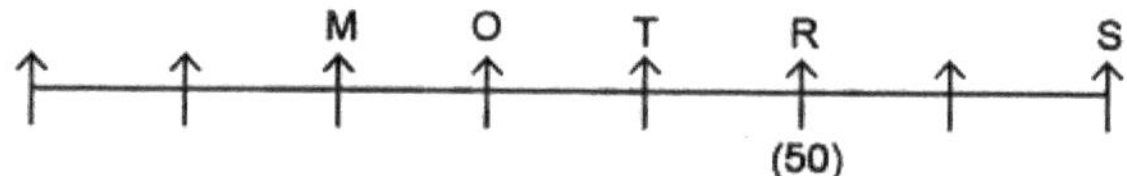

7) वह जिसके पास 70 बैग हैं, Q के निकटतम बाएं बैठा है। इसलिए, T और N के पास क्रमशः 25 और 21 बैग होने चाहिए।

8) N, R के निकटतम नहीं है। इसलिए, स्थिति 2 रद्द हो जाती है। इसके अलावा, N बाएं छोर पर बैठा है।

9) O के पास विषम संख्या में बैग हैं। इसलिए, O के पास 13 बैग होने चाहिए।

10) R के पास Q से अधिक बैग हैं, जिसेक पास M से अधिक बैग हैं। इसलिए, R, Q और M के पास क्रमशः 90, 64 और 30 बैग हैं।

अंतिम स्थिति इस प्रकार है:

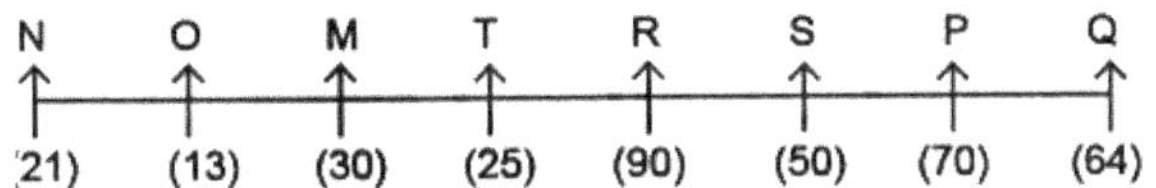

N और P के मध्य पाँच व्यक्ति बैठे हैं।

इसलिए, पाँच सही उत्तर है।

अतः विकल्प (A) सही है।

49. व्यक्ति: M, N, O, P, Q, R, S और T

बैग की संख्या: 13, 21, 25, 30, 50, 64, 70 और 90

1) M उस व्यक्ति के बाएं तीसरे स्थान पर बैठा है, जिसके पास 50 बैग हैं।

2) O, M के निकटतम बैठा है।

3) केवल दो व्यक्ति M के बाएं बैठे हैं।

स्थिति 1:

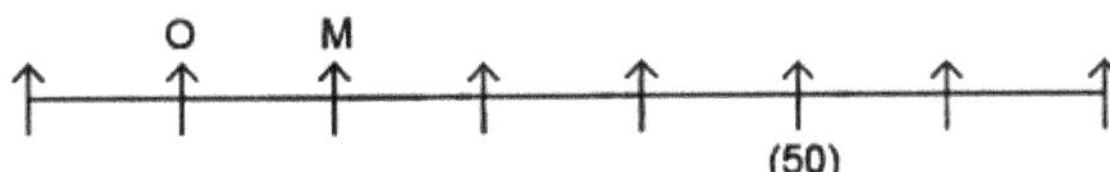

स्थिति 2:

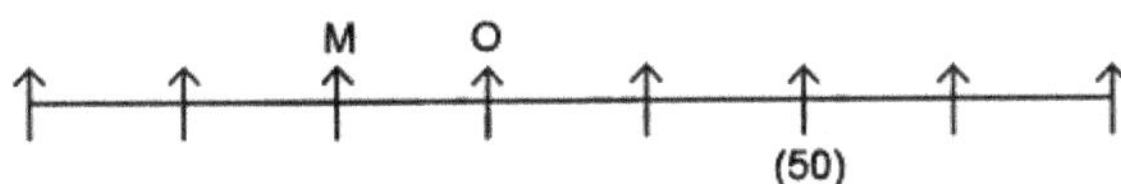

4) T के पास N से 4 अधिक बैग हैं। इसलिए, T और N के पास क्रमशः 25 और 21 बैग या 70 और 66 बैग होने चाहिए।

5) O और S के मध्य तीन व्यक्ति बैठे हैं।

6) R, T के निकटतम दाएं बैठा है और दोनों में से कोई भी अंतिम छोर पर नहीं बैठा है।

स्थिति 1:

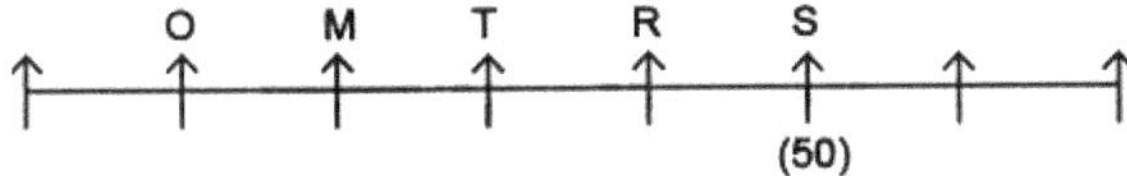

स्थिति 2:

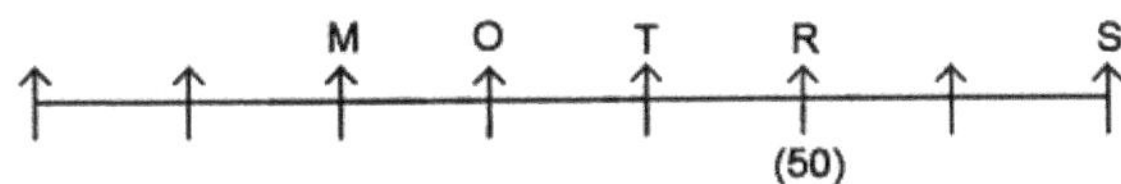

7) वह जिसके पास 70 बैग हैं, Q के निकटतम बाएं बैठा है। इसलिए, T और N के पास क्रमशः 25 और 21 बैग होने चाहिए।

8) N, R के निकटतम नहीं है। इसलिए, स्थिति 2 रद्द हो जाती है। इसके अलावा, N बाएं छोर पर बैठा है।

9) O के पास विषम संख्या में बैग हैं। इसलिए, O के पास 13 बैग होने चाहिए।

10) R के पास Q से अधिक बैग हैं, जिसेक पास M से अधिक बैग हैं। इसलिए, R, Q और M के पास क्रमशः 90, 64 और 30 बैग हैं।

अंतिम स्थिति इस प्रकार है:

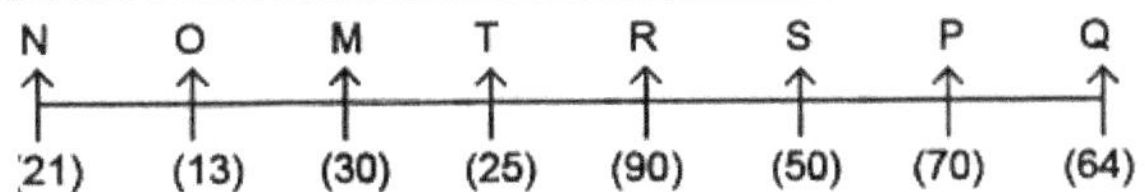

T और S के बैग की संख्या में अंतर = 50 – 25 = 25

इसलिए, 25 सही उत्तर है।

अतः विकल्प (D) सही है।

50. व्यक्ति: M, N, O, P, Q, R, S और T

बैग की संख्या: 13, 21, 25, 30, 50, 64, 70 और 90

1) M उस व्यक्ति के बाएं तीसरे स्थान पर बैठा है, जिसके पास 50 बैग हैं।

2) O, M के निकटतम बैठा है।

3) केवल दो व्यक्ति M के बाएं बैठे हैं।

स्थिति 1:

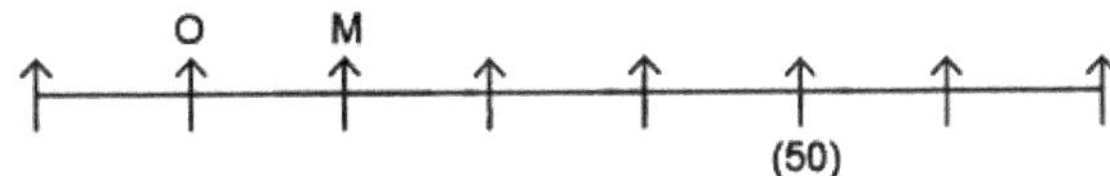

स्थिति 2:

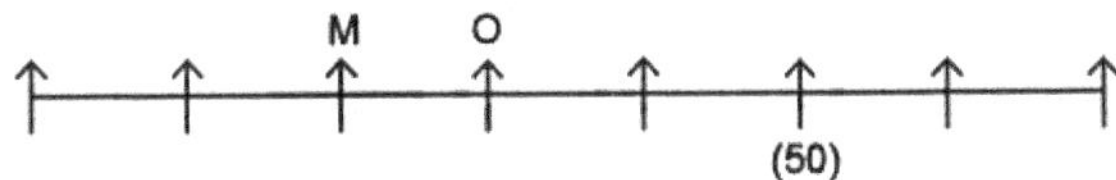

4) T के पास N से 4 अधिक बैग हैं। इसलिए, T और N के पास क्रमशः 25 और 21 बैग या 70 और 66 बैग होने चाहिए।

5) O और S के मध्य तीन व्यक्ति बैठे हैं।

6) R, T के निकटतम दाएं बैठा है और दोनों में से कोई भी अंतिम छोर पर नहीं बैठा है।

स्थिति 1:

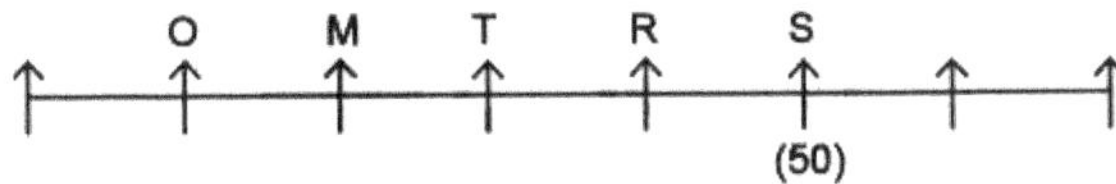

स्थिति 2:

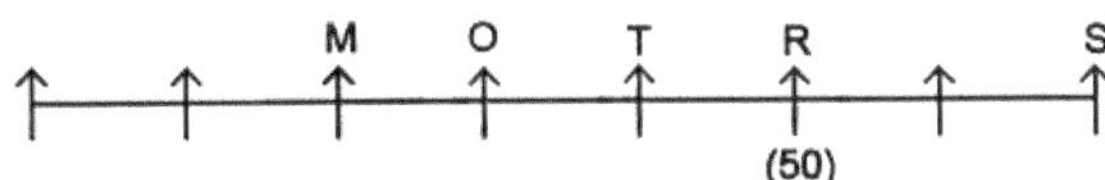

7) वह जिसके पास 70 बैग हैं, Q के निकटतम बाएं बैठा है। इसलिए, T और N के पास क्रमशः 25 और 21 बैग होने चाहिए।

8) N, R के निकटतम नहीं है। इसलिए, स्थिति 2 रद्द हो जाती है। इसके अलावा, N बाएं छोर पर बैठा है।

9) O के पास विषम संख्या में बैग हैं। इसलिए, O के पास 13 बैग होने चाहिए।

10) R के पास Q से अधिक बैग हैं, जिसेक पास M से अधिक बैग हैं। इसलिए, R, Q और M के पास क्रमशः 90, 64 और 30 बैग हैं।

अंतिम स्थिति इस प्रकार है:

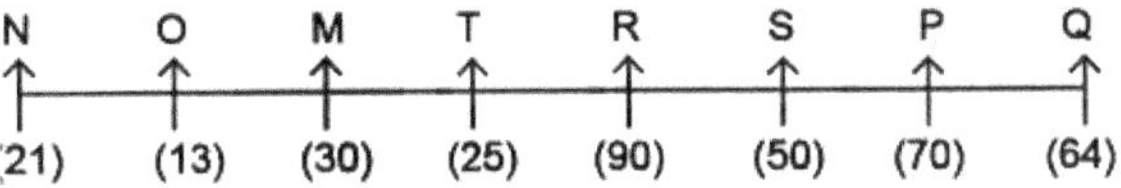

O, T के बाएं दूसरे स्थान पर बैठा है।

इसलिए, O सही उत्तर है।

अतः विकल्प (C) सही है।

51. व्यक्ति: M, N, O, P, Q, R, S और T

बैग की संख्या: 13, 21, 25, 30, 50, 64, 70 और 90

1) M उस व्यक्ति के बाएं तीसरे स्थान पर बैठा है, जिसके पास 50 बैग हैं।

2) O, M के निकटतम बैठा है।

3) केवल दो व्यक्ति M के बाएं बैठे हैं।

स्थिति 1:

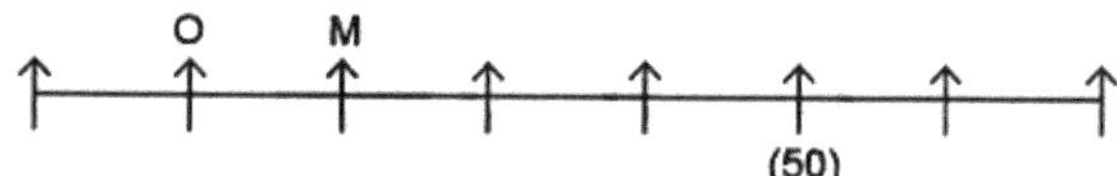

स्थिति 2:

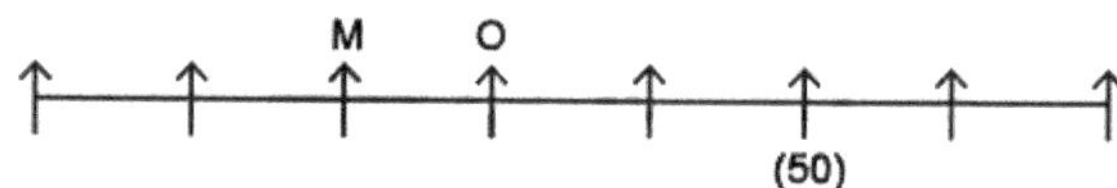

4) T के पास N से 4 अधिक बैग हैं। इसलिए, T और N के पास क्रमशः 25 और 21 बैग या 70 और 66 बैग होने चाहिए।

5) O और S के मध्य तीन व्यक्ति बैठे हैं।

6) R, T के निकटतम दाएं बैठा है और दोनों में से कोई भी अंतिम छोर पर नहीं बैठा है।

स्थिति 1:

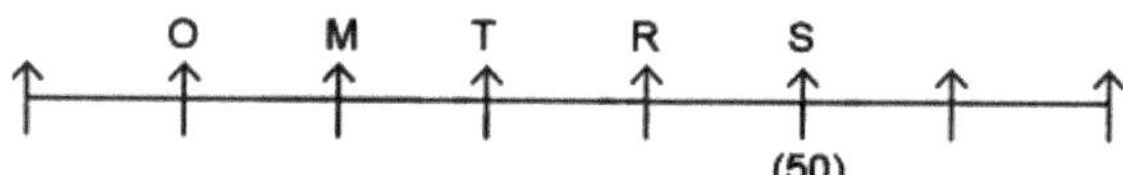

स्थिति 2:

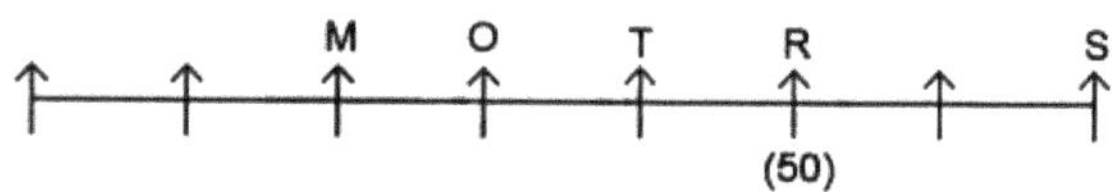

7) वह जिसके पास 70 बैग हैं, Q के निकटतम बाएं बैठा है। इसलिए, T और N के पास क्रमशः 25 और 21 बैग होने चाहिए।

8) N, R के निकटतम नहीं है। इसलिए, स्थिति 2 रद्द हो जाती है। इसके अलावा, N बाएं छोर पर बैठा है।

9) O के पास विषम संख्या में बैग हैं। इसलिए, O के पास 13 बैग होने चाहिए।

10) R के पास Q से अधिक बैग हैं, जिसेक पास M से अधिक बैग हैं। इसलिए, R, Q और M के पास क्रमशः 90, 64 और 30 बैग हैं।

अंतिम स्थिति इस प्रकार है:

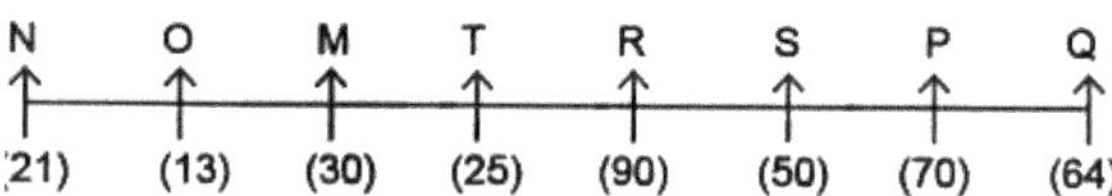

O के पास 13 बैग हैं।

इसलिए, 13 सही उत्तर है।

अतः विकल्प (D) सही है।

52. व्यक्ति: M, N, O, P, Q, R, S और T

बैग की संख्या: 13, 21, 25, 30, 50, 64, 70 और 90

1) M उस व्यक्ति के बाएं तीसरे स्थान पर बैठा है, जिसके पास 50 बैग हैं।

2) O, M के निकटतम बैठा है।

3) केवल दो व्यक्ति M के बाएं बैठे हैं।

स्थिति 1:

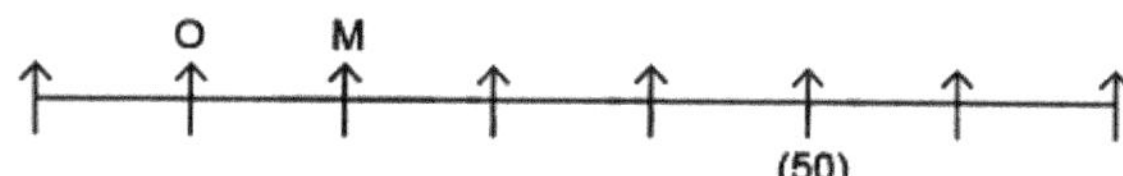

स्थिति 2:

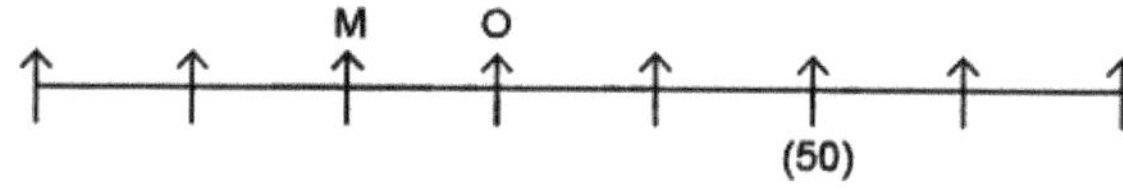

4) T के पास N से 4 अधिक बैग हैं। इसलिए, T और N के पास क्रमशः 25 और 21 बैग या 70 और 66 बैग होने चाहिए।

5) O और S के मध्य तीन व्यक्ति बैठे हैं।

6) R, T के निकटतम दाएं बैठा है और दोनों में से कोई भी अंतिम छोर पर नहीं बैठा है।

स्थिति 1:

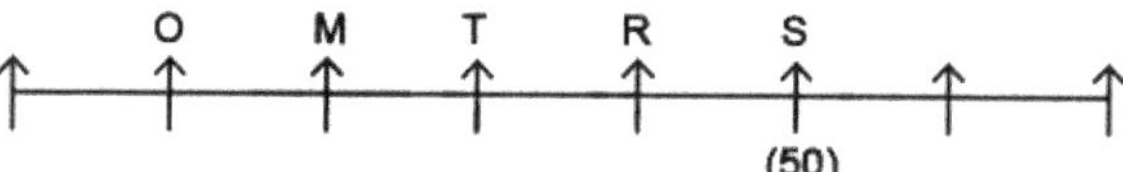

स्थिति 2:

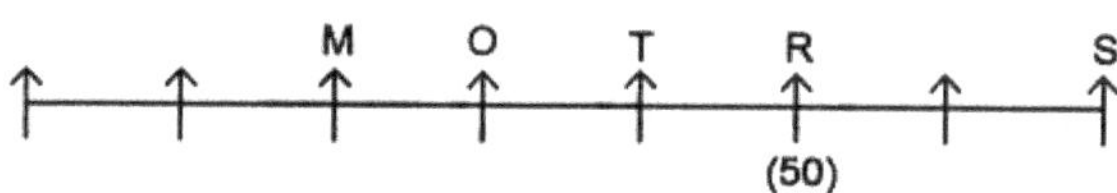

7) वह जिसके पास 70 बैग हैं, Q के निकटतम बाएं बैठा है। इसलिए, T और N के पास क्रमशः 25 और 21 बैग होने चाहिए।

8) N, R के निकटतम नहीं है। इसलिए, स्थिति 2 रद्द हो जाती है। इसके अलावा, N बाएं छोर पर बैठा है।

9) O के पास विषम संख्या में बैग हैं। इसलिए, O के पास 13 बैग होने चाहिए।

10) R के पास Q से अधिक बैग हैं, जिसेक पास M से अधिक बैग हैं। इसलिए, R, Q और M के पास क्रमशः 90, 64 और 30 बैग हैं।

अंतिम स्थिति इस प्रकार है:

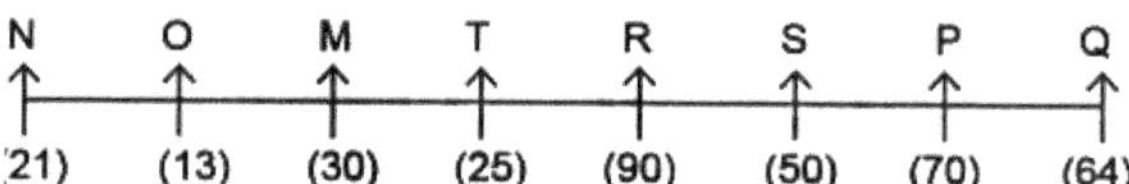

दो व्यक्ति S के दाएं बैठे हैं।

इसलिए, दो सही उत्तर है।

अतः विकल्प (C) सही है।

53. दी गई जानकारी से:

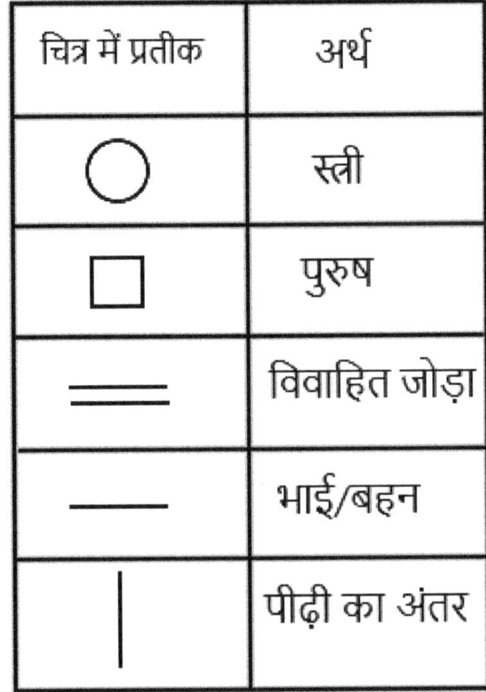

चित्र में प्रतीक	अर्थ
○	स्त्री
□	पुरुष
═══	विवाहित जोड़ा
───	भाई/बहन
│	पीढ़ी का अंतर

1. P, जो S की ग्रैंडमदर है, O से विवाहित है (इसलिए, P, O की पत्नी है।)

2. O परिवार में सबसे बुजुर्ग सदस्य है।

3. N, S का भाई है और M का पुत्र है (इसलिए, N और S, M के बच्चे हैं।)

4. R एक महिला है और अविवाहित है।

5. Q, O की डॉटर-इन-लॉ है, जिसके दो बच्चे हैं (इसलिए, Q का विवाह M से हुआ है और M, O का पुत्र है और R, O की पुत्री है।)

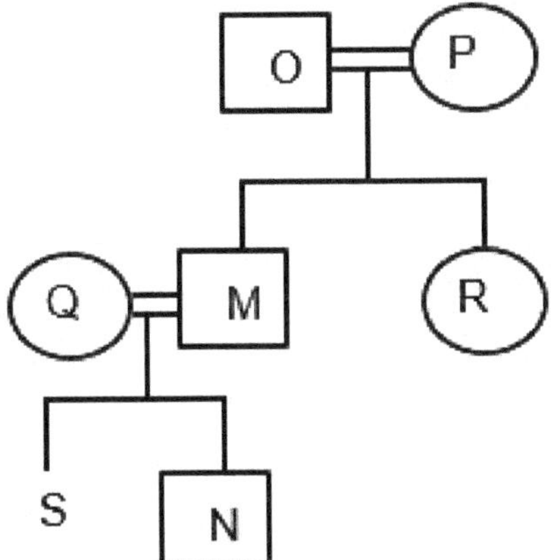

Q (जो महिला है) को छोड़कर सभी व्यक्ति पुरुष हैं।

इसलिए, Q समूह से संबंधित नहीं है।

अतः विकल्प (C) सही है।

54. दी गई जानकारी से:

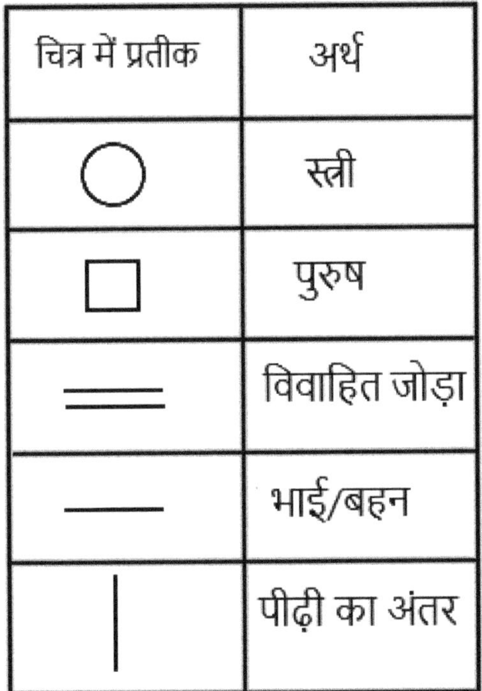

चित्र में प्रतीक	अर्थ
○	स्त्री
□	पुरुष
═══	विवाहित जोड़ा
───	भाई/बहन
│	पीढ़ी का अंतर

1. P, जो S की ग्रैंडमदर है, O से विवाहित है (इसलिए, P, O की पत्नी है।)

2. O परिवार में सबसे बुजुर्ग सदस्य है।

3. N, S का भाई है और M का पुत्र है (इसलिए, N और S, M के बच्चे हैं।)

4. R एक महिला है और अविवाहित है।

5. Q, O की डॉटर-इन-लॉ है, जिसके दो बच्चे हैं (इसलिए, Q का विवाह M से हुआ है और M, O का पुत्र है और R, O की पुत्री है।)

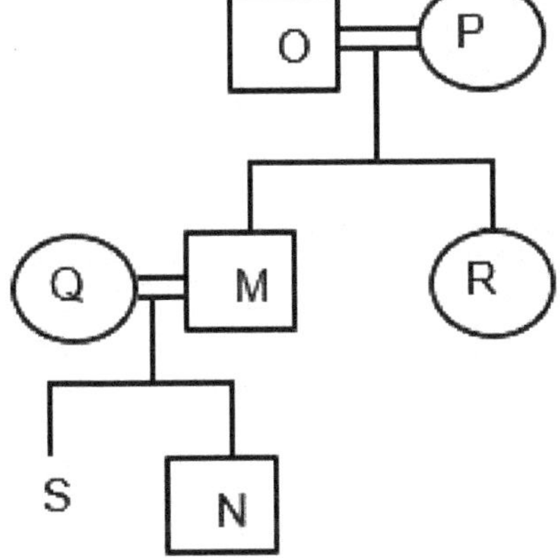

इसलिए, R, P की पुत्री है।

अतः विकल्प (D) सही है।

55. दी गई जानकारी से:

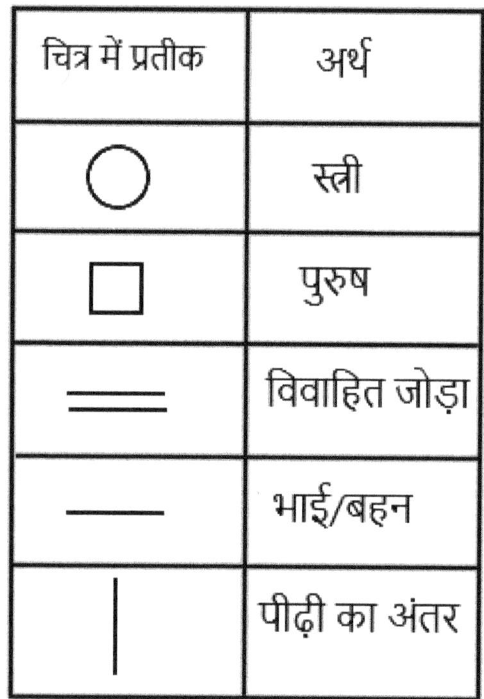

चित्र में प्रतीक	अर्थ
○	स्त्री
□	पुरुष
═	विवाहित जोड़ा
—	भाई/बहन
|	पीढ़ी का अंतर

1. P, जो S की ग्रैंडमदर है, O से विवाहित है (इसलिए, P, O की पत्नी है।)
2. O परिवार में सबसे बुजुर्ग सदस्य है।
3. N, S का भाई है और M का पुत्र है (इसलिए, N और S, M के बच्चे हैं।)
4. R एक महिला है और अविवाहित है।
5. Q, O की डॉटर-इन-लॉ है, जिसके दो बच्चे हैं (इसलिए, Q का विवाह M से हुआ है और M, O का पुत्र है और R, O की पुत्री है।)

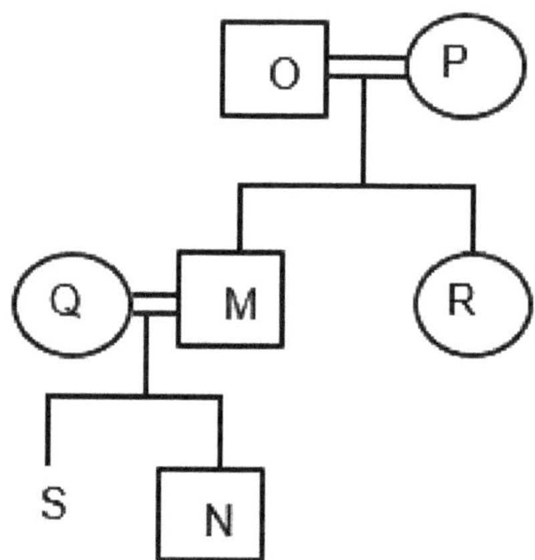

इसलिए, R, S की आन्टी है।

अतः विकल्प (B) सही है।

56. न्यूनतम संभावित वेन आरेख निम्न प्रकार है -

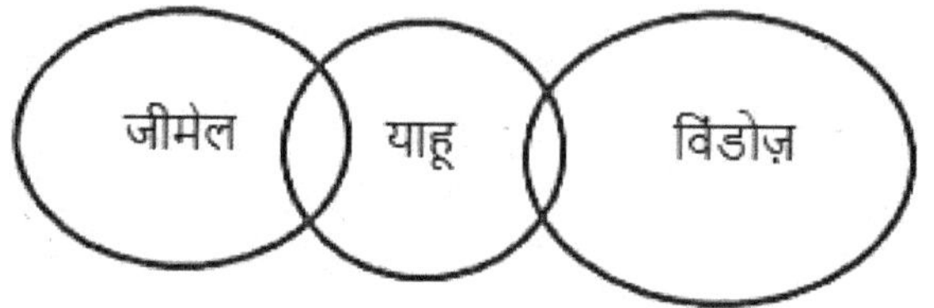

निष्कर्ष – I कुछ जीमेल विंडोज़ हैं – असत्य है

निष्कर्ष – II कोई जीमेल विंडोज़ नहीं है – सत्य है

इसलिए, केवल II अनुसरण करता है

अतः विकल्प (B) सही है।

57. न्यूनतम संभावित वेन आरेख निम्न प्रकार है-

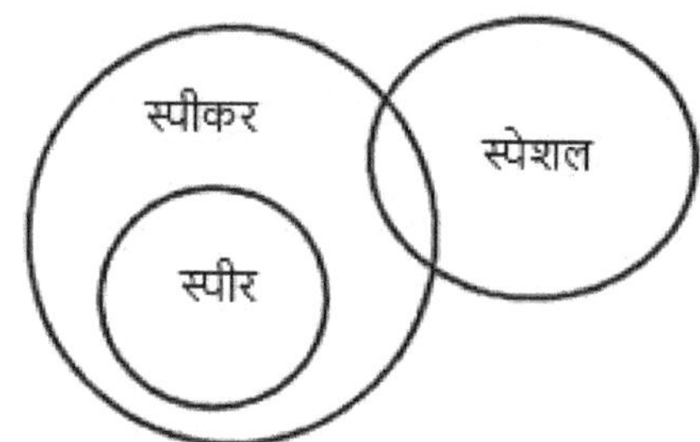

निष्कर्ष – I कुछ स्पीर स्पेशल है, एक संभावना है – सत्य है (जैसा कि केवल स्पीकर ही है, स्पीयर और स्पीकर के अलावा किसी अन्य के बीच कोई संबंध संभव नहीं है)

निष्कर्ष – II केवल कुछ स्पीर स्पेशल है – असत्य है (केवल कुछ स्पीकर स्पेशल हैं, केवल स्पीकर स्पीर हैं)

इसलिए , I और II दोनों अनुसरण करते हैं।

अतः विकल्प (D) सही है।

58. न्यूनतम संभावित वेन आरेख निम्न प्रकार है -

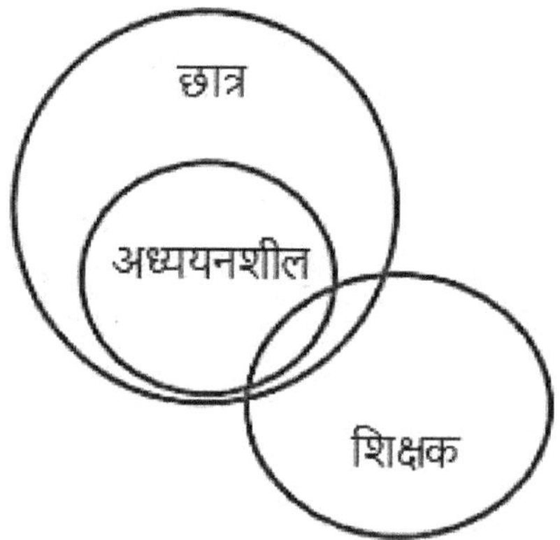

निष्कर्ष – I कुछ शिक्षक छात्र हैं – सत्य है (सभी अध्ययनशील छात्र हैं)

निष्कर्ष – II कोई छात्र शिक्षक नहीं है – असत्य है (सभी अध्ययनशील छात्र हैं)

इसलिए, केवल निष्कर्ष – I अनुसरण करता है।

अतः विकल्प (A) सही है।

59. न्यूनतम संभावित वेन आरेख निम्न प्रकार है -

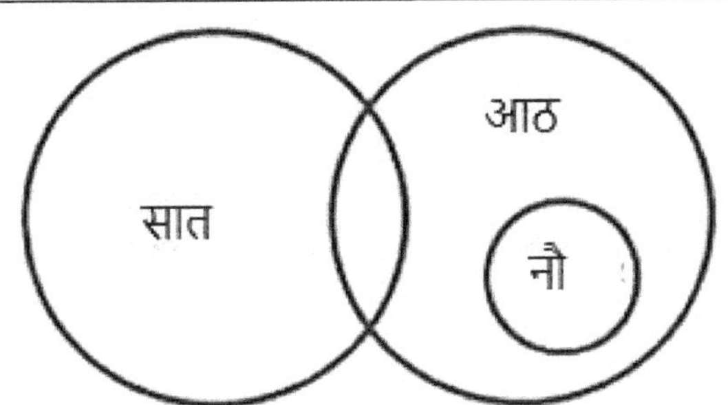

निष्कर्ष – I कुछ सात नौ हैं – असत्य है (यह संभव है किंतु निश्चित नहीं है)

निष्कर्ष – II सभी नौ आठ हैं – सत्य है (केवल आठ नौ है)

इसलिए , केवल II अनुसरण करता है।

अत: विकल्प (B) सही है।

60. दिए गये कथन के लिए न्यूनतम संभावित वेन आरेख इस प्रकार है,

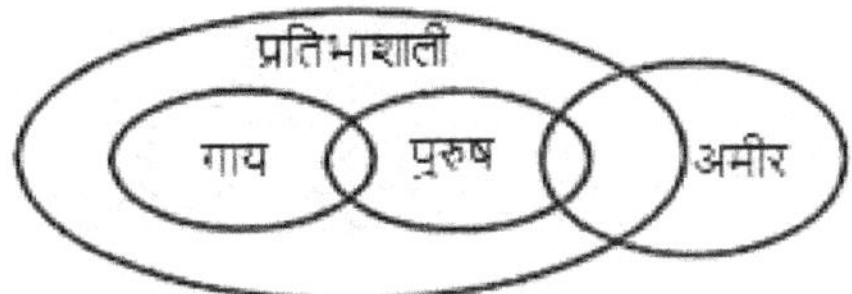

निष्कर्ष:

I. कुछ प्रतिभाशाली अमीर हैं → सत्य (सभी पुरुष प्रतिभाशाली हैं और कुछ पुरुष जो गाय नहीं हैं वे अमीर हैं)

II. कुछ अमीर गाय हैं → असत्य (यह संभव है, लेकिन निश्चित नहीं है)

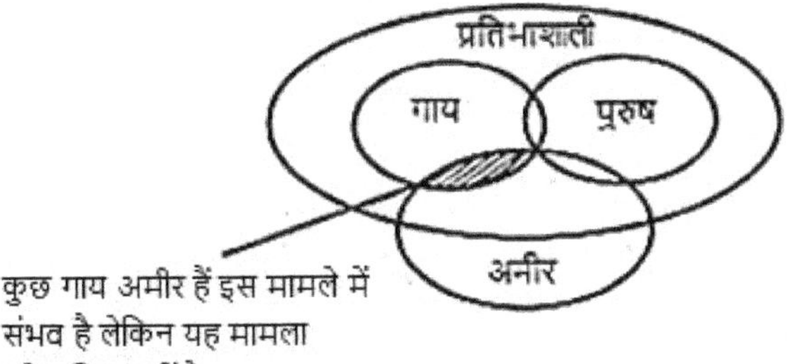

III. कुछ गाय प्रतिभाशाली हैं → सत्य (सभी पुरुष और गाय प्रतिभाशाली हैं)

इस प्रकार, केवल निष्कर्ष I और III अनुसरण करते हैं।

अत: विकल्प (C) सही है।

61. सभी प्रतीकों और संख्याओं को हटाने के बाद, दायें छोर से सातवां अक्षर 'K' है।

A E I O G **K** P U F T X V

और इसके बायीं ओर दूसरा अक्षर 'O' है।

A E I **O** G **K** P U F T X V

अत: विकल्प (B) सही है।

62. दिया है,

A 3 * 4 @ E 2 > I O 9 % G & 6 K P $ U 8 F # 1 0 T X / 7 V ^ 5

बाएं छोर से उन्नीसवां पद 'U' है।

और इसके दायीं ओर का दसवां पद 'V' है।

A 3 * 4 @ E 2 > I O 9 % G & 6 K P $ **U** 8 F # 1 0 T X / 7 **V** ^ 5

अत: विकल्प (C) सही है।

63. दिया गया क्रम:

A 3 * 4 @ E 2 > I O 9 % G & 6 K P $ U 8 F # 1 0 T X / 7 V ^ 5

विकल्प '(A)', '(B)', '(D)' और '(E)' को देखते समय, यह उसी पैटर्न का अनुसरण करता है जैसा कि नीचे वर्णित है:

दूसरा पद पहले पद के दायें से दूसरा और पहले पद के बायें से तीसरा पद है।

क्रम में अगले समूह का पहला पद पिछले समूह के दूसरे पद के दायें से दूसरा है।

अत: विकल्प (C) सही है।

64. दिए गए अनुक्रम में, यह स्पष्ट है कि केवल दो संख्याएँ हैं, जिनके ठीक पहले एक प्रतीक और ठीक बाद एक वर्ण है।

A 3 * 4 @ E 2 > I O 9 % G **& 6 K** P $ U 8 F # 1 O T X **/ 7 V** ^ 5

अत: विकल्प (B) सही है।

65. दिए गए क्रम में यह स्पष्ट है कि केवल दो स्वर हैं, जिनके ठीक पहले एक प्रतीक और ठीक बाद एक संख्या है।

A 3 * 4 **@ E 2** > I O 9 % G & 6 K P **$ U 8** F # 1 O T X / 7 V ^ 5

अत: विकल्प (C) सही है।

66. $x^2 + 4x - 32 = 0$

$\Rightarrow x^2 + 8x - 4x - 32 = 0$

$\Rightarrow (x + 8)(x - 4) = 0$

हल करने पर हमें प्राप्त होता है, $x = -8,4$

$y^2 - 13y + 40 = 0$

$\Rightarrow y^2 - 8y - 5y + 40 = 0$

$\Rightarrow (y - 8)(y - 5) = 0$

हल करने पर हमें प्राप्त होता है, $y = 5,8$

x	y	x और y के बीच संबंध
-8	5	$x < y$
-8	8	$x < y$
4	5	$x < y$
4	8	$x < y$

$\therefore$ x और y सम्बंधित हैं क्योंकि $x < y$

अत: विकल्प (C) सही है।

67. (I) $2m^2 - 11m + 14 = 0$

$\Rightarrow 2m^2 - 7m - 4m + 14 = 0$

$\Rightarrow m(2m - 7) - 2(m - 7) = 0$

$\Rightarrow (2m - 7)(m - 2) = 0$

$\Rightarrow m = \frac{7}{2}$ या $m = 2$

(II) $3n^2 - 7n - 3 = 8n - 3n^2 - 9$

$\Rightarrow 6n^2 - 15n + 6 = 0$

$\Rightarrow 6n^2 - 12n - 3n + 6 = 0$

$\Rightarrow 6n(n-2) - 3(n-2) = 0$

$\Rightarrow (n-2)(6n-3) = 0$

$\Rightarrow n = 2$ या $n = \frac{1}{2}$

तुलना करने पर,

m का मान	n का मान	परिणाम
$\frac{7}{2}$	2	$m > n$
$\frac{7}{2}$	$\frac{1}{2}$	$m > n$
2	2	$m = n$
2	$\frac{1}{2}$	$m > n$

$\therefore$ n और m का संबंध है, $n \leq m$

अत: विकल्प (B) सही है।

68. समीकरण I:

$x^2 + x(\sqrt{5} + \sqrt{7}) + \sqrt{35} = 0$

$\Rightarrow x^2 + \sqrt{5}x + \sqrt{7}x + \sqrt{35} = 0$

$\Rightarrow x(x + \sqrt{5}) + \sqrt{7}(x + \sqrt{5}) = 0$

$\Rightarrow (x + \sqrt{7})(x + \sqrt{5}) = 0$

$\Rightarrow x = -\sqrt{5}$ और $-\sqrt{7}$

समीकरण II:

$y^2 + y(\sqrt{3} + \sqrt{5}) + \sqrt{15} = 0$

$\Rightarrow y^2 + \sqrt{3y} + \sqrt{5}y + \sqrt{15} = 0$

$\Rightarrow y(y + \sqrt{3}) + \sqrt{5}(y + \sqrt{3}) = 0$

$\Rightarrow (y + \sqrt{3})(y + \sqrt{5}) = 0$

$\Rightarrow y = -\sqrt{3}$ और $-\sqrt{5}$

समीकरण (I) और (II) से,

x	y	x और y के बीच संबंध
$-\sqrt{5}$	$-\sqrt{3}$	$x < y$
$-\sqrt{5}$	$-\sqrt{5}$	$x = y$
$-\sqrt{7}$	$-\sqrt{3}$	$x < y$
$-\sqrt{7}$	$-\sqrt{5}$	$x < y$

$\therefore$ इसलिए, हमें ज्ञात होता है कि $x \leq y$ है।

अत: विकल्प (D) सही है।

69. I. $(24 - 10x)^{\frac{1}{2}} = 3 - 4x$

$\Rightarrow 24 - 10x = 9 + 16x^2 - 24x$

$\Rightarrow 16x^2 + 10x - 24x - 15 = 0$

$\Rightarrow 2x(8x + 5) - 3(8x + 5) = 0$

$\Rightarrow (8x + 5)(2x - 3)$

$\therefore x = \frac{-5}{8}, \frac{3}{2}$

II. $6y^2 - 5y - 25 = 0$

$\Rightarrow 6y^2 - 15y + 10y - 25 = 0$

$\Rightarrow 3y(2y - 5) + 5(2y - 5) = 0$

$\Rightarrow (3y + 5)(2y - 5) = 0$

$\therefore y = \frac{5}{2}, \frac{-5}{3}$

x	y	x और y के बीच संबंध
$\frac{-5}{8}$	$\frac{5}{2}$	$x < y$
$\frac{-5}{8}$	$\frac{-5}{3}$	$x > y$
$\frac{3}{2}$	$\frac{5}{2}$	$x < y$
$\frac{3}{2}$	$\frac{-5}{2}$	$x > y$

$\therefore$ कोई सम्बन्ध स्थापित नहीं किया जा सकता।

अत: विकल्प (E) सही है।

70. (i) $2x^2 - (6 + \sqrt{15})x + 3\sqrt{15} = 0$

$\Rightarrow 2x^2 - 6x - x\sqrt{15} + 3\sqrt{15} = 0$

$\Rightarrow 2x(x - 3) - \sqrt{15}(x - 3) = 0$

$\Rightarrow (x - 3)(2x - \sqrt{15}) = 0$

$\Rightarrow x = 3$ या $\sqrt{\frac{15}{2}}$

(ii) $5y^2 - (9 + 5\sqrt{15})y + 9\sqrt{15} = 0$

$\Rightarrow 5y^2 - 9y - 5y\sqrt{15} + 9\sqrt{15} = 0$

$\Rightarrow y(5y - 9) - \sqrt{15(5y - 9) = 0}$

$\Rightarrow (5y - 9)(y - \sqrt{15}) = 0$

$\Rightarrow y = \frac{9}{5}$ या $\sqrt{15}$

x	y	x और y के बीच संबंध
3	$\frac{9}{5}$	$x > y$
3	$\sqrt{15}$	$x < y$

$\sqrt{\frac{15}{2}}$	$\frac{9}{5}$	$x > y$
$\sqrt{\frac{15}{2}}$	$\sqrt{15}$	$x < y$

$\therefore$ x और y के बीच कोई संबंध स्थापित नहीं किया जा सकता है।

अत: विकल्प (E) सही है।

71. दिया गया है,

$\sqrt{676} \times \sqrt{576} - ? \times 18 = 300$

$\Rightarrow 26 \times 24 - ? \times 18 = 300$

$\Rightarrow 624 - ? \times 18 = 300$

$\Rightarrow ? \times 18 = 324$

$\therefore ? = 18$

अत: विकल्प (C) सही है।

72. राशि A :

माना कि दो अंकीय संख्या (10a + b), जहाँ 'a' दहाई अंक और 'b' इकाई अंक है

तब, $(10a + b) + \frac{1}{5}(10a + b) = (10b + a)$

$\Rightarrow 11a = 8.8\ b$

$\Rightarrow \frac{a}{b} = \frac{4}{5}$

चूंकि संख्या दो -अंकीय है, इसलिए संभावित अंक 45 होगा और इसका उल्टा 54 होगा।

$\therefore$ संख्या का $1\% = 1\%$ का $45 = 0.45$

राशि B:

पहले बैग से लाल गेंद और दूसरी बैग से काली गेंद होने की प्रायिकता =

$\frac{5}{8} \times \frac{6}{10} = \frac{3}{8}$

पहले बैग से काली गेंद और दूसरे बैग से लाल गेंद होने की प्रायिकता =

$\frac{3}{8} \times \frac{4}{10} = \frac{3}{20}$

इसलिए, अभीष्ट प्रायिकता $= \left(\frac{3}{8} + \frac{3}{20}\right) = \frac{21}{40} = 0.525$

इसलिए, राशि $A <$ राशि B

अतः विकल्प (B) सही है।

73. दिया गया है:

180 का $40\% + ?$ का $70\% = 121$

$\Rightarrow \left(\frac{40}{100} \times 180\right) + \left(\frac{70}{100} \times ?\right) = 121$

$\Rightarrow 72 + \left(\frac{70}{100} \times ?\right) = 121$

$\Rightarrow \left(\frac{70}{100} \times ?\right) = 49$

$\therefore ? = 49 \times \frac{100}{70}$

$= 70$

अत: विकल्प (D) सही है।

74. दिया गया है:

माना एक वस्तु का क्रय मूल्य a रुपये है।

$\Rightarrow$ एक वस्तु का विक्रय मूल्य = a × $\frac{110}{100}$ = $\frac{11a}{10}$ रुपये

$\Rightarrow$ अन्य वस्तु का विक्रय मूल्य = a × $\frac{95}{100}$ = $\frac{19a}{20}$ रुपये

$\Rightarrow \left(\frac{11a}{10} + \frac{19a}{20}\right) - 2a = 200$

$\Rightarrow$ a = 4000

दो वस्तुओं का कुल क्रय मूल्य = 4000 × 2 = 8000 रुपये

$\therefore$ आवश्यक प्रतिशत = $\frac{200}{8000}$ × 100 = 2.5%

अतः विकल्प (E) सही है।

75. दिया गया है,

पाइप A द्वारा टैंक को रासायनिक विलियन P से भरने में लिया गया समय = 30 मिनट

पाइप B द्वारा टैंक को रासायनिक विलियन Q से भरने में लिया गया समय = 20 मिनट

पाइप C द्वारा टैंक को रासायनिक विलियन R से भरने में लिया गया समय = 10 मिनट

3 मिनट में A, B और C द्वारा भरा गया भाग $= 3 \times \left(\frac{1}{30} + \frac{1}{20} + \frac{1}{10}\right)$

$= 3 \times \frac{11}{60}$

$= \frac{11}{20}$

3 मिनट में C द्वारा भरा गया भाग $= \frac{3}{10}$

$\therefore$ आवश्यक अनुपात $= \frac{3}{10} \times \frac{20}{11}$

$= \frac{6}{11}$

अतः विकल्प (B) सही है।

76. दिया गया है:

B द्वारा कार्य का एक भाग पूरा करने के लिए लिया गया समय $= x$

A द्वारा समान कार्य पूरा करने के लिए लिया गया समय $= x + 50\%$

हम जानते हैं कि,

दक्षता = कार्य/समय

माना कि B कार्य को पूरा करने के लिए आवश्यक दिनों की संख्या $= x$ दिन

इसलिए, A को कार्य को पूरा करने के लिए आवश्यक दिनों की संख्या $= x + \left(\frac{50}{100}\right)x = 1.5x$

हम गणना कर सकते हैं, A द्वारा 1 दिन में किया गया कार्य $= \frac{1}{1.5}x = \frac{2}{3}x$ और 1 दिन में B द्वारा किया गया कार्य $= \frac{1}{x}$

हम जानते हैं कि A और B एक साथ कार्य करने के लिए आवश्यक दिनों की संख्या= 18 दिन

तो, 1 दिन में A और B दोनों द्वारा किया गया कार्य $= \frac{1}{18}$

$\Rightarrow \frac{2}{3}x + \frac{1}{x} = \frac{1}{18}$

$\Rightarrow \frac{5}{3}x = \frac{1}{18}$

$\Rightarrow x = \frac{(5\times18)}{3}$

$\Rightarrow x = 30$

$\therefore$ B को कार्य पूरा करने के लिए 30 दिनों की आवश्यकता है।

अतः विकल्प (A) सही है।

77. पहले जब 9 लीटर दूध के स्थान पर पानी मिलाया गया तो बर्तन में शेष दूध बचा = 90 – 9 = 81 लीटर

$\therefore$ मिश्रण में दूध का अंश = $\frac{81}{90} = \frac{9}{10} = 0.9$

$\therefore$ अगली बार जब 9 लीटर दूध के स्थान पर पानी मिलाया गया, निकाली गई दूध की मात्रा = 0.9 × 9 = 8.1 लीटर

$\therefore$ बर्तन में दूध की मात्रा = 81 – 8.1 = 72.9 लीटर

अतः विकल्प (B) सही है।

78. माना कि मैदान के मजदूरों की संख्या x है।

प्रलेखन के 16 मजदुर है।

दिया हुआ कुल औसत = 45

सभी मजदूरों की कुल उम्र/(16 + x) = 45

सभी मजदूरों की कुल उम्र = 45 (16 + x)

प्रलेखन के 16 मजदूरों की औसत उम्र = 38

प्रलेखन के मजदूरों की कुल उम्र = 38 × 16

मैदान के मजदूरों की कुल उम्र = x × 52

सभी मजदूरों की कुल उम्र = मैदान के मजदूरों की कुल उम्र + प्रलेखन के मजदूरों की कुल उम्र

45(16 + x) = x × 52 + 38 × 16

⇒ 45 × 16 + 45x = 52x + 38 × 16

⇒ 720 – 608 = 7x

⇒ 7x = 112

⇒ x = 16

$\therefore$ मैदान के अविवाहित मजदुर = (16 - 7) = 9

अतः विकल्प (E) सही है।

79. अप्रैल और जून में प्यूमा द्वारा बेचे गए जूतों की संख्या = 60 + 80 = 140

मई और जुलाई में एडिडास के द्वारा बेचे गए जूतों की संख्या = 60 + 100 = 160

$\therefore$ अभीष्ट अनुपात = 140 : 160 = 7 : 8

अतः विकल्प (A) सही है।

80. मई और जून में सभी कंपनियों द्वारा बेचे गए जूते = (120 + 100 + 60) + (80 + 120 + 80)

= 560

सभी महीनों में एडिडास द्वारा बेचे गए जूते = 120 + 60 + 80 + 100 = 360

$\therefore$ अभीष्ट प्रतिशत = $\frac{(560-360)}{360} \times 100 = 55\frac{5}{9}\%$

अतः विकल्प (D) सही है।

81. प्यूमा द्वारा अप्रैल में, नाइके द्वारा जून में और एडिडास द्वारा मई में बेचे गए जूतों की संख्या = 60 + 120 + 60 = 240

$\therefore$ अभीष्ट औसत = $\frac{240}{3}$ = 80

अतः विकल्प (B) सही है।

82. सभी महीनों में प्यूमा के द्वारा बेचे गए जूते = 60 + 120 + 80 + 120 = 380

जून में सभी कंपनियों द्वारा बेचे गए जूते = 80 + 120 + 80 = 280

$\therefore$ अभीष्ट अंतर = 380 – 280 = 100

अतः विकल्प (E) सही है।

83. जुलाई में सभी कपनियों द्वारा बेचे गए जूतों की संख्या = 120 + 60 + 100 = 280

अप्रैल में सभी कंपनियों द्वारा बेचे गए जूतों की संख्या = 60 + 80 + 120 = 260

$\therefore$ अभीष्ट प्रतिशत = $\frac{260}{280}$ × 100 = 92.85% ≈ 93%

अतः विकल्प (C) सही है।

84. दिया है:

श्रृंखला $= 2,11,38,X,362 \ldots\ldots$

X का 125% = 250

गणना:

मात्रा I:

2, 11, 38, X, 362

⇒ श्रृंखला कुंजी = (3 × x) + 5, जहां x पूर्ववर्ती पद है

⇒ X = (3 × 38) + 5

⇒ X = 119

मात्रा II:

X का 125% = 250

$\Rightarrow \frac{125}{100} \times X = 250$

$\Rightarrow 250 \times \frac{100}{125} = X$

$\Rightarrow X = 200$

∴ मात्रा I < मात्रा II

अतः विकल्प (C) सही है।

85. दिया गया है:

वास्तविक अनुपात $= 1:3:2$

गलत अनुपात $= 2:7:9$

B का नुकसान $= 136$ रुपये

स्पषीकरण:

वास्तविक अनुपात $= (1 + 3 + 2) = 6$

गलत अनुपात $= (2 + 7 + 9) = 18$

माना की राशि $18x$ है (6 और 18 का लघुत्तम समापवर्त्य)

B द्वारा प्राप्त की जाने वाली राशि $= \frac{18x}{6} \times 3 = 9x$

$\Rightarrow B$ द्वारा गलती से प्राप्त राशि $= \frac{18x}{18} \times 7 = 7x$

∴ अंतर $= 9x - 7x = 2x$

$\therefore 2x = 136$

$\Rightarrow x = 68$

इसलिए, राशि $= 18x = 18 \times 68 = 1224$ रुपये

∴ मात्रा $A <$ मात्रा B

अतः विकल्प (B) सही है।

86. दिया है:

आयत के विकर्ण का वर्ग मान $= (36 + B^2)$ वर्ग सेंटीमीटर

हम जानते हैं,

आयत का विकर्ण $= \sqrt{(L^2 + B^2)}$

$\therefore 10^2 = 36 + B^2$

$\Rightarrow 100 - 36 = B^2$

$\Rightarrow B^2 = 64$

$\therefore B = 8$

इसलिए, आयत की चौड़ाई 8 सेंटीमीटर है।

अतः विकल्प (B) सही है।

87. समतुल्य मासिक निवेश अनुपात:

जॉन : जैक्सन : जोसेफ = {(4000 × 4) + (4000 - 1000) × 8} : {(6000 × 6) + (6000 + 1000) × 6} : {(8000 × 8) + (8000 - 2000) × 4}

⇒ 40000 : 78000 : 88000 = 20 : 39 :44

जॉन = $\left\{\frac{20}{(20+39+44)}\right\} \times 7500$ = 1456 रूपये लगभग

अतः विकल्प (A) सही है।

88. यह एक सरल सरलीकरण है।

$0.0729 = 8.1 \times 0.009$

$0.625 = 0.025 \times 25$

$28.9 = 0.0017 \times 17000$

$\therefore \frac{(0.625 \times 0.0729 \times 28.9)}{(0.0017 \times 0.025 \times 8.1)}$

$= (0.009 \times 25 \times 17000)$

$= 3825$

इसलिए, $\frac{(0.625 \times 0.0729 \times 28.9)}{(0.0017 \times 0.025 \times 8.1)}$ का मान 3825 है।

अतः विकल्प (A) सही है।

89. दिया है:

1500 का 88.60% + 800 का 39.25% + 2500 का 63.20% + 4500 का 25.40% =?

$\Rightarrow \frac{88.60}{100} \times 1500 + \frac{39.25}{100} \times 800 + \frac{63.20}{100} \times 2500 + \frac{25.40}{100} \times 4500 = ?$

⇒ 1329 + 314 + 1580 + 1143 = ?

⇒ ? = 4366

∴ ? का मान 4366 है।

अतः विकल्प (D) सही है।

90. दिया है:

225 का $6.67\% + 1120$ का $6.25\% = (?)^3 + 3$

$\Rightarrow \frac{1}{15} \times 225 + \frac{1}{16} \times 1120 = (?)^3 + 3$

$\Rightarrow 15 + 70 = (?)^3 + 3$

$\Rightarrow 85 = (?)^3 + 3$

$\Rightarrow (?)^3 = 82$

$\Rightarrow ? = (82)^{\frac{1}{3}}$

? का मान $(82)^{\frac{1}{3}}$ है।

अतः विकल्प (E) सही है।

91. दिया गया है:

$(18 \times \frac{8}{15} + 624$ का $10\%)/? = 4$

$\Rightarrow 6 \times \frac{8}{5} + 624 \times \frac{10}{100} = 4 \times ?$

$\Rightarrow 6 \times \frac{8}{5} + 62.4 = 4 \times ?$

$\Rightarrow 6 \times 1.6 + 62.4 = 4 \times ?$

$\Rightarrow 9.6 + 62.4 = 4 \times ?$

$\Rightarrow 72 = 4 \times ?$

$\Rightarrow ? = \frac{72}{4}$

$\Rightarrow ? = 18$

अतः विकल्प (B) सही है।

92. दिया है:

$\sqrt{225} + (1500 \text{ का } 55\%) - \{(45)^2 \div 81 \times 4\} + 20 - 16 = ?$

BODMAS नियम के अनुसार,

$\sqrt{225} + (1500 \text{ का } 55\%) - \{(45)^2 \div 81 \times 4\} + 20 - 16 = ?$

$= 15 + 825 - 25 \times 4 + 20 - 16$

$= 15 + 825 - 100 + 20 - 16$

$= 840 - 100 + 20 - 16$

$= 740 + 4$

$= 744$

$\therefore$ उत्तर 744 है।

अत: विकल्प (A) सही है।

93. दिया है:

$(8375 \div 67)^{\frac{1}{3}} + (7.84 \times 25)^{\frac{1}{2}} = (?)^{\frac{1}{2}}$

BODMAS नियम के अनुसार,

$(8375 \div 67)^{\frac{1}{3}} + (7.84 \times 25)^{\frac{1}{2}} = (?)^{\frac{1}{2}}$

$\Rightarrow (125)^{\frac{1}{3}} + (7.84 \times 25)^{\frac{1}{2}} = (?)^{\frac{1}{2}}$

$\Rightarrow (125)^{\frac{1}{3}} + (196)^{\frac{1}{2}} = (?)^{\frac{1}{2}}$

$\Rightarrow 5 + 14 = (?)^{\frac{1}{2}}$

$\Rightarrow (?)^{\frac{1}{2}} = 19$

दोनों पक्षों का वर्ग करने पर,

$? = 19^2$

$? = 361$

$\therefore$ '?' के स्थान पर 361 आएगा।

अत: विकल्प (B) सही है।

94. दिया है:

$?^{\frac{1}{3}} + 200 \text{ का } 47\% = 112 \text{ का } 60\% + 136 \text{ का } 30\%$

BODMAS नियम के अनुसार,

$?^{\frac{1}{3}} + (47 \times 2) = \left(\frac{6}{10}\right) \times 112 + \left(\frac{3}{10}\right) \times 136$

$\Rightarrow ?^{\frac{1}{3}} + 94 = 67.2 + 40.8$

$\Rightarrow ?^{\frac{1}{3}} = 108 - 94$

$\Rightarrow ?^{\frac{1}{3}} = 14$

$\Rightarrow ? = 2744$

$\therefore ? = 2744$

अत: विकल्प (D) सही है।

95. दिया है:

$37 \times 43 - 40^2 + \left(\frac{11500}{3}\right) \text{ का } \left(\frac{15}{23}\right)\% = (?)^2$

BODMAS नियम के अनुसार,

$37 \times 43 - 40^2 + \left(\frac{11500}{3}\right) \text{ का } \left(\frac{15}{23}\right)\% = (?)^2$

$\Rightarrow 37 \times 43 - 1600 + \frac{15}{23 \times 100} \times \frac{11500}{3} = (?)^2$

$\Rightarrow 1591 - 1600 + 5 \times 5 = (?)^2$

$\Rightarrow 25 - 9 = (?)^2$

$\Rightarrow (?)^2 = 16$

$\Rightarrow ? = \pm 4$

$\therefore$? का मान ± 4 है।

अत: विकल्प (C) सही है।

96. यहाँ अनुसरण किया गया तर्क निम्न प्रकार है:

$3^3 - 3 = 27 - 3 = 24$

$4^3 - 3 = 64 - 3 = 61$

$5^3 - 3 = 125 - 3 = 122$

$6^3 - 3 = 216 - 3 = 213$

इसी प्रकार,

$7^3 - 3 = 343 - 3 = 340$

अत: विकल्प (D) सही है।

97. दी गई श्रृंखला में, निम्नलिखित पैटर्न का अनुसरण इस प्रकार है:

$7 \times 1 + 1 = 8$

$8 \times 2 + 2 = 18$

$18 \times 3 + 3 = 57$

$57 \times 4 + 4 = 232$

$232 \times 5 + 5 = 1165$

इसलिए, 1165 प्रश्नवाचक चिह्न की जगह लेगा।

अत: विकल्प (C) सही है।

98. प्रयोग किया गया तर्क है:

$17 + 2 \times 3 = 23$

$23 + 3 \times 4 = 35$

$35 + 4 \times 5 = 55$

$55 + 5 \times 6 = 85$

∴ ?, 55 है।

अत: विकल्प (C) सही है।

99. तर्क है:

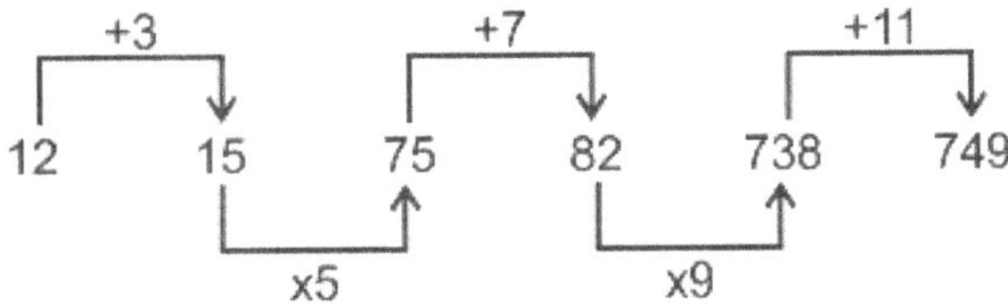

इसलिए, सही उत्तर '82' है।

अतः विकल्प (D) सही है।

100. दिया है:

$19,24,30,37,45,?$

$\Rightarrow 19 + 5 = 24$

$\Rightarrow 24 + 6 = 30$

$\Rightarrow 30 + 7 = 37$

$\Rightarrow 37 + 8 = 45$

$\Rightarrow 45 + 9 = 54$

∴ संपूर्ण श्रृंखला $19,24,30,37,45,54$ है।

अतः विकल्प (E) सही है।

मॉक टेस्ट 03

English Language

Ques (1-5):Directions: Find out which part has an error and mark it as your answer. If there is no error, mark 'No error' as your answer.

Q.1 None of these (A)/ two officers (B)/ has been looking after (C)/ his department well. (D)

A. (A) **B.** (B) **C.** (C) **D.** (D)
E. No error

Q.2 The strict boss (A)/ did not give her ascent (B)/ to the employee's (C)/ whimsical request. (D)

A. (A) **B.** (B) **C.** (C) **D.** (D)
E. No error

Q.3 The Party Chief (A)/ and the Chief Minister (B)/ expressed his views (C)/ on demonetization in India. (D)

A. The Party Chief
B. and the Chief Minister
C. expressed his views
D. on demonetization in India.
E. No error

Q.4 Unlike Indian laws, US laws provides (A)/ for a contingency fee of lawyering (B)/ where the costs of litigation (C)/ are borne by lawyers. (D)

A. Unlike Indian laws, US laws provides
B. for a contingency fee of lawyering
C. where the costs of litigation
D. are borne by lawyers
E. No error

Q.5 India's Swachh Bharat Mission is (A)/ receiving globe praise (B)/ for attempting (C)/ to close the sanitation gap. (D)

A. India's Swachh Bharat Mission is
B. receiving globe praise
C. for attempting
D. to close the sanitation gap.
E. No error

Q.6 Select the correctly spelt word.

A. Monopolly **B.** Monapoly
C. Monnopoly **D.** Monopoly
E. None of these

Q.7 Select the correctly spelt word.

A. Commemorete **B.** Comemorate
C. Commemmorate **D.** Commemorate
E. Commeorate

Q.8 Select the correctly spelt word.

A. Hoseire **B.** Hosier **C.** Hosair **D.** Hasier
E. Hesier

Ques (9-13):Direction: In the following question, some of the words have been left out. Read the passage carefully and select the correct answer for the given blank out of the five alternatives given in the questions that follow:

__________ (1) is a measure of the market value of all the final goods and services produced in a period of time. It is a very important factor in estimating the total income being produced in the country in a given year. It defines, if you will, the size of the cake. But there is a whole bunch of other ___________ (2). After all, the size of the cake is only one part of the story. How that cake is divided into different groups of people, sectors, that is equally important. When you talk of jobless growth, the growth part is coming from the GDP estimate and the _____________ (3) part is coming from employment data. The GDP data is critical to understand the pattern of growth you are seeing that is leading to the lack of jobs. ___________ (4) is another big indicator. As a country, we have neglected employment data for far too long. It's only in the last decade or so that we have started to say it is important, and finally got around to doing something about it only last year. The second, which is simply not produced, is the damage we are doing to our natural ________ (5). There is scattered data on forest cover, air pollution, water pollution, but you don't have a measure of the state of our natural capital. Are you getting high-income growth but at the cost of the environment? Is that trade-off worth it? The third is to know how income is distributed. Poverty measures, for instance, are important. Because they tell you, is this increase in income benefiting the poor?

Q.9 Which of the following words most appropriately fits the blank labelled (1)?

A. Guanosine Diphosphate
B. Gross Double Product
C. Group of Dispersed Products
D. Gross Domestic Progression
E. Gross Domestic Product

Q.10 Which of the following words most appropriately fits the blank labelled (2)?

A. Indicating **B.** Indicators
C. Indication **D.** Indicater
E. Indicate

Q.11 Which of the following words most appropriately fits the blank labelled (3)?

A. Conscientious **B.** Obligation
C. Dutiful **D.** Jobless
E. Joblessness

Q.12 Which of the following words most appropriately fits the blank labelled (4)?

A. Transport **B.** Farming
C. Agriculture **D.** Employment
E. Rigorous

Q.13 Which of the following words most appropriately fits the blank labelled (5)?

A. GDP **B.** NDP **C.** GNP **D.** GATT
E. Growth

Q.14 Direction: Select the most appropriate synonym of the given word.

Dedicated

A. Tedious **B.** Boring
C. Dreary **D.** Committed
E. None of these

Q.15 Direction: In the following question, choose the word OPPOSITE in meaning to the given word.

Fastidious

A. Feckless **B.** Fecund
C. Scrupulous **D.** Sloppy
E. Simper

Ques (16-20):Direction: Rearrange the following sentences into a meaningful paragraph by choosing the correct sequence of the given sentences, the default order is P, Q, R, S and T, which may or may not be correct.

P. Artificial intelligence and machine learning are core drivers of how Google will pursue its 20-year-old mission

Q. The search engine focused strongly on mobile use and appeared to be growing more like Facebook, encouraging users to linger and explore topics, interests or stories

R. Google unveiled changes Monday aimed at making the leading search engine more visual and intuitive to the point it can answer questions before being asked

S. He described the latest changes as shifting from answers to journeys, providing ways to target queries without knowing what words to use and enhancing image-based searches

T. To organize the world's information and make it accessible to anyone, search vice president Ben Gomes said at an event in San Francisco

Google Images was redesigned to weave in "Lens" technology that enables queries based on what is pointed out in pictures.

Q.16 Which of the following sentences should be the FIRST sentence of the paragraph?

A. P **B.** R **C.** S **D.** Q
E. T

Q.17 Which of the following sentences should be the SECOND sentence of the paragraph?

A. Q **B.** R **C.** S **D.** T
E. P

Q.18 Which of the following sentences should be the THIRD sentence of the paragraph?

A. P **B.** S **C.** R **D.** Q
E. T

Q.19 Which of the following sentences should be the FOURTH sentence of the paragraph?

A. S **B.** Q **C.** R **D.** T
E. P

Q.20 Which of the following sentences should be the FIFTH sentence of the paragraph?

A. P **B.** Q **C.** S **D.** R
E. T

Ques (21-25):Directions: In this question, a sentence has been given with some of its part in bold. To make the sentence grammatically and idiomatically correct you have to replace the bold part with the correct alternative given below. If the sentence is correct as it is, mark 'No correction required' as your answer.

Q.21 Building peace and transcending regional and global conflicts **cannot be left entirely to the action and volition of political leaders**.

A. cannot leave entirely to the action and volition of political leaders.
B. could not be left entirely for the action and volition of political leaders.
C. cannot be left entirely for the action and volition from political leaders.
D. should not be left entirely to the action and volition for political leaders.
E. No correction required

Q.22 An individual's behaviour may change over time, becoming bizarre if medication is stopped **and returns closer to normal when receiving appropriate treatment**.

A. and can return closer to normal when receiving appropriate treatment.
B. while returned closer to normal when receiving appropriate treatment.
C. and returning closer to normal when receiving appropriate treatment.
D. after returning close to normal when receiving appropriate treatment.
E. No correction required

Q.23 The book reflects the wide range of concerns and the multitude of ways **in which the United Nations touch the lives of people everywhere**.

A. in which the United Nations touches the lives of people everywhere.
B. which the United Nations touches the lives of people everywhere.
C. in which the United Nations touches all the lives of people in every place.
D. in which United Nations touches the lives of people everywhere.
E. No correction required

Q.24 Maslow's Hierarchy of needs states that we must satisfy each need in turn **starting with the first, dealing in the most obvious needs of survival itself**.

A. starting with the first, which deals with the most obvious needs of survival itself.
B. first starting with the one that deals with the most obvious needs of survival itself.
C. starting with the first, which is dealt with the most obvious

needs of survival itself.

D. starting with the first one that deals in the most obvious need of survival itself.

E. No correction required

Q.25 Man and beast are struggling to live in harmony with one another **as the human population encroaches even further into the natural habitat of animals**.

A. as the human population encroaches even furthest into the natural habitat of animals.

B. with the human population encroaches further and farther into the natural habitat of animals.

C. with the human population encroaches farther into the natural habitat of animals.

D. as the human population encroach even farther into the natural habitat of animals.

E. No correction required

Ques (26-30):Direction: Read the following passage and answer the questions given below. Some words may be highlighted read carefully.

The Bronze Age in the Indian subcontinent began around 3300 BCE. Along with Ancient Egypt and Mesopotamia, the Indus valley region was one of three early **cradles** of the **civilization** of the Old World. Of the three, the Indus Valley Civilization was the most **expansive**, and at its peak, may have had a population of over five million. The civilization was primarily centered in modern-day Pakistan, in the Indus river basin, and secondarily in the Ghaggar-Hakra river basin in eastern Pakistan and northwestern India. The Mature Indus civilization **flourished** from about 2600 to 1900 BCE, marking the beginning of urban civilization on the Indian subcontinent. The civilization included cities such as Harappa, Ganeriwala, and Mohenjo-daro in modern-day Pakistan, and Dholavira, Kalibangan, Rakhigarhi, and Lothal in modern-day India. Inhabitants of the ancient Indus river valley, the Harappans, developed new techniques in **metallurgy** and handicraft (carneol products, seal carving), and produced copper, bronze, lead, and tin. The civilization is noted for its cities built of brick, roadside drainage system, and multi-storeyed houses and is thought to have had some kind of municipal organization. After the **collapse** of the Indus Valley civilization, the inhabitants of the Indus Valley civilization migrated from the river valleys of Indus and Ghaggar-Hakra, towards the Himalayan foothills of the Ganga-Yamuna basin.

Q.26 What is the meaning of the word metallurgy highlighted in the given passage?

A. Study of metals
B. Study of soil
C. Study of environment
D. Study of water
E. None of the above

Q.27 Which word is similar in meaning to the word **collapse** highlighted in the given passage?

A. Disintegration
B. Rise
C. Swell
D. Succeed
E. None of the above

Q.28 What is the main context discussed in the passage?

A. Indus Valley Civilization
B. Iron Age
C. Copper age
D. Stone age
E. None of the above

Q.29 What was the population of Indus Valley Civilization?

A. Over five million
B. Over two million
C. Over one million
D. Over three million
E. None of the above

Q.30 Which of the following cities was a part of the Indus Valley Civilization?

A. Ceylon
B. Sparta
C. Harappa
D. Rome
E. None of the above

Reasoning Ability

Ques (31-35):निर्देश: निम्नलिखित प्रश्न में से दिए गये कथनों को सत्य मानते हुए, ज्ञात कीजिये कि दिए गये निष्कर्षों में से कौन-सा/कौन-से निष्कर्ष निश्चित रूप से सत्य है/हैं और उसके अनुसार अपने उत्तर दीजिये।

Q.31 कथन: $B \le E \le M$; $A > P \ge X$; $A = B$

निष्कर्ष:

I. $X \le E$

II. $M \ge P$

A. केवल II सत्य है
B. केवल I सत्य है
C. I और II दोनों सत्य हैं
D. कोई सत्य नहीं है
E. या तो I या II सत्य है

Q.32 कथन: $T < H \le W$; $D > S \ge M$; $T > D$

निष्कर्ष:

I. $W > D$

II. $M < T$

III. $H > S$

A. केवल I सत्य है।
B. I और III दोनों सत्य हैं।
C. या तो I या III सत्य है।
D. II और III दोनों सत्य हैं।
E. सभी सत्य हैं।

Q.33 कथन: $F \ge W > P$; $G \le J \le Y$; $W \ge Y$

निष्कर्ष:

I. $P > J$

II. $Y < F$

III. $J \ge P$

A. केवल I सत्य है।
B. I और III दोनों सत्य हैं।
C. या तो I या III सत्य है।
D. II और III दोनों सत्य हैं।
E. सभी सत्य हैं।

Q.34 कथन: $Y \le P < K$; $F > H \ge U \ge M$; $M = K$

निष्कर्ष:

I. $F \ge K$

II. $Y < U$

A. केवल II सत्य है। **B.** केवल I सत्य है।
C. I और II दोनों सत्य हैं। **D.** कोई सत्य नहीं है।
E. या तो I या II सत्य है।

Q.35 कथन: C > T ≥ W; J < Q ≤ W; K > C

निष्कर्ष:

I. C > J

II. Q ≤ T

A. केवल II सत्य है। **B.** केवल I सत्य है।
C. I और II दोनों सत्य हैं। **D.** कोई सत्य नहीं है।
E. या तो I या II सत्य है।

Q.36 यदि 'INTROSPECTION' शब्द के सभी अक्षरों को इस प्रकार व्यवस्थित किया जाये कि सभी स्वरों को अंग्रेजी वर्णमाला क्रमानुसार शब्द की शुरुआत में व्यवस्थित किया जाये तथा व्यंजनों को अंग्रेजी वर्णमाला क्रमानुसार उसके बाद व्यवस्थित किया जाये, तो कितने अक्षरों की स्थिती पूर्ववत ही रहेगी?

A. शून्य **B.** एक
C. दो **D.** दो से अधिक
E. इनमे से कोई नहीं

Q.37 यदि 'UNIDENTIFIED' के सभी अक्षरों को वर्णमाला क्रमानुसार व्यवस्थित किया जाये तो कितने अक्षरों की स्थिति परिवर्तित नहीं होगी?

A. शून्य **B.** एक
C. दो **D.** तीन
E. तीन से अधिक

Q.38 निर्देश: एक निश्चित भाषा में, 'brown black are colors' को 'po ta to la' के रूप में कोडित किया गया है। 'black dog is fast' को 'cu da la tu' के रूप में कोडित किया गया है। 'fox and dog are friends' को 'na da po hi pi' के रूप में कोडित किया गया है। 'brown fox is quick' को 'pi to ra cu' के रूप में कोडित किया गया है।

'black' के लिए कोड क्या होगा?

A. to
B. la
C. cu
D. ra
E. निर्धारित नहीं किया जा सकता है।

Q.39 यदि एक निश्चित कोड भाषा में, 'MIND' को 'KGLB' के रूप में लिखा जाता है और 'ARGUE' को 'YPESC' के रूप में लिखा जाता है, तब उसी कोड भाषा में 'DIAGRAM' शब्द को किस प्रकार लिखा जाएगा?

[Haryana Primary Teacher (PRT), 2020]

A. BGYEYPK **B.** BGYEPYK
C. GLPEYKB **D.** BGEPYLK
E. GBGEPYLK

Q.40 यदि ABCDEF को ZYXWVU के रूप में कोडबद्ध किया जाता है, तो MERCEDES को किस प्रकार कोडबद्ध किया जाएगा?

A. IVNXVHVW **B.** XNVIWVHV
C. WHVVNXIV **D.** NVIXVWVH
E. NNVIXVWVH

Q.41 एक पंक्ति में जहां सभी उत्तर की ओर उन्मुख हैं, प्रिया बाएं छोर से 15वें स्थान पर है और गरिमा दाएं छोर से 19वें स्थान पर है। वे अपने स्थान आपस में बदल लेते हैं, और राम जो बाएं छोर से 24वें स्थान पर बैठता है, प्रिया के नए स्थान के बाएं से 5वें स्थान पर बैठता है। पंक्ति में कितने व्यक्ति थे?

A. 36 **B.** 42 **C.** 47 **D.** 56
E. 57

Q.42 साहिल और गौरव व्यक्तियों की एक पंक्ति में खड़े हैं। साहिल बाईं ओर से 12वें स्थान पर है और गौरव दाईं ओर से 18वें स्थान पर है। यदि वे आपस में अपना स्थान बदल लेते हैं तो साहिल बाएं से 25वें स्थान पर आ जाता है। पंक्ति में खड़े व्यक्तियों की कुल संख्या कितनी है?

A. 42 **B.** 52 **C.** 45 **D.** 46
E. 56

Ques (43-45):निर्देश: नीचे दी गई जानकारी का ध्यानपूर्वक अध्ययन कीजिये और प्रश्नों के उत्तर दीजिये।

एक परिवार में 6 सदस्य हैं। परिवार में एक विवाहित जोड़ा है, जिसके केवल दो बच्चे हैं। N, K का ग्रैंड - सन है। P,C की बेटी है। D, P की पैतृक आंटी हैं। C, N के मैतृक अंकल हैं। K, R की पत्नी है, जो D के पिता हैं।

Q.43 D का भाई कौन है?

A. K **B.** C **C.** R **D.** N
E. P

Q.44 R, C से किस प्रकार संबंधित है?

A. अंकल **B.** भाई **C.** कजन **D.** पिता
E. बेटी

Q.45 निम्नलिखित में से कौन निश्चित रूप से सत्य है?

A. K और R भाई-बहन हैं। **B.** D, N की एक बेटी है।
C. P, C की बेटी है। **D.** C, N के पिता हैं।
E. C और D कजन हैं।

Ques (46-50):निर्देश: दी गई जानकारी का ध्यानपूर्वक अध्ययन कीजिये और नीचे दिए गए प्रश्नों के उत्तर दीजिये।

आठ व्यक्ति S, T, U, V, W, X, Y और Z एक पंक्ति में उत्तर या दक्षिण दिशा के सम्मुख बैठे हैं लेकिन जरूरी नहीं कि वे उसी क्रम में हों। Z, X के बाएं तीसरे स्थान पर है और X के विपरीत दिशा के सम्मुख बैठा है। तीन व्यक्ति V और X के बीच बैठे हैं। V और X उत्तर दिशा के सम्मुख हैं। Z के निकटतम पड़ोसी समान दिशा के सम्मुख है लेकिन Z के विपरीत है। W, T के दाएं 5वें स्थान पर बैठा है और दोनों में से कोई भी अंतिम स्थान पर नहीं बैठा है। T उत्तर दिशा के सम्मुख हैं। Y, जो दक्षिण दिशा के सम्मुख है, V के बाएं किसी एक स्थान पर बैठा है। S, जो V का निकटतम पड़ोसी है, W के दाएं चौथे स्थान पर बैठा है।

Q.46 पंक्ति के अंतिम छोर पर कौन बैठता है?

A. W **B.** S **C.** X **D.** V
E. T

Q.47 U के संबंध में X की स्थिति क्या है?

A. बाएं से तीसरा
B. दाएं से तीसरा
C. बाएं से दूसरा
D. दाएं से दूसरा
E. निर्धारित नहीं किया जा सकता है।

Q.48 निम्नलिखित कथनों में से कौन सही है?

A. S, X के बाएँ पांचवें स्थान पर है।
B. U, V का निकटतम पड़ोसी है।
C. T किसी एक अंतिम छोर पर बैठा है।
D. तीन व्यक्ति Z के दाएं बैठे हैं।
E. U, V और W का पड़ोसी है।

Q.49 चार एक निश्चित तरीके से समान हैं और इस प्रकार एक समूह बनाते हैं। निम्नलिखित में से कौन समूह से संबंधित नहीं है?

A. X **B.** W **C.** U **D.** V

E. T

Q.50 S के दाएं कितने व्यक्ति बैठे हैं?

A. 4
B. 1
C. 2
D. 3
E. निर्धारित नहीं किया जा सकता है।

Q.51 निर्देश: नीचे दिए गए प्रश्न में कुछ कथन और उसके बाद कुछ निष्कर्ष दिए गए हैं। आपको दिए गए कथनों को सत्य मानना है, भले ही वे सर्वज्ञात तथ्यों से भिन्न प्रतीत होते हों। सभी निष्कर्षों को पढ़ें और फिर तय करें कि दिए गए निष्कर्षों में से कौन सा निष्कर्ष सामान्य रूप से ज्ञात तथ्यों की परवाह किए बिना दिए गए कथनों का तार्किक रूप से अनुसरण करता है।

कथन:
सभी सब्जियां फल हैं।
कोई फल पेय नहीं है।
कुछ पेय शहद हैं।

निष्कर्ष:
I. कुछ शहद फल नहीं है।
II. कोई सब्जियां पेय नहीं हैं।

A. केवल निष्कर्ष II सत्य है
B. केवल निष्कर्ष I सत्य है
C. दोनों निष्कर्ष I और II सत्य हैं
D. निष्कर्ष I या II सत्य है
E. न तो निष्कर्ष I और न ही II सत्य है

Q.52 निर्देश: नीचे दिए गए प्रश्न में तीन कथन I, II, III के बाद चार कथन दिए गए हैं। आपको दिए गए कथनों को सत्य मानना है, भले ही वे सामान्यतः ज्ञात तथ्यों से भिन्न प्रतीत होते हों। सभी निष्कर्ष पढ़ें और फिर तय करें कि दिए गए कथनों में से कौन सा निष्कर्ष सामान्यतः ज्ञात तथ्यों की अवहेलना करते हुए दिए गए कथनों का तार्किक रूप से अनुसरण करता है।

कथन:
कुछ पिज़्ज़ा फ्राइज़ हैं।
सभी फ्राइज़ बर्गर हैं।
कोई बर्गर टाकोज़ नहीं है।
कुछ टाकोज़ रैप्स हैं।

निष्कर्ष:
I. सभी पिज़्ज़ा का टाकोज़ होना एक संभावना है।
II. कोई फ्राइज़ टाकोज़ नहीं है।
III. कुछ पिज्जा बर्गर हैं।

A. केवल II अनुसरण करता है
B. केवल III अनुसरण करता है
C. केवल I और III अनुसरण करते हैं
D. केवल II और III अनुसरण करता है
E. कोई भी अनुसरण नहीं करता है

Q.53 निर्देश: नीचे दिए गए प्रश्न में तीन कथन दिए गए हैं जिनके बाद I और II के दो निष्कर्ष दिए गए हैं। आपको दिए गए कथनों को सत्य मानना है, भले ही वे सामान्यतः ज्ञात तथ्यों के साथ विचरण करते हों। सभी निष्कर्ष पढ़ें और फिर तय करें कि दिए गए कथनों में से कौन सा निष्कर्ष सामान्यतः ज्ञात तथ्यों की अवहेलना करते हुए दिए गए कथनों का तार्किक रूप से अनुसरण करता है।

कथन:
सभी अल्फ़ा बीटा हैं
कुछ गामा बीटा हैं
कोई गामा थीटा नहीं है।

निष्कर्ष:
I. कुछ थीटा अल्फा हो सकते हैं।
II. कोई गामा अल्फ़ा नहीं है।

A. केवल निष्कर्ष I अनुसरण करता है
B. केवल निष्कर्ष II अनुसरण करता है
C. या तो निष्कर्ष I या निष्कर्ष II अनुसरण करता है
D. न तो निष्कर्ष I और न ही निष्कर्ष II अनुसरण करता है
E. निष्कर्ष I और निष्कर्ष II दोनों अनुसरण करते हैं

Q.54 निर्देश: नीचे दिए गए प्रश्न में दो कथन दिए गए हैं जिनके बाद दो निष्कर्ष I और II दिए गए हैं। आपको दिए गए कथनों को सत्य मानना है, भले ही वे सामान्यतः ज्ञात तथ्यों के साथ विचरण करते हों। सभी निष्कर्ष पढ़ें और फिर तय करें कि दिए गए कथनों में से कौन सा निष्कर्ष सामान्यतः ज्ञात तथ्यों की अवहेलना करते हुए दिए गए कथनों का तार्किक रूप से अनुसरण करता है।

कथन:
सब छोटा प्यारा है।
कुछ प्यारा लंबा नहीं है।

निष्कर्ष:
I. कुछ छोटा लंबा है एक संभावना है
II. सभी लंबा छोटा है एक संभावना है।

A. केवल निष्कर्ष I अनुसरण करता है
B. केवल निष्कर्ष II अनुसरण करता है
C. या तो I या II अनुसरण करता है
D. न तो I और न ही II अनुसरण करता है
E. निष्कर्ष I और II दोनों अनुसरण करते हैं

Q.55 निर्देश: नीचे दिए गए प्रश्न में तीन कथन दिए गए हैं जिनके बाद तीन निष्कर्ष I, II और III दिए गए हैं। आपको दिए गए कथनों को सत्य मानना है, भले ही वे सामान्यतः ज्ञात तथ्यों के साथ विचरण करते हों। सभी निष्कर्ष पढ़ें और फिर तय करें कि दिए गए कथनों में से कौन सा निष्कर्ष सामान्यतः ज्ञात तथ्यों की अवहेलना करते हुए दिए गए कथनों का तार्किक रूप से अनुसरण करता है।

कथन:
कुछ जापानी भारतीय हैं।
सभी चाइनीस मैक्सिकन हैं।
कुछ चाइनीस भारतीय नहीं हैं।

निष्कर्ष:
I. कुछ भारतीय मैक्सिकन नहीं हैं।
II. कुछ मैक्सिकन चाइनीस नहीं हैं
III. कुछ मैक्सिकन जापानी हैं।

A. केवल I अनुसरण करता है
B. I और II दोनों अनुसरण करते हैं
C. केवल II अनुसरण करता है
D. I और III दोनों अनुसरण करते हैं
E. कोई भी अनुसरण नहीं करता है

Ques (56-60):निर्देश: दिए गए प्रश्नों का उत्तर देने के लिए निम्नलिखित जानकारी का ध्यानपूर्वक अध्ययन कीजिये:

M 1 E & D 2 G 9 $ F @ 4 N Z W © 8 C Y A * 6

Q.56 उपरोक्त क्रम में कितनी ऐसी संख्या हैं जिनके तुरंत पहले एक व्यंजन है और तुरंत बाद एक स्वर है?

A. दो
B. तीन
C. एक
D. कोई नहीं

E. तीन से अधिक

Q.57 यदि उपरोक्त क्रम में सभी संख्याओं को छोड़ दिया जाता है, तो निम्नलिखित में से कौन दायें ओर से दसवां होगा?

A. $ **B.** D
C. F **D.** Z
E. इनमें से कोई नहीं

Q.58 निम्नलिखित पांच में से चार उपरोक्त क्रम में अपनी स्थिति के आधार पर एक निश्चित तरीके से एक जैसे हैं और इसलिए एक समूह बनाते हैं। वह कौन सा है जो उस समूह से संबंधित नहीं है?

A. ME2 **B.** G$4
C. NWC **D.** YA6
E. इनमें से कोई नहीं

Q.59 दिए गए क्रम में बायें छोर से चौथे तत्व और दायें छोर से ग्यारहवें तत्व के मध्य कितने अक्षर हैं?

A. एक **B.** दो
C. तीन **D.** तीन से अधिक
E. कोई नहीं

Q.60 उपरोक्त क्रम में कितनी ऐसी संख्या हैं जिनके तुरंत पहले एक स्वर है और तुरंत बाद एक व्यंजन है?

A. एक **B.** दो
C. तीन **D.** तीन से अधिक
E. कोई नहीं

Ques (61-65):निर्देश: निम्नलिखित जानकारी का ध्यानपूर्वक अध्ययन कीजिये और दिए गए प्रश्नों के उत्तर दीजिये।

एक अध्यापिका अपने 6 छात्रों - P, Q, R, S, T और U को मध्याह्न-भोजन के लिए ले जाती है। वे एक भोजनालय जाते हैं और एक गोलाकार मेज़ के चारों ओर केंद्र के सम्मुख होकर बैठते हैं और अध्यापिका केंद्र के विपरीत दिशा के सम्मुख है।

P, जो अध्यापिका के बगल में नहीं है, R के निकटतम बाएं बैठे छात्र के बाएं दूसरे स्थान पर है। R के दोनों तरफ से गिनती करने पर, Q और R के बीच कम से कम एक छात्र बैठा है। R के दायीं तरफ से, R और T के बीच कोई छात्र नहीं बैठा है, R जो अध्यापिका के निकटतम बाएं नहीं बैठा है। Q और T साथ में नहीं बैठे हैं। U और R साथ में नहीं बैठे हैं। ना तो S ना ही U और ना ही Q अध्यापिका के बगल में बैठें हैं।

Q.61 अध्यापिका के बाएं तीसरे स्थान पर कौन बैठा है?

A. Q **B.** U **C.** T **D.** S
E. P

Q.62 Q के दायें तीसरे स्थान पर कौन बैठा है?

A. T **B.** U
C. R **D.** S
E. अध्यापिका

Q.63 यदि अध्यापिका और Q परस्पर अपने स्थान बदलते हैं और फिर P के बायीं ओर से प्रारंभ करते हुए, सभी छात्र अंग्रेजी वर्णमाला क्रम के अनुसार बैठते हैं, तब P को छोड़कर कितने छात्र समान स्थान पर बैठे रहते हैं?

A. 1 **B.** None **C.** 3 **D.** 4
E. 2

Q.64 यदि Q और S के बीच अन्य छात्र "X" बैठता है और केंद्र के सम्मुख है, तब 'X' के बाएं चौथे स्थान पर कौन है?

A. T **B.** R
C. अध्यापिका **D.** S
E. P

Q.65 R के बायीं ओर से गिनती करने पर R और P के बीच में ऐसे कितने छात्र हैं जिनके नाम व्यंजन हैं?

A. 1 **B.** 2 **C.** 3 **D.** कोई नहीं
E. 4

Quantitative Aptitude

Q.66 सैम, गीता और राधा द्वारा एक प्रतियोगिता-परीक्षा के गणित अनुभाग में 150 में से प्राप्त किये गए अंक क्रमशः 94, 85 और 120 हैं। विज्ञान अनुभाग के लिए, सैम, गीता और राधा द्वारा 150 में से प्राप्त अंक क्रमशः 135, 80 और 90 हैं। सैम, गीता और राधा के प्रतिशत औसतन अंक ज्ञात कीजिये।

A. 76.33%, 55%, 70% **B.** 55%, 46%, 59%
C. 78%, 57.33%, 82% **D.** 70%, 60%, 62%
E. 80%, 65%, 91%

Ques (67-71):निर्देश: निम्न वृत्त आलेख जेफ रोड्स द्वारा विभिन्न क्रिप्टो मुद्राओं में निवेशित धन को दर्शाता है।

कुल निवेश = 250 मिलियन डॉलर

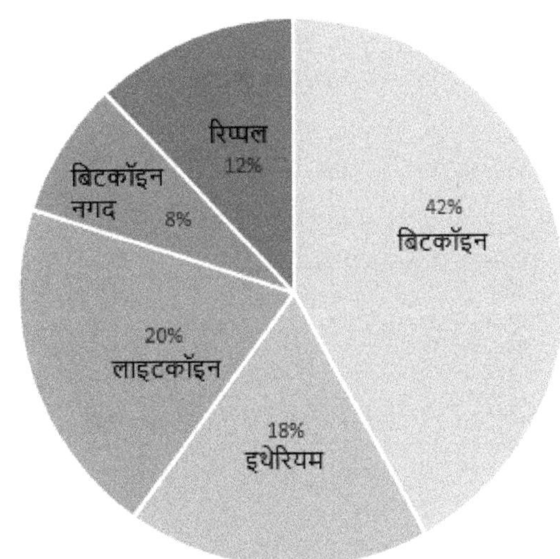

Q.67 यदि बिटकॉइन में निवेशित कुल धन 105 मिलियन डॉलर है। तो जेफ रोड्स की संपत्ति का कुल कीमत (मिलियन डॉलर में) क्या है?

A. 44 **B.** 125 **C.** 150 **D.** 250
E. 275

Q.68 बी.टी.सी (बिटकॉइन नकद) और रिप्पल में कुल कितना धन निवेशित है?

A. 20 मिलियन डॉलर **B.** 30 मिलियन डॉलर
C. 50 मिलियन डॉलर **D.** 150 मिलियन डॉलर
E. 250 मिलियन डॉलर

Q.69 बिटकॉइन में निवेशित धन और अन्य क्रिप्टो मुद्राओं में निवेशित कुल धन के बीच का अंतर क्या है?

A. 10 मिलियन डॉलर **B.** 40 मिलियन डॉलर
C. 60 मिलियन डॉलर **D.** 105 मिलियन डॉलर
E. 145 मिलियन डॉलर

Q.70 यदि बिटकॉइन की कीमत 40% घट जाती है, तो जेफ रोड्स की कुल संपत्ति कितने प्रतिशत कम होगी?

A. 17% **B.** 20% **C.** 27% **D.** 40%
E. 48%

Q.71 यदि इथेरियम की कीमत में 20% की वृद्धि होती है और लाइटकॉइन की कीमत में 10% की कमी होती है तो जेफ रोड्स की कुल संपत्ति के मान में कितना बदलाव होगा?

A. 4 मिलियन डॉलर **B.** 5 मिलियन डॉलर
C. 9 मिलियन डॉलर **D.** 14 मिलियन डॉलर
E. 25 मिलियन डॉलर

Ques (72-75):निर्देश: इन प्रश्नों में दो समीकरण I और II दिए गए हैं। आपको दोनों समीकरणों को हल करना है और उत्तर देना है।

Q.72 I. $x^2 - 16x + 63 = 0$
II. $y^2 - 2y - 35 = 0$
A. $x > y$
B. $x \geq y$
C. $x < y$
D. $x \leq y$
E. $x = y$ या x और y के बीच कोई संबंध स्थापित नहीं किया जा सकता

Q.73 I. $x^2 - 7x + 6 = 0$
II. $11y^2 - 13y + 2 = 0$

[IDBI Bank Assistant Manager, 2016]

A. $x > y$
B. $x < y$
C. $x \geq y$
D. $x \leq y$
E. $x = y$ या कोई संबंध स्थापित नहीं किया जा सकता है

Q.74 I. $x^2 - 9x + 18 = 0$
II. $y^2 - 11y + 18 = 0$
A. यदि $x > y$
B. यदि $x < y$
C. यदि $x = y$ या कोई संबंध प्राप्त नहीं होता है
D. यदि $x \geq y$
E. यदि $x \leq y$

Q.75 I. $x^2 + x - 42 = 0$
II. $y^2 - 13y + 42 = 0$
A. $x > y$
B. $x < y$
C. $x \geq y$
D. $x \leq y$
E. $x = y$ या कोई संबंध स्थापित नहीं किया जा सकता

Ques (76-84):निर्देश: प्रश्न चिह्न (?) के स्थान पर क्या आएगा?

Q.76 300 का $75\% - 175 = 70 - ?$
A. 20 **B.** 25 **C.** 10 **D.** 32
E. 40

Q.77 $26 \times 15 + 310 - (15)^2 = ?$ का 25%
A. 1500 **B.** 1800 **C.** 1700 **D.** 1900
E. 1600

Q.78 $? + (8)^3 = (26)^2 - 43$
A. 121 **B.** 119 **C.** 111 **D.** 131
E. 113

Q.79 $20 \times 168 \div 14 - 40 = ? + 110$
A. 84 **B.** 75 **C.** 90 **D.** 87
E. 94

Q.80 143 का $\left(\frac{12}{13}\right) \div 6 - 12 = ?$
A. 14 **B.** 10 **C.** 8 **D.** 12
E. 11

Q.81 $\sqrt{625} \div \sqrt{16} \times 6 = 300$ का ?%
A. 8.5 **B.** 15 **C.** 17.5 **D.** 10
E. 12.5

Q.82 $2^3 \times 4^2 \div 8 = (2)^?$
A. 2 **B.** 6 **C.** 4 **D.** 10
E. 16

Q.83 $(\sqrt{6} + 3)^3 = 750 + ?$
A. 591 **B.** 561 **C.** 581 **D.** 601
E. 461

Q.84 $? + 820 = 6400$ का 25%
A. 600 **B.** 770 **C.** 760 **D.** 780
E. 680

Q.85 निर्देश: निम्नलिखित प्रश्न में प्रश्न चिह्न '?' के स्थान पर क्या मान आना चाहिए?

$256 \div 2^3 \times ? = 3000$ का 16%

A. 10 **B.** 30 **C.** 20 **D.** 15
E. 12

Q.86 रोहन ने पुरानी कारों की मरम्मत के लिए एक गैरेज शुरू किया और प्रति माह 10% मजदूरी शुल्क देने के बाद, वह प्रति कार 15% की बचत कर रहा था, जो तब 15000 रु. थे और औसतन वह प्रति माह 20 कारें बेच रहा था। 20 कारों का विक्रय मूल्य क्या था?

A. 1200000 रु. **B.** 2000000 रु.
C. 3000000 रु. **D.** 2200000 रु.
E. इनमें से कोई नहीं

Q.87 सौम्या ने 20 किग्रा चाय रु. 18 प्रति किग्रा पर और 15 किग्रा चाय रु. 25 प्रतु किग्रा पर खरीदी। यदि उसने दोनों प्रकार की चाय को आपस में मिला दिया और उसे रु. 30 प्रति किग्रा पर बेचा तब उसे कितना लाभ प्राप्त होगा?

A. 35 **B.** 44.32%
C. 40.12% **D.** 42.85%
E. इनमें से कोई नहीं

Q.88 निर्देश: नीचे दिए गए प्रत्येक प्रश्न में एक प्रश्न और दो कथन I और II दिए गए हैं। आपको यह तय करना होगा कि कथन में दी गई जानकारी प्रश्न का उत्तर देने के लिए पर्याप्त हैं या नहीं। दोनों कथनों को पढ़ें और उत्तर दें।

क्या त्रिभुज ABC एक समकोण त्रिभुज है?

कथन I: AB और BC भुजाओं की लंबाई का अनुपात 4 : 5 है।

कथन II: BC और AC भुजाओं की लंबाई का अनुपात 12.5 : 6.5 है।

A. कथन I में दी गई जानकारी प्रश्न का उत्तर देने के लिए पर्याप्त है, जबकि कथन II में दी गई जानकारी प्रश्न का उत्तर देने के लिए पर्याप्त नहीं है।

B. कथन II में दी गई जानकारी प्रश्न का उत्तर देने के लिए पर्याप्त है, जबकि कथन I में दी गई जानकारी प्रश्न का उत्तर देने के लिए पर्याप्त

नहीं है।

C. प्रश्न का उत्तर देने के लिए या तो कथन I या कथन II पर्याप्त है।

D. I और II दोनों कथनों में दी गई जानकारी प्रश्न का उत्तर देने के लिए पर्याप्त नहीं है।

E. प्रश्न का उत्तर देने के लिए I और II दोनों कथनों में दी गई जानकारी आवश्यक है।

Ques (89-92):निर्देश: नीचे दिए गए प्रत्येक प्रश्न में एक प्रश्न और दो कथन I और II दिए गए हैं। आपको यह तय करना होगा कि कथन में दी गई जानकारी प्रश्न का उत्तर देने के लिए पर्याप्त हैं या नहीं। दोनों कथनों को पढ़ें और उत्तर दें।

Q.89 क्या दो इनलेट पाइप (प्रवेश नली) A और B द्वारा 2500 लीटर की क्षमता वाली पानी की टंकी को 8 घंटे से भी कम समय में भरा जा सकता है?

कथन I: यदि पाइप A को अकेले खोला जाता है तो टैंक को भरने में 12 घंटे लगते हैं।

कथन II: पाइप B प्रति मिनट 1 लीटर पानी भर सकता है।

A. कथन I में दी गई जानकारी प्रश्न का उत्तर देने के लिए पर्याप्त है, जबकि कथन II में दी गई जानकारी प्रश्न का उत्तर देने के लिए पर्याप्त नहीं है।

B. कथन II में दी गई जानकारी प्रश्न का उत्तर देने के लिए पर्याप्त है, जबकि कथन I में दी गई जानकारी प्रश्न का उत्तर देने के लिए पर्याप्त नहीं है।

C. प्रश्न का उत्तर देने के लिए या तो कथन I या कथन II पर्याप्त है।

D. I और II दोनों कथनों में दी गई जानकारी प्रश्न का उत्तर देने के लिए पर्याप्त नहीं है।

E. प्रश्न का उत्तर देने के लिए I और II दोनों कथनों में दी गई जानकारी आवश्यक है।

Q.90 राम को एक समान गति से 100 किमी की दूरी तय करने में कितना समय लगेगा?

कथन I: मोहन की गति राम से 10 किमी प्रति घंटा अधिक है।

कथन II: यदि मोहन अपनी गति 25% बढ़ाता है तो उसे 500 किमी की दूरी तय करने में 3 घंटे 20 मिनट कम लगते हैं।

A. कथन I में दी गई जानकारी प्रश्न का उत्तर देने के लिए पर्याप्त है, जबकि कथन II में दी गई जानकारी प्रश्न का उत्तर देने के लिए पर्याप्त नहीं है।

B. कथन II में दी गई जानकारी प्रश्न का उत्तर देने के लिए पर्याप्त है, जबकि कथन I में दी गई जानकारी प्रश्न का उत्तर देने के लिए पर्याप्त नहीं है।

C. प्रश्न का उत्तर देने के लिए या तो कथन I या कथन II पर्याप्त है।

D. I और II दोनों कथनों में दी गई जानकारी प्रश्न का उत्तर देने के लिए पर्याप्त नहीं है।

E. प्रश्न का उत्तर देने के लिए I और II दोनों कथनों में दी गई जानकारी आवश्यक है।

Q.91 समकोण त्रिभुज ABC का क्षेत्रफल क्या है?

कथन I: त्रिभुज की भुजाएँ AB और BC की लंबाई क्रमशः 12 सेमी और 9 सेमी है।

कथन II: त्रिभुज ABC का अरेखीय 3 सेमी है, और परिधि 7.5 सेमी है।

A. कथन I में दी गई जानकारी प्रश्न का उत्तर देने के लिए पर्याप्त है, जबकि कथन II में दी गई जानकारी प्रश्न का उत्तर देने के लिए पर्याप्त नहीं है।

B. कथन II में दी गई जानकारी प्रश्न का उत्तर देने के लिए पर्याप्त है, जबकि कथन I में दी गई जानकारी प्रश्न का उत्तर देने के लिए पर्याप्त नहीं है।

C. प्रश्न का उत्तर देने के लिए या तो कथन I या कथन II पर्याप्त है।

D. I और II दोनों कथनों में दी गई जानकारी प्रश्न का उत्तर देने के लिए पर्याप्त नहीं है।

E. प्रश्न का उत्तर देने के लिए I और II दोनों कथनों में दी गई जानकारी आवश्यक है।

Q.92 x और y का योग क्या है?

कथन I: $15x + 4y = 108$

कथन II: $y = 27 - 3.75x$

A. कथन I में दी गई जानकारी प्रश्न का उत्तर देने के लिए पर्याप्त है, जबकि कथन II में दी गई जानकारी प्रश्न का उत्तर देने के लिए पर्याप्त नहीं है।

B. कथन II में दी गई जानकारी प्रश्न का उत्तर देने के लिए पर्याप्त है, जबकि कथन I में दी गई जानकारी प्रश्न का उत्तर देने के लिए पर्याप्त नहीं है।

C. प्रश्न का उत्तर देने के लिए या तो कथन I या कथन II पर्याप्त है।

D. I और II दोनों कथनों में दी गई जानकारी प्रश्न का उत्तर देने के लिए पर्याप्त नहीं है।

E. प्रश्न का उत्तर देने के लिए I और II दोनों कथनों में दी गई जानकारी आवश्यक है।

Q.93 यदि $x^2 : y$ और $y^2 : z$ का मिश्रित अनुपात $z : y$ है, तो निम्न में से कौन सा सत्य है?

A. x = yz **B.** y = xz

C. z = xy **D.** xyz = 1

E. उपरोक्त में से कोई नहीं

Ques (94-98):निर्देश: निम्नलिखित संख्या श्रृंखला में प्रश्न चिह्न '?' के स्थान पर क्या आना चाहिए?

Q.94 5, 10, 40, ?, 1920, 19200

A. 80 **B.** 180 **C.** 240 **D.** 120

E. 160

Q.95 0, 7, 26, 63, ?, 215, 342

A. 143 **B.** 168

C. 124 **D.** 120

E. इनमें से कोई नहीं

Q.96 0, 2, 8, 18, ?, 50

A. 32 **B.** 34 **C.** 25 **D.** 48

E. 49

Q.97 123, 277, 459, 669, 907, ?

A. 1278 **B.** 1173 **C.** 1422 **D.** 1839

E. 4525

Q.98 9, 10, 22, 69, 280, (?)

A. 1321 **B.** 1342

C. 1405 **D.** 1365

E. इनमें से कोई नहीं

Q.99 अपनी सामान्य नौकायन दर पर, एक नाव को धारा की प्रतिकूल दिशा में 32 किमी की दूरी को तय करने में धारा की अनुकूल दिशा में समान दूरी की यात्रा तय करने की तुलना में 2 घंटे अधिक समय लगता है। यदि शांत जल में नाव की गति को प्रारंभिक गति से घटाकर आधा कर दिया जाता है, तो 20 किमी की दूरी को तय करने में धारा की अनुकूल दिशा की तुलना में प्रतिकूल दिशा में 8 घंटे अधिक लगते हैं। शांत जल में नाव की कम हुई गति क्या है?

A. 12 किमी/घंटा **B.** 8 किमी/घंटा

C. 5 किमी/घंटा **D.** 6 किमी/घंटा

E. 4 किमी/घंटा

Q.100 निर्देश: दिए गए प्रश्न में दो समीकरण I और II दिए गए हैं। दोनों समीकरणों को हल कीजिये और उपयुक्त उत्तर को चिह्नित कीजिये।

I. $x^2 - 16x + 63 = 0$

II. $y^2 + 5y - 84 = 0$

A. $x > y$

B. $x < y$

C. $x \geq y$

D. $x \leq y$

E. x और y के बीच कोई संबंध नहीं या $x = y$

// स्मार्ट उत्तर पुस्तिका //

सही उत्तर उन छात्रों के प्रतिशत को इंगित करता है जिन्होंने प्रश्नों का सही उत्तर दिया था।

छोड़ दिया उन छात्रों के प्रतिशत को इंगित करता है जिन्होंने प्रश्नों को छोड़ दिया था।

प्रश्न संख्या	उत्तर	सही उत्तर	छोड़ दिया
1	A	22.72 %	50.34 %
2	B	23.41 %	52.99 %
3	C	13.92 %	65.62 %
4	A	30.75 %	50.36 %
5	B	23.62 %	53.82 %
6	D	30.06 %	56.94 %
7	D	18.71 %	54.57 %
8	B	21.43 %	59.75 %
9	E	29.45 %	54.93 %
10	B	18.89 %	54.7 %
11	E	13.7 %	64.12 %
12	D	22.39 %	61.11 %
13	A	22.62 %	61.29 %
14	D	17.46 %	55.73 %
15	C	27.39 %	53.19 %
16	B	23.12 %	61.4 %
17	E	26.62 %	59.19 %
18	E	52.55 %	40.28 %
19	B	13.88 %	60.03 %
20	C	47.25 %	44.51 %
21	E	18.06 %	65.57 %
22	C	27.02 %	53.14 %
23	A	14.98 %	59.68 %
24	A	3.18 %	79.57 %
25	E	14.24 %	67.37 %
26	A	18.52 %	67.85 %
27	A	4.21 %	86.6 %
28	A	14.17 %	68.4 %
29	A	11.99 %	65.42 %
30	C	21.2 %	64.62 %
31	D	48.79 %	36.38 %
32	E	20.75 %	54.2 %
33	C	23.57 %	65.47 %
34	A	24.4 %	53.46 %
35	C	15.22 %	66.78 %
36	B	16.72 %	53.67 %
37	B	22.75 %	60.59 %
38	B	13.67 %	66.13 %
39	B	23.32 %	53.46 %
40	D	22.1 %	65.18 %
41	C	13.76 %	60.73 %
42	A	27.98 %	57.1 %
43	B	20.78 %	63.7 %
44	D	11.25 %	67.17 %
45	C	51.42 %	40.51 %
46	C	31.96 %	52.47 %
47	D	26.01 %	61.72 %
48	A	21.76 %	66.04 %
49	B	18.06 %	56.09 %
50	E	25.14 %	61.91 %
51	C	25.07 %	51.52 %
52	D	20.42 %	51.46 %
53	A	16.19 %	57.41 %
54	E	17.18 %	58.95 %
55	E	28.91 %	51.44 %
56	C	28.89 %	51.85 %
57	C	15.44 %	62.76 %
58	D	40.88 %	46.8 %
59	C	22.12 %	64.3 %
60	E	18.95 %	65.93 %
61	E	11.89 %	67.75 %
62	E	23.36 %	66.37 %
63	B	16.99 %	60.37 %
64	A	4.09 %	75.91 %
65	B	26.78 %	58.72 %
66	A	30.39 %	54.99 %
67	D	6.15 %	77.67 %
68	C	61.14 %	35.19 %
69	B	15.84 %	58.84 %
70	A	22.13 %	64.7 %
71	A	27.29 %	59.52 %
72	B	31.39 %	53.51 %
73	C	20.79 %	58.3 %
74	C	24.77 %	54.47 %
75	D	27.56 %	54.11 %
76	A	23.96 %	55.2 %
77	D	16.38 %	65.84 %
78	A	4.2 %	78.01 %
79	C	13.2 %	66.3 %
80	B	22.4 %	50.55 %

प्रश्न संख्या	उत्तर	सही उत्तर / छोड़ दिया
81	E	19.06 % / 51.27 %
82	C	23.95 % / 65.5 %
83	C	12.52 % / 64.78 %
84	D	22.62 % / 55.22 %

प्रश्न संख्या	उत्तर	सही उत्तर / छोड़ दिया
85	D	16.0 % / 68.44 %
86	D	33.36 % / 51.23 %
87	D	19.18 % / 63.2 %
88	E	55.48 % / 32.03 %

प्रश्न संख्या	उत्तर	सही उत्तर / छोड़ दिया
89	E	53.06 % / 43.34 %
90	E	14.09 % / 68.64 %
91	B	19.2 % / 50.51 %
92	D	55.82 % / 30.33 %

प्रश्न संख्या	उत्तर	सही उत्तर / छोड़ दिया
93	C	23.85 % / 53.85 %
94	C	24.26 % / 60.23 %
95	C	52.6 % / 33.36 %
96	A	22.11 % / 62.1 %

प्रश्न संख्या	उत्तर	सही उत्तर / छोड़ दिया
97	B	32.9 % / 50.27 %
98	C	3.17 % / 86.51 %
99	D	48.38 % / 43.76 %
100	C	26.87 % / 56.86 %

कार्य विश्लेषण	
औसत अंक (%)	39.0%
टॉपर्स स्कोर (%)	75.0%
आपका स्कोर	

//संकेत और समाधान//

1. 'Neither' should be there in place of 'none'.

A pronoun is a word that is used instead of a noun or noun phrase. Pronouns refer to either a noun that has already been mentioned or to a noun that does not need to be named specifically.

'None of the' is used for more than two persons or objects, 'neither of the' is used for two objects.

- E.g. None of the three flowers is red.
- Neither of the two teachers is competent.

The correct sentence should be: Neither of these two officers has been looking after his department well.

Hence, the correct option is (A).

2. 'assent' should be there in place of 'ascent'.

Singular nouns are followed by singular verbs and plural nouns are followed by plural verbs.

"Ascent" means 'a climb or walk to the summit of a mountain or hill' which does not make any sense in the given context.

The correct word in place of 'ascent' would be 'assent' which means 'the expression of approval or agreement'.

- For E.g. The ascent of Fuji presents no difficulties.
- Prince Bagration bowed his head in sign of assent.

The correct sentence is: The strict boss did not give her assent to the employee's whimsical request.

Hence, the correct option is (B).

3. 'their' should be there in place of 'his'.

A pronoun is a word that is used instead of a noun or noun phrase. Pronouns refer to either a noun that has already been mentioned or to a noun that does not need to be named specifically.

When two singular nouns are joined by 'and' refer to two different persons the pronoun used for them should be 'plural'.

- E.g.: Ashwin and Hardik are brothers. They play cricket.

The correct sentence should be: The Party Chief and the Chief Minister expressed their views on demonetization in India.

Hence, the correct option is (C).

4. 'provide' should be there in place of 'provides'

Singular nouns are followed by singular verbs and plural nouns are followed by plural verbs.

A singular noun names one person. place. thing. or idea. while a plural noun names more than one person. place. thing, or idea.

The usage of the verb singular 'provides' is erroneous and needs to be replaced with the plural form of the verb 'provide' to make the sentence grammatically and contextually correct.

According to the subject-verb agreement, if the subject is singular then it is followed by a singular verb and if the subject is plural it is followed by a plural verb. Here the subject is 'US laws' which is plural and hence is followed by a plural verb.

- E.g. The dog chases the cat.
- The dogs chase the cat.

The correct sentence is: Unlike Indian laws, US laws provide for a contingency fee of lawyering, where the costs of litigation are borne by lawyers

Hence, the correct option is (A).

5. 'global' should be there in place of 'globe'

The usage of the noun 'globe' is erroneous and needs to be replaced with the adjective 'global' to make the sentence grammatically and contextually correct. This is because we need an adjective to modify the noun 'praise'. 'Globe' is a noun.

- E.g. This sacrifice was the least he could do for his friend.
- It was as if he'd tossed out a sacrificial lamb to a flock of vultures.

The correct sentence is: India's Swachh Bharat Mission is receiving global praise for attempting to close the sanitation gap.

Hence, the correct option is (B).

6. Monopoly has the correctly spelt word which means exclusive control, possession or use of something.

Hence, the correct option is (D).

7. The correctly spelt word is Commemorate. "Commemorate" means to organize or do something in memory of a past event.

Hence, the correct option is (D).

8. Hosier has the correctly spelt word. "Hosier" means a manufacturer or seller of hosiery (stockings, socks, and tights collectively).

Hence, the correct option is (B).

9. Here, a bit of general awareness is required. Upon reading the sentence will give you an idea that the paragraph is about the economy and so option (A) does not fit in.

Option (A),(B) and (C) are wrong options.

The complete sentence is:

Gross Domestic Product is a measure of the market value of all the final goods and services produced in a period of time.

Hence, the correct option is (E).

10. Here, different forms of the verb indicate are given. You have to choose the right word that is grammatically correct with the statement.

Gerund: **Indicating**

Noun: **Indication**

Noun: **Indicators**; (s) is for plural and singular is an indicator

Verb: **Indicate**

And in Indicator, there is a spelling error. So it is incorrect.

The sentence here refers to the indicators and in the latter part of the passage, employment and environment are used as indicators, not indications.

The complete sentence is:

But there is a whole bunch of other indicators.

Hence, the correct option is (B).

11. In the former part of the sentence, jobless growth is taken as a subject where growth is related to GDP and joblessness part is from the employment.

The words in options (A),(B) and (C) are somewhat similar in a sense but are incorrect for the given question.

Conscientious means to follow one's part or duty well and thoroughly.

Obligation means morally bound to something.

Only joblessness is right for the given question. One may get confused with jobless and joblessness but the thing here is the requirement of a word that tells you about the state being jobless that has already been referred in the sentence.

"A noun ending in 'ness' literally means the state of the original adjective".

The complete sentence is:

When you talk of jobless growth, the growth part is coming from the GDP estimate and the joblessness part is coming from employment data.

Hence, the correct option is (E).

12. Here, to answer this question one has to read the sentence after this. It has been clearly mentioned there that employment has been neglected for a long as an indicator. Now, for the past few years, it is being taken as an important factor and plays an essential role in GDP.

Farming and agriculture are synonyms and refer to growing crops

Transport refers to the movement of goods from place to place

Rigorous refers to hard strenuous work

The complete sentence is:

Employment is another big indicator.

Hence, the correct option is (D).

13. Here, one can understand the context of the statement and find the correct answer to the question. The blank must contain that term which is the main topic of discussion in the passage.

The Gross Domestic Product (GDP)measures the value of economic activity within a country.

The Net Domestic Product (NDP) is an annual measure of the economic output of a nation that is adjusted to account for depreciation.

Gross national product (GNP) is the value of all finished goods and services or the market value of all goods and services produced

The General Agreement on Tariffs and Trade (GATT) is a multilateral agreement regulating international trade

One can easily understand that the sentence is talking about GDP, its estimation and various other factors that involve GDP.

Hence, the correct option is (A).

14. The word 'Dedicated' refers to believing that something is very important and giving a lot of time and energy to it.

- Example: The Green Party is dedicated to protecting the environment.

The word 'committed' means loyal and willing to give your time and energy to something that you believe in.

- Example: We are committed to withdrawing our troops by the end of the year.

Therefore we can say that the word 'Committed' is the same in meaning as 'Dedicated'.

Hence, the correct option is (D).

15. Fastidious means "very attentive to and concerned about accuracy and detail." Only sloppy is the opposite of fastidious as it means "careless and unsystematic; excessively casual."

Scrupulous is cancelled as it is the synonym of fastidious and means "careful, thorough, and extremely attentive to details."

The rest of the words are incorrect too as they mean:

- Feckless: Lacking initiative or strength of character; irresponsible
- Fecund: Producing or capable of producing an abundance of offspring or new growth
- Sloppy: It shows a lack of care, thought, or effort.
- Simper: Smile in an affectedly coquettish, coy, or ingratiating manner

Hence, the correct option is (C).

16. There is no doubt that this passage is **related to technology**, and the particular organisation in question is '**Google**.' This is introduced to us in **sentence R.**

The next sentence must be **P** where it says that '**the 20-year old mission**' is referring to the mission of making the search engine more intuitive. This tells us how they are going to achieve it.

The third sentence is **T as this sentence starts with 'to.'**

The fourth sentence is Q. Since the paragraph has already introduced us to 'Google' now it is referring to it as **'the search engine.'** This sentence tells us what they want to achieve and what their focus areas will be. Finally, the fifth sentence will be S.

Thus, the correct chronological order for the passage is RPTQS.

The ordered paragraph is: Google unveiled changes Monday aimed at making the leading search engine more visual and intuitive to the point it can answer questions before being asked artificial intelligence and machine learning are core drivers of how Google will pursue its 20-year-old mission to organize the world's information and make it accessible to anyone, search vice president Ben Gomes said at an event in San Francisco. The search engine focused strongly on mobile use and appeared to be growing more like Facebook, encouraging users to linger and explore topics, interests or stories. He described the latest changes as shifting from answers to journeys, providing ways to target queries without knowing what words to use and enhancing image-based searches. **Google Images was redesigned to weave in "Lens" technology that enables queries based on what is pointed out in pictures.**

Hence, the correct option is (B).

17. There is no doubt that this passage is **related to technology**, and the particular organisation in question is 'Google.' This is introduced to us in sentence R.

The next sentence must be **P** where it says that 'the **20-year old mission**' is referring to the mission of making the search engine more intuitive. This tells us how they are going to achieve it.

The third sentence is **T as this sentence starts with 'to.'**

The fourth sentence is Q. Since the paragraph has already introduced us to 'Google' now it is referring to it as '**the search engine**.' This sentence tells us what they want to achieve and what their focus areas will be. Finally, the fifth sentence will be S.

Thus, the correct chronological order for the passage is RPTQS.

The ordered paragraph is: Google unveiled changes Monday aimed at making the leading search engine more visual and intuitive to the point it can answer questions before being asked artificial intelligence and machine learning are core drivers of how Google will pursue its 20-year-old mission to organize the world's information and make it accessible to anyone, search vice president Ben Gomes said at an event in San Francisco. The search engine focused strongly on mobile use and appeared to be growing more like Facebook, encouraging users to linger and explore topics, interests or stories. He described the latest changes as shifting from answers to journeys, providing ways to target queries without knowing what words to use and enhancing image-based searches. **Google Images was redesigned to weave in "Lens" technology that enables queries based on what is pointed out in pictures.**

Hence, the correct option is (E).

18. There is no doubt that this passage is **related to technology**, and the particular organisation in question is 'Google.' This is introduced to us in sentence R.

The next sentence must be **P** where it says that '**the 20-year old mission**' is referring to the mission of making the search engine more intuitive. This tells us how they are going to achieve it.

The third sentence is **T as this sentence starts with 'to.'**

The fourth sentence is Q. Since the paragraph has already introduced us to 'Google' now it is referring to it as **'the search engine.'** This sentence tells us what they want to achieve and what their focus areas will be. Finally, the fifth sentence will be S.

Thus, the correct chronological order for the passage is RPTQS.

The ordered paragraph is: Google unveiled changes Monday aimed at making the leading search engine more visual and intuitive to the point it can answer questions before being asked artificial intelligence and machine learning are core drivers of how Google will pursue its 20-year-old mission to organize the world's information and make it accessible to anyone, search vice president Ben Gomes said at an event in San Francisco. The search engine focused strongly on mobile use and appeared to be growing more like Facebook, encouraging users to linger and explore topics, interests or stories. He described the latest changes as shifting from answers to journeys, providing ways to target queries without knowing what words to use and enhancing image-based searches. **Google Images was redesigned to weave in "Lens" technology that enables queries based on what is pointed out in pictures.**

Hence, the correct option is (E).

19. There is no doubt that this passage is **related to technology**, and the particular organisation in question is 'Google.' This is introduced to us in sentence R.

The next sentence must be **P** where it says that '**the 20-year old mission**' is referring to the mission of making the search engine more intuitive. This tells us how they are going to achieve it.

The third sentence is **T as this sentence starts with 'to.'**

The fourth sentence is Q. Since the paragraph has already introduced us to 'Google' now it is referring to it as **'the search engine.'** This sentence tells us what they want to achieve and what their focus areas will be. Finally, the fifth sentence will be S.

Thus, the correct chronological order for the passage is RPTQS.

The ordered paragraph is: Google unveiled changes Monday aimed at making the leading search engine more visual and intuitive to the point it can answer questions before being asked artificial intelligence and machine learning are core drivers of how Google will pursue its 20-year-old mission to organize the world's information and make it accessible to anyone, search vice president Ben Gomes said at an event in San Francisco. The search engine focused strongly on mobile use and appeared to be growing more like Facebook, encouraging users to linger and explore topics, interests or stories. He described the latest changes as shifting from answers to journeys, providing ways to target queries without knowing what words to use and enhancing image-based searches. **Google Images was redesigned to weave in "Lens" technology that enables queries based on what is pointed out in pictures.**

Hence, the correct option is (B).

20. There is no doubt that this passage is **related to technology**, and the particular organisation in question is 'Google.' This is introduced to us in sentence R.

The next sentence must be **P** where it says that '**the 20-year old mission**' is referring to the mission of making the search engine more intuitive. This tells us how they are going to achieve it.

The third sentence is **T as this sentence starts with 'to.'**

The fourth sentence is Q. Since the paragraph has already introduced us to 'Google' now it is referring to it as **'the search engine.'** This sentence tells us what they want to achieve and what their focus areas will be. Finally, the fifth sentence will be S.

Thus, the correct chronological order for the passage is RPTQS.

The ordered paragraph is: Google unveiled changes Monday aimed at making the leading search engine more visual and intuitive to the point it can answer questions before being asked artificial intelligence and machine learning are core drivers of how Google will pursue its 20-year-old mission to organize the world's information and make it accessible to anyone, search vice president Ben Gomes said at an event in San Francisco. The search engine focused strongly on mobile use and appeared to be growing more like Facebook, encouraging users to linger and explore topics, interests or stories. He described the latest changes as shifting from answers to journeys, providing ways to target queries without knowing what words to use and enhancing image-based searches. **Google Images was redesigned to weave in "Lens" technology that enables queries based on what is pointed out in pictures.**

Hence, the correct option is (C).

21. The sentence is absolutely correct and thus needs no improvement.

Hence, the correct option is (E).

22. Option (A) and (B) are erroneous because 'can return' and 'returned' are verb phrases which aren't parallel with the gerund phrase 'becoming bizarre'. Options (A) and (B) so get eliminated.

Option (D), though, takes care of the parallel structure yet deviates the meaning of the sentence.

Option (C) is the perfect choice among the given ones and must replace the bold part to make it a grammatically correct sentence.

Hence, the correct option is (C).

23. Option (B) is incorrect because the preposition 'in' is missing before "which". This changes the meaning of the sentence. It indicates the UN touches the ways. Option (B) so gets eliminated.

Option (C) is erroneous as well because "all" is not required. Plus, 'everywhere' is more appropriate than 'every place'.

Option (D) is also incorrect because United Nations is a world famous organization and assumes the definite article 'the' before it.

Clearly, option (A) is most suitable choice among the given ones.

Hence, the correct option is (A).

24. Option (D) can be immediately eliminated because the phrasal verb 'deal in' which refers to 'buying and selling something' is not appropriate in the context.

Option (B) is verbose as "first starting with the one" is a repetition which can be avoided with 'starting with the first'.

In option (C), usage of passive voice (which is dealt with) doesn't make any sense and is hence erroneous. This eliminates option (C) as well.

Hence, the correct option is (A).

25. The sentence is absolutely correct and thus needs no correction.

Hence, the correct option is (E).

26. Metallurgy is a domain of materials science and engineering.

It studies the physical and chemical behavior of metallic elements.

It also studies the physical and chemical behavior of inter-metallic compounds.

So, the correct answer is study of metals.

Hence, the correct option is (A).

27. Collapse means to fall or shrink together abruptly and completely.

Disintegration means breaking up into small parts.

So, the correct answer is disintegrate.

Hence, the correct option is (A).

28. Let us have a look at the following sentences given in the passage:

- After the collapse of the Indus Valley civilization, the inhabitants......
- ....the Indus Valley Civilization was the most expansive,...
- The Mature Indus civilization flourished .....
- From the above lines, we can conclude the context of the passage.

So, the correct answer is Indus Valley Civilization.

Hence, the correct option is (A).

29. Let us have a look at the following line given in the passage:

- ...may have had a population of over five million.

So, the correct answer is over five million.

Hence, the correct option is (A).

30. Refer to the following line given in the passage:

- "The civilization included cities such as Harappa, Ganeriwala, and Mohenjo-daro........"

So, the correct answer is harappa.

Hence, the correct option is (C).

31. दिए गए कथन: $B \le E \le M$; $A > P \ge X$; $A = B$

संयोजन करने पर: $X \le P < A = B \le E \le M$

निष्कर्ष:

I. $X \le E \rightarrow$ असत्य ($X \le P < A = B \le E \rightarrow X < E$)

II. $M \ge P \rightarrow$ असत्य ($P < A = B \le E \le M \rightarrow P < M$)

इसलिए, न तो निष्कर्ष I न ही निष्कर्ष II सत्य है।

अत: विकल्प (D) सही है।

32. दिए गए कथन: T < H ≤ W; D > S ≥ M; T > D

संयोजन करने पर: W ≥ H > T > D > S ≥ M

निष्कर्ष:

I. W > D → सत्य (W ≥ H > T > D → W > D)

II. M < T → सत्य (T > D > S ≥ M → T > M)

III. H > S → सत्य (H > T > D > S → H > S)

इसलिए, सभी निष्कर्ष सत्य हैं।

अत: विकल्प (E) सही है।

33. दिए गए कथन: F ≥ W > P; G ≤ J ≤ Y; W ≥ Y

संयोजन करने पर: F ≥ W > P; F ≥ W ≥ Y ≥ J ≥ G

निष्कर्ष:

I. P > J → असत्य (W > P और W ≥ Y ≥ J → P और J के बीच संबंध निर्धारित नहीं किया जा सकता है।)

II. Y < F → असत्य (F ≥ W ≥ Y → F ≥ Y)

III. J ≥ P → असत्य (W > P और W ≥ Y ≥ J → P और J के बीच संबंध निर्धारित नहीं किया जा सकता है।)

निष्कर्ष में से कोई सत्य नहीं है, लेकिन निष्कर्ष I और III एक पूरक युग्म बनाते हैं।

इसलिए, या तो निष्कर्ष I या निष्कर्ष III सत्य है।

अत: विकल्प (C) सही है।

34. दिए गए कथन: Y ≤ P < K; F > H ≥ U ≥ M; M = K

संयोजन करने पर: F > H ≥ U ≥ M = K > P ≥ Y

निष्कर्ष:

I. F ≥ K → असत्य (F > H ≥ U ≥ M = K → F > K)

II. Y < U → सत्य (U ≥ M = K > P ≥ Y → U > Y)

इसलिए, केवल निष्कर्ष II सत्य है।

अत: विकल्प (A) सही है।

35. दिए गए कथन: C > T ≥ W; J < Q ≤ W; K > C

संयोजन करने पर: K > C > T ≥ W ≥ Q > J

निष्कर्ष:

I. C > J → सत्य (C > T ≥ W ≥ Q > J → C > J)

II. Q ≤ T → सत्य (T ≥ W ≥ Q → T ≥ Q)

इसलिए, निष्कर्ष I और II दोनों सत्य हैं।

अत: विकल्प (C) सही है।

36. दिया गया शब्द:

INTROSPECTION

उपरोक्त शर्त को लागू करते हुए, हमारे पास नया शब्द है:

EIIOOCNNPRSTT

पुराने और नए शब्दों का अंतिम क्रम है:

I	N	T	R	O	S	P	E	C	T	I	O	N
E	I	I	O	O	C	N	N	P	R	S	T	T

इस प्रकार केवल एक अक्षर अर्थात् "O" की स्थिति अपरिवर्तित रहती है।

अतः विकल्प (B) सही है।

37. दिया गया शब्द है:

UNIDENTIFIED

अक्षरों को वर्णानुक्रम में व्यवस्थित करने के बाद:

DDEEFIIINNTU

पुराने और नए शब्दों की अंतिम व्यवस्था है:

U	N	I	D	E	N	T	I	F	I	E	D
D	D	E	E	F	I	I	I	N	N	T	U

दोनों शब्दों की तुलना करने पर हम पाएंगे कि केवल 1 अक्षर की स्थिति अर्थात् I अपरिवर्तित है।

अतः विकल्प (B) सही है।

38. वाक्यों की तुलना करके प्रत्येक शब्द के लिए कोड निकालें। पहले और दूसरे वाक्यों की तुलना करने पर, हम देखते हैं कि 'black' के लिए कोड 'la' है। पहले और तीसरे वाक्यों की तुलना करने पर, हम देखते हैं कि 'are' के लिए कोड 'po' है। पहले और अंतिम वाक्य की तुलना करने पर, हम देखते हैं कि 'brown' के लिए कोड 'to' है। दूसरे और तीसरे वाक्यों की तुलना करने पर, हम देखते हैं कि 'dog' के लिए कोड 'da' है। दूसरे और अंतिम वाक्यों की तुलना करने पर, हम देखते हैं कि 'is' के लिए कोड 'cu' है।

दूसरी वाक्य में, चूंकि 'fast को छोड़कर सभी कोड ज्ञात हैं, 'fast' के लिए कोड 'tu' है। इसी प्रकार, दूसरे शब्दों के लिए कोड निकला जा सकता है।

किसी भी क्रम में 'and' और 'friends' के लिए कोड 'hi' या 'na' है।

परिणामों को सारणीबद्ध करने पर हमें मिलता है:

brown	to
fox	pi
is	cu
quick	ra
black	la
dog	da
fast	tu
are	po
colors	ta
and	hi/na
friends	na/hi

अतः विकल्प (B) सही है।

39.

वर्ण माला	A	B	C	D	E	F	G	H	I	J	K	L	M
स्था नीय मान	1	2	3	4	5	6	7	8	9	10	11	12	13
स्था नीय मान	26	25	24	23	22	21	20	19	18	17	16	15	14
वर्ण माला	Z	Y	X	W	V	U	T	S	R	Q	P	O	N

स्वरूप: कोड के अक्षरों को प्राप्त करने के लिए दिए गए शब्द के प्रत्येक अक्षर के दो स्थान पूर्व के अक्षर को रखा गया है।

इसी तरह,

D I A G R A M
-2 -2 -2 -2 -2 -2 -2
B G Y E P Y K

अतः विकल्प (B) सही है।

40. तर्क इस प्रकार दिया गया है:

वर्ण माला	A	B	C	D	E	F	G	H	I	J	K	L	M
स्थानीय मान	1	2	3	4	5	6	7	8	9	10	11	12	13
स्थानीय मान	26	25	24	23	22	21	20	19	18	17	16	15	14
वर्ण माला	Z	Y	X	W	V	U	T	S	R	Q	P	O	N

सभी विपरीत युग्म के अक्षर दिए गए हैं:

इसी तरह,

अतः विकल्प (D) सही है।

41. दी गई जानकारी का उपयोग करके हम निम्नलिखित आकृति बना सकते हैं:

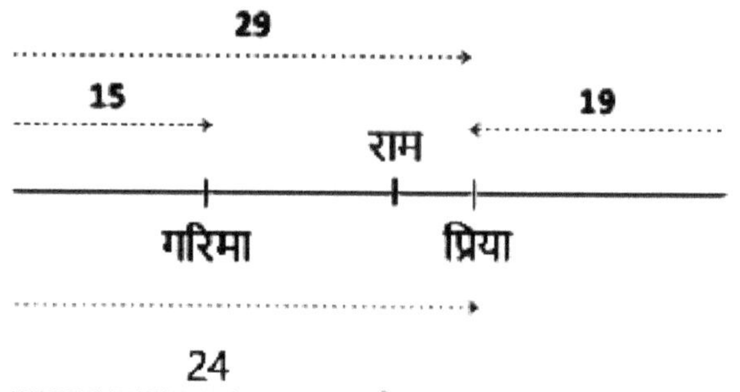

बाएं से राम की स्थिति = 24

राम के स्थिति से प्रिया की स्थिति = 5

बाएं से प्रिया की स्थिति = बाएं से राम की स्थिति + राम की स्थिति से प्रिया की स्थिति

= 24 + 5 = 29

पंक्ति में व्यक्तियों की कुल संख्या = [दाएं से प्रिया की स्थिति + बाएं से प्रिया की स्थिति] - 1

= (29 + 19 - 1) = 47

अतः विकल्प (C) सही है।

42. दिया है,

साहिल और गौरव व्यक्तियों की एक पंक्ति में खड़े हैं। साहिल बाईं ओर से 12वें स्थान पर है और गौरव दाईं ओर से 18वें स्थान पर है।

बाएं से साहिल का स्थान = 25 (बदलने के बाद)

कुल व्यक्ति = बाएं से स्थिति + दाएं से स्थिति - 1

दायें से साहिल का स्थान = 18 (दायें छोर से साहिल की स्थिति वही है जो आपस में बदलने के बाद गौरव के समान है) -1

कुल व्यक्ति $= 25 + 18 - 1 = 42$

इसलिए, पंक्ति में 42 व्यक्ति हैं।

अतः विकल्प (A) सही है।

Ques (43-45):सदस्यों की संख्या: 6

परिवार में एक विवाहित जोड़ा है, जिसके केवल दो बच्चे हैं ।

1) N, K का ग्रैंड - सन है। P,C की बेटी है।

2) D, P की पैतृक आंटी हैं।

3) C, N के मैतृक अंकल हैं।

4) K, R की पत्नी है, जो D के पिता हैं।

निम्नलिखित प्रतीकों का उपयोग करके वंश वृक्ष तैयार करने पर:

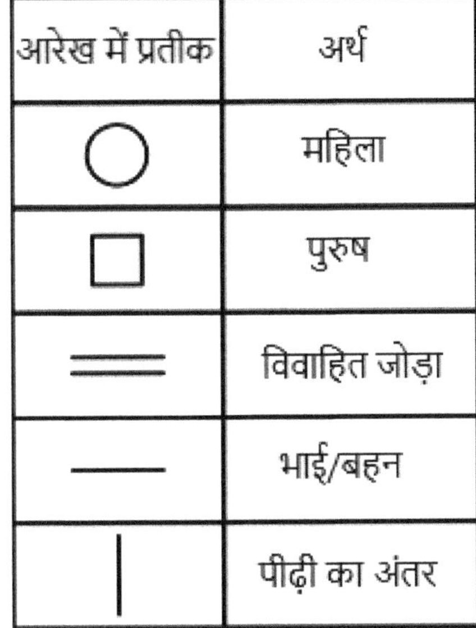

आरेख में प्रतीक	अर्थ
○	महिला
□	पुरुष
═	विवाहित जोड़ा
—	भाई/बहन
|	पीढ़ी का अंतर

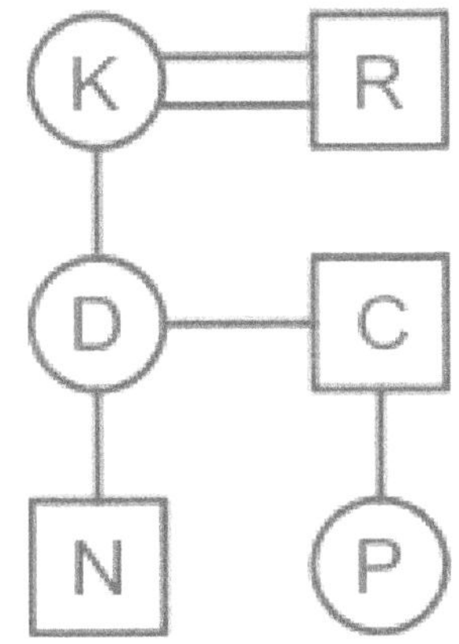

43. इसलिए, C, D का भाई है।

अतः विकल्प (B) सही है।

44. इसलिए, R, C का पिता है।

अतः विकल्प (D) सही है।

45. (A) K और R भाई-बहन हैं → असत्य है, क्योंकि K और R विवाहित जोड़ा है।

(B) D, N की एक बेटी है → असत्य है, क्योंकि D, N की मां है।

(C) P, C की बेटी है → सत्य है।

(D) C, N के पिता हैं → असत्य है, क्योंकि C, N के मैतृक अंकल हैं।

(E) C और D चचेरे भाई/बहन हैं → असत्य है, क्योंकि C और D भाई-बहन हैं।

इसलिए, 'P, C की बेटी है' निश्चित रूप से सही है।

अतः विकल्प (C) सही है।

Ques (46-50):व्यक्ति: S, T, U, V, W, X, Y और Z

1) W, T के दाएं 5वें स्थान पर बैठा है और दोनों में से कोई भी अंतिम स्थान पर नहीं बैठा है। T उत्तर दिशा के सम्मुख हैं।

2) S, जो V का निकटतम पड़ोसी है, W के दाएं चौथे स्थान पर बैठा है। इसका मतलब है कि W दक्षिण के सम्मुख है।

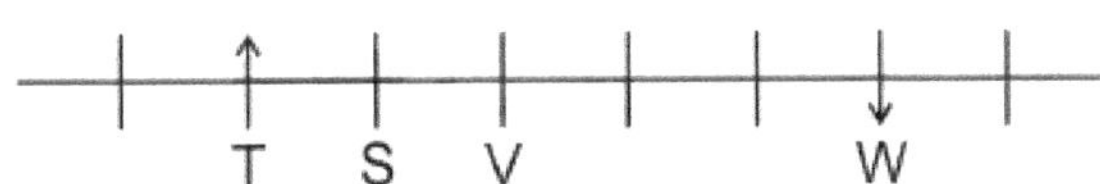

3) तीन व्यक्ति V और X के बीच बैठे हैं। V और X उत्तर दिशा के सम्मुख हैं।

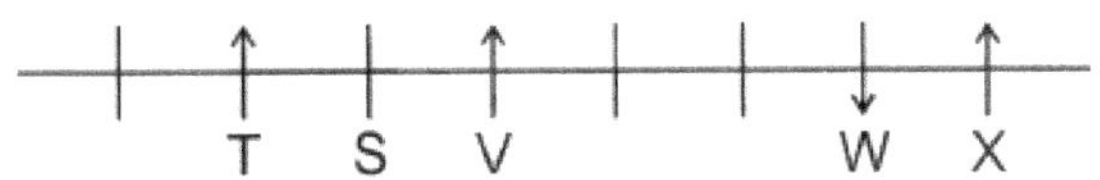

4) Z, X के बाएं तीसरे स्थान पर है और X के विपरीत दिशा के सम्मुख बैठा है।

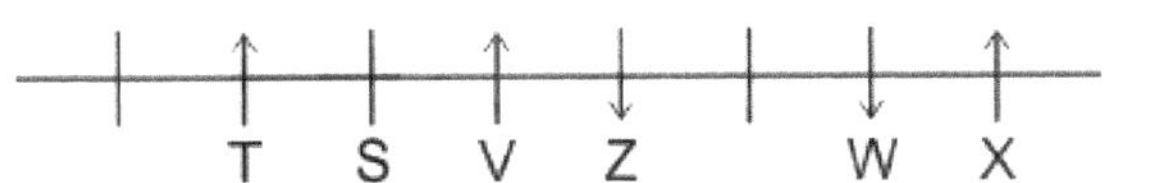

5) Z के निकटतम पड़ोसी समान दिशा के सम्मुख है लेकिन Z के विपरीत है।

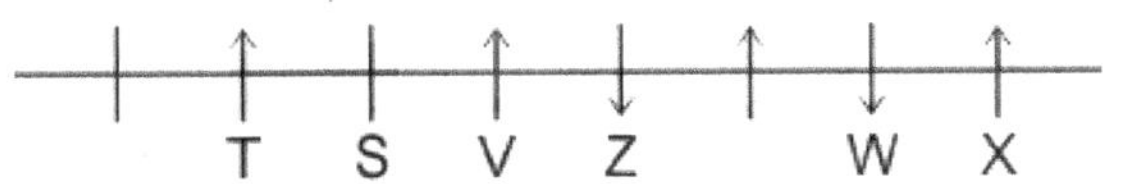

6) Y, जो दक्षिण दिशा के सम्मुख है, V के बाएं किसी एक स्थान पर बैठा है।

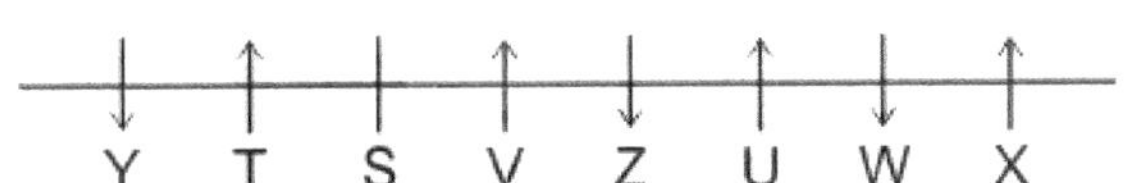

46. इसलिए, X पंक्ति के अंतिम छोर पर बैठा है।

अतः विकल्प (C) सही है।

47. इसलिए, X, U के दाएं दूसरा बैठा है।

अतः विकल्प (D) सही है।

48. (A) S, X के बाएँ पांचवें स्थान पर है। - सत्य

(B) U, V का निकटतम पड़ोसी है। - असत्य (Z, U और V के बीच में बैठा है।)

(C) T किसी एक अंतिम छोर पर बैठा है। - असत्य (X और Y अंतिम छोर पर बैठे हैं।)

(D) तीन व्यक्ति Z के दाएं बैठे हैं। - असत्य (4 लोग Z के दायें बैठे हैं।)

(E) U, V और W का पड़ोसी है। - असत्य (U, W और Z का पड़ोसी है।)

इसलिए, S, X के बाएँ पांचवें स्थान पर है।

अतः विकल्प (A) सही है।

49. इसलिए, W समूह से संबंधित नहीं है क्योंकि अन्य सभी उत्तर के सम्मुख बैठे है और W दक्षिण के सम्मुख बैठा है।

अतः विकल्प (B) सही है।

50. जैसा कि S की दिशा निर्धारित नहीं की जा सकती है, S के दाएं बैठे व्यक्तियों की संख्या निर्धारित नहीं की जा सकती है।

अतः विकल्प (E) सही है।

51. सभी दिए गए कथनों के लिए वेन आरेख:

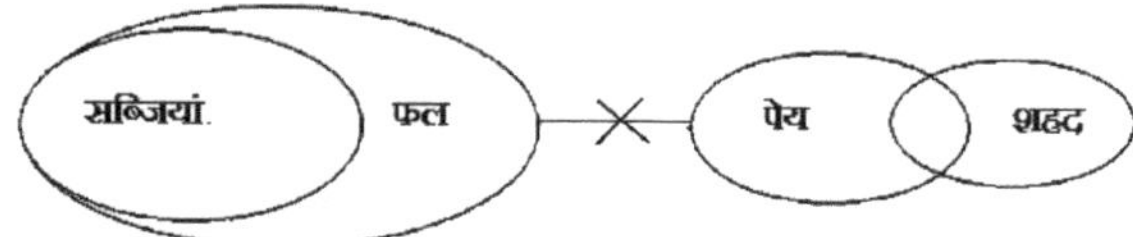

निष्कर्ष:

I. कुछ शहद फल नहीं है → निश्चित रूप से सत्य नहीं है।

II. कोई सब्जियां पेय नहीं हैं → निश्चित रूप से सत्य है।

स्पष्ट रूप से, दोनों निष्कर्ष I और II सत्य हैं।

अतः विकल्प (C) सही है।

52. दिए गए कथनों के लिए कम से कम संभव वेन आरेख इस प्रकार है,

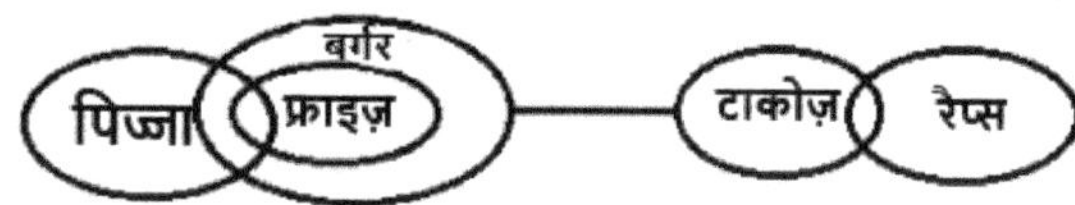

निष्कर्ष:

I. सभी पिज़्ज़ा का टाकोज़ एक संभावना है. → असत्य (यह संभव नहीं है क्योंकि कोई बर्गर टाकोज़ नहीं है)

II. कोई फ्राइज़ टाकोज़ नहीं है → सत्य (यह संभव है क्योंकि कोई बर्गर टाकोज़ नहीं है)

III. कुछ पिज़्ज़ा बर्गर हैं → सत्य (यह संभव है जैसा कि ऊपर की आकृति में दिखाया गया है)

इसलिए, केवल II और III अनुसरण करते हैं।

अत: विकल्प (D) सही है।

53. इस प्रश्न का संभव आरेख इस प्रकार है,

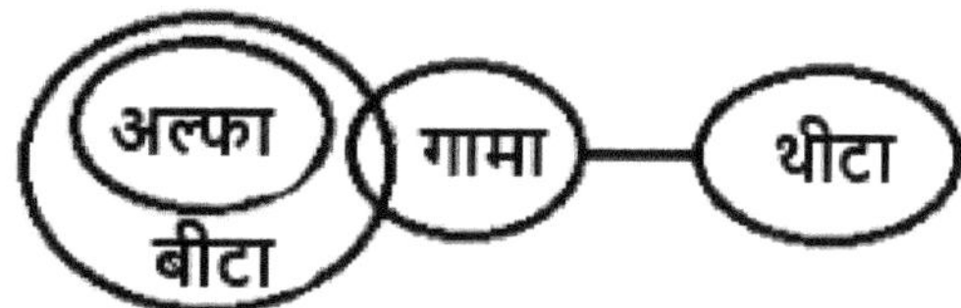

I. कुछ थीटा अल्फा हो सकते हैं → सत्य (संभावना सत्य है)

II. कोई गामा अल्फ़ा नहीं है → असत्य (यह संभव है लेकिन निश्चित नहीं है)

इसलिए, एकमात्र निष्कर्ष I अनुसरण करता है।

अत: विकल्प (A) सही है।

54. दिए गए कथन को निम्नलिखित वेन आरेख का उपयोग करके दर्शाया जा सकता है।

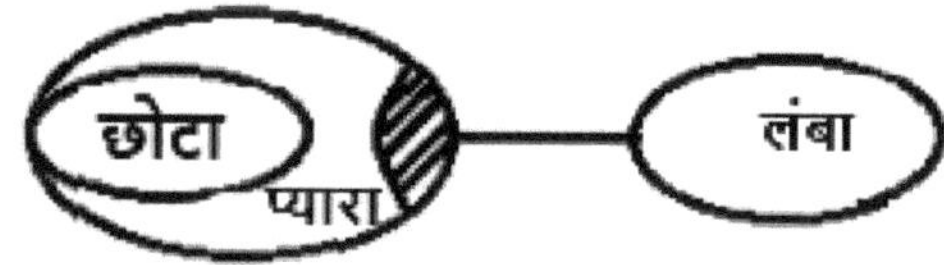

निष्कर्ष:

I. कुछ छोटा लंबा है एक संभावना है → संभावना सत्य है।

II. सभी लंबा छोटा है एक संभावना है → संभावना सत्य है।

इसलिए, I और II दोनों अनुसरण करते हैं।

अत: विकल्प (E) सही है।

55. दिए गए कथनों के लिए कम से कम संभव वेन आरेख इस प्रकार है।

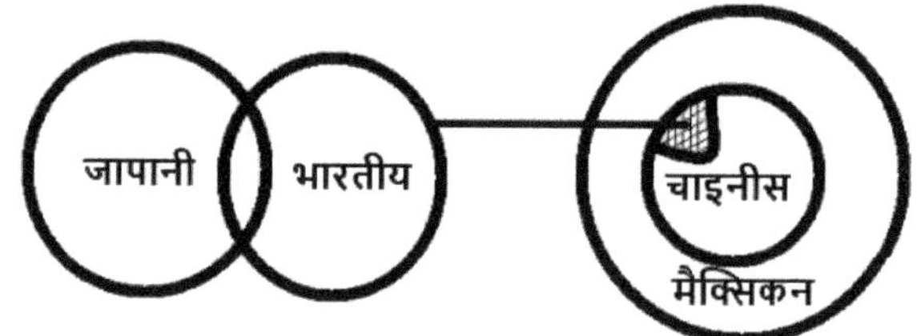

निष्कर्ष:

I. कुछ भारतीय मैक्सिकन नहीं हैं → असत्य (सभी भारतीयों का मैक्सिकन होना एक संभावना है, इसलिए निश्चित कथन असत्य है)

II. कुछ मैक्सिकन चाइनीस नहीं हैं → असत्य (यह संभव है लेकिन निश्चित नहीं है)

III. कुछ मैक्सिकन जापानी हैं → असत्य (यह संभव है लेकिन निश्चित नहीं है)

इसलिए, कोई भी अनुसरण नहीं करता है।

अत: विकल्प (E) सही है।

Ques (56-60):दी गई श्रृंखला:

बायी ओर M 1 E & D 2 G 9 $ F @ 4 N Z W © 8 C Y A * 6 दांयी ओर

56. 1) ऐसी संख्या हैं जिनके तुरंत पहले एक व्यंजन है और तुरंत बाद एक स्वर है:

M 1 E & D 2 G 9 $ F @ 4 N Z W © 8 C Y A * 6

इसलिए, एक ऐसी संख्या है जिसके तुरंत पहले एक व्यंजन है और तुरंत बाद एक स्वर है: M 1 E.

अतः विकल्प (C) सही है।

57. 1) यदि सभी संख्याओं को छोड़ दिया जाता है:

M E & D G $ F @ N Z W © C Y A *

2) दायें ओर से दसवाँ तत्व F है

फिर, दायें ओर से दसवाँ अक्षर/ प्रतीक 'F' है।

अतः विकल्प (C) सही है।

58. यहाँ एक समूह का निर्माण होता है जिसमें दूसरा तत्व पहले तत्व से दूसरा है और

तीसरा तत्व दूसरे के निकट में, तीसरा है।

इसलिए, YA6 समूह से संबंधित नहीं है।

अतः विकल्प (D) सही है।

59. 1) बाएं ओर से 4 तत्व '&' है

2) दांये ओर से 11 वां तत्व 4 'है

& D 2 G 9 $ F @ 4

इसलिए, बाएं से चौथे तत्व और दांये ओर D, G और F से ग्यारहवें तत्व के बीच 3 अक्षर हैं।

अतः विकल्प (C) सही है।

60. उपरोक्त श्रृंखला में किसी भी संख्या के तुरंत पहले एक स्वर है और तुरंत बाद एक व्यंजन नहीं है।

अत: विकल्प (E) सही है।

Ques (61-65): 1) P, जो अध्यापिका के बगल में नहीं है, R के निकटतम बाएं बैठे छात्र के बाएं दूसरे स्थान पर है।

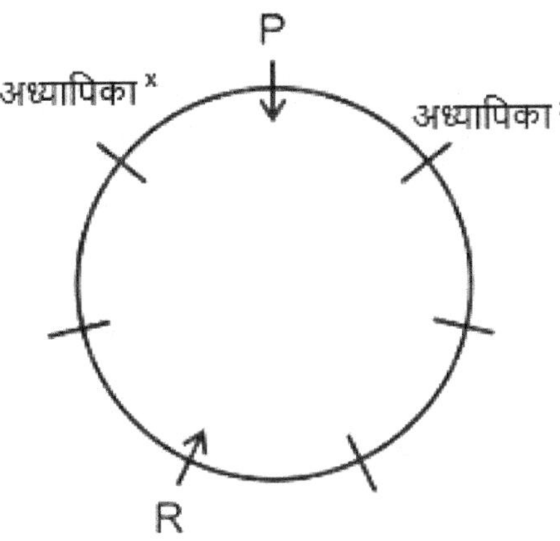

2) R के दोनों तरफ से गिनने पर, Q और R के बीच कम से कम एक छात्र बैठा है।

उपरोक्त कथन से, हमारे पास 3 स्थिति हैं।

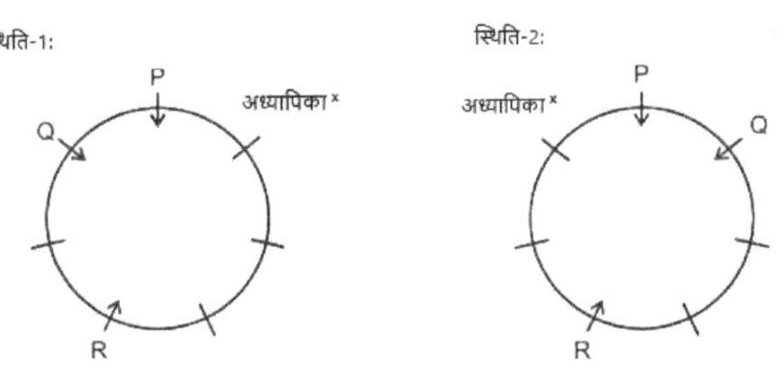

स्थिति-3:

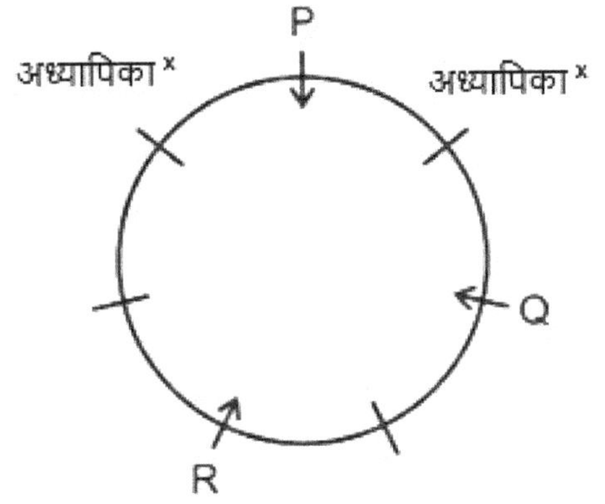

3) R के दोनों तरफ से गिनने पर, R और T के बीच कोई छात्र नहीं बैठा है, R जो अध्यापिका के निकटतम बाएं नहीं बैठा है।

जिसका अर्थ है अध्यापिका R और T के बीच बैठ सकती हैं।

4) Q और T साथ में नहीं बैठे हैं।

इस प्रकार, स्थिति 3 समाप्त हो जाता है।

5) U और R साथ में नहीं बैठे हैं।

6) ना तो S ना ही U और ना ही Q अध्यापिका के बगल में बैठा है।

इस प्रकार, स्थिति 2 समाप्त हो जाता है।

इसलिए, अंतिम व्यवस्था निम्न प्रकार है:

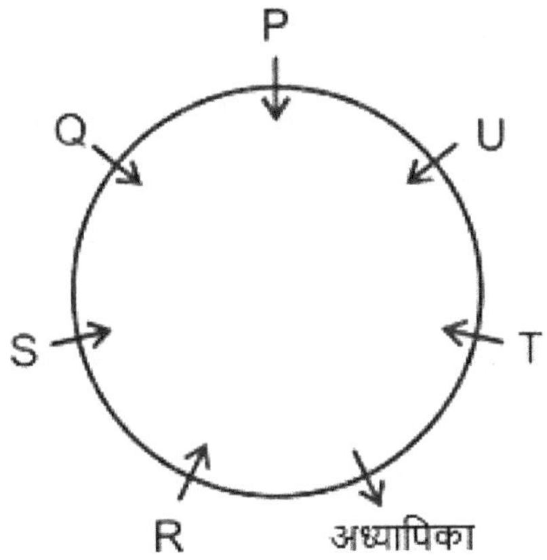

61. इसलिए, अध्यापिका के बाएं तीसरे स्थान पर P बैठा है।

अत: विकल्प (E) सही है।

62. इसलिए, Q के दायें तीसरे स्थान पर अध्यापिका बैठी हैं।

अत: विकल्प (E) सही है।

63. यदि अध्यापिका और Q परस्पर अपने स्थान बदलते हैं तब कोई छात्र समान स्थान पर नहीं बैठा रहेगा।

अत: विकल्प (B) सही है।

64. यदि Q और S के बीच अन्य छात्र "X" बैठता है और केंद्र के सम्मुख है, तब 'X' के बाएं चौथे स्थान पर T बैठता है।

अत: विकल्प (A) सही है।

65. इसलिए, R के बायीं ओर से गिनती करने पर R और P के बीच केवल 2 ऐसे छात्र हैं जिनके नाम व्यंजन हैं।

अत: विकल्प (B) सही है।

66. औसत = (संख्याओं का जोड़)/(कुल संख्या)

दिया है,

150 में से सैम, गीता और राधा के अंक

गणित अनुभाग के लिए = क्रमशः 94, 85 और 120

विज्ञान अनुभाग के लिए = क्रमशः 135, 80 और 90

300 में से सैम के कुल अंक

= 94 + 135

= 229

औसतन प्रतिशत = $\left\{\frac{229}{300}\right\} \times 100$

= 76.33%

300 में से गीता के कुल अंक

= 85 + 80

= 165

औसतन प्रतिशत = $\left(\frac{165}{300}\right) \times 100$

= 55%

300 में से राधा के कुल अंक

= 120 + 90

= 210

औसतन प्रतिशत = $\left(\frac{210}{300}\right) \times 100$

= 70%

∴ सैम, गीता और राधा का औसतन प्रतिशत क्रमशः 76.33%, 55% और 70% है।

अतः विकल्प (A) सही है।

67. दिया है:

बिटकॉइन में निवेशित धन = 105 मिलियन डॉलर

माना कि कुल संपत्ति x है

बिटकॉइन में निवेशित धन का प्रतिशत = 42%

⇒ x का 42% = 105 मिलियन डॉलर

⇒ x = $\frac{105 \times 100}{42}$

⇒ x = 250 मिलियन डॉलर

अतः विकल्प (D) सही है।

68. दिया है:

कुल संपत्ति = 250 मिलियन डॉलर

बी.टी.सी और रिप्पल में निवेशित धन का प्रतिशत = 8 + 12

= 20%

बी.टी.सी और रिप्पल में निवेशित कुल धन = 250 मिलियन डॉलर का 20%

= $250 \times \frac{20}{100}$

= 50 मिलियन डॉलर

अतः विकल्प (C) सही है।

69. दिया है:

कुल संपत्ति = 250 मिलियन डॉलर

बिटकॉइन में निवेश किया गया धन = 250 मिलियन डॉलर का 42%

= $250 \times \frac{42}{100}$

= $\frac{10500}{100}$

= 105 मिलियन डॉलर

अन्य क्रिप्टो मुद्राओं में निवेशित धन = 250 – 105 मिलियन डॉलर

= 145 मिलियन डॉलर

निवेशित धन के बीच का अंतर = 145 – 105 मिलियन डॉलर

= 40 मिलियन डॉलर

अतः विकल्प (B) सही है।

70. दिया है:

कुल संपत्ति = 250 मिलियन डॉलर

बिटकॉइन में निवेशित कुल धन = 250 मिलियन डॉलर का 42%

= $250 \times \frac{42}{100}$

= $\frac{10500}{100}$

= 105 मिलियन डॉलर

40% घटने के बाद बिटकॉइन में निवेश किया गया कुल धन = $105 - \left(\frac{40}{100} \times 100\right)$

= $105 - \frac{4200}{100}$

= $105 - 42$

= 63 मिलियन डॉलर

अन्य क्रिप्टो मुद्राओं में निवेशित धन = 250 – 105 मिलियन डॉलर

= 145 मिलियन डॉलर

कुल नयी संपत्ति = 145 + 63

= 208 मिलियन डॉलर

प्रतिशत कमी = पुराना मूल्य - नया मूल्य/पुराना मूल्य × 100

= $\left(\frac{250-208}{250}\right) \times 100$

= 16.8%

अतः विकल्प (A) सही है।

71. दिया है:

कुल संपत्ति = 250 मिलियन डॉलर

इथेरियम में निवेशित धन = 250 मिलियन डॉलर का 18%

= $250 \times \frac{18}{100}$

= $\frac{4500}{100}$

= 45 मिलियन डॉलर

यदि इथेरियम की कीमत में 20% की वृद्धि होती है

इथेरियम में निवेशित धन = 45 + $\frac{20}{100} \times 45$

= 45 + 9

= 54 मिलियन डॉलर

लाइटकॉइन में निवेशित धन =250 मिलियन डॉलर का 20%

= $250 \times \frac{20}{100}$

= $\frac{5000}{100}$

= 50 मिलियन डॉलर

लाइटकॉइन की कीमत में 10% की कमी होती है

लाइटकॉइन में निवेशित धन = 50 - $\frac{10}{100} \times 50$

= 50 - 5

= 45 मिलियन डॉलर

संपत्ति में कुल वृद्धि = (54 – 45) + (45 – 50)

= 9 – 5

= 4 मिलियन डॉलर

अतः विकल्प (A) सही है।

72. दिया है:

I. $x^2 - 16x + 63 = 0$

II. $y^2 - 2y - 35 = 0$

दिए गए समीकरणों के अनुसार:

I. $x^2 - 16x + 63 = 0$

$\Rightarrow x^2 - 9x - 7x + 63 = 0$

$\Rightarrow x(x-9) - 7(x-9) = 0$

$\Rightarrow (x-7)(x-9) = 0$

$\therefore x = 7,9$

II. $y^2 - 2y - 35 = 0$

$\Rightarrow y^2 - 7y + 5y - 35 = 0$

$\Rightarrow y(y-7) + 5(y-7) = 0$

$\Rightarrow (y-7)(y+5) = 0$

$\therefore y = 7, -5$

'x' का मान	**संबंध**	**'y' का मान**
7	=	7
7	>	-5
9	>	7
9	>	-5

जब हमने उपरोक्त तालिका में 'x' और 'y' के मानों की तुलना की, तो हमने पाया कि X और Y के बीच दो संबंध हैं अर्थात > और =।

इसलिए, x और y के बीच एक संबंध "x ≥ y" है।

अत: विकल्प (B) सही है।

73. दिए गए समीकरणों के अनुसार:

I. $x^2 - 7x + 6 = 0$

$x^2 - 6x - x + 6 = 0$

$\Rightarrow (x-6)(x-1) = 0$

इस प्रकार,

$\Rightarrow x = 1,6$

II. $11y^2 - 13y + 2 = 0$

$\Rightarrow (11y-1)(y-2) = 0$

$11y^2 - 11y - 2y + 2 = 0$

इस प्रकार,

$\Rightarrow y = 1, \frac{2}{11}$

$\therefore x \geq y$

अत: विकल्प (C) सही है।

74. दिया है:

I. $x^2 - 9x + 18 = 0$

II. $y^2 - 11y + 18 = 0$

दिए गए समीकरणों के अनुसार:

I. $x^2 - 9x + 18 = 0$

$\Rightarrow x^2 - 3x - 6x + 18 = 0$

$\Rightarrow x(x-3) - 6(x-3) = 0$

$\Rightarrow (x-3)(x-6) = 0$

$\Rightarrow x = 3,6$

II. $y^2 - 11y + 18 = 0$

$\Rightarrow y^2 - 9y - 2y + 18 = 0$

$\Rightarrow y(y-9) - 2(y-9) = 0$

$\Rightarrow (y-2)(y-9) = 0$

$\Rightarrow y = 2,9$

दोनों समीकरणों की तुलना के बाद, निष्कर्ष $x = y$ है या कोई संबंध प्राप्त नहीं होता है।

अत: विकल्प (C) सही है।

75. दिया है:

I. $x^2 + x - 42 = 0$

II. $y^2 - 13y + 42 = 0$

दिए गए समीकरणों के अनुसार:

I. $x^2 + x - 42 = 0$

$\Rightarrow x^2 + 7x - 6x - 42 = 0$

$\Rightarrow x(x+7) - 6(x+7) = 0$

$\Rightarrow (x+7)(x-6) = 0$

$\Rightarrow (x+7) = 0$ या $(x-6) = 0$

$\Rightarrow x = -7$ या $x = 6$

II. $y^2 - 13y + 42 = 0$

$\Rightarrow y^2 - 7y - 6y + 42 = 0$

$\Rightarrow y(y-7) - 6(y-7) = 0$

$\Rightarrow (y-7)(y-6) = 0$

$\Rightarrow (y-7) = 0$ या $(y-6) = 0$

$\Rightarrow y = 7$ या $y = 6$

$\therefore x \leq y$

अत: विकल्प (D) सही है।

76. दिया गया है:

300 का 75% $-175 = 70 - ?$

$\Rightarrow$ 300 का $75 \times \frac{1}{100} - 175 = 70 - ?$

$\Rightarrow 75 \times \frac{1}{100} \times 300 - 175 = 70 - ?$

$\Rightarrow ? = 70 - 225 + 175$

$= 20$

अत: विकल्प (A) सही है।

77. दिया गया है:

$26 \times 15 + 310 - (15)^2 = ?$ का 25%

$\Rightarrow 26 \times 15 + 310 - 225 = ?$ का $25 \times \frac{1}{100}$

$\Rightarrow 390 + 310 - 225 = ? \times \frac{1}{4}$

$\Rightarrow ? = 475 \times 4$

$\Rightarrow ? = 1900$

अत: विकल्प (D) सही है।

78. दिया गया है:

$? + (8)^3 = (26)^2 - 43$

$\Rightarrow ? + 512 = 676 - 43$

$\Rightarrow ? = 633 - 512$

$\Rightarrow ? = 121$

अत: विकल्प (A) सही है।

79. दिया गया है:

$20 \times 168 \div 14 - 40 = ? + 110$

$\Rightarrow 20 \times \frac{168}{14} - 40 = ? + 110$

$\Rightarrow 20 \times 12 - 40 = ? + 110$

$\Rightarrow 240 - 40 = ? + 110$

$\Rightarrow 200 = ? + 110$

$\Rightarrow 200 - 110 = ?$

$= 90$

अत: विकल्प (C) सही है।

80. दिया गया है:

143 का $\left(\frac{12}{13}\right) \div 6 - 12 = ?$

$\Rightarrow \frac{143}{6}$ का $\left(\frac{12}{13}\right) - 12 = ?$

$\Rightarrow \left(\frac{12}{13}\right) \times \frac{143}{6} - 12 = ?$

$\Rightarrow 2 \times 11 - 12 = ?$

$= 22 - 12$

$= 10$

अत: विकल्प (B) सही है।

81. दिया गया है:

$\sqrt{625} \div \sqrt{16} \times 6 = 300$ का ?%

$\Rightarrow 25 \div 4 \times 6 = ?\% \times 300$

$\Rightarrow 25 \div 4 \times 6 = ? \times \frac{1}{100} \times 300$

$\Rightarrow 25 \div 4 \times 6 = ? \times 3$

$\Rightarrow \frac{25}{4} \times 6 = ? \times 3$

$\Rightarrow \frac{25}{2} = ?$

$\Rightarrow ? = 12.5$

अत: विकल्प (E) सही है।

82. दिया गया है:

$2^3 \times 4^2 \div 8 = (2)^?$

$\Rightarrow (2)^? = 2^3 \times 2^4 \div 2^3$

$\Rightarrow (2)^? = 2^{3+4-3}$

$\Rightarrow (2)^? = 2^4$

दोनों पक्षों की घातो की तुलना करने पर:

$? = 4$

अत: विकल्प (C) सही है।

83. दिया गया है:

$\left(\sqrt{64} + 3\right)^3 = 750 + ?$

$= (8+3)^3 - 750$

$= (11)^3 - 750$

$= 1331 - 750$

$= 581$

अत: विकल्प (C) सही है।

84. दिया गया है:

$? + 820 = 6400$ का 25%

$\Rightarrow ? + 820 = 6400$ का $25 \times \frac{1}{100}$

$\Rightarrow ? + 820 = 6400$ का $\frac{1}{4}$

$\Rightarrow ? + 820 = 1600$

$\Rightarrow ? = 1600 - 820$

$\Rightarrow ? = 780$

अत: विकल्प (D) सही है।

85. दिया है:

$256 \div 2^3 \times x = 3000$ का 16%

$\Rightarrow 256 \div 8 \times x = 3000 \times \frac{16}{100}$

$\Rightarrow 32 \times x = 480$

$\Rightarrow x = \frac{480}{32} = 15$

अत: विकल्प (D) सही है।

86. माना कार का क्रय मूल्य x रु. है।

इसलिए, प्रश्नानुसार,

x का 15 % = 15000 रु.

तो, $x = 15000 \times \frac{100}{15} = 100000$ रु.

इस राशि पर वह 10 % मजदूरी शुल्क दे रहा है।

इस प्रकार, 1 कार का विक्रय मूल्य = क्रय मूल्य + क्रय मूल्य का 10% = 100000 + 10000 = 110000 रु.

इसलिए, 20 कारों का कुल विक्रय मूल्य = 110000 × 20 = 2200000 रु.

अतः विकल्प (D) सही है।

87. सौम्या ने 20 किग्रा चाय रु. 18 प्रति किग्रा पर और 15 किग्रा चाय रु. 25 प्रतु किग्रा पर खरीदी।

रु. 18 प्रति किग्रा की दर से 20 किग्रा चाय का मूल्य = रु. 20 × 18 = रु. 360

रु. 25 प्रति किग्रा की दर से 15 किग्रा चाय का मूल्य = रु. 15 × 25 = रु. 375

उसने दोनों प्रकार को आपस में मिला दिया। तब (20 + 15) = 35 किग्रा मिश्रण का कुल लागत मूल्य = रु. 360 + रु. 375 = रु. 735

इसलिए मिश्रण का प्रर्ति किग्रा लागत मूल्य = रु. $\frac{735}{35}$ = रु. 21

यदि उसने मिश्रण को रु. 30 प्रति किग्रा में बेचा तब उसे रु. (30 – 21) = रु. 9 का लाभ प्राप्त हुआ।

$\therefore$ अभीष्ट लाभ प्रतिशत = $\left(\frac{9}{21}\right) \times 100 = 42.85\%$

अतः विकल्प (D) सही है।

88. कथन I से, AB : BC = 4 : 5

कथन II से, BC : AC = 25 : 13

दोनों कथनों से, AB : BC : CA = 20 : 25 : 13

इसलिए, दोनों कथनों को मिलाकर, हम यह निष्कर्ष निकाल सकते हैं कि दिया गया त्रिभुज समकोण त्रिभुज नहीं है।

अत: विकल्प (E) सही है।

89. कथन I से, पाइप A की दक्षता प्रति घंटा

$= \frac{2500}{12} = \frac{625}{3}$ लीटर प्रति घंटा

कथन II से, पाइप की दक्षता $B = 1 \times 60 = 60$ लीटर प्रति घंटा

पाइप A और B एक साथ 1 घंटे में भर जाएगा

$= \frac{625}{3} + 60 = \frac{805}{3}$ लीटर प्रति घंटा

2500 लीटर पानी भरने में लगने वाला समय = 8 घंटे से अधिक

इसलिए, कथन I और II दोनों में डेटा एक साथ प्रश्न का उत्तर देने के लिए आवश्यक है।

अत: विकल्प (E) सही है।

90. माना राम की गति $= x$ किमी प्रति घंटा

तब मोहन की गति $= y$ किमी प्रति घंटा

कथन I से: $y = x + 10$

कथन II से: हम y का मान 30 के रूप में ज्ञात कर सकते हैं, इसलिए मोहन की गति 30 किमी प्रति घंटा है।

दोनों कथनों को मिलाकर, हम x का मान भी प्राप्त कर सकते हैं जो कि 20 किमी प्रति घंटा है।

इसलिए, राम को 100 किमी को 20 किमी प्रति घंटे की गति से तय करने में 5 घंटे का समय लगेगा।

अत: विकल्प (E) सही है।

91. कथन I से: AB = 12 सेमी

BC = 9 सेमी परन्तु हम यह निष्कर्ष नहीं निकाल सकते हैं कि कौन सा कोण समकोण है इसलिए हमें केवल कथन I द्वारा विशिष्ट उत्तर नहीं मिल सकता।

कथन II से: माना त्रिभुज की भुजाएँ $= a, b,$ और c जहाँ c कर्ण है।

फिर, आन्तरिक त्रिज्या $= \frac{a+b-c}{2} = 3$

और, परिधि = कर्ण $/2 = \frac{c}{2} = 7.5, c = 15$ सेमी

$a + b = 21$

पाइथागोरस प्रमेय द्वारा हम a और b के मान की गणना कर सकते हैं, उसके बाद हम क्षेत्र का निष्कर्ष निकाल सकते हैं।

इसलिए, केवल कथन II में दिया गया डेटा प्रश्न का उत्तर देने के लिए पर्याप्त है, जबकि कथन I में दिया गया डेटा प्रश्न का उत्तर देने के लिए पर्याप्त नहीं है।

अत: विकल्प (B) सही है।

92. कथन I से, $15x + 4y = 108 \cdots$ (i)

कथन II से, $y = 27 - 3.75x$

$4y + 15x = 108 \cdots$ (ii)

यहाँ, दोनों समीकरण समान हैं इसका अर्थ है कि हमारे पास दो चर और एक समीकरण है इसलिए हम एक समीकरण से दो चर के मान का निष्कर्ष नहीं निकाल सकते हैं।

इसलिए, कथन I और II दोनों में डेटा प्रश्न का उत्तर देने के लिए पर्याप्त नहीं है।

अत: विकल्प (D) सही है।

93. जैसा कि हम जानते हैं, अनुपात a : b और c : d का मिश्रित अनुपात ac : bd है

⇒ $x^2 : y$ और $y^2 : z$ का मिश्रित अनुपात = $x^2y^2 : yz = x^2y : z$

⇒ $\frac{x^2y}{z} = \frac{z}{y}$

⇒ $x^2y^2 = z^2$

∴ $xy = z$

अतः विकल्प (C) सही है।

94. दिए गए संख्याक्रम का पैटर्न निम्न प्रकार है:

⇒ 5 × 2 = 10,

⇒ 10 × 4 = 40,

⇒ 40 × 6 = 240,

⇒ 240 × 8 = 1920,

⇒ 1920 × 10 = 19200

इसलिए, दिए गए संख्याक्रम में प्रश्न चिह्न के स्थान पर अपेक्षित संख्या 240 होगी।

अत: विकल्प (C) सही है।

95. दिए गए संख्या अनुक्रम का पैटर्न इस प्रकार है:

$1^3 - 1 = 0$,

$2^3 - 1 = 7$,

$3^3 - 1 = 26$,

$4^3 - 1 = 63$,

$5^3 - 1 = 124$,

$6^3 - 1 = 215$,

$7^3 - 1 = 342$

इसलिए, दिए गए संख्या अनुक्रम में प्रश्न चिह्न के स्थान पर अपेक्षित पद 124 है।

अत: विकल्प (C) सही है।

96. दिए गए संख्या अनुक्रम का पैटर्न इस प्रकार है:

$2 \times 0^2 = 0$

$2 \times 1^2 = 2$,

$2 \times 2^2 = 8$

$2 \times 3^2 = 18$,

$2 \times 4^2 = 32$,

$2 \times 5^2 = 50$

इसलिए, दिए गए संख्या अनुक्रम में प्रश्न चिह्न के स्थान पर अपेक्षित पद 32 है।

अत: विकल्प (A) सही है।

97. दी गयी संख्या श्रेणी का तरीका निम्न प्रकार है:

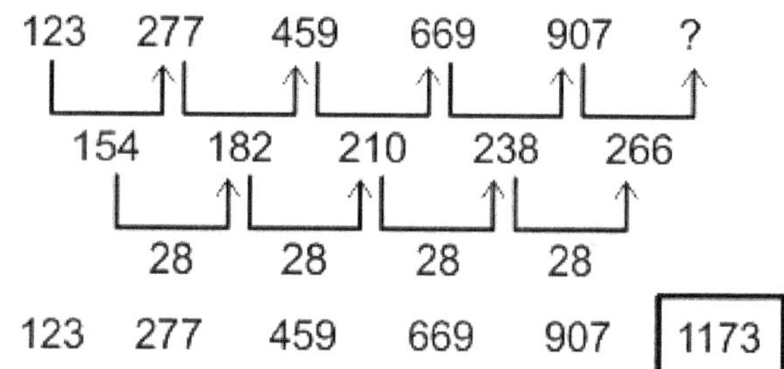

⇒ 123,

⇒ 123 + 154 = 277,

⇒ 277 + (154 + 28 = 182) = 459,

⇒ 459 + (182 + 28 = 210) = 669,

⇒ 669 + (210 + 28 = 238) = 907,

⇒ 907 + (238 + 28 = 266) = 1173

इसलिए, दी गयी संख्या श्रेणी में प्रश्नवाचक चिह्न के स्थान पर आने वाली आवश्यक संख्या 1173 है।

अत: विकल्प (B) सही है।

98. उपरोक्त पैटर्न को निम्न प्रकार से समझा जा सकता है:

⇒ 9

⇒ 9 × 1 + 1 = 10

⇒ 10 × 2 + 2 = 22

⇒ 22 × 3 + 3 = 69

⇒ 69 × 4 + 4 = 280

इसलिए, अगली संख्या होनी चाहिए,

⇒ 280 × 5 + 5 = 1405

∴ अपेक्षित अनुक्रम में अपेक्षित पद 1405 है।

अत: विकल्प (C) सही है।

99. दिया है:

एक नाव 2 घंटे में 32 किमी धारा की प्रतिकूल दिशा में यात्रा करती है।

समय में अंतर = 2 घंटे

सूत्र:

धारा की विपरीत दिशा में नाव की गति = शांत जल की गति - धारा की गति

धारा की अनुकूल दिशा में नाव की गति = शांत जल की गति + धारा की गति

दूरी = गति × समय

माना कि शांत जल की गति 2x किमी/घंटा है।

माना कि धारा की गति को y किमी/घंटा है।

प्रश्नानुसार,

$\frac{32}{2x-y} - \frac{32}{2x+y} = 2$

$\Rightarrow 16(2x + y) - 16(2x - y) = 4x^2 - y^2$

$\Rightarrow 4x^2 - y^2 = 32y$ .....(i)

शांत जल की गति कम होने के बाद x होना चाहिए।

फिर, समय में अंतर = 8 घंटे

$\Rightarrow \frac{20}{x-y} - \frac{20}{x+y} = 8$

$\Rightarrow 20(x + y) - 20(x - y) = 8(x^2 - y^2)$

$\Rightarrow x^2 - y^2 = 5y$

$\Rightarrow y^2 = x^2 - 5y$ .....(ii)

समीकरण (i) और (ii) को हल करने पर

x = 6 किमी/घंटा और y = 4 किमी/घंटा

इसलिए, शांत जल में नाव की कम हुई गति 6 किमी/घंटा है।

अत: विकल्प (D) सही है।

100. दिया है:

I. $x^2 - 16x + 63 = 0$

II. $y^2 + 5y - 84 = 0$

गणना:

I से:

$x^2 - 16x + 63 = 0$

$\Rightarrow x^2 - 9x - 7x + 63 = 0$

$\Rightarrow x(x - 9) - 7(x - 9) = 0$

$\Rightarrow (x - 9)(x - 7) = 0$

$\Rightarrow x = 9, 7$

II से:

$y^2 + 5y - 84 = 0$

$\Rightarrow y^2 + 12y - 7y - 84 = 0$

$\Rightarrow y(y + 12) - 7(y + 12) = 0$

$\Rightarrow (y + 12)(y - 7) = 0$

$\Rightarrow y = -12, 7$

x और y के बीच तुलना (सारणी के माध्यम से)

x का मान	y का मान	x और y के बीच संबंध
9	-12	x > y
9	7	x > y
7	-12	x > y
7	7	x = y

$\therefore x \geq y$

अत: विकल्प (C) सही है।

English Language

Ques (1-5):Direction: Some statements are given below in any random order. Rearrange the following statements in a coherent and meaningful paragraph and answer the questions that follow.

A. Microsoft's very own browser Internet Explorer was very much similar to Netscape and its new search engine Bing which is more or less similar to Google.

B. This can be evident from the fact that Windows operating system was much influenced by Unix that was used by Apple in their operating systems.

C. Similarly, Microsoft's office suite was influenced by Lotus and Word Perfect.

D. One of the key challenges that surfaced after SWOT analysis was Microsoft's lack of innovation.

E. Microsoft's lack of innovation does not stop here and in the following years, it continued to introduce products that were in some way similar to products that already existed in the market.

F. Most of the products that Microsoft has introduced in the last 25 years were influenced by existing products of its competitors.

Q.1 Which sentence should be the first sentence in the paragraph?

A. A **B.** B **C.** C **D.** D
E. E

Q.2 Which sentence should be the second sentence in the paragraph?

A. B **B.** F **C.** C **D.** D
E. A

Q.3 Which sentence should be the third sentence in the paragraph?

A. B **B.** F **C.** D **D.** C
E. A

Q.4 Which sentence should be the fourth sentence in the paragraph?

A. B **B.** C **C.** D **D.** F
E. A

Q.5 Which sentence should be the sixth sentence in the paragraph?

[IBPS PO, 2021]

A. B **B.** C **C.** A **D.** F
E. D

Q.6 Direction: In the following question, five words are given, out of which only one word is wrongly spelt. Find the wrongly spelt word and indicate it by selecting the appropriate option.

A. Guarded **B.** Cherished
C. Prevarricate **D.** Legitimate
E. Abominate

Q.7 Direction: In the following question, five words are given, out of which only one word is wrongly spelt. Find the wrongly spelt word and indicate it by selecting the appropriate option.

A. Increment **B.** Superficial
C. Retreat **D.** Sustenence
E. Intensive

Q.8 Direction: In the following question, five words are given, out of which only one word is wrongly spelt. Find the wrongly spelt word and indicate it by selecting the appropriate option.

A. Shettarable **B.** Brittle
C. Extraordinary **D.** Crisp
E. Shivery

Ques (9-13):Direction: Read the passage and answer the questions that follow. Some words may be highlighted for you. Pay careful attention.

The number of ultra-high net worth individuals (UHNWIs), with a wealth of USD 30 million or more, is expected to rise 63 per cent over the next five years to 11,198 in India, the second-fastest growth in the world, according to property consultant Knight Frank India report. As per its Wealth Report 2021, there are currently 5,21,653 UHNWIs globally, of which India has 6,884 such individuals. According to the report, the number of UHNWIs, those with USD 30 million or more, around the world is predicted to grow by 27 per cent between 2020-2025, taking this population to 6,63,483. According to the report, the number of UHNWIs, those with USD 30 million or more, around the world is predicted to grow by 27 per cent between 2020-2025, taking this population to 6,63,483. "India is expected to see incredible growth of 63 per cent by 2025, making it the second-fastest-growing country in terms of number of UHNWIs. The number of UHNWIs in India is expected to grow by 63 per cent in the next five years to 11,198 in 2025," Knight Frank India said in a statement. The billionaires club in India is expected to increase significantly by 43 per cent to 162 by 2025 from the current 113 in 2020. The growth has outpaced the global average growth of 24 per cent and Asia average of 38 per cent during this period. The report predicts that in the regional context, Asia is likely to see the highest rise in the number of UHNWIs with an estimated growth of 39 per cent. This will be led by Indonesia (67 per cent) and India (63 per cent).

Q.9 From the given passage, what can you conclude?

A. India is leading in economy
B. Asia is leading in economy
C. India has the second-fastest-growing UHNWIs

D. It talks about UHNWIs
E. None of the above

Q.10 Why is India known as the "second-fastest growing country" in terms of the number of UHNWIs?

A. Has diversity
B. Is very intelligent
C. Has proper system
D. Shown an incredible economic growth
E. None of the above

Q.11 In whose report is the number of UHNWIs predicted?

A. India report **B.** Wealth report
C. World report **D.** Knight Frank
E. None of the above

Q.12 Give the antonym for the word "wealth".

A. Affluence **B.** Prosperity
C. Riches **D.** Poverty
E. None of the above

Q.13 Give the another word for the underlined word for the given sentence - "The number of UHNWIs in India is expected to grow by 63 per cent in the next five years to 11,198 in 2025," Knight Frank India said in a **statement**".

A. Unclear **B.** Declaration
C. Indistinct **D.** Definite
E. None of the above

Ques (14-18):Direction: In the following passage, some words have been deleted. Select the most appropriate option to fill in each blank.

Christmas is one of the most famous and light-hearted festivals which is ___(1)___ across the world by billions of people. People of the Christian religion celebrate Christmas to ___(2)___ the great works of Jesus Christ. 25th December is celebrated as Christmas Day ___(3)___ the world. Christians celebrate Christmas Day as the birth anniversary of Jesus Christ. Jesus Christ of Bethlehem was a spiritual leader and prophet whose teachings ___(4)___ the premise of their religion. People ___(5)___ popular customs including exchanging gifts, decorating Christmas trees, attending church, sharing meals with family and friends, and, obviously, trusting that Santa Claus will arrive. 25th December, Christmas Day, has been a federal holiday in the United States since 1870.

Q.14 Select the most appropriate option to fill in blank number 1.

A. Celebrated **B.** Complicated
C. Abducted **D.** Protected
E. Violated

Q.15 Select the most appropriate option to fill in blank number 2.

A. Order **B.** Listener
C. Remember **D.** Viewer
E. Wither

Q.16 Select the most appropriate option to fill in blank number 3.

A. Aimless **B.** Address **C.** Recess **D.** Assess
E. Across

Q.17 Select the most appropriate option to fill in blank number 4.

A. Ensure **B.** Structure **C.** Secure **D.** Figure
E. Assure

Q.18 Select the most appropriate option to fill in blank number 5.

A. Allow **B.** Disallow **C.** Fallow **D.** Follow
E. Narrow

Ques (19-23):Direction: Which of the following phrases (A), (B), (C) and (D) can replace the phrase in bold so as to make the statement correct grammatically and contextually? If the statement does not need any correction, mark option E as your answer.

Q.19 Cash transfers to the poor do not **ensue accessibility**, affordability or even sustained economic security given falling real wages.

A. Ensure accessibility
B. Ensure excesses
C. Ensures accessibility
D. Assure formality
E. No correction required

Q.20 With the election **round a corner** and data revealing that the unemployment rate has hit a 45-year high, there is a spike in concern for the economic security of the people.

A. In the corner
B. Over the corner
C. Around the corner
D. For in corner
E. No correction required

Q.21 Afghanistan has **historically be an difficult place** for external invaders, thanks to its complex tribal equations and its rugged mountainous terrain.

A. historic has a difficult place
B. historically been a difficult place
C. historically being a difficult place
D. historically been a difficult places
E. No correction required

Q.22 While all rights are available to citizens, persons including foreign citizens **are entitle to the rights** to equality and the right to life, among others.

A. is entitled to the right
B. are entitled for the right
C. are entitled to a rights
D. are entitled to the right
E. No correction required

Q.23 **Preserving and to restore forests are** an effective step toward mitigating climate change, and comes with a host of other benefits.

A. Preserving to restore forests is
B. Preserving and restoring forests is

C. To preserve restoring of forests is
D. To preserve and to restore forests are
E. No correction required

Direction: Select the most appropriate antonym of the given word.

Vacuous

A. Courteous
B. Exhilarated
C. Modest
D. Intelligent
E. Emergent

Q.25 Direction: Select the most appropriate synonym of the given word.

FORAY

A. Maraud
B. Contest
C. Ranger
D. Intuition
E. None of the above

Ques (26-30):Direction: Read the following sentence and determine whether there is an error in it. The error, if any, will be in one part of the sentence. If the sentence is error-free, select 'No Error' as your answer.

Q.26 The farmers, including the (A)/ village's Sarpanch were late (B)/ in paying their due to the Zamindar, (C)/ caused the Zamindar to confiscate their lands. (D)/ No error (E)

A. (A)
B. (B)
C. (C)
D. (D)
E. (E)

Q.27 Mark would (A)/ always remembered (B)/his dog, Molly (C)/ with fondness. (D)/ No error (E)

A. (A)
B. (B)
C. (C)
D. (D)
E. (E)

Q.28 His parents were very (A)/ hopeful that he would (B)/ one day achieve one's ambitions (C)/ and make them proud. (D)/ No error (E)

A. (A)
B. (B)
C. (C)
D. (D)
E. (E)

Q.29 "The driver will (A)/ be waiting for (B)/ you at the airport (C)/ to pick you up." (D)/ No error (E)

A. (A)
B. (B)
C. (C)
D. (D)
E. (E)

Q.30 Michael insisted paying (A)/ for the meal, (B)/ but Halley wanted (C)/ to split the bill. (D)/ No error (E)

A. (A)
B. (B)
C. (C)
D. (D)
E. (E)

Reasoning Ability

Ques (31-34):निर्देश: निम्नलिखित प्रश्न में दिए गए कथनों को सत्य मानकर, तय कीजिये कि दिए गए निष्कर्षों में से कौनसा/कौनसे निष्कर्ष निश्चित रूप से सत्य है/हैं और उसके अनुसार उत्तर दीजिये।

Q.31 कथन: $M \geq T; M < P; S > T$

निष्कर्ष:

I. $S = M$

II. $T < P$

III. $P > S$

A. केवल I सत्य है
B. I, II और III सत्य हैं
C. केवल II सत्य है
D. II और III सत्य हैं
E. कोई भी सत्य नहीं है

Q.32 कथन:

$X > C \geq V > Y; U = V < T \leq H; T < B$

निष्कर्ष:

I. $Y < X$

II. $X \geq B$

III. $V < B$

A. केवल निष्कर्ष II अनुसरण करता है
B. केवल निष्कर्ष I अनुसरण करता है
C. इनमें से कोई नहीं
D. निष्कर्ष I और III दोनों अनुसरण करते हैं
E. केवल निष्कर्ष II अनुसरण करता है

Q.33 कथन:

$P \leq Q > R = S; S < T; T = P > U; V < U$

निष्कर्ष:

I. $Q = P$

II. $Q > P$

III. $P < V$

A. केवल III सही है
B. I और II दोनों सही हैं
C. केवल II सही है
D. केवल I सही है
E. या तो I या II सही है

Q.34 कथन: $A > P \geq K; Q > M > T; P > T$

निष्कर्ष:

I. $T < K$

II. $K > A$

III. $A > K$

A. केवल I सत्य है
B. केवल II सत्य है
C. केवल I और II सत्य हैं
D. केवल II और III सत्य हैं
E. केवल III सत्य है

Q.35 निर्देश: निम्नलिखित प्रश्न में दिए गए कथनों को सत्य मानते हुए, ज्ञात कीजिये कि दिए गए निष्कर्षों में से कौन-सा/कौन-से निष्कर्ष निश्चित रूप से सत्य है/हैं और उसके अनुसार अपने उत्तर दीजिये।

कथन:

$P \geq A > I = R; S < A > M$

निष्कर्ष:

I. $M < P$

II. $P > S$

III. $M < R$

A. केवल I और II सत्य हैं
B. केवल I सत्य है
C. केवल II और III सत्य हैं
D. कोई भी सत्य नहीं है
E. केवल I और III सत्य हैं

Q.36 एक कक्षा में 25 विद्यार्थी हैं और वे सभी एक पंक्ति में योग करने के लिए बैठे हैं। मीना ऊपर से 11वें और स्नेहा नीचे से छठे स्थान पर हैं। अनन्या और रीना के बीच दो विद्यार्थी बैठे हैं। ऊपर से रीना का स्थान क्या है?

A. 12 वीं

B. 13 वीं
C. 16 वीं
D. 14 वीं
E. निर्धारित नहीं किया जा सकता है

Q.37 लड़कियों की एक कतार में, यदि शिल्पा जो कि बाईं ओर से 8 वें स्थान पर है और रीना जो कि दाईं ओर से 17 वें स्थान पर है आपस में अपना स्थान अदल-बदल कर लेती हैं, तो शिल्पा बाई ओर से 14वें स्थान पर हो जाती है। बताएँ कि इस कतार में कुल कितनी लड़कियाँ हैं?

A. 38 **B.** 28 **C.** 30 **D.** 25
E. 35

Ques (38-42):निर्देश: नीचे दिए गए प्रश्न में तीन कथन दिए गए हैं, उसके बाद कुछ निष्कर्ष दिए गए हैं। आपको दिए गए कथनों को सत्य मानना है, भले ही वे सामान्यतः ज्ञात तथ्यों से भिन्न प्रतीत होते हों। निष्कर्ष पढ़ें और फिर तय करें कि दिए गए कथनों में से कौन सा निष्कर्ष सामान्यतः ज्ञात तथ्यों की अवहेलना करते हुए दिए गए कथनों से तार्किक रूप से अनुसरण करता है।

Q.38 कथन:
कुछ शेर बाघ हैं।
सभी बाघ भालू हैं।
कोई भी भालू तोता नहीं है।
निष्कर्ष:
I. कुछ शेर तोते हैं।
II. कुछ शेर भालू हैं।
III. कुछ तोता भालू हैं।
A. केवल I अनुसरण करता है।
B. केवल II अनुसरण करता है।
C. केवल III अनुसरण करता है।
D. सभी I, II और III अनुसरण करते हैं।
E. कोई भी अनुसरण नहीं करता है।

Q.39 कथन:
सभी कार, बाइक हैं।
कुछ नाव, बाइक हैं।
कोई कार, नाव नहीं है।
निष्कर्ष:
I. सभी बाइक, नाव हो सकती हैं।
II. सभी बाइक, कार नहीं हो सकती हैं।
A. केवल निष्कर्ष I अनुसरण करता है।
B. केवल निष्कर्ष II अनुसरण करता है।
C. या तो निष्कर्ष I या निष्कर्ष II अनुसरण करता है।
D. कोई निष्कर्ष अनुसरण नहीं करता है।
E. दोनों निष्कर्ष अनुसरण करते हैं।

Q.40 कथन:
कुछ आसमान, नीला है।
कोई नीला, लाल नहीं है।
कुछ लाल, पानी है।
निष्कर्ष:
I. कुछ नीला, पानी हो सकता है।
II. सभी पानी, आसमान नहीं हो सकता है।
A. केवल निष्कर्ष I अनुसरण करता है।
B. केवल निष्कर्ष II अनुसरण करता है।
C. या तो निष्कर्ष I या निष्कर्ष II अनुसरण करता है।
D. कोई निष्कर्ष अनुसरण नहीं करता है।
E. दोनों निष्कर्ष अनुसरण करते हैं।

Q.41 कथन:
सभी कुत्ते, अजगर हैं।
सभी बिल्लियां, अजगर हैं।
कोई भी अजगर, शेर नहीं है।
निष्कर्ष:
I. कोई भी कुत्ता, शेर नहीं हो सकता है।
II. कोई भी बिल्ली, शेर नहीं हो सकती है।
A. केवल निष्कर्ष I अनुसरण करता है।
B. केवल निष्कर्ष II अनुसरण करता है।
C. या तो निष्कर्ष I या निष्कर्ष II अनुसरण करता है।
D. कोई भी निष्कर्ष अनुसरण नहीं करता है।
E. दोनों निष्कर्ष अनुसरण करते हैं।

Q.42 कथन:
कोई भी पेड़, जड़ी बूटी नहीं है।
कुछ झाड़ियाँ, घास हैं।
कोई भी घास, जड़ी बूटी नहीं है।
निष्कर्ष:
I. कोई भी झाड़ी, जड़ी बूटी नहीं हो सकती है।
II. कोई भी घास, पेड़ नहीं हो सकता है।
A. केवल निष्कर्ष I अनुसरण करता है।
B. केवल निष्कर्ष II अनुसरण करता है।
C. या तो निष्कर्ष I या निष्कर्ष II अनुसरण करता है।
D. कोई भी निष्कर्ष अनुसरण नहीं करता है।
E. दोनों निष्कर्ष अनुसरण करते हैं।

Ques (43-47):निर्देश: दी गई जानकारी को पढ़िए और निम्नलिखित प्रश्नों के उत्तर दीजिए।

आठ व्यक्ति A, B, C, D, L, M, N और O एक दूसरे से समान दूरी पर एक गोल मेज के चारों ओर बैठे हैं लेकिन जरुरी नहीं कि इसी क्रम में हैं। उनमें से कुछ केंद्र की ओर मुख करके बैठे हैं और कुछ बाहर की ओर मुख करके बैठे हैं। (अर्थात् केंद्र से दूर) B, A के बाएं से तीसरे स्थान पर बैठता है। B और O के बीच में केवल तीन व्यक्ति बैठते हैं। L, O के निकटतम दाएं बैठता है। L के निकटतम पड़ोसी विपरीत दिशा की ओर मुख करके बैठते हैं। L और D के बीच में केवल एक व्यक्ति बैठता है। N, D के दाएं से दूसरे स्थान पर बैठता है। N और C दोनों O के समान दिशा की ओर मुख करके बैठते हैं। M के निकटतम पड़ोसी एक दूसरे के विपरीत दिशा की ओर मुख करके बैठते हैं। L बाहर की ओर मुख करके नहीं बैठता है। D, B के दिशा के विपरीत मुख करके बैठता है।

Q.43 M के बाएं से गिनती करने पर A और M के बीच में कितने व्यक्ति बैठते हैं?
A. पांच **B.** एक भी नहीं
C. चार **D.** एक
E. दो

Q.44 दी गई व्यवस्था के आधार पर निम्नलिखित में से कौन सा कथन सत्य है?
A. M केंद्र की ओर मुख करके बैठता है।
B. L और A के बीच में केवल तीन व्यक्ति बैठते हैं।
C. N, C के निकटतम दाएं बैठता है।
D. C, D का निकटतम पड़ोसी है।
E. इनमें से कोई नहीं

Q.45 निम्न में से कौन L के बाएं से तीसरे स्थान पर बैठता है?
A. M **B.** C **C.** B **D.** A
E. N

Q.46 निम्नलिखित में से कौन सी जोड़ी, C के ठीक बगल में बैठी है ?

A. L और A **B.** A और N **C.** M और B **D.** D और N
E. D और L

Q.47 L के बाएँ से गिनने पर B और L के मध्य कितने व्यक्ति बैठे हैं?

A. 4 **B.** 3
C. 2 **D.** 5
E. इनमे से कोई नहीं

Ques (48-52):निर्देश: प्रश्नों के उत्तर देने के लिए निम्नलिखित जानकारी का अध्ययन कीजिए।

दस व्यक्ति दो समानांतर पंक्तियों में बैठे हैं, जिनमें प्रत्येक में पांच-पांच व्यक्ति इस प्रकार बैठे हैं कि आसन्न व्यक्तियों के बीच समान दूरी है। पंक्ति 1 में P, Q, R, S और T बैठे हैं और वह सभी दक्षिण के सम्मुख हैं। पंक्ति 2 में A, B, C, D और E बैठे हैं और वह सभी उत्तर के सम्मुख हैं। इसलिए, दी गई बैठक व्यवस्था में एक पंक्ति में बैठे प्रत्येक सदस्य का मुख दूसरी पंक्ति में बैठे सदस्य की ओर है। S, Q के दायें से तीसरे स्थान पर बैठा है जहां दोनों में से कोई एक पंक्ति के किसी भी एक अंतिम छोर पर बैठा है। वह व्यक्ति जिसका मुख Q की ओर है, E के दायें से दूसरे स्थान पर बैठा है। B और E के मध्य दो व्यक्ति बैठे हैं। न तो A और न ही C पंक्ति के अंतिम छोर पर बैठे हैं। A के निकटतम पड़ोसी का मुख उस व्यक्ति की ओर है जो Q के ठीक दायें बैठा है। R और T एक दूसरे के निकटतम पडोसी हैं। T, D के निकटतम पडोसी के सम्मुख नहीं है।

Q.48 निम्नलिखित में से कौन P के सम्मुख है?

A. S **B.** R **C.** Q **D.** P
E. B

Q.49 निम्नलिखित पांच में से चार एक निश्चित तरीके से समान हैं और इसलिए एक समूह बनाते हैं, वह ज्ञात कीजिए जो समूह से संबंधित नहीं है?

A. S **B.** P **C.** D **D.** B
E. C

Q.50 R के संबंध में निम्नलिखित में से कौन सा कथन सत्य है?

A. R, D के निकटतम पड़ोसियों में से किसी एक के सम्मुख है।
B. P, R के निकटतम पड़ोसियों में से एक है।
C. दिए गए कथनों में से कोई भी सत्य नहीं है।
D. R, Q के ठीक दायें बैठा है।
E. दिए गए सभी कथन सत्य हैं।

Q.51 निम्नलिखित में से कौन T के सम्मुख है?

A. D **B.** E **C.** B **D.** C
E. A

Q.52 A के सन्दर्भ में C का स्थान क्या है?

A. बाएं से दूसरा **B.** निकटतम बाएं
C. निकटतम दाएं **D.** दायें से तीसरा
E. दायें से दूसरा

Q.53 शब्द "CONCLUSION" में प्रत्येक स्वर संख्या "2" के साथ बदला जाता है और प्रत्येक व्यंजन को शब्द में उस व्यंजन के क्रम संख्या के साथ बदला जाता है, अर्थात् C को 1 से, N को 3 से और इसी तरह बाकी भी। प्रतिस्थापन पूरा होने के बाद सभी संख्याओं का कुल योग कितना है?

A. 40 **B.** 45 **C.** 37 **D.** 38
E. 36

Q.54 अगर 'DOCUMENTATION' शब्द के पहले, छठे, सातवे, और बारहवे अक्षर से कोई सार्थक शब्द बन सकता है तो इस शब्द में बांयें से दूसरा अक्षर कौन सा होगा? यदि एक से अधिक शब्द बनते है तो 'X' उत्तर दीजिये और अगर ऐसा कोई शब्द नही बनता है तो 'Z' उत्तर दीजिये|

A. N **B.** X **C.** E **D.** D
E. Z

Ques (55-59):निर्देश: दिए गए प्रश्नों का उत्तर देने के लिए निम्न जानकारी का ध्यानपूर्वक अध्ययन कीजिये:

A F * O T & V B A # U % E @ F H E S ? M O J Q + Y C Z $ P & I @ O T F H X U Z D

Q.55 यदि हम सभी प्रतीकों को हटा देते हैं तो कौन सा अक्षर दाएं छोर से बारहवें स्थान पर है?

A. Y **B.** Z **C.** P **D.** M
E. C

Q.56 श्रृंखला में कितने स्वर मौजूद हैं?

A. 11 **B.** 10 **C.** 9 **D.** 8
E. 7

Q.57 श्रृंखला में ऐसे कितने प्रतीक हैं जिनके ठीक पहले और ठीक बाद में एक स्वर है?

A. 2 **B.** 1 **C.** 3 **D.** 5
E. 4

Q.58 यदि हम सभी स्वरों और प्रतीकों को हटा देते हैं तो कौन सा अक्षर दाएं छोर से पंद्रहवें स्थान पर आता है?

A. V **B.** F **C.** H **D.** S
E. M

Q.59 ऐसे कितने व्यंजन हैं जिनके ठीक पहले एक प्रतीक और ठीक बाद में एक स्वर है?

A. 0 **B.** 2 **C.** 3 **D.** 1
E. 4

Q.60 एक कूट भाषा में, 'MANDATE' का कूट '2612881405' किया जाता है, उसी भाषा में 'TECHNIQUE' का कूट क्या होगा?

[SSC Selection Post Phase IX, 2019]

A. 40106162893442 **B.** 40561614917215
C. 20561628183422 **D.** 40561628934215
E. 40561628934512

Q.61 एक कूट भाषा में SKILLS को HPROOH के रूप में लिखा जाता है। उस भाषा में PLACES कैसे लिखा जाएगा?

[SSC Selection Post Phase IX, 2020]

A. KOZXVH **B.** KOBXVG
C. LOZXVI **D.** KPZXUH
E. KZPXUH

Q.62 एक कूट भाषा में, यदि 'MOON' को '5229' के रूप में 'FILM' को '6315' के रूप में कोडित किया जाता है, 'ARE' को '487' के रूप में कोडित किया जाता है, तो उसी भाषा में 'INFORMER' को कैसे कोडित किया जाएगा?

A. 39611578 **B.** 39162258
C. 79627578 **D.** 39628578
E. 39628587

Ques (63-65):निर्देश: निम्नलिखित जानकारी का ध्यानपूर्वक अध्ययन करें और नीचे दिए गए प्रश्नों के उत्तर दें।

H, I, J, K, L, M, N, O, P एक परिवार के नौ सदस्य हैं। P, J का एकमात्र भाई है, जो K की एकमात्र बेटी है। I, L की माँ है, जो J की भतीजी है। M, O की नानी है, जो N का एकमात्र पुत्र है। H, O की माँ का ससुर है।

Q.63 M, P से कैसे संबंधित है?

A. दादा **B.** मां
C. भाई **D.** भतीजा
E. इनमें से कोई नहीं

Q.64 K, O से कैसे संबंधित है?

A. भाई **B.** मां
C. दादा **D.** नाना
E. इनमें से कोई नहीं

Q.65 L, P से कैसे संबंधित है?

A. पिता **B.** दादा **C.** दादी **D.** पुत्री
E. मां

Quantitative Aptitude

Q.66 3 वर्ष के लिए प्रति वर्ष 8% साधारण ब्याज पर बैंक में एक राशि निवेश की गयी। यदि इसे 4 वर्ष के लिए म्यूचुअल फंड में 8.5% प्रति वर्ष साधारण ब्याज पर निवेश किया जाता, तो लाभ 500 रुपये अधिक होता। निवेश की गयी राशि क्या है?

A. 5000 **B.** 5500
C. 5550 **D.** 4500
E. इनमें से कोई नहीं

Ques (67-71):निर्देश: दिए गए प्रश्न में दो समीकरण I और II दिए गए हैं। उनके आधार पर आपको x एवं y के बीच का सम्बन्ध ज्ञात करना है।

Q.67 I. $x^2 - 5x + 6 = 0$
II. $y^2 + y - 6 = 0$

A. $x < y$ **B.** $x > y$ **C.** $x \leq y$ **D.** $x \geq y$
E. $x = y$

Q.68 I. $2x^2 - 12x + 18 = 0$
II. $2y^2 - 19y + 39 = 0$

A. $x < y$ **B.** $x > y$ **C.** $x = y$ **D.** $x \geq y$
E. $x \leq y$

Q.69 I. $x^2 + 13x + 42 = 0$
II. $y^2 + 19y + 90 = 0$

A. $x < y$ **B.** $x \leq y$ **C.** $x > y$ **D.** $x \geq y$
E. $x = y$

Q.70 I. $3x^2 - 23x - 8 = 0$
II. $3y^2 - 32y - 11 = 0$

A. $x < y$
B. $x > y$
C. $x \leq y$
D. $x \geq y$
E. $x = y$ या संबंध ज्ञात नहीं किया जा सकता है

Q.71 I. $3x^2 - 14x - 5 = 0$
II. $6y^2 - 46y - 16 = 0$

A. $x < y$
B. $x > y$
C. $x = y$ या संबंध ज्ञात नहीं किया जा सकता है
D. $x \geq y$
E. $x \leq y$

Q.72 एक पुस्तक क्रमागत तीन पुस्तक विक्रेताओं द्वारा बेचा गयी थी प्रत्येक 10% के लाभ प्राप्त कर रहे थे। पुस्तक की कीमत में कितनी प्रतिशत की वृद्धि हुई है?

A. 10% **B.** 15.5% **C.** 30% **D.** 31.2%
E. 33.1%

Ques (73-77):निर्देश: तालिका का ध्यानपूर्वक अध्ययन कीजिए और निम्न प्रश्नों के उत्तर दीजिए

निम्न तालिका 5 विभिन्न मशीनों की दक्षता को दर्शाती है।

मशीन	कुल क्षमता	दक्षता
A	150	50%
B	160	40%
C	180	60%
D	120	70%
E	140	60%

टिप्पणी:- यदि दक्षता n है, तो अंतिम आउटपुट $n \times \frac{(n+1)}{2}$ होगा।

Q.73 मशीन B और मशीन D के आउटपुट के बीच का अंतर ज्ञात कीजिए। ***[IBPS PO, 2020]***

A. 1280 **B.** 1370 **C.** 1410 **D.** 1530
E. 1490

Q.74 C का अंतिम आउटपुट ज्ञात कीजिए। ***[IBPS PO, 2020]***

A. 5776 **B.** 5786 **C.** 5976 **D.** 5886
E. 5676

Q.75 मशीन A का आउटपुट, B के आउटपुट से लगभग कितने प्रतिशत अधिक है? ***[IBPS PO, 2020]***

A. 32% **B.** 27% **C.** 42% **D.** 21%
E. 37%

Q.76 मशीन D का आउटपुट मशीन E के आउटपुट का कितना प्रतिशत है। ***[IBPS PO, 2020]***

A. 100% **B.** 125% **C.** 90% **D.** 80%
E. 150%

Q.77 मशीन D और मशीन E के आउटपुट के बीच का अनुपात ज्ञात कीजिए। ***[IBPS PO, 2020]***

A. 2 : 1 **B.** 1 : 1 **C.** 1 : 2 **D.** 3 : 2
E. 2 : 3

Q.78 स्मृता किसी काम में दीप्ति से तीन गुना दक्ष है तथा वह 10 शर्ट की सिलाई 25 मिनट में कर लेती है। यदि, दोनों को एकसाथ मिलकर 500 शर्ट की सिलाई करनी हो, तो उन्हें इस कार्य को पूरा करने में कितना समय लगेगा?

A. 886.5 मिनट **B.** 937.5 मिनट
C. 785 मिनट **D.** 834.5 मिनट
E. 965 मिनट

Q.79 दो प्रकार के आटे के मिश्रण को 450 रु. प्रति किलो में बेचकर 25% लाभ प्राप्त किया गया। यदि 620 रु. प्रति किलो के मूल्य वाले पहले प्रकार को 130 किलो के दूसरे प्रकार से मिलाया गया तो पहले प्रकार का कितना किलो मिलाया गया?

A. 138 किलो
B. 34.5 किलो
C. 69.5 किलो
D. 25.5 किलो
E. ज्ञात नहीं किया जा सकता

Q.80 5 साल पहले, सैम की आयु डेविड की आयु की दोगुनी थी। अब से 5 साल बाद, डेविड की उम्र सैम की उम्र की दो तिहाई होगी। डेविड और सैम की वर्तमान उम्र का योग क्या है?

A. 25 **B.** 35 **C.** 40 **D.** 60
E. 75

Q.81 एक टैंक को एक समान प्रवाह वाले तीन पाइपों से भरा जाता है। एक साथ काम करने वाले पहले दो पाइप टैंक को उसी समय भरते हैं, जिस समय टैंक अकेले तीसरे पाइप से भरा जाता है। दूसरा पाइप टैंक को पहले पाइप से 5 घंटे तेज और तीसरे पाइप से 4 घंटे धीमी गति से भरता है। पहले पाइप द्वारा आवश्यक समय है:

A. 6 घंटे **B.** 10 घंटे **C.** 15 घंटे **D.** 30 घंटे
E. 5 घंटे

Ques (82-84):निर्देश: नीचे दो मात्राएं A और B दी गई हैं। दी गई जानकारी के आधार पर, आपको दोनों मात्राओं के बीच संबंध निर्धारित करना है। आपको संभावित उत्तरों के बीच चयन करने के लिए दी गई जानकारी और गणित के अपने ज्ञान का उपयोग करना चाहिए।

Q.82 मात्रा A: 100 मीटर लंबी एक ट्रेन 5 किमी/घंटा की चाल से विपरीत दिशा में जा रहे एक व्यक्ति से मिलती है और उसे 9 सेकंड में पार करती है। ट्रेन की चाल क्या है?
मात्रा B: 35 मीटर/सेकंड

A. मात्रा $A >$ मात्रा B
B. मात्रा $A <$ मात्रा B
C. मात्रा $A \geq$ मात्रा B
D. मात्रा $A \leq$ मात्रा B
E. मात्रा $A =$ मात्रा B या कोई संबंध नहीं

Q.83 मात्रा A: एक खुदरा विक्रेता एक वस्तु के अंकित मूल्य पर 20% की छूट देने के बाद 25% का लाभ अर्जित करता है। यदि वह वस्तु की बिक्री पर 1800 रुपये का लाभ अर्जित करता है, तो अंकित मूल्य है:
मात्रा B: 10000 रुपये

A. मात्रा $A >$ मात्रा B
B. मात्रा $A <$ मात्रा B
C. मात्रा $A \geq$ मात्रा B
D. मात्रा $A \leq$ मात्रा B
E. मात्रा $A =$ मात्रा B या कोई संबंध नहीं

Q.84 मात्रा A: एक डिब्बे में दो तरल पदार्थों A और B का मिश्रण $3:5$ में हैं। जब 12 लीटर बाहर निकाला जाता है और डिब्बे को तरल B से भरा जाता है, A और B का अनुपात $1:3$ हो जाता है। प्रारंभ में डिब्बे में तरल A कितने लीटर सम्मिलित था?
मात्रा B: 9 लीटर

A. मात्रा $A >$ मात्रा B
B. मात्रा $A <$ मात्रा B
C. मात्रा $A \geq$ मात्रा B
D. मात्रा $A \leq$ मात्रा B
E. मात्रा $A =$ मात्रा B या कोई संबंध नहीं है

Q.85 60 छात्रों की एक कक्षा में, 30% लड़कियां हैं। कक्षा की एक परीक्षा में, कक्षा का औसत 30 अंकों में से 17 अंक था। 50% लड़कियां एक इंटर स्कूल बास्केटबाल मैच के लिए गईं और परीक्षा नहीं दे सकीं। प्रारम्भ में शिक्षक ने उन्हें अनुपस्थित माना और उन्हें 0 अंक प्रदान किये। यदि शिक्षक को उनमें से प्रत्येक को 20 अंक देता है, तो कक्षा का नया औसत ज्ञात कीजिए।

A. 18 **B.** 21 **C.** 20 **D.** 17
E. 19

Ques (86-90):निर्देश: निम्नलिखित संख्या श्रृंखला में प्रश्न चिन्ह '?' के स्थान में क्या आना चाहिए?

Q.86 4, 8, 10, 30, 33, 132, 136, 680, ?

A. 682 **B.** 684 **C.** 685 **D.** 690
E. 687

Q.87 40, 82, 249, 1250, ?

A. 7456 **B.** 6583 **C.** 8757 **D.** 3423
E. 8134

Q.88 7, 8, 14, 45, 176, ?

A. 885 **B.** 775 **C.** 475 **D.** 445
E. 945

Q.89 33, 47, 53, 61, 71, ?

A. 84 B. 85
C. 83 D. 81
E. इनमें से कोई नहीं

Q.90 60.5, 72, 84.5, 98, 112.5, ?

A. 125 **B.** 122 **C.** 126 **D.** 128
E. 132

Q.91 निम्नलिखित प्रश्न में प्रश्न चिह्न (?) के स्थान पर क्या मान आना चाहिए?

$\sqrt{225} + (1500 \text{ का } 55\%) - \{(45)^2 \div 81 \times 4\} + 20 - 16 = \ ?$

A. 744 **B.** 748 **C.** 746 **D.** 752
E. 742

Q.92 निम्नलिखित प्रश्न में प्रश्न चिह्न (?) के स्थान पर क्या मान आना चाहिए?

$(8375 \div 67)^{\frac{1}{3}} + (7.84 \times 25)^{\frac{1}{2}} = (?)^{\frac{1}{2}}$

A. 456 **B.** 361 **C.** 324 **D.** 338
E. 432

Q.93 निम्नलिखित प्रश्न में प्रश्न चिह्न (?) के स्थान पर क्या मान आना चाहिए?

490 का $57\frac{1}{7}\% + 729$ का $22.22\% - \sqrt{2500} \times \sqrt{25} \div 5^2 = ?$

A. 440 **B.** 322 **C.** 432 **D.** 452
E. 462

Q.94 निम्नलिखित प्रश्न में प्रश्न चिह्न (?) के स्थान पर क्या मान आना चाहिए?

$\sqrt{[(6.25)^2 \times 100]} + \frac{7}{2} = ? \times 11$

A. 6 **B.** 7 **C.** 8 **D.** 10
E. 12

Q.95 निर्देश: दिए गए व्यंजक को सरल कीजिए।

$\sqrt{1024} \times 40 + 20^2 + 0.5\% \text{ of } 9600 + 469 = ?^3$

A. 23 **B.** 13 **C.** 19 **D.** 21
E. 14

Q.96 निर्देश: दिए गए व्यंजक को सरल कीजिए।

$$(\sqrt{8}\times\sqrt{8})^{\frac{1}{2}}+9^{\frac{1}{2}}=?^3+\sqrt{8}-340$$

A. 7 **B.** 19 **C.** 18 **D.** 9
E. 8

Q.97 निम्न प्रश्न में प्रश्न चिह्न '?' के स्थान पर क्या आएगा?

225 का $6.67\%+1120$ का $6.25\%=(?)^3+3$

A. $(-76)^{\frac{1}{2}}$ **B.** $(76)^{\frac{1}{2}}$
C. $(-76)^{\frac{1}{3}}$ **D.** $(-76)^{\frac{1}{3}}$
E. इनमें से कोई नहीं

Q.98 निम्नलिखित प्रश्न में प्रश्नचिह्न '?' के स्थान पर क्या आयेगा?

(0.1 × 0.004) + (0.02 × 0.3) – (0.04 × 0.03) = ?

A. 0.0022 **B.** 0.0034
C. 0.0046 **D.** 0.0052
E. इनमें से कोई नहीं

Q.99 निम्न प्रश्न में प्रश्न चिह्न '?' के स्थान पर क्या आएगा?

7428 का $25\%+71.5\times 2=$? का $14\frac{2}{7}\%$

A. 2000 **B.** 5000 **C.** 4000 **D.** 14000
E. 12000

Q.100 निम्न प्रश्न में प्रश्न चिह्न '?' के स्थान पर क्या आएगा?

25 का 16% × 88 + 135 का 20% – 16 × (18 – 200 का 5%) = ?

A. 224 **B.** 169
C. 507 **D.** 251
E. इनमें से कोई नहीं

// स्मार्ट उत्तर पुस्तिका //

सही उत्तर उन छात्रों के प्रतिशत को इंगित करता है जिन्होंने प्रश्नों का सही उत्तर दिया था।

छोड़ दिया उन छात्रों के प्रतिशत को इंगित करता है जिन्होंने प्रश्नों को छोड़ दिया था।

प्रश्न संख्या	उत्तर	सही उत्तर	छोड़ दिया
1	D	12.81 %	67.72 %
2	B	18.02 %	57.17 %
3	A	28.62 %	50.86 %
4	B	29.42 %	52.61 %
5	C	47.84 %	37.68 %
6	C	14.45 %	66.48 %
7	D	27.89 %	59.93 %
8	A	20.05 %	61.41 %
9	C	22.38 %	62.6 %
10	D	20.84 %	66.8 %
11	D	21.61 %	62.93 %
12	D	17.27 %	67.17 %
13	B	16.32 %	55.77 %
14	A	16.39 %	67.99 %
15	C	17.81 %	61.17 %
16	E	25.69 %	50.88 %
17	B	13.44 %	61.48 %
18	D	25.93 %	56.22 %
19	A	19.84 %	60.79 %
20	C	21.78 %	57.37 %
21	B	13.09 %	64.67 %
22	D	24.4 %	51.27 %
23	B	3.86 %	84.56 %
24	D	48.34 %	38.68 %
25	A	22.22 %	66.69 %
26	D	13.63 %	65.11 %
27	B	25.68 %	61.47 %
28	C	22.32 %	52.4 %
29	E	47.42 %	44.39 %
30	A	27.27 %	53.77 %
31	C	49.36 %	37.74 %
32	D	51.14 %	38.22 %
33	E	25.33 %	53.94 %
34	E	21.9 %	68.63 %
35	A	41.83 %	45.42 %
36	E	20.18 %	64.57 %
37	C	13.95 %	64.04 %
38	B	15.82 %	61.32 %
39	B	16.15 %	53.61 %
40	A	47.03 %	47.74 %
41	E	16.2 %	67.67 %
42	D	1.48 %	76.56 %
43	C	47.64 %	40.82 %
44	A	16.16 %	64.16 %
45	C	48.8 %	38.09 %
46	B	15.26 %	62.27 %
47	C	14.07 %	65.74 %
48	E	52.5 %	34.43 %
49	E	27.5 %	55.93 %
50	A	18.04 %	56.67 %
51	D	18.82 %	50.54 %
52	B	52.76 %	42.74 %
53	D	23.54 %	59.33 %
54	B	16.16 %	61.05 %
55	E	20.08 %	63.06 %
56	B	49.21 %	36.75 %
57	C	27.13 %	51.89 %
58	C	18.0 %	68.19 %
59	D	18.63 %	52.16 %
60	D	46.79 %	41.51 %
61	A	1.24 %	84.53 %
62	A	18.57 %	59.59 %
63	B	49.79 %	40.65 %
64	D	20.28 %	66.92 %
65	D	13.73 %	66.43 %
66	D	26.44 %	52.93 %
67	D	21.33 %	58.86 %
68	E	53.45 %	43.25 %
69	C	19.88 %	66.61 %
70	E	15.04 %	58.7 %
71	C	24.14 %	63.34 %
72	E	18.94 %	67.13 %
73	E	23.58 %	56.07 %
74	D	18.86 %	50.99 %
75	E	19.59 %	63.66 %
76	A	18.01 %	68.21 %
77	B	16.97 %	58.44 %
78	B	21.48 %	53.83 %
79	E	14.88 %	62.36 %
80	C	24.73 %	59.7 %

प्रश्न संख्या	उत्तर	सही उत्तर / छोड़ दिया
81	C	18.65 %
		61.41 %
82	B	18.21 %
		68.08 %
83	A	24.51 %
		54.79 %
84	A	23.39 %
		50.04 %

प्रश्न संख्या	उत्तर	सही उत्तर / छोड़ दिया
85	C	27.25 %
		58.79 %
86	C	19.47 %
		55.36 %
87	C	25.23 %
		52.69 %
88	A	51.52 %
		37.86 %

प्रश्न संख्या	उत्तर	सही उत्तर / छोड़ दिया
89	C	27.22 %
		59.24 %
90	D	27.3 %
		55.6 %
91	A	23.9 %
		56.12 %
92	B	22.8 %
		64.09 %

प्रश्न संख्या	उत्तर	सही उत्तर / छोड़ दिया
93	C	27.08 %
		58.56 %
94	A	8.45 %
		73.29 %
95	B	22.39 %
		61.52 %
96	A	22.79 %
		65.59 %

प्रश्न संख्या	उत्तर	सही उत्तर / छोड़ दिया
97	E	21.37 %
		53.29 %
98	D	21.21 %
		52.42 %
99	D	46.46 %
		48.64 %
100	D	17.64 %
		65.25 %

कार्य विश्लेषण	
औसत अंक (%)	41.0%
टॉपर्स स्कोर (%)	55.0%
आपका स्कोर	

//संकेत और समाधान//

Ques (1-5): The given paragraph is about Microsoft's lack of innovation.

Sentence D is the first sentence as it introduces the topic of the paragraph by mentioning Microsoft's lack of innovation as one of the key challenges that surfaced after SWOT analysis.

Sentence F is the second sentence as it continues D by explaining that Microsoft lacks innovation because all its products are influenced by the existing products of its competitors.

Sentence B is the third sentence as it continues F by giving an example of how Microsoft's Windows is influenced by Apple's Unix.

Sentence C is the fourth sentence as it continues B by mentioning similarly and giving another example of how Microsoft's office suite was influenced by Lotus and Word Perfect.

Sentence E is the fifth sentence explaining more on how Microsoft's products in coming years became more similar to the already existing products.

Sentence A is the sixth sentence and it continues E by giving an example of how Microsoft's browser and search engine are similar to Netscape and Google respectively.

The correct sequence is **DFBCEA.**

1. D is the the first sentence in the paragraph.

Hence, the correct option is (D).

2. F is the second sentence in the paragraph.

Hence, the correct option is (B).

3. B is the third sentence in the paragraph.

Hence, the correct option is (A).

4. C is the fourth sentence in the paragraph.

Hence, the correct option is (B).

5. A is the sixth sentence in the paragraph.

Hence, the correct option is (C).

6. The wrongly spelt word is Prevarricate.

The correct spelling of the word is 'prevaricate'.

It means speak or act in an evasive way.

Guarded: careful; not giving much information or showing what you feel.

Cherished: to love somebody/something and look after him/her/it carefully.

Legitimate: reasonable or acceptable.

Abominate: to feel hatred for somebody/something.

Hence, the correct option is (C).

7. The wrongly spelt word is Sustenence.

The correct spelling of the word is 'sustenance'.

It means food and drink regarded as a source of strength; nourishment.

Increment: a regular increase in the amount of money that somebody is paid for his/her job.

Superficial: not studying or thinking about something in a deep or complete way.

Retreat: to move backwards in order to leave a battle or in order not to become involved in a battle.

Intensive: involving a lot of work or care in a short period of time.

Hence, the correct option is (D).

8. The wrongly spelt word is Shettarable.

The correct spelling of the word is 'shatterable'.

It means capable of being shattered (very upset).

Brittle: hard but easily broken.

Extraordinary: very unusual.

Crisp: pleasantly hard and dry.

Shivery: shaking or trembling as a result of cold, illness, fear, or excitement.

Hence, the correct option is (A).

9. The given passage is about "Wealth report of India".

Let us refer to the line from the passage, "India is expected to see incredible growth of 63 per cent by 2025, making it the second-fastest-growing country in terms of number of UHNWIs".

From the given line we get to know that after referring to the wealth report of India we could see in all aspects India has shown a very significant growth compared to other countries.

Its incredible growth in the number of UHNWI has made India known to the world as the second-fastest-growing country in terms of UHNWIs.

Hence, the correct option is (C).

10. The given passage is about "Wealth report of India".

Let us refer to the line from the passage, "India is expected to see incredible growth of 63 per cent by 2025, making it the second-fastest-growing country in terms of number of UHNWIs".

From the given line we get to know that India has seen incredible growth than any country because of which it is known as the second-fastest-growing country in terms of the number of UHNWIs.

Hence, the correct option is (D).

11. The given passage is about "Wealth report of India".

Let us refer to the line from the passage, "The number of ultra-high nets worth individuals (UHNWIs), with a wealth of USD 30 million or more, is expected to rise 63 percent over the next five years to 11,198 in India, the second-fastest growth in the world, according to property consultant Knight Frank India report".

From the given line we get to know that a property consultant makes a wealth report. For India, the report on UHNWI was given by Knight Frank.

Hence, the correct option is (D).

12. The given passage is about "Wealth report of India".

The given word 'Poverty' means an abundance of valuable possessions or money.

In option (D), the word 'Poverty' means the state of being extremely poor.

Hence, the correct option is (D).

13. The given passage is about "Wealth report of India".

The given word 'Statment' means a definite or clear expression of something in speech or writing.

In option (B), the word 'Declaration' means a formal or explicit statement or announcement.

Hence, the correct option is (B).

14. Complete Sentence: Christmas is one of the most famous and light-hearted festivals which is **celebrated** across the world by billions of people.

The given sentence "Christmas is one of the most famous and light-hearted festivals which is ___(1)___ across the world by billions of people" is saying that Christmas is acknowledged all over the world.

Therefore, the most appropriate word to be filled in the blank is '**Celebrated**'.

Also, the use of the word "festivals" in the sentence indicates the use of the word 'celebrated' in the blank.

The word 'Celebrated' means To acknowledge a significant or happy day or event with a social gathering or enjoyable activity.

- **Example**: We celebrated the New Year with a dance party.

Hence, the correct option is (A).

15. Complete Sentence: People of the Christian religion celebrate Christmas to **remember** the great works of Jesus Christ.

The given sentence "People of the Christian religion celebrate Christmas to ___(2)___ the great works of Jesus Christ" is saying that people of the Christian religion celebrate Christmas to recall the great works of Jesus Christ.

Therefore, the most appropriate word to be filled in the blank is 'Remember'.

Also, the use of the word "works" in the sentence indicates the use of the word 'remember' in the blank.

The word '**Remember**' means To have in or be able to bring to one's mind an awareness of someone or something from the past.

- Example: The remedy for injuries is not to remember them.

Hence, the correct option is (C).

16. Complete Sentence: 25th December is celebrated as Christmas Day **across** the world.

The given sentence "25th December is celebrated as Christmas Day ___(3)___ the world" is saying that 25th December is celebrated as Christmas Day all over the world.

Therefore, the most appropriate word to be filled in the blank is '**Across**'.

Also, the use of the word "world" in the sentence indicates the use of the word 'across' in the blank.

The word '**Across**' means From one side to the other of a place, area, etc.

- **Example**: Mortality from heart disease varies widely across the world.

Hence, the correct option is (E).

17. Complete Sentence: Jesus Christ of Bethlehem was a spiritual leader and prophet whose teachings **structure** the premise of their religion.

The given sentence "Jesus Christ of Bethlehem was a spiritual leader and prophet whose teachings ___(4)___ the premise of their religion" is saying that Jesus Christ's teachings organized the premise of their religion.

Therefore, the most appropriate word to be filled in the blank is '**Structure**'.

Also, the use of the word "premise" in the sentence indicates the use of the word 'structure' in the blank.

The word '**Structure**' means The quality of being organized.

- **Example**: We shall use three headings to give some structure to the discussion.

Hence, the correct option is (B).

18. Complete Sentence: People **follow** popular customs including exchanging gifts, decorating Christmas trees, attending church, sharing meals with family and friends, and, obviously, trusting that Santa Claus will arrive.

The given sentence "People ___(5)___ popular customs including exchanging gifts, decorating Christmas trees, attending church, sharing meals with family and friends, and, obviously, trusting that Santa Claus will arrive" is talking about people going along with popular customs during Christmas.

Therefore, the most appropriate word to be filled in the blank is '**Follow**'.

Also, the use of the word "customs" in the sentence indicates the use of the word 'follow' in the blank.

The word '**Follow**' means To take an active interest in or be a supporter of someone or something.

- **Example**: The leader beckoned the others to follow her.

Hence, the correct option is (D).

19. Ensue means result/proceed and does not fit in. This does not make sense in the statement.

Excess means surplus which is opposite of what is needed.

Ensures is incorrect as it leads to subject verb disagreement.

Accessibility is correct and means ease of access.

The phrase **'ensure accessibility'** is correct and fits in well meaningfully and grammatically.

Hence, the correct option is (A).

20. The correct phrase is around/round the corner.

Around the corner: Nearby, close by, not far away.

Hence, the correct option is (C).

21. We need the adverb form of 'history'. Thus, 'historically' is correct while 'historic' is incorrect. This eliminates option A.

Being is incorrect as it is used to refer to an individual/person. Been is correct here. This eliminates option C.

Due to article 'a', the correct form is 'place' in singular.

Hence, the correct option is (B).

22. The statement talks about multiple people and thus 'are' is correct.

One is entitled 'to' something and not 'for'. This eliminates option B.

Option C is incorrect as 'a rights' is incorrect grammatically.

Option D is correct grammatically and contextually.

Hence, the correct option is (D).

23. The original sentence is incorrect.

The bold part lacks parallelism. To bring parallelism the infinitive 'to restore' has to be replaced by the gerund 'restoring' here. Secondly, as 'Preserving and restoring forests' is implying 'one' idea, the verb to be used has to be singular in number. Therefore, 'are' should be replaced by 'is' to make the sentence correct. Clearly, among the given choices, option B replaces the bold part most appropriately.

The correct sentence will therefore be:

Preserving and restoring forests is an effective step toward mitigating climate change, and comes with a host of other benefits.

Hence, the correct option is (B).

24. Vacuous: having or showing a lack of thought or intelligence; mindless.

Intelligent: having or showing intelligence, especially of a high level.

Courteous: polite, respectful, or considerate in manner.

Exhilarated: make (someone) feel very happy, animated, or elated.

Modest: not talking too much about your own abilities, good qualities, etc.

Emergent: in the process of coming into being or becoming prominent.

Therefore, "intelligent" is the opposite of "Vacuous".

Hence, the correct option is (D).

25. Foray means a sudden attack or incursion into enemy territory, especially to obtain something.

Maraud means go about in search of things to steal or people to attack.

Contest means an event in which people compete for supremacy in a sport or other activity.

Ranger means a keeper of a park, forest, or area of countryside.

Intuition means the ability to understand something instinctively, without the need for conscious reasoning.

Therefore, "Maraud" is the synonym of "Foray".

Hence, the correct option is (A).

26. The sentence is in the past continuous tense.

This can be seen from the usage of 2 separate verbs - including and paying - in their continuous form and the usage of the verb 'are' in the past form i.e. 'were'.

This means that all the verbs in the sentence need to be in the continuous tense.

Thus, 'caused' needs to be replaced with 'causing' in order to make the sentence grammatically correct.

Correct Sentence: The farmers, including the village's Sarpanch were late in paying their due to the Zamindar, causing the Zamindar to confiscate their lands.

Hence, the correct option is (D).

27. The given sentence in the past tense, this can be seen by the use of the modal verb 'would'.

Even if the verb 'would' were to be replaced by the verb 'will', 'remembered' would still be incorrect as 'will' is in the present tense.

A modal verb has to be followed by the base form of the verb.

Thus, 'remembered' needs to be replaced with 'remember'.

Correct Sentence: Mark would always remember his dog, Molly with fondness.

Hence, the correct option is (B).

28. The sentence is in the past tense as can be seen by the use of the verb 'were' and 'would' in the past tense.

The sentence already tells us that the subject of the sentence is 'he/his' and this is the pronoun that is used to refers to him in the rest of the sentence.

If the sentence already uses one specific pronoun it should be maintained throughout the sentence unless the subject of the sentence changes.

Thus, 'one's' needs to be replaced with 'his' in order to make the sentence grammatically correct.

Correct Sentence: His parents were very hopeful that he would one day achieve his ambitions and make them proud.

Hence, the correct option is (C).

29. The sentence is in the continuous tense as can be seen by the use of 'ing' form of the verb 'wait'.

The use of the construction 'will + be' before the continuous form of the verb indicates that the action is yet to occur, but will occur in the future.

This means that every verb in the sentence should comply with this format of the future continuous tense.

The given sentence has **no errors** and is grammatically correct.

Hence, the correct option is (E).

30. The sentence is in the past tense as can be seen by the use of the verb 'insisted' and 'wanted' in the past tense.

The verb 'insist' means to 'demand something forcefully or not taking no for an answer'.

This means that there usually is an idea or a point which one is being 'forceful' about.

The verb 'insisted' needs to be followed by the preposition 'on' in order to show what point someone is being forced about.

Thus, 'insisted' needs to be followed by the preposition 'on' in order to make the sentence contextually correct.

Correct Sentence: Michael insisted on paying for the meal, but Halley wanted to split the bill.

Hence, the correct option is (A).

31. दिया गया कथन: M ≥ T; M < P; S > T

संयोजन करने पर: P > M ≥ T < S

निष्कर्ष:

I. S = M → असत्य (चूंकि P > M ≥ T < S → इसलिए S और M के मध्य स्पष्ट सम्बन्ध निर्धारित नहीं किया जा सकता)

II. T < P → सत्य (चूंकि P > M ≥ T → P > T)

III. P > S → असत्य (चूंकि P > M ≥ T < S → इसलिए P और S के मध्य स्पष्ट सम्बन्ध निर्धारित नहीं किया जा सकता)

इसलिए, केवल निष्कर्ष II सत्य है।

अतः विकल्प (C) सही है।

32. दिये गये कथन:

X > C ≥ V > Y; U = V < T ≤ H; T < B

संयोजित करने पर:

X > C ≥ V > Y, X > C ≥ U = V < T ≤ H, B > T ≤ H

निष्कर्ष:

I. Y < X → सत्य (चूँकि X > C ≥ V > Y → X > Y)

II. X ≥ B → असत्य (चूँकि X > C ≥ U = V < T < B → इसलिए X और B के बीच स्पष्ट सम्बन्ध निर्धारित नहीं किया जा सकता है)

III. V < B → सत्य (चूँकि U = V < T < B → V < B)

इसलिए, केवल निष्कर्ष I और III अनुसरण करते हैं।

अतः विकल्प (D) सही है।

33. दिये गए कथन द्वारा: P ≤ Q > R = S; S < T; T = P > U; V < U

संयोजन पर: Q ≥ P = T > S = R; T = P > U > V

निष्कर्ष:

I. Q = P → गलत (क्योंकि R = S < T → R < T और T = P > U → U < T → इस प्रकार R और U के बीच स्पष्ट संबंध निर्धारित नहीं किया जा सकता है)

II. Q > P → गलत (क्योंकि Q ≥ P > U > V → Q > V)

III. P < V → गलत (क्योंकि V < U < P = T → V < P)

नोट: निष्कर्ष I और II पूरक जोड़ी है।

इसलिए, या तो I या II अनुसरण करते हैं।

अतः विकल्प (E) सही है।

34. दिये गये कथन: A > P ≥ K; Q > M > T; P > T

संयोजित करने पर: A > P > T < M < Q; P ≥ K

निष्कर्ष:

I. T < K → असत्य (क्योंकि P > T; P ≥ K है; T और K के बीच संबंध निर्धारित नहीं किया जा सकता है)

II. K > A → असत्य (क्योंकि A > P; P ≥ K; A > P ≥ K; A > K)

III. A > K → सत्य (क्योंकि A > P; P ≥ K; A > P ≥ K; A > K)

इसलिए, केवल III सत्य है।

अतः विकल्प (E) सही है।

35. दिए गया है: P ≥ A > I = R; S < A > M

संयोजित करने पर: P ≥ A > I = R; P ≥ A > S; P ≥ A > M

निष्कर्ष:

I. M < P → सत्य (चूँकि M < A ≤ P)

II. P > S → सत्य (चूँकि P ≥ A > S)

III. M < R → असत्य (चूँकि P ≥ A > I = R; P ≥ A > M, इस प्रकार M और R के बीच एक स्पष्ट संबंध स्थापित नहीं किया जा सकता है)

इसलिए, केवल निष्कर्ष I और II सत्य हैं।

अतः विकल्प (A) सही है।

36. दिया गया है,

एक कक्षा में 25 विद्यार्थी हैं और वे सभी एक पंक्ति में योग करने के लिए बैठे हैं। मीना ऊपर से 11वें और स्नेहा नीचे से छठे स्थान पर हैं। अनन्या और रीना के बीच दो विद्यार्थी बैठे हैं।

उपरोक्त जानकारी से, हम रीना की स्थिति के बारे में निश्चित नहीं हो सकते, क्योंकि हमारे पास अनन्या और रीना की स्थिति के बारे में पर्याप्त जानकारी नहीं है।

अतः विकल्प (E) सही है।

37. दिया गया है,

लड़कियों की एक कतार में, यदि शिल्पा जो कि बाईं ओर से 8 वें स्थान पर है और रीना जो कि दाईं ओर से 17 वें स्थान पर है आपस में अपना स्थान अदल-बदल कर लेती हैं, तो शिल्पा बाई ओर से 14वें स्थान पर हो जाती है।

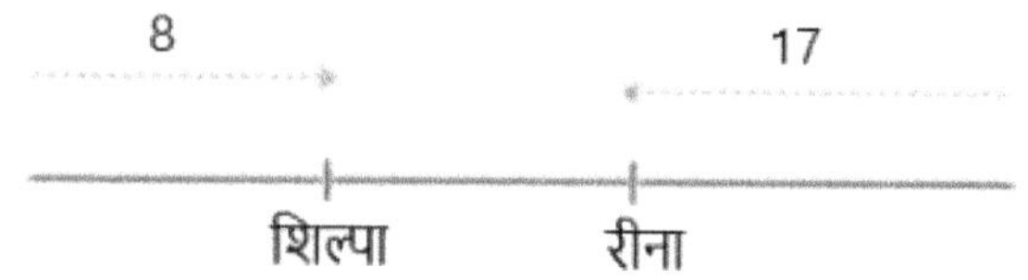

स्थानांतरण करने पर,

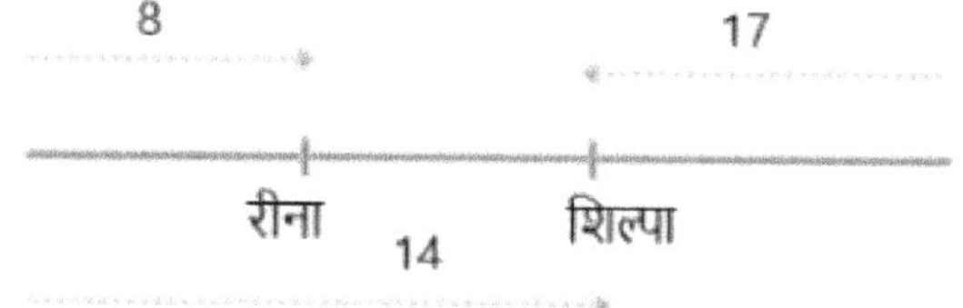

फिर,

शिल्पा की वर्तमान स्थिति = 14

रीना की पूर्व स्थिति = 17

कुल लड़कियों की संख्या = (शिल्पा की वर्तमान स्थिति + रीना की पूर्व स्थिति) -1

$= (14 + 17) - 1 = 30$

अतः विकल्प (C) सही है।

38. नीचे दिए गए कथनों के लिए वेन आरेख कम से कम संभव है:

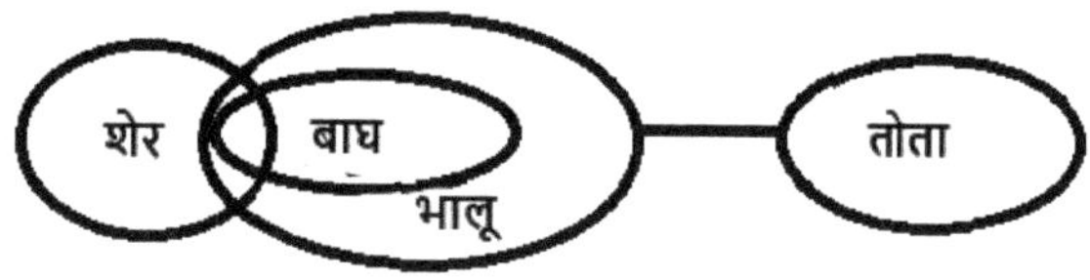

निष्कर्ष:

I. कुछ शेर तोता हैं → यह निश्चित रूप से संभव नहीं है, इसलिए गलत है।

II. कुछ शेर भालू हैं → यह निश्चित रूप से संभव है, इसलिए सच है।

III. कुछ तोता भालू हैं → यह निश्चित रूप से संभव नहीं है, इसलिए गलत है।

इस प्रकार, केवल निष्कर्ष II अनुसरण करता है।

अत: विकल्प (B) सही है।

39. दिए गए कथनों के लिए सर्वोत्तम संभव वेन आरेख इस प्रकार है:

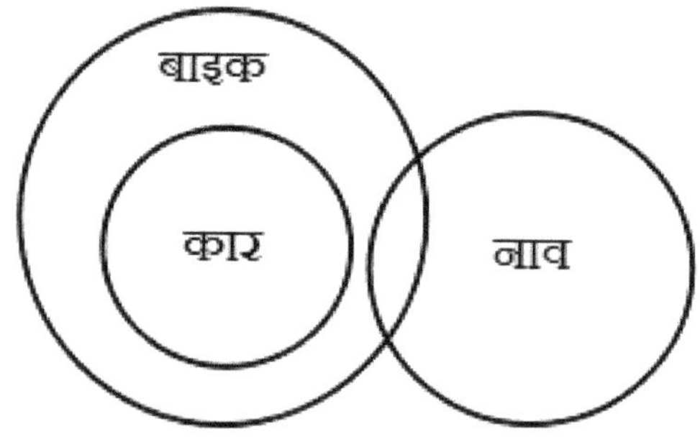

चूंकि कुछ बाइक, कार हैं और कोई कार, नाव नहीं है, इसलिए सभी बाइक, नाव नहीं हो सकती हैं। इस प्रकार, निष्कर्ष I संभव नहीं है।

चूँकि कुछ बाइक, नाव हैं और कोई भी कार, नाव नहीं है, सभी बाइक, नाव नहीं हो सकती हैं। इस प्रकार, निष्कर्ष II अनुसरण करता है।

अतः विकल्प (B) सही है।

40. दिए गए कथनों के लिए सर्वोत्तम संभव वेन आरेख इस प्रकार है:

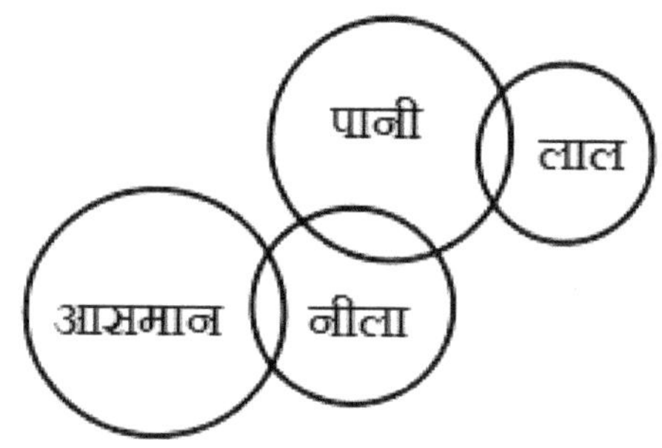

वेन आरेख से, हम देख सकते हैं कि निष्कर्ष I संभव है।

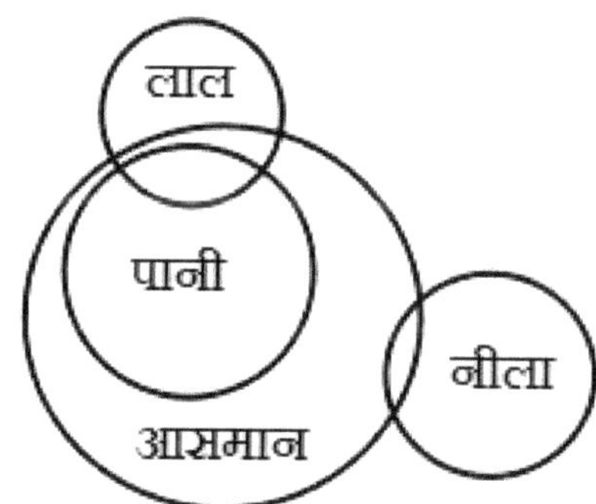

वेन आरेख से, हम देख सकते हैं कि सभी पानी आसमान हो सकते हैं। निष्कर्ष II अनुसरण नहीं करता है।

अतः विकल्प (A) सही है।

41. दिए गए कथनों के लिए सर्वोत्तम संभव वेन आरेख इस प्रकार है:

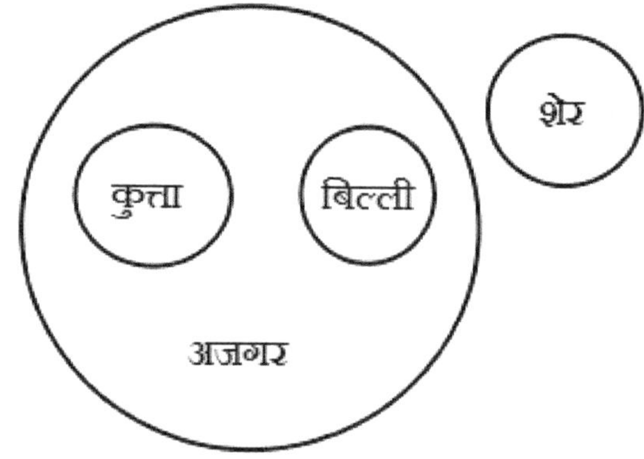

चूंकि सभी कुत्ते, अजगर हैं और कोई भी अजगर, शेर नहीं है, कोई भी कुत्ता, शेर नहीं हो सकता है। इस प्रकार, निष्कर्ष I का अनुसरण करता है।

चूंकि सभी बिल्लियां, अजगर हैं और कोई भी अजगर, शेर नहीं है, कोई भी बिल्ली, शेर नहीं हो सकती है। इस प्रकार, निष्कर्ष II अनुसरण करता है।

अतः विकल्प (E) सही है।

42. दिए गए कथनों को किसी भी शर्त का उल्लंघन किए बिना आरेखण के द्वारा व्यक्त किया जा सकता है।

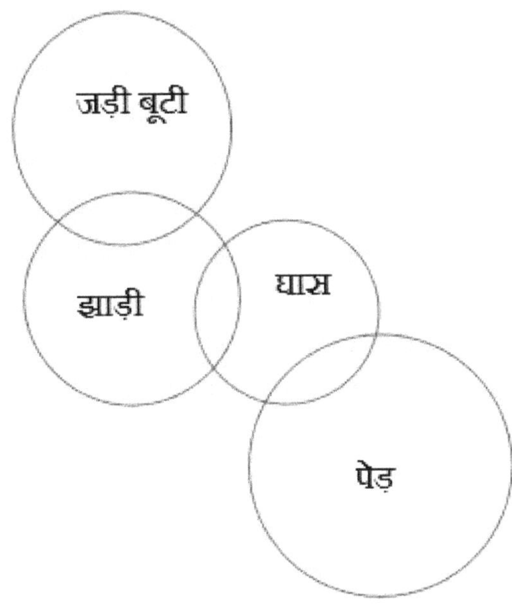

जैसा कि हम देख सकते हैं, कोई भी निष्कर्ष अनुसरण नहीं करता है।

अतः विकल्प (D) सही है।

Ques (43-47):आठ व्यक्ति A, B, C, D, L, M, N और O हैं। उनमें से कुछ केंद्र की ओर मुख करके बैठे हैं और कुछ बाहर की ओर मुख करके बैठे हैं।

i) B और O के बीच में केवल तीन व्यक्ति बैठते हैं।

ii) L, O के निकटतम दाएं बैठता है।

iii) B, A के बाएं से तीसरे स्थान पर बैठता है।

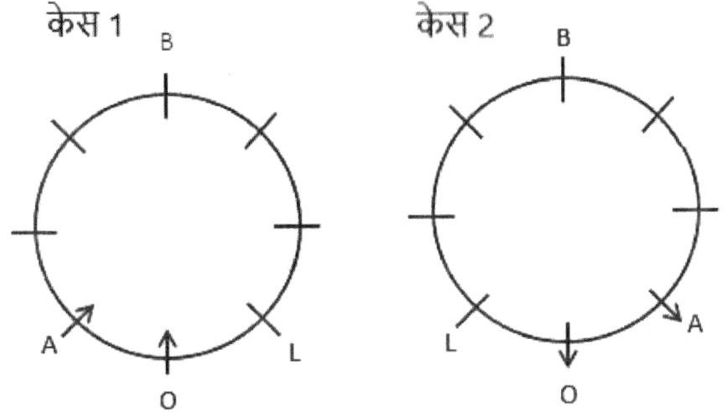

iv) L और D के बीच में केवल एक व्यक्ति बैठता है।

v) L के निकटतम पड़ोसी विपरीत दिशा की ओर मुख करके बैठते हैं।

vi) L बाहर की ओर मुख करके नहीं बैठता है।

vii) N, D के दाएं से दूसरे स्थान पर बैठता है।

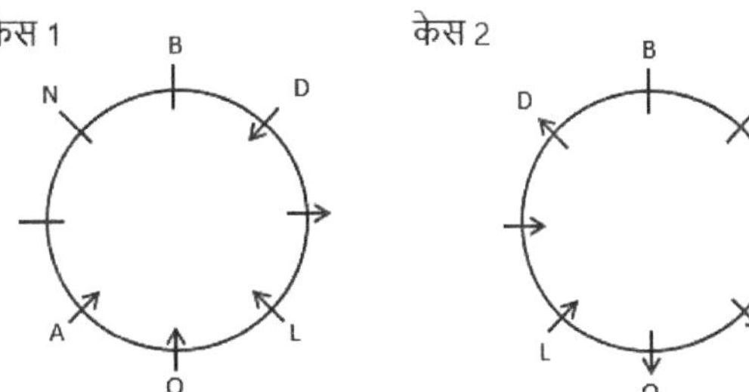

viii) N और C दोनों O के समान दिशा की ओर मुख करके बैठते हैं।

ix) M के निकटतम पड़ोसी एक दूसरे के विपरीत दिशा की ओर मुख करके बैठते हैं।

स्थिति 1 में, N और C दोनों केंद्र की ओर मुख करके बैठेंगे। इस प्रकार, L और D के बीच में M बैठेगा। L और D दोनों समान दिशा की ओर मुख करके बैठेंगे। इसलिए, स्थिति 1 ख़ारिज हो जाती है।

x) D, B के दिशा के विपरीत मुख करके बैठता है।

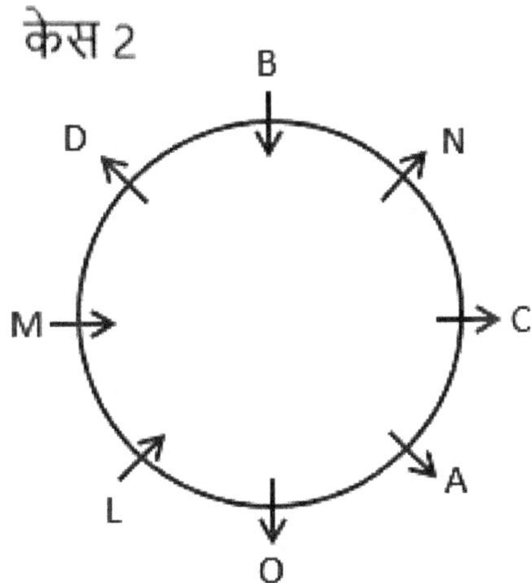

43. स्पष्ट रूप से, M के बाएं से गिनती करने पर A और M के बीच में 4 व्यक्ति बैठते हैं।

अत: विकल्प (C) सही है।

44. स्पष्ट रूप से, केवल एक कथन सत्य है अर्थात् M केंद्र की ओर मुख करके बैठता है।

अत: विकल्प (A) सही है।

45. B, L के बाएं से तीसरे स्थान पर बैठता है।

अत: विकल्प (c) सही है।

46. इसलिए, A और N, C के ठीक बगल में बैठी है|

अत: विकल्प (B) सही है।

47. इसलिए, L के बाएँ से गिनने पर B और L के मध्य दो व्यक्ति बैठे हैं।

अत: विकल्प (C) सही है।

48. दक्षिण के सम्मुख: P, Q, R, S और T (पंक्ति 1)

उत्तर के सम्मुख: A, B, C, D और E (पंक्ति 2)

(1) S, Q के दायें से तीसरे स्थान पर बैठा है जहां दोनों में से कोई एक पंक्ति के किसी भी एक अंतिम छोर पर बैठा है।

(यहाँ, दो संभावित स्थितियाँ हैं, स्थिति 1: Q पंक्ति के अंतिम दाएँ छोर पर बैठा है, स्थिति 2: S पंक्ति के अंतिम बाएँ छोर पर बैठा है।)

स्थिति 1:

स्थिति 2:

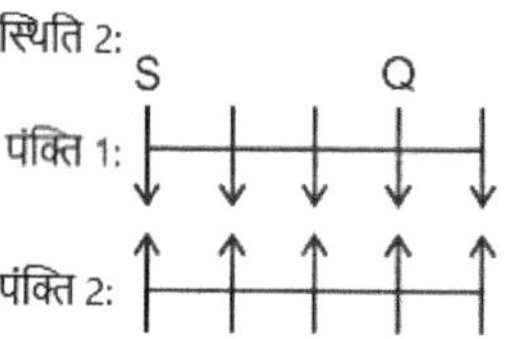

(2) वह व्यक्ति जिसका मुख Q की ओर है, E के दायें से दूसरे स्थान पर बैठा है।

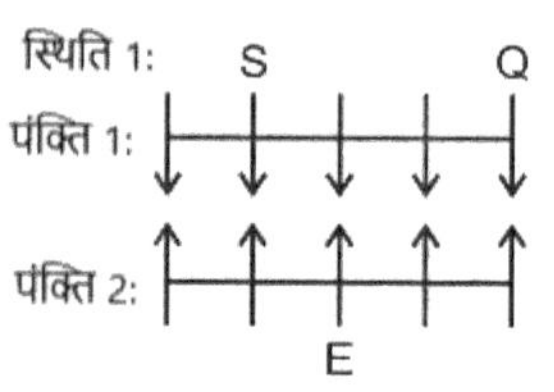

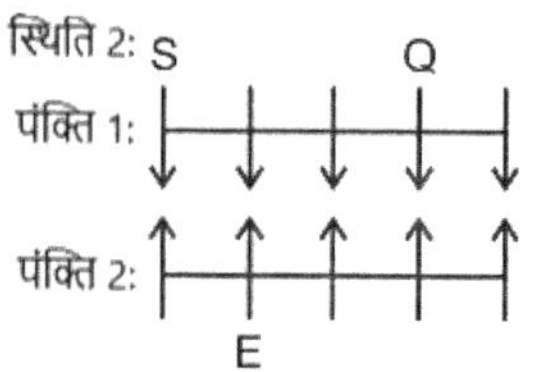

(3) B और E के मध्य दो व्यक्ति बैठे हैं।

(यहां हम स्थिति 1 को खत्म कर सकते हैं।)

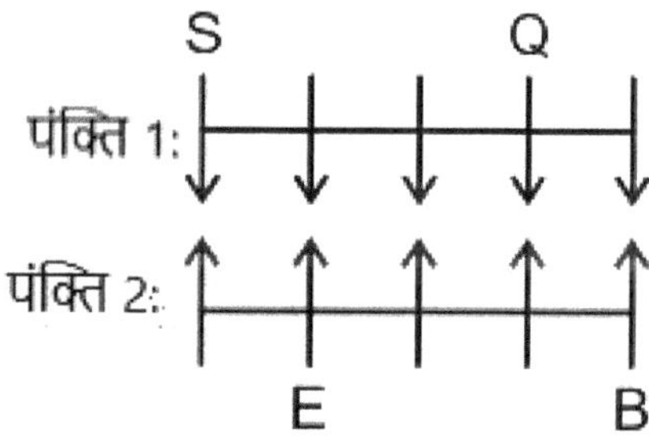

(4) न तो A न ही C पंक्ति के अंतिम छोर पर बैठे हैं।

(इसलिए D पंक्ति 2 के अंतिम छोर पर बैठा है।)

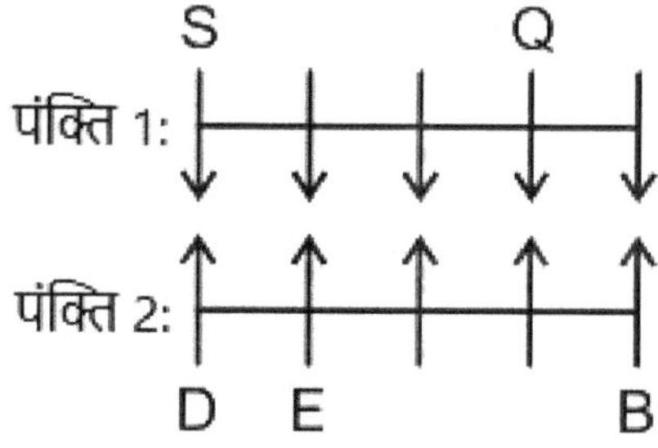

(5) A के निकटतम पड़ोसी का मुख उस व्यक्ति की ओर है जो Q के ठीक दायें बैठा है।

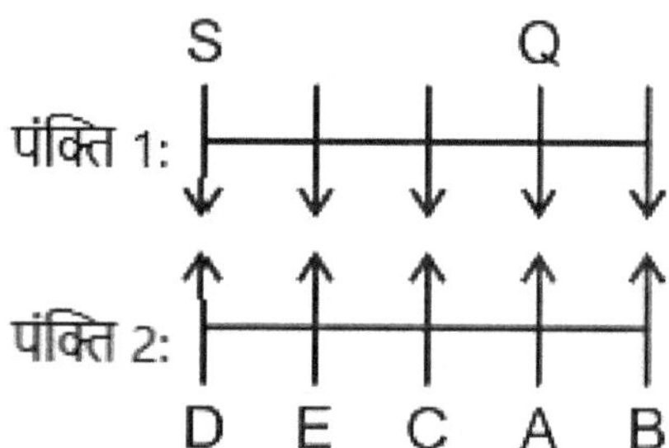

(6) R और T एक दूसरे के निकटतम पडोसी हैं।

(7) T, D के निकटतम पडोसी के सम्मुख नहीं है।

अंतिम व्यवस्था इस प्रकार होगी।

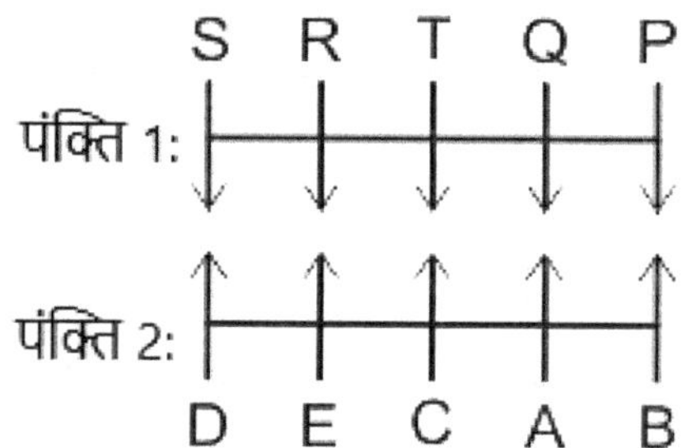

इस प्रकार, B, P के सम्मुख है।

अत: विकल्प (E) सही है।

49. दक्षिण के सम्मुख: P, Q, R, S और T (पंक्ति 1)

उत्तर के सम्मुख: A, B, C, D और E (पंक्ति 2)

(1) S, Q के दायें से तीसरे स्थान पर बैठा है जहां दोनों में से कोई एक पंक्ति के किसी भी एक अंतिम छोर पर बैठा है।

(यहाँ, दो संभावित स्थितियाँ हैं, स्थिति 1: Q पंक्ति के अंतिम दाएँ छोर पर बैठा है, स्थिति 2: S पंक्ति के अंतिम बाएँ छोर पर बैठा है।)

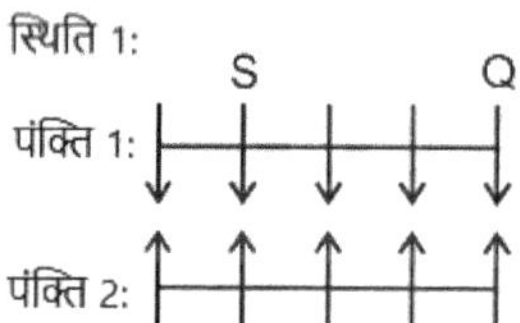

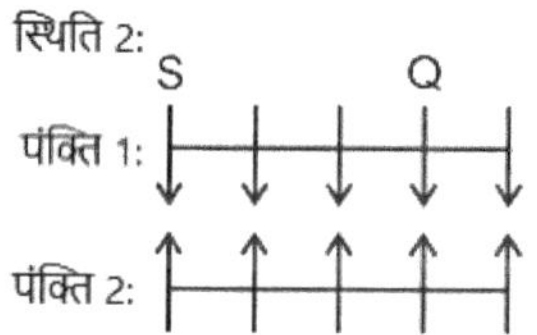

(2) वह व्यक्ति जिसका मुख Q की ओर है, E के दायें से दूसरे स्थान पर बैठा है।

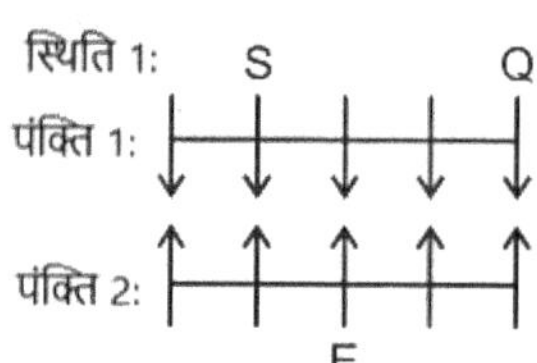

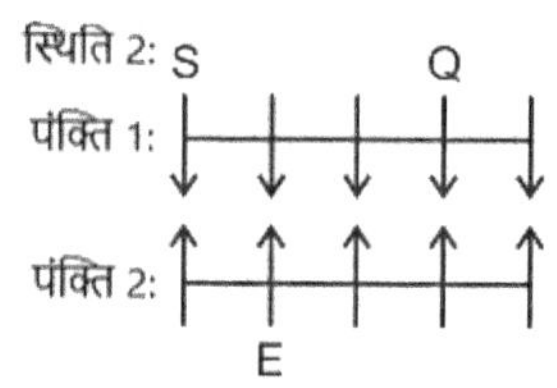

(3) B और E के मध्य दो व्यक्ति बैठे हैं।

(यहां हम स्थिति 1 को खत्म कर सकते हैं।)

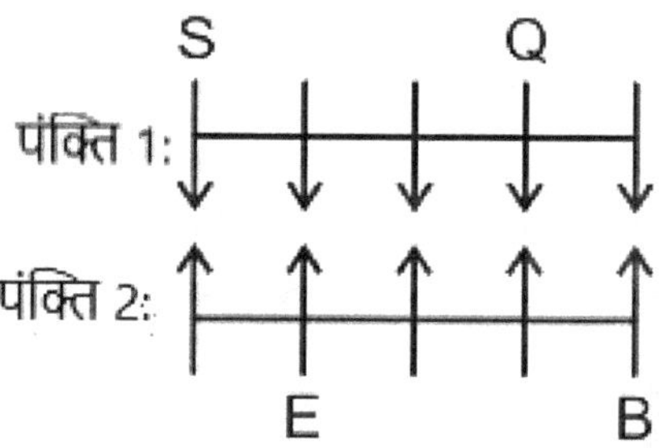

(4) न तो A न ही C पंक्ति के अंतिम छोर पर बैठे हैं।

(इसलिए D पंक्ति 2 के अंतिम छोर पर बैठा है।)

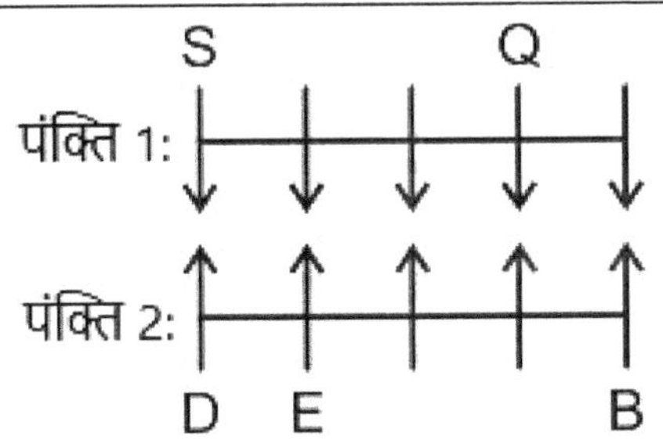

(5) A के निकटतम पड़ोसी का मुख उस व्यक्ति की ओर है जो Q के ठीक दायें बैठा है।

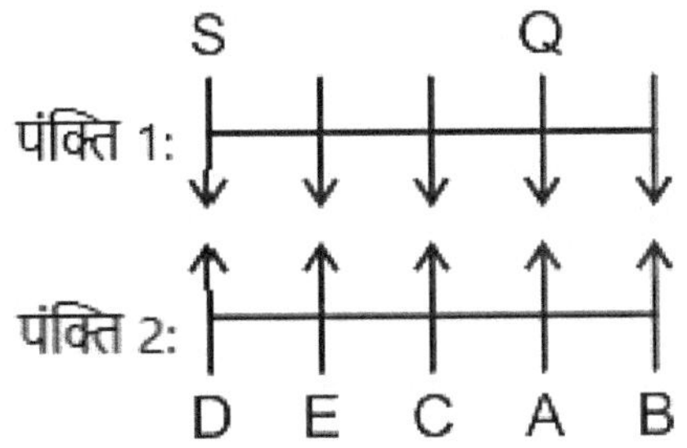

(6) R और T एक दूसरे के निकटतम पडोसी हैं।

(7) T, D के निकटतम पडोसी के सम्मुख नहीं है।

अंतिम व्यवस्था इस प्रकार होगी।

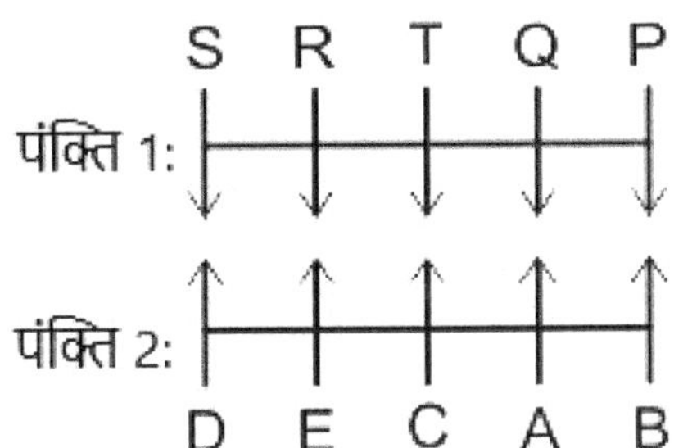

S, P, D, और B पंक्ति के अंतिम छोर पर बैठे हैं। C पंक्ति के मध्य में बैठा है।

इस प्रकार, C समूह से संबंधित नहीं है।

अत: विकल्प (E) सही है।

50. दक्षिण के सम्मुख: P, Q, R, S और T (पंक्ति 1)

उत्तर के सम्मुख: A, B, C, D और E (पंक्ति 2)

(1) S, Q के दायें से तीसरे स्थान पर बैठा है जहां दोनों में से कोई एक पंक्ति के किसी भी एक अंतिम छोर पर बैठा है।

(यहाँ, दो संभावित स्थितियाँ हैं, स्थिति 1: Q पंक्ति के अंतिम दाएँ छोर पर बैठा है, स्थिति 2: S पंक्ति के अंतिम बाएँ छोर पर बैठा है।)

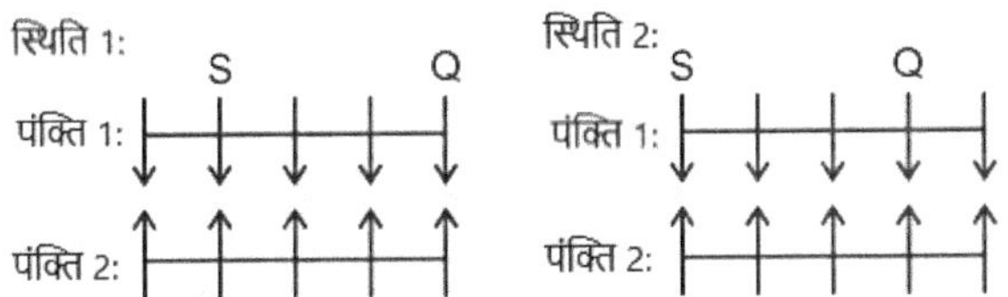

(2) वह व्यक्ति जिसका मुख Q की ओर है, E के दायें से दूसरे स्थान पर बैठा है।

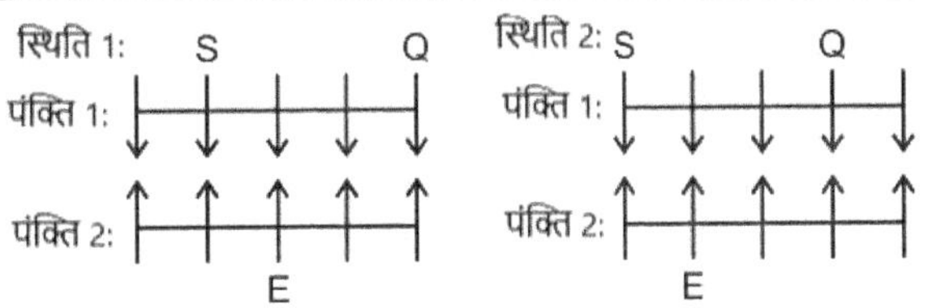

(3) B और E के मध्य दो व्यक्ति बैठे हैं।

(यहां हम स्थिति 1 को खत्म कर सकते हैं।)

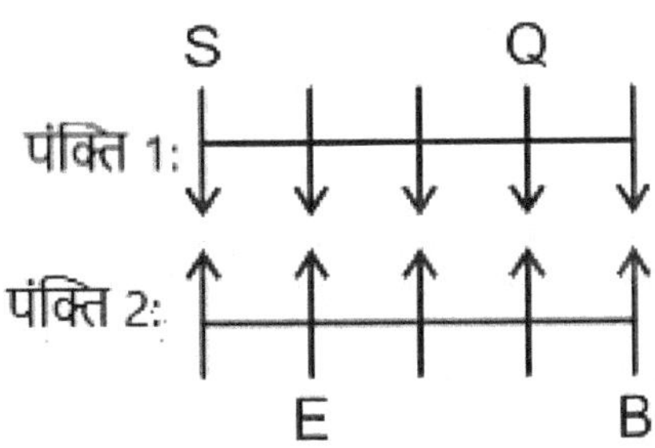

(4) न तो A न ही C पंक्ति के अंतिम छोर पर बैठे हैं।

(इसलिए D पंक्ति 2 के अंतिम छोर पर बैठा है।)

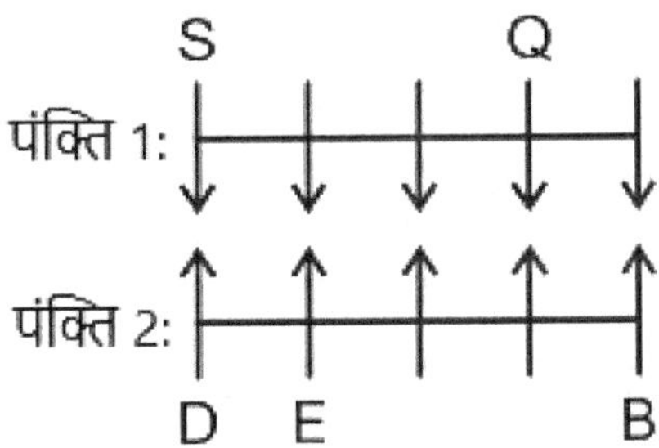

(5) A के निकटतम पड़ोसी का मुख उस व्यक्ति की ओर है जो Q के ठीक दायें बैठा है।

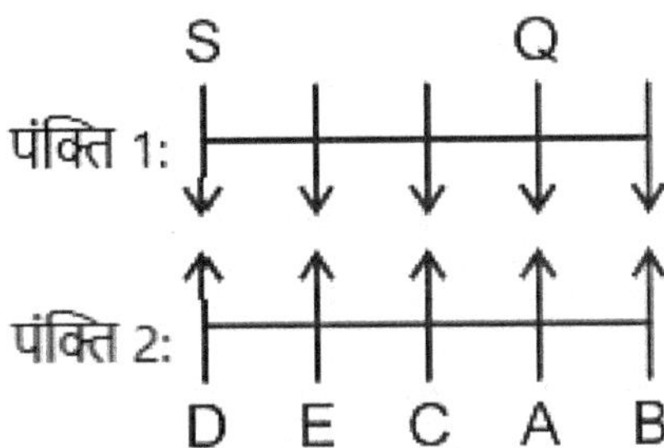

(6) R और T एक दूसरे के निकटतम पडोसी हैं।

(7) T, D के निकटतम पडोसी के सम्मुख नहीं है।

अंतिम व्यवस्था इस प्रकार होगी।

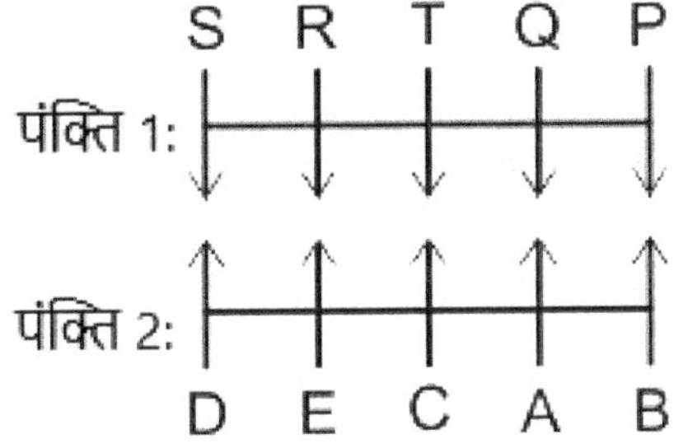

इस प्रकार, R, D के निकटतम पड़ोसियों में से किसी एक के सम्मुख है, सत्य कथन है।

अत: विकल्प (A) सही है।

51. दक्षिण के सम्मुख: P, Q, R, S और T (पंक्ति 1)

उत्तर के सम्मुख: A, B, C, D और E (पंक्ति 2)

(1) S, Q के दायें से तीसरे स्थान पर बैठा है जहां दोनों में से कोई एक पंक्ति के किसी भी एक अंतिम छोर पर बैठा है।

(यहाँ, दो संभावित स्थितियाँ हैं, स्थिति 1: Q पंक्ति के अंतिम दाएँ छोर पर बैठा है, स्थिति 2: S पंक्ति के अंतिम बाएँ छोर पर बैठा है।)

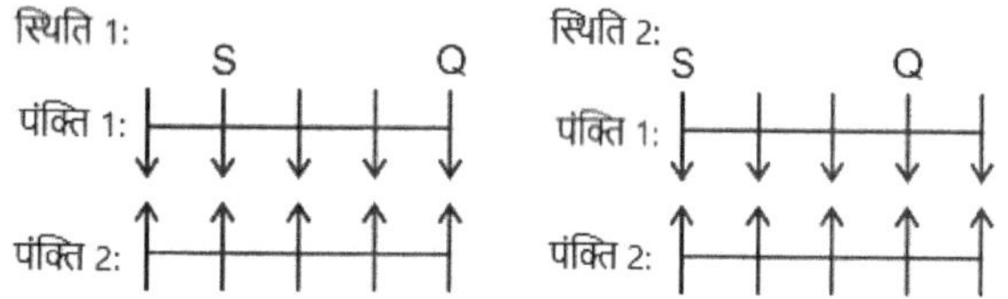

(2) वह व्यक्ति जिसका मुख Q की ओर है, E के दायें से दूसरे स्थान पर बैठा है।

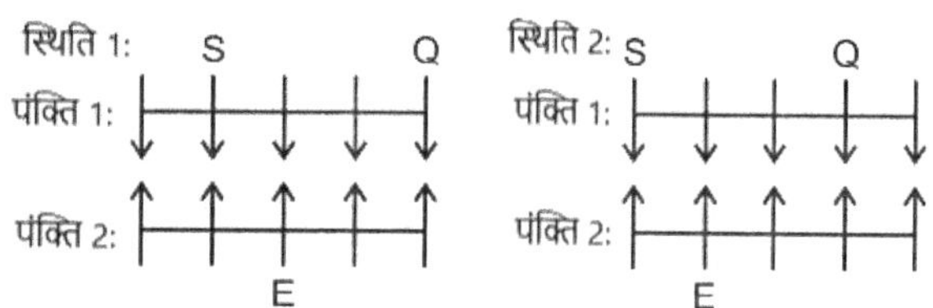

(3) B और E के मध्य दो व्यक्ति बैठे हैं।

(यहां हम स्थिति 1 को खत्म कर सकते हैं।)

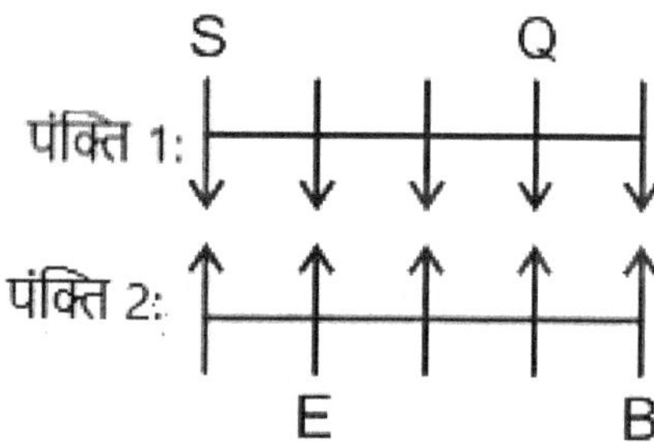

(4) न तो A न ही C पंक्ति के अंतिम छोर पर बैठे हैं।

(इसलिए D पंक्ति 2 के अंतिम छोर पर बैठा है।)

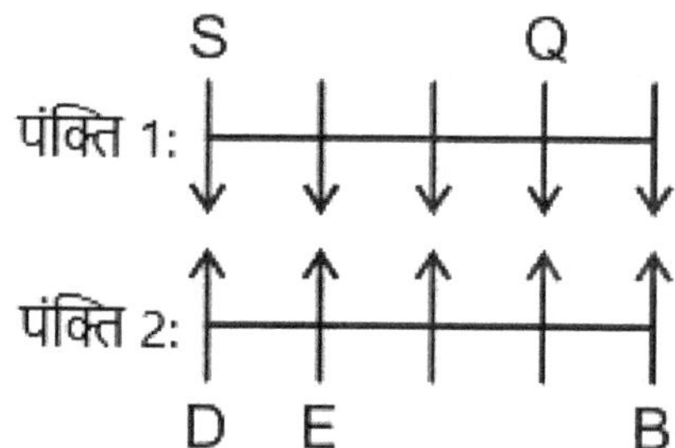

(5) A के निकटतम पड़ोसी का मुख उस व्यक्ति की ओर है जो Q के ठीक दायें बैठा है।

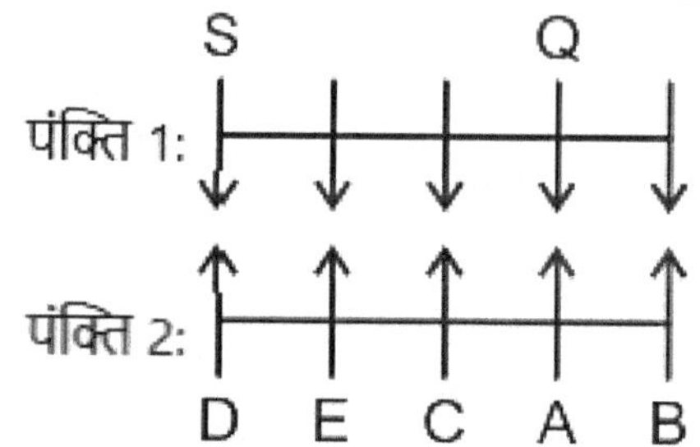

(6) R और T एक दूसरे के निकटतम पडोसी हैं।

(7) T, D के निकटतम पडोसी के सम्मुख नहीं है।

अंतिम व्यवस्था इस प्रकार होगी।

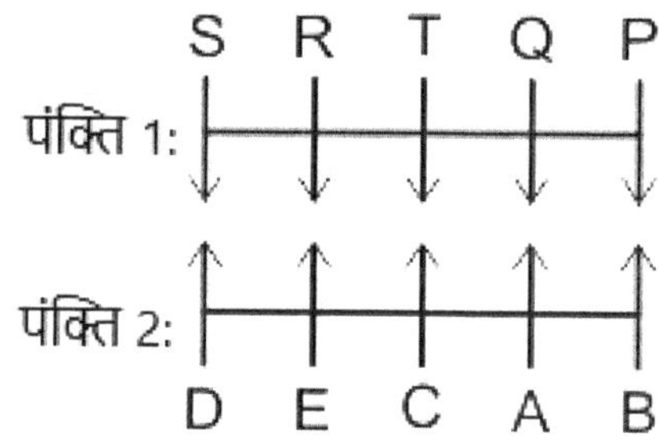

इस प्रकार, C, T की ओर उन्मुख है।

अत: विकल्प (D) सही है।

52. दक्षिण के सम्मुख: P, Q, R, S और T (पंक्ति 1)

उत्तर के सम्मुख: A, B, C, D और E (पंक्ति 2)

(1) S, Q के दायें से तीसरे स्थान पर बैठा है जहां दोनों में से कोई एक पंक्ति के किसी भी एक अंतिम छोर पर बैठा है।

(यहाँ, दो संभावित स्थितियाँ हैं, स्थिति 1: Q पंक्ति के अंतिम दाएँ छोर पर बैठा है, स्थिति 2: S पंक्ति के अंतिम बाएँ छोर पर बैठा है।)

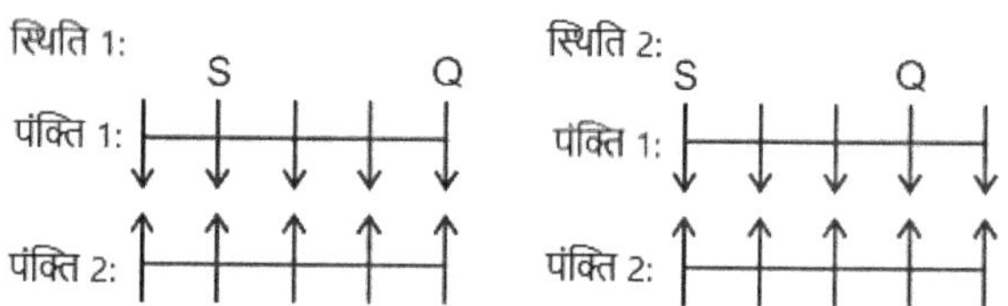

(2) वह व्यक्ति जिसका मुख Q की ओर है, E के दायें से दूसरे स्थान पर बैठा है।

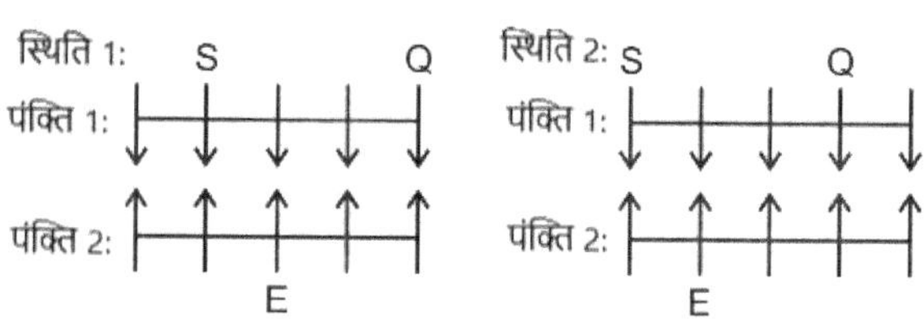

(3) B और E के मध्य दो व्यक्ति बैठे हैं।

(यहां हम स्थिति 1 को खत्म कर सकते हैं।)

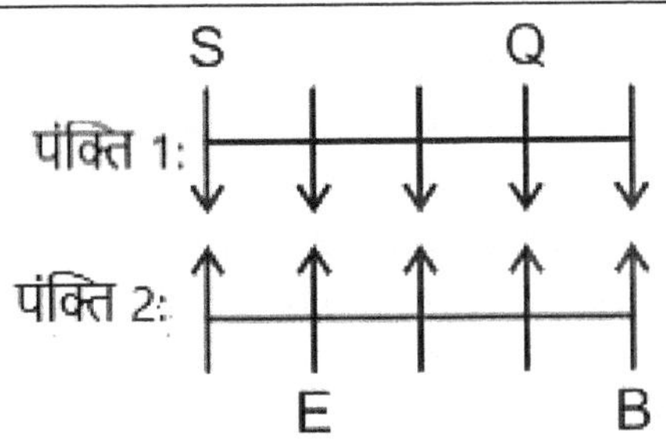

(4) न तो A न ही C पंक्ति के अंतिम छोर पर बैठे हैं।

(इसलिए D पंक्ति 2 के अंतिम छोर पर बैठा है।)

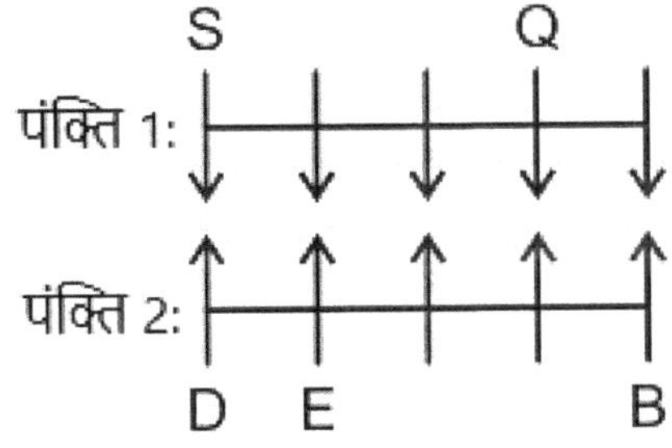

(5) A के निकटतम पड़ोसी का मुख उस व्यक्ति की ओर है जो Q के ठीक दायें बैठा है।

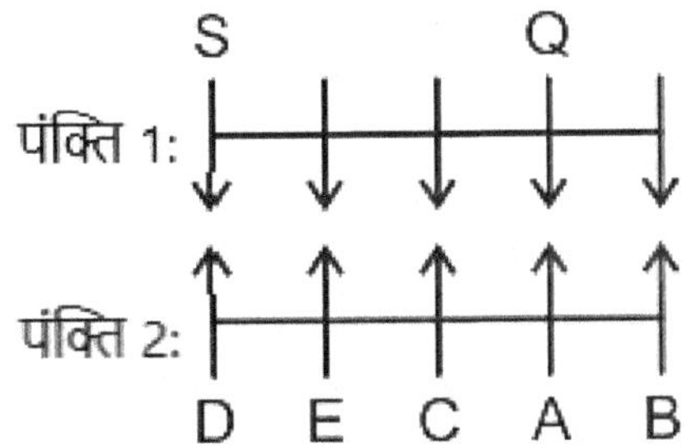

(6) R और T एक दूसरे के निकटतम पडोसी हैं।

(7) T, D के निकटतम पडोसी के सम्मुख नहीं है।

अंतिम व्यवस्था इस प्रकार होगी।

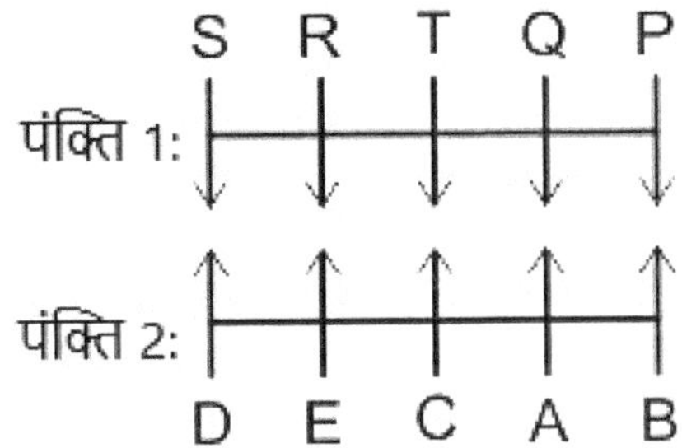

इस प्रकार, C, A के निकटतम बायें बैठा है।

अत: विकल्प (B) सही है।

53. 1) यह दिया गया है कि स्वरों को संख्या "2" से बदल दिया जाएगा, इसलिए शब्द "CONCLUSION" में सभी स्वरों को संख्या "2" से बदल दिया जाएगा, इस प्रकार स्वर I, O, O, U को संख्या "2" से बदल दिया जाएगा।

2) यह दिया गया है कि प्रत्येक व्यंजन को एक संख्या से बदल दिया जाता है जो कि शब्द में उस व्यंजन की क्रम संख्या है इसलिए C को 1 से, N को 3 से, L को 5 से, S को 7 से और N को 10 से बदल दिया जाएगा।

अक्षर	C	O	N	C	L	U	S	I	O	N
स्थान	1	2	3	4	5	2	7	2	2	10

इस प्रकार, अभीष्ट मान = 1 + 2 + 3 + 4 + 5 + 2 + 7 + 2 + 2 + 10 = 38

अत: विकल्प (D) सही है।

54. दिया गया शब्द: DOCUMENTATION

पहला अक्षर = D, छठा अक्षर = E, सातवाँ अक्षर = N, बारहवाँ अक्षर = O

अक्षर: D, E, N, O

अत: संभव अर्थपूर्ण शब्द = DONE, NODE

इसलिए, ऐसे 1 से अधिक शब्द बन सकते हैं।

अत:, सही उत्तर "X" है।

अत: विकल्प (B) सही है।

55. बायां पक्ष A F * O T & V B A # U % E @ F H E S ? M O J Q + Y C Z $ P & I @ O T F H X U Z D दायां पक्ष

यदि सभी प्रतीकों को हटा दिया जाता है तो,

A F O T V B A U E F H E S M O J Q Y C Z P I O T F H X U Z D

अब दाएं से गिनती करते हुए, हमें 12वें स्थान पर "C" मिलता है।

इसलिए, "C" सही उत्तर है।

अत: विकल्प (E) सही है।

56. बायां पक्ष A F * O T & V B A # U % E @ F H E S ? M O J Q + Y C Z $ P & I @ O T F H X U Z D दायां पक्ष

सभी व्यंजनों और प्रतीकों को हटाने पर

हमें A O A U E E O I O U मिलता है।

स्वरों की संख्या 10 है।

अत: विकल्प (B) सही है।

57. A F * O T & V B **A # U % E** @ F H E S ? M O J Q + Y C Z $ P & **I @ O** T F H X U Z D

इस प्रकार, ऐसे तीन प्रतीक है जिनके ठीक पहले और ठीक बाद में एक स्वर है।

अत: विकल्प (C) सही है।

58. बायां पक्ष A F * O T & V B A # U % E @ F H E S ? M O J Q + Y C Z $ P & I @ O T F H X U Z D दायां पक्ष

स्वरों और प्रतीकों को हटाने पर

F T V F H S M J Q Y C Z P T F H X Z D

दाएं छोर से गिनने पर, "H" दाएं छोर से पंद्रहवें स्थान पर है।

इसलिए, सही उत्तर "H" है।

अत: विकल्प (C) सही है।

59. A F * O T & V B A # U % E @ F H E S **? M O** J Q + Y C Z $ P & I @ O T F H X U Z D

इसलिए, "M" एकमात्र व्यंजन है जिसके ठीक पहले एक प्रतीक और ठीक बाद में एक स्वर है।

अर्थात "? M O"

अतः विकल्प (D) सही है।

60. यहाँ तर्क निम्न प्रकार है:

वर्ण माला	A	B	C	D	E	F	G	H	I	J	K	L	M
स्थानीय मान	1	2	3	4	5	6	7	8	9	10	11	12	13
स्थानीय मान	26	25	24	23	22	21	20	19	18	17	16	15	14
वर्ण माला	Z	Y	X	W	V	U	T	S	R	Q	P	O	N

व्यंजन के स्थानीय मान को दोगुना किया गया है और स्वरों को उसी स्थान पर रखा गया है।

13 1 14 4 1 20 5
M A N D A T E
×2 ×1 ×2 ×2 ×1 ×2 ×1
26 1 28 8 1 40 5

इसी प्रकार,

20 5 3 8 14 9 17 21 5
T E C H N I Q U E
×2 ×1 ×2 ×2 ×2 ×1 ×2 ×1 ×1
40 5 6 16 28 9 34 21 5

अतः विकल्प (D) सही है।

61.

वर्ण माला	A	B	C	D	E	F	G	H	I	J	K	L	M
स्थानीय मान	1	2	3	4	5	6	7	8	9	10	11	12	13
स्थानीय मान	26	25	24	23	22	21	20	19	18	17	16	15	14
वर्ण माला	Z	Y	X	W	V	U	T	S	R	Q	P	0	N

विपरीत अक्षरों का उपयोग कूट भाषा में इस प्रकार किया जाता है :

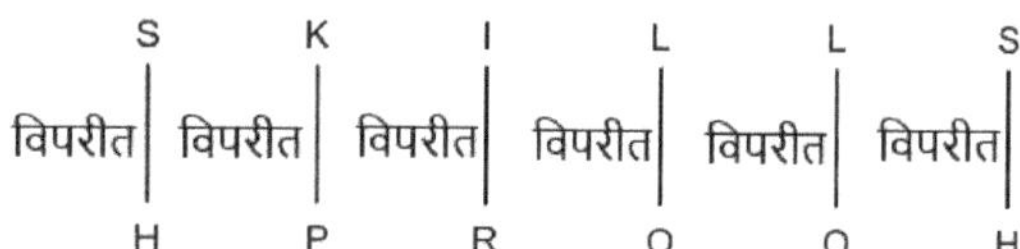

इसी तरह,

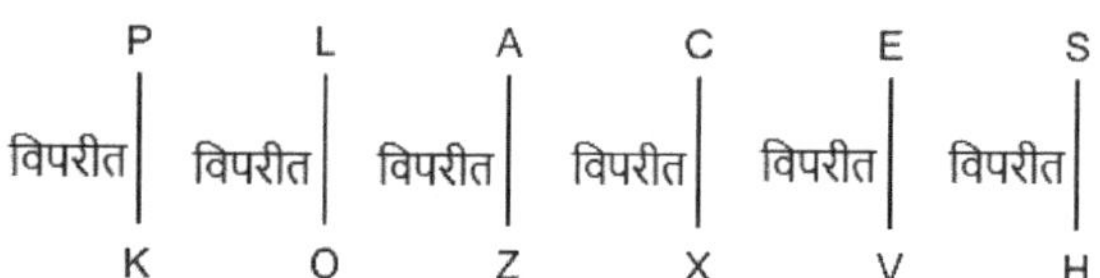

इसलिए, KOZXVH सही उत्तर है।

अत: विकल्प (A) सही हैं।

62. एक निश्चित कोड भाषा में,

M	O	O	N
5	2	2	9

F	I	L	M
6	3	1	5

A	R	E
4	8	7

ऊपर से, 'INFORMER' के लिए कोड होगा:

I	N	F	O	R	M	E	R
3	9	6	2	8	5	7	8

इसलिए, INFORMER को '39628578' के रूप में कोडित किया गया है।

अत: विकल्प (A) सही है।

Ques (63-65):दी गई जानकारी के अनुसार सर्वश्रेष्ठ संभावित आंकड़ा:

चित्र में प्रतीक	अर्थ
○	महिला
□	पुरुष
=	शादीशुदा जोड़ा
—	भाई-बहन
|	पीढ़ी का अंतर

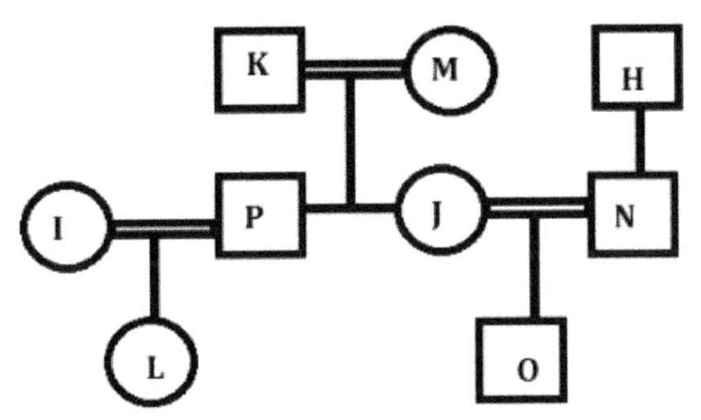

63. स्पष्ट रूप से, M, P की मां है।

अत: विकल्प (B) सही है।

64. स्पष्ट रूप से, K, O का नाना है।

अत: विकल्प (D) सही है।

65. स्पष्ट रूप से, L, P की पुत्री है।

अत: विकल्प (D) सही है।

66. दिया है:

प्रारंभिक दर $= 8\%$

समय $= 3$ वर्ष

म्यूचुअल फंड में दर $= 8.5\%$ और समय $= 4$ वर्ष

साधारण ब्याज $= \frac{P \times R \times T}{100}$

माना कि राशि x रुपये है

बैंक से साधारण ब्याज $= \frac{x \times 8 \times 3}{100}$

$\Rightarrow \frac{24x}{100}$

म्यूचुअल फंड से ब्याज के रूप में लाभ $= \frac{(x \times 8.5 \times 4)}{100}$

$\Rightarrow \frac{34x}{100}$

प्रश्न के अनुसार:

$\frac{34x}{100} - \frac{24x}{100} = 500$ रुपये

$\Rightarrow 10x = 50000$ या $x = 5000$

$\therefore$ निवेश की गयी राशि $= 5000$ रुपये

अत: विकल्प (A) सही है।

67. प्रश्नानुसार,

I. $x^2 - 5x + 6 = 0$

मध्य संख्या विभाजन से, हम प्राप्त करते हैं,

$\Rightarrow x^2 - 3x - 2x + 6 = 0$

$\Rightarrow x(x - 3) - 2(x - 3) = 0$

$\Rightarrow (x - 3)(x - 2) = 0$

$\Rightarrow x = 3$

$\Rightarrow x = 2$

II. $y^2 + y - 6 = 0$

मध्य संख्या विभाजन से, हम प्राप्त करते हैं,

$\Rightarrow y^2 + 3y - 2y - 6 = 0$

$\Rightarrow y(y + 3) - 2(y + 3) = 0$

$\Rightarrow (y - 2)(y + 3) = 0$

$\Rightarrow y = 2$

$\Rightarrow y = -3$

यहाँ x और y के एक मान समान है और x का अन्य मान, y से बड़ा है।

अत: विकल्प (D) सही है।

68. प्रश्नानुसार,

I. $2x^2 - 12x + 18 = 0$

$\Rightarrow 2x^2 - 6x - 6x + 18 = 0$

$\Rightarrow 2x(x - 3) - 6(x - 3) = 0$

$\Rightarrow (x - 3)(2x - 6) = 0$

$\Rightarrow x = 3$ और 3

II. $2y^2 - 19y + 39 = 0$

$\Rightarrow 2y^2 - 13y - 6y + 39 = 0$

$\Rightarrow y(2y - 13) - 3(2y - 13) = 0$

$\Rightarrow (2y - 13)(y - 3) = 0$

$\Rightarrow y = \frac{13}{2}$ और 3

इसलिए, जब $x = 3$, $y = \frac{13}{2}$ के लिए $x < y$ और $y = 3$ के लिए $x = y$

$\therefore$ हम स्पष्ट रुप से देख सकते हैं कि $x \leq y$ है।

अत: विकल्प (E) सही है।

69. प्रश्नानुसार,

I. $x^2 + 13x + 42 = 0$

$\Rightarrow x^2 + 6x + 7x + 42 = 0$

$\Rightarrow x(x + 6) + 7(x + 6) = 0$

$\Rightarrow (x + 6)(x + 7) = 0$

$\Rightarrow x = -6$ या -7

II. $y^2 + 19y + 90 = 0$

$\Rightarrow y^2 + 10y + 9y + 90 = 0$

$\Rightarrow y(y + 10) + 9(y + 10) = 0$

$\Rightarrow (y + 10)(y + 9) = 0$

$\Rightarrow y = -10$ या -9

इसलिए जब $x = -6$ है तब $y = -10$ के लिए $x > y$ और $y = -9$ के लिए $x > y$

और जब $x = -7$ है तब $y = -10$ के लिए $x > y$ और $y = -9$ के लिए $x > y$

∴ हम यहाँ पर देख सकते हैं कि $x > y$ ।

अतः विकल्प (C) सही है।

70. प्रश्नानुसार,

I. $3x^2 - 23x - 8 = 0$

$\Rightarrow 3x^2 - 24x + x - 8 = 0$

$\Rightarrow 3x(x - 8) + 1(x - 8) = 0$

$\Rightarrow (x - 8)(3x + 1) = 0$

$\Rightarrow x = +8$ या $-\frac{1}{3}$

II. $3y^2 - 32y - 11 = 0$

$\Rightarrow 3y^2 - 33y + y - 11 = 0$

$\Rightarrow 3y(y - 11) + 1(y - 11) = 0$

$\Rightarrow (y - 11)(3y + 1) = 0$

$\Rightarrow y = 11$ या $-\frac{1}{3}$

इसलिए, जब $x = 8$, $y = 11$ के लिए $x < y$ और $y = \frac{1}{3}$ के लिए $x > y$

और जब $x = -\frac{1}{3}$, $y = 11$ के लिए $x < y$ और $y = -\frac{1}{3}$ के लिए $x = y$

∴ हम देख सकते हैं कि x और y के बीच में कोई स्पष्ट संबंध निर्धारित नहीं हो रहा है।

अतः विकल्प (E) सही है।

71. प्रश्नानुसार,

I. $3x^2 - 14x - 5 = 0$

$\Rightarrow 3x^2 - 15x + x - 5 = 0$

$\Rightarrow 3x(x - 5) + 1(x - 5) = 0$

$\Rightarrow (x - 5)(3x + 1) = 0$

$\Rightarrow x = +5$ या $-\frac{1}{3}$

II. $6y^2 - 46y - 16 = 0$

$\Rightarrow 6y^2 - 48y + 2y - 16 = 0$

$\Rightarrow 6y(y - 8) + 2(y - 8) = 0$

$\Rightarrow (y - 8)(6y + 2) = 0$

$\Rightarrow y = +8$ या $-\frac{1}{3}$

इसलिए, जब $x = 5$, $y = 8$ के लिए $x < y$ और $y = -\frac{1}{3}$ के लिए $x > y$

और जब $x = -\frac{1}{3}$, $y = +8$ के लिए $x < y$ और $y = -\frac{1}{3}$ के लिए $x = y$

∴ अतः हम देख सकते हैं कि x और y के बीच में कोई स्पष्ट संबंध निर्धारित नहीं हो रहा है।

अतः विकल्प (C) सही है।

72. माना पुस्तक का वास्तविक मूल्य 'x' रु. है

प्रथम विक्रेता का विक्रय मूल्य = x का (100 + 10)%

$\Rightarrow$ 110% of x

$\Rightarrow 1.1x$

द्वितीय विक्रेता का विक्रय मूल्य = (100 + 10)% of 1.1x

$\Rightarrow$ 110% of 1.1x

$\Rightarrow 1.1 \times 1.1x$

$\Rightarrow 1.21x$

तृतीय विक्रेता का विक्रय मूल्य = 1.21x का (100 + 10) %

$\Rightarrow$ 110% of 1.21x

$\Rightarrow 1.1 \times 1.21x$

$\Rightarrow 1.331x$

∴ पुस्तक के मूल्य में प्रतिशत वृद्धि = $1.331x - x = 0.331x$ = x का 33.1%

अतः विकल्प (E) सही है।

73. मशीन D की दक्षता = 70% और D की कुल क्षमता = 120 इकाइयाँ

$\Rightarrow$ मशीन D की दक्षता = 120 का 70% = 84 इकाइयाँ

मशीन D का आउटपुट $= 84 \times \left(\frac{85}{2}\right)$ = 3570 इकाइयाँ

मशीन B की दक्षता = 40% और B की कुल क्षमता = 160 इकाइयाँ

$\Rightarrow$ मशीन B की दक्षता = 160 का 40% = 64 इकाइयाँ

मशीन B का आउटपुट $= 64 \times \left(\frac{65}{2}\right)$ = 2080 इकाइयाँ

$\Rightarrow$ अंतर = (3570 – 2080) = 1490 इकाइयाँ

∴ अभीष्ट अंतर 1490 इकाइयाँ है।

अत: विकल्प (E) सही हैं।

74. दिया गया है:

मशीन C की कुल क्षमता = 180 इकाइयाँ

मशीन C की क्षमता = 60%

मशीन C की दक्षता = 180 इकाइयों का 60%

$\Rightarrow$ 108 इकाइयाँ

मशीन C का आउटपुट $= 108 \times \left(\frac{109}{2}\right)$

$\Rightarrow$ 5886 इकाइयाँ

∴ C का अंतिम आउटपुट 5886 इकाइयाँ है।

अत: विकल्प (D) सही हैं।

75. दिया गया है:

यदि दक्षता n है, तो अंतिम आउटपुट $n \times \frac{(n+1)}{2}$ होगा

मशीन	कुल क्षमता	दक्षता%	दक्षता	मशीन आउटपुट

A	150	50%	75	$\left[\frac{(75\times76)}{2}\right]$ = 2850
B	160	40%	64	$\left[\frac{(65\times64)}{2}\right]$ = 2080

मशीन आउटपुट का अंतर = (2850 – 2080) इकाइयाँ = 770 इकाइयाँ

⇒ अंतर का प्रतिशत $=\left(\frac{770}{2080}\right)$ × 100 ≈ 37%

∴ A का आउटपुट B के आउटपुट से 37% अधिक है।

अत: विकल्प (E) सही हैं।

76. दिया गया है:

मशीन D की कुल क्षमता = 120 इकाइयाँ

मशीन D की दक्षता = 70%

मशीन E की कुल क्षमता = 140 इकाइयाँ

मशीन E की दक्षता = 60%

⇒ मशीन D की दक्षता = 70% of 120 इकाई = 84 इकाइयाँ

⇒ मशीन D का आउटपुट $= 84 \times \left(\frac{85}{2}\right)$ = 3570 इकाइयाँ

⇒ मशीन E की दक्षता = 60% of 140 इकाई = 84 इकाइयाँ

⇒ मशीन E का आउटपुट $= 84 \times \left(\frac{85}{2}\right)$ = 3570 इकाइयाँ

⇒ अभीष्ट प्रतिशत $=\left(\frac{3570}{3570}\right)$ × 100%

⇒ 100%

∴ मशीन D का आउटपुट मशीन E के आउटपुट का 100% है।

अत: विकल्प (A) सही हैं।

77. मशीन D का आउटपुट = 70% और D की कुल क्षमता = 120 का 70% = 84 इकाइयाँ

मशीन E का आउटपुट = 60% और E की कुल क्षमता = 140 का 60% = 84 इकाइयाँ

∴ अभीष्ट अनुपात = 1: 1

अत: विकल्प (B) सही हैं।

78. स्मृता के संबंध में-

स्मृता को 10 शर्ट की सिलाई में लगा समय = 25 मिनट

⇒ स्मृता को 1 शर्ट की सिलाई में लगा समय = $\frac{25}{10}$ = 2.5 मिनट

दीप्ति के संबंध में-

स्मृता किसी काम में दीप्ति से तीन गुना दक्ष है,

दीप्ति द्वारा सिली गई 1 शर्ट = स्मृति द्वारा सिली गई 3 शर्ट

दीप्ति को 1 शर्ट की सिलाई में लगा समय ⇒ दीप्ति हेतु समय = 3 × एक शर्ट की सिलाई में स्मृता को लगा समय = 3 × 2.5 = 7.5 मिनट

एक साथ मिलकर सिलाई करने पर,

एक मिनट में उनके द्वारा शर्ट सिलाई की संख्या = $\frac{1}{2.5}+\frac{1}{7.5}$

$= \frac{(7.5 + 2.5)}{(7.5 \times 2.5)} = \frac{10}{18.75}$

एक शर्ट की सिलाई में लगा समय = 1.875

500 शर्ट हेतु,

∴ अतः 500 शर्ट की सिलाई में लगा समय = 500 × 1.875 = 937.5 मिनट

अतः विकल्प (B) सही है।

79. हम उत्तर ज्ञात नहीं कर सकते क्योंकि हमें दूसरे आटे का रु. प्रति किलो ज्ञात नहीं है।

इसलिए हम मिश्रण का अनुपात ज्ञात नहीं कर सकते जिसकी हमें प्रश्न को हल करने में आवश्यकता होगी।

अतः विकल्प (E) सही है।

80. माना डेविड की वर्तमान उम्र D और सैम की S है।

प्रश्नानुसार,

(S - 5) = 2 (D - 5)

⇒ S - 2D = -5 ...(1)

इसी तरह,

2(S + 5) = 3(D + 5)

⇒ 2S - 3D = 5 ...(2)

तो, दोनों समीकरणों को हल करने पर, हमें प्राप्त होता है:

S = 25, D = 15

तो सैम और डेविड की वर्तमान उम्र का योग= 25 + 15 = 40

अतः विकल्प (C) सही है।

81. दिया गया है,

पहले दो पाइपों द्वारा लिया गया समय = अकेले तीसरे पाइप द्वारा लिया गया समय

माना कि पहला पाइप अकेले टैंक को भरने में x घंटे लेता है।

फिर, दूसरे पाइप द्वारा लिया गया समय = $(x-5)$ घंटे

तीसरे पाइप द्वारा लिया गया समय = $(x-9)$ घंटे

प्रश्नानुसार,

पहले दो पाइपों द्वारा लिया गया समय = अकेले तीसरे पाइप द्वारा लिया गया समय

$\frac{1}{x}+\frac{1}{x-5}=\frac{1}{x-9}$

$\Rightarrow \frac{x-5+x}{x(x-5)}=\frac{1}{x-9}$

$\Rightarrow (2x-5)(x-9)=x(x-5)$

$\Rightarrow x^2-18x+45=0$

$\Rightarrow (x-15)(x-3)=0$

हम x को 3 के रूप में नहीं लेंगे क्योंकि यह घंटे का ऋणात्मक मान देगा जो संभव नहीं है।

इसलिए,

$x-15=0$

$\Rightarrow x = 15$

∴ पहले पाइप के लिए आवश्यक समय 15 घंटे है।

अतः विकल्प (C) सही है।

82. दिया गया है कि:

ट्रेन की लंबाई $= 100$ मीटर

व्यक्ति की चाल $= 5$ किमी/घंटा

पार करने में लगा समय $= 9$ सेकंड

हम जानते है,

चाल = दूरी/समय

माना कि ट्रेन की चाल x किमी/घंटा है

∴ सापेक्ष चाल $= (x + 5)$ किमी/घंटा

$D = \frac{1}{10}$ किमी , जहाँ, D= दूरी

$T = \frac{9}{3600}$ घंटे , जहाँ, T=समय

$\Rightarrow (x + 5) = \frac{\frac{1}{10}}{\frac{9}{3600}}$

$\Rightarrow x + 5 = 40$

$\Rightarrow x = 35$ किमी/घंटा

∴ ट्रेन की चाल 35 किमी/घंटा है।

मात्रा B मीटर/सेकंड में है और मात्रा A किमी/घंटा में है।

$\therefore 35 \times \frac{18}{5} = 126$ किमी/घंटा

∴ मात्रा $A <$ मात्रा B

अतः विकल्प (B) सही है।

83. दिया गया है कि:

लाभ $= 25\%$

छूट $= 20\%$

लाभ $= 1800$ रुपये

मात्रा A:

माना कि अंकित मूल्य 100 रुपये है

∴ विक्रय मूल्य $= 100$ का $80\% = 80$ रुपये

विक्रय मूल्य, क्रय मूल्य का 125% है,

∴ क्रय मूल्य $= \frac{80}{125} \times 100 = 64$ रुपये

हम जानते है,

लाभ= विक्रय मूल्य- क्रय मूल्य

$\Rightarrow$ लाभ $= 80 - 64 = 16$ रुपये

इसलिए, अंकित मूल्य 100 रुपये के लिए लाभ 16 रुपये है लाभ के 1800 रुपये होने के लिए,

अंकित मूल्य $= \frac{100}{16} \times 1800 = 25 \times 450$

$\Rightarrow$ अंकित मूल्य $= 11250$ रुपये

∴ अंकित मूल्य 11250 रुपये है

मात्रा B: 10000 रुपये

∴ मात्रा $A >$ मात्रा B

अतः विकल्प (A) सही है।

84. दिया गया है:

प्रारंभिक अनुपात $(A:B) = 3:5$

निकाले गये तरल की मात्रा = 12 लीटर

अंतिम अनुपात $(A:B) = 1:3$

मान लीजिये कि A और B की शुरुआती मात्रा $3x$ और $5x$ है।

A की शेष मात्रा $= 3x - \left(\frac{3}{8}\right) \times 12 = \left(3x - \frac{9}{2}\right)$ लीटर

B की शेष मात्रा $= 5x - \left(\frac{5}{8}\right) \times 12 = \left(5x - \frac{15}{2}\right)$ लीटर

प्रश्नानुसार,

$\frac{3x-\frac{9}{2}}{5x-\frac{15}{2}+12} = \frac{1}{3}$

$\Rightarrow \frac{3x-\frac{9}{2}}{5x+\frac{9}{2}} = \frac{1}{3}$

$\Rightarrow 9x - \frac{27}{2} = 5x + \frac{9}{2}$

$\Rightarrow 4x = \frac{36}{2}$

$\Rightarrow 4x = 18$

$\Rightarrow x = 4.5$

A की प्रारंभिक मात्रा $= 3x = (3 \times 4.5)$

$\Rightarrow$ A की प्रारंभिक मात्रा $= 13.5$ लीटर

∴ मात्रा $A >$ मात्रा B

अतः विकल्प (A) सही है।

85. प्रश्नानुसार,

छात्रों की कुल संख्या = 60

लड़कियों की संख्या = $60 \times \frac{30}{100} = 18$

लड़कियों की संख्या जिन्होंने परीक्षा नहीं दी = $18 \times \frac{50}{100} = 9$

प्रारम्भ में कक्षा का औसत = 17

कुल अंक = $17 \times 60 = 1020$

9 लड़कियों को दिये गए अंक = 9 × 20 = 180

नया मान = 1020 + 180 = 1200

∴ कक्षा का औसत = $\frac{1200}{60}$ = 20

अत: विकल्प (C) सही है।

86. अनुसरण किया गया स्वरुप इस प्रकार है:

4 × 2 = 8

8 + 2 = 10

10 × 3 = 30

30 + 3 = 33

33 × 4 = 132

132 + 4 = 136

136 × 5 = 680

680 + 5 = 685

∴ ? का मान 685 है।

अत: विकल्प (C) सही है।

87. दी गई श्रृंखला है:

40, 82, 249, 1250, ?

पैटर्न है:

40 × 2 + 2 = 82

82 × 3 + 3 = 249

249 × 5 + 5 = 1250

1250 × 7 + 7 = 8757

इसलिए लुप्त संख्या 8757 है।

अतः सही विकल्प (C) है।

88. अनुसरण किया गया स्वरुप इस प्रकार है:

7 × 1 + 1 = 8

8 × 2 – 2 = 14

14 × 3 + 3 = 45

45 × 4 – 4 = 176

176 × 5 + 5 = 885

∴ ? का मान 885 है।

अत: विकल्प (A) सही है।

89. दी गई श्रृंखला है:

33,47,53,61,71 ?

पैटर्न है:

$33 + 2^2 + 10 = 47$

$33 + 3^2 + 11 = 53$

$33 + 4^2 + 12 = 61$

$33 + 5^2 + 13 = 71$

$33 + 6^2 + 14 = 83$

इसलिए लुप्त संख्या 83 है।

अतः सही विकल्प (C) है।

90. अनुसरण किया गया स्वरुप इस प्रकार है:

60.5 → (+11.5) → 72 → (+12.5) → 84.5 → (+13.5) → 98 → (+14.5) → 112.5 → (+15.5) → 128

∴ ? का मान 128 है।

अत: विकल्प (D) सही है।

91. BODMAS नियम का उपयोग करने पर:

$\sqrt{225} + (1500 \text{ of } 55\%) - \{(45)^2 \div 81 \times 4\} + 20 - 16 = ?$

$= 15 + 825 - 25 \times 4 + 20 - 16$

$= 15 + 825 - 100 + 20 - 16$

$= 840 - 100 + 20 - 16$

$= 740 + 4$

$= 744$

अत: विकल्प (A) सही है।

92. BODMAS नियम का उपयोग करने पर:

$(8375 \div 67)^{\frac{1}{3}} + (7.84 \times 25)^{\frac{1}{2}} = (?)^{\frac{1}{2}}$

$\Rightarrow (125)^{\frac{1}{3}} + (7.84 \times 25)^{\frac{1}{2}} = (?)^{\frac{1}{2}}$

$\Rightarrow (125)^{\frac{1}{3}} + (196)^{\frac{1}{2}} = (?)^{\frac{1}{2}}$

$\Rightarrow 5 + 14 = (?)^{\frac{1}{2}}$

$\Rightarrow (?)^{\frac{1}{2}} = 19$

दोनों पक्षों का वर्ग करने पर,

$? = 19^2$

$= 361$

∴ '?' के स्थान पर 361 आएगा।

अत: विकल्प (B) सही है।

93. BODMAS नियम का उपयोग करने पर:

490 का $57\frac{1}{7}\%$ + 729 का $22.22\% - \sqrt{2500} \times \sqrt{25} \div 5^2 = ?$

$\Rightarrow \left(\frac{4}{7}\right) \times 490 + \left(\frac{2}{9}\right) \times 729 - 50 \times 5 \div 25 = ?$

$\Rightarrow 4 \times 70 + 2 \times 81 - 10 = ?$

$\Rightarrow 280 + 162 - 10 = ?$

$\Rightarrow 442 - 10 = ?$

$\Rightarrow ? = 432$

∴ '?' का मान 432 है।

अतः विकल्प (C) सही है।

94. BODMAS नियम का उपयोग करने पर:

$\sqrt{[(6.25)^2 \times 100]} + \frac{7}{2} = ? \times 11$

$\sqrt{[(6.25)^2 \times 100]} + 3.5 = ? \times 11$

$\Rightarrow \sqrt{(6.25 \times 6.25 \times 100)} + 3.5 = ? \times 119$

$\Rightarrow \sqrt{(6.25 \times 6.25 \times 10 \times 10)} + 3.5 = ? \times 11$

$\Rightarrow 62.5 + 3.5 = ? \times 11$

$\Rightarrow 66 = ? \times 11$

$\Rightarrow 6 = ?$

∴ आवश्यक मान 6 है।

अतः विकल्प (A) सही है।

95. दिया गया,

$\sqrt{1024} \times 40 + 20^2 + 0.5\%$ of $9600 + 469 = ?^3$

$\Rightarrow 32 \times 40 + 400 + 9600 \times \frac{0.5}{100} + 469 = ?^3$

$\Rightarrow 32 \times 40 + 400 + 48 + 469 = ?^3$

$\Rightarrow 1280 + 400 + 48 + 469 = ?^3$

$\Rightarrow 1280 + 448 + 469 = ?^3$

$\Rightarrow 2197 = ?^3$

$\Rightarrow ? = \sqrt[3]{2197}$

$\Rightarrow ? = 13$

अतः विकल्प (B) सही है।

96. दिया गया,

$(\sqrt{8} \times \sqrt{8})^{\frac{1}{2}} + 9^{\frac{1}{2}} = ?^3 + \sqrt{8} - 340$

$\Rightarrow \left((\sqrt{8})^2\right)^{\frac{1}{2}} + 9^{\frac{1}{2}} = ?^3 + \sqrt{8} - 340$

$\Rightarrow (8)^{\frac{1}{2}} + 9^{\frac{1}{2}} = ?^3 + \sqrt{8} - 340$

$\Rightarrow (4 \times 2)^{\frac{1}{2}} + 9^{\frac{1}{2}} = ?^3 + \sqrt{(4 \times 2)} - 340$

$\Rightarrow 2\sqrt{2} + 3 = ?^3 + 2\sqrt{2} - 340$

$\Rightarrow 3 = ?^3 + (-340)$

$\Rightarrow ?^3 = 340 + 3$

$\Rightarrow ?^3 = 343$

$\Rightarrow ? = \sqrt[3]{343}$

$\Rightarrow ? = 7$

अतः विकल्प (A) सही है।

97. दिया है:

225 का 6.67% + 1120 का $6.25\% = (?)^3 + 3$

$\Rightarrow \frac{1}{15} \times 225 + \frac{1}{16}$ का $1120 = (?)^3 + 3$

$\Rightarrow 15 + 70 = (?)^3 + 3$

$\Rightarrow 85 = (?)^3 + 3$

$\Rightarrow (?)^3 = 82$

$\Rightarrow ? = (82)^{\frac{1}{3}}$

अतः विकल्प (E) सही है।

98. दिया है:

$(0.1 \times 0.004) + (0.02 \times 0.3) - (0.04 \times 0.03) = ?$

$\Rightarrow 0.0004 + 0.006 - 0.0012 = ?$

$\Rightarrow 0.0064 - 0.0012 = ?$

$\therefore ? = 0.0052$

अतः विकल्प (D) सही है।

99. हम जानते हैं कि $25\% = \frac{1}{4}$ और $14\frac{2}{7}\% = \frac{1}{7}$

$\Rightarrow \frac{1}{4} \times 7428 + 143 = \frac{1}{7} \times ?$

$\Rightarrow ? = 7 \times 2000$

$\Rightarrow ? = 14000$

अतः विकल्प (D) सही है।

100. दिया है,

25 का $16\% \times 88$ + 135 का $20\% - 16 \times (18 - 200$ का $5\%) = ?$

$\Rightarrow \left(\frac{16}{100}\right) \times 25 \times 88 + \left(\frac{20}{100}\right) \times 135 - 16 \times (18 - 10) = ?$

$\Rightarrow 4 \times 88 + 27 - 16 \times 8 = ?$

$\Rightarrow 352 + 27 - 128 = ?$

$\Rightarrow 379 - 128 = ?$

$\Rightarrow 251 = ?$

∴ ? का मूल्य 251 है।

अतः विकल्प (D) सही है।

मॉक टेस्ट 05

English Language

Q.1 Which of the following is MOST OPPOSITE in meaning to the word 'Covert'?

A. Cunning **B.** Violent
C. Sly **D.** Overt
E. Cloistered

Q.2 Which of the following is MOST OPPOSITE in meaning to the word 'PRUDENT'?

A. Hasty **B.** Cautious **C.** Reckless **D.** Rude
E. Pastoral

Ques (3-7):Direction: A passage is given below with five blanks labelled (A)-(E). Below the passage, five options are given for each blank. Choose the word that fits each blank most appropriately in the context of the passage, and mark the corresponding answer.

Almost one-third of the world's population consists of children. Therefore they need to be cared for and _(A)_. Children are an important component of the social _(B)_. Finding a single definition to describe a 'child' is becoming an _(C)_ task. The dictionary defines the word 'child' as a young person, especially _(D)_ infancy and youth.

Biologically, a child is anyone between the stages of infancy and adulthood, or a child is a human being between the stages of birth and puberty. The legal definition of 'child' refers to a minor, or somebody who is yet to become an adult. The only _(E)_ is that the child should be unable to maintain himself. Hence a child, though not a minor, is still a child as long as it is unable to maintain himself.

Q.3 Which of the following words most appropriately fits the blank labelled (A)?

A. Emotional **B.** Protected
C. Democratic **D.** Abused
E. None of these

Q.4 Which of the following words most appropriately fits the blank labelled (B)?

A. Structure **B.** Fullness
C. Statutory **D.** Contrast
E. None of these

Q.5 Which of the following words most appropriately fits the blank labelled (C)?

A. Qualified **B.** Pleasant
C. Uphill **D.** Untoward
E. None of these

Q.6 Which of the following words most appropriately fits the blank labelled (D)?

A. Between **B.** Among
C. Amidst **D.** Along
E. None of these

Q.7 Which of the following words most appropriately fits the blank labelled (E)?

A. Surprise **B.** Policies
C. qualification **D.** adopt
E. None of these

Ques (8-12):Direction: Read the sentence to find outwhether there is any error in it. The error,if any, will be in one part of the sentence.The number corresponding to that part isyour answer. If the given sentence iscorrect as given, mark the answer as "Noerror". Ignore the errors of punctuation,if any.

Q.8 The defence minister thought (1)/that each veteran (2)/ was as respectfulas himself and (3)/ should be given duepreference as well. (4)

A. 1 **B.** 2 **C.** 3 **D.** 4
E. No error

Q.9 Unfortunately, India continues to beone of the backward countries (1)/ withrespect to literacy, despite of the fact (2)/that successive governments have beentrying (3)/ their best to promoteeducation. (4)

A. 1 **B.** 2 **C.** 3 **D.** 4
E. No error

Q.10 The first lady took it upon (1)/ herselfto make sure that the (2)/ governmentrun smoothly while the (3)/ President wasrecuperating from the surgery. (4)

A. 1 **B.** 2 **C.** 3 **D.** 4
E. No error

Q.11 Cases of malignant melanoma arerising (1)/ faster among men thanwomen, but men are (2)/ often worsethan their female counterpart at (3)/protecting themselves from the Sun. (4)

A. 1 **B.** 2 **C.** 3 **D.** 4
E. 5

Q.12 Appropriation of assets have become(1)/ increasingly important due to (2)/the willingness of those in power (3)/ toabuse authority for personal gains. (4)

A. 1 **B.** 2 **C.** 3 **D.** 4
E. No error

Q.13 Choose the correctly spelt word.

A. Monotheeism **B.** Misogynist
C. Morotorium **D.** Momentery
E. None of these

Q.14 Select the wrongly spelt word

A. Cautiously **B.** Consequantly
C. Completely **D.** Concurrently
E. None of the above

Q.15 Select the incorrectly spelt word.

A. Delicious
B. Journy
C. Furious
D. Failure
E. Ruthless

Ques (16-20):Directions: Read the passage given below and answer the questions that follow by choosing the correct/most appropriate options:

Nearly a decade and a half since its inception, the Indian Premier League (IPL) has struck deep roots and acquired nimble feet. General elections in 2009, 2014, and 2019, and the pandemic lasting over two years, have never stymied the league. Irrespective of the external challenges, the tournament's organizers have always conducted the IPL. Even as India remains the base, at varying points South Africa and the United Arab Emirates have chipped in as hosts. Cut to the present, the 15th edition will commence at Mumbai's Wankhede Stadium on Saturday with defending champion, Chennai Super Kings, (CSK) taking on last year's runner-up, Kolkata Knight Riders. And over two months, the IPL will monopolize prime-time television while its caravan will shuttle between Mumbai and Pune due to COVID-19 bio-bubble protocols. Mumbai's Wankhede, Brabourne, DY Patil Stadiums, and Pune's MCA Stadium will conduct the games while the venue for the play-offs, including the final on May 29, will be announced later. Ever since that summer night at Bengaluru's M. Chinnaswamy Stadium in 2008, when the IPL made its debut, its commercial value has found incremental gains. The latest outing has Tata as the title sponsor while multiple brands will jostle for space through the tournament and its 10 teams. Meanwhile, the two new squads — Gujarat Titans and Lucknow Super Giants — will enhance the novelty factor.

The IPL's current version will have a transition as an underlying theme. Most units have had a change of personnel and in some cases, there are new captains too. CSK, until now led by the talismanic M.S. Dhoni, will have a fresh skipper in Ravindra Jadeja. At 40, Dhoni will continue as a player but with him having relinquished the reins of captaincy, an era has ended in the league's history. Having led CSK to four titles, the legend from Ranchi remains the IPL's biggest player. While CSK will look at replicating its triumphs, Mumbai Indians, the most successful franchise with five trophies, will hope to excel in its backyard. Led by Rohit Sharma, who is now India's all-format skipper, the outfit has Kieron Pollard in its ranks, reflective of the championship's international flavor. However, the event isn't just about youngsters grabbing attention, it is also about seniors reiterating their credentials. Virat Kohli is now seeking a fresh wind as a mere player. And this IPL will also help leading players such as Kane Williamson to finesse their craft ahead of the ICC T20 World Cup in Australia, later this year.

Q.16 According to the passage, who is the title sponsor for the IPL 2022?

A. VIVO
B. BYJU'S
C. HERO
D. TATA
E. None of these

Q.17 Choose the antonym of the word '**Inception**'.

A. Commencement
B. Cessation
C. Genesis
D. Outset
E. None of these

Q.18 Which of the following is/are incorrect according to the given passage?

A. Gujarat and Lucknow are the two new IPL teams.

B. Chennai Super Kings has won the maximum titles of IPL.

C. The 2022 ICC Men's T20 World Cup is in Australia.

A. Only A
B. Both A and B
C. Only B
D. Both B and C
E. None of these

Q.19 What is the central theme of the passage?

A. IPL – The money-making machine
B. IPL – Growing Ignorance of COVID-19
C. IPL's Dark Side – A Rise in Suicide Cases due to betting
D. IPL – Underworld connection
E. None of these

Q.20 Choose the synonym of the word 'Nimble'.

A. Clumsy
B. Lumbering
C. Stiff
D. Agile
E. None of these

Ques (21-25):Direction: Rearrange the following six sentences/ group of sentences (A), (B), (C), (D), (E) and (F) in the proper sequence to form a meaningful paragraph; then answer the questions given below them.

A. His story is truly inspirational and has a strong moral for kids and adults alike.

B. Despite the rejection by Guru Dronacharya, Eklavya mastered the skill of archery on his own.

C. He aspired to learn archery and become one of the finest archers in the world.

D. One of the popular Indian mythological stories is that of Eklavya.

E. His act of offering his thumb to his Guru as Dakshina labeled him as an ideal disciple.

F. He practised tirelessly in front of a statue of his teacher.

Q.21 Which is the FIRST sentence of the paragraph?

A. A **B.** B **C.** D **D.** F
E. E

Q.22 Which is the SECOND sentence of the paragraph?

A. D **B.** E **C.** F **D.** B
E. A

Q.23 Which is the THIRD sentence of the paragraph?

A. E **B.** F **C.** B **D.** C
E. A

Q.24 Which is the FOURTH sentence of the paragraph?

A. A **B.** B **C.** F **D.** D
E. E

Q.25 Which is the FIFTH sentence of the paragraph?

A. F **B.** D **C.** A **D.** B
E. C

Ques (26-30):Directions: In each of the following questions a sentence is given with some part of it marked in bold. You have to identify the option that would replace the bold part and make the sentence contextually and grammatically correct. If no correction is required, then mark option 'E' as your answer.

Q.26 The new government needs to **call off** the good work so that the popular sentiment remains positive.

A. Cancel
B. Continue
C. Require
D. Accomplish
E. No correction required

Q.27 There is an argument that it is health that Mr. Modi does not bargain with caste, linguistic and region-oriented interests groups.

A. There is an argument that is healthy
B. There is an argumentative that it is healthy
C. There is an argument that health
D. There is an argument that it is healthy
E. No correction required

Q.28 Karim's father **does not like him hanging around** with rowdy boys who cause trouble.

A. does not like his hanging around
B. does not like him hang around
C. does not like his hang around
D. does not like he hanging around
E. No correction required

Q.29 The Japanese army **fell out only after the** devastating attack on Nagasaki.

A. fall out only after the
B. fell back only after the
C. fell in only after the
D. fell upon only after the
E. No correction required

Q.30 The minister didn't **respond to an email requesting** an interview, and a call to her office wasn't answered.

A. respond to an email request
B. respond to a email requesting
C. respond with an email requesting
D. responded to an email requesting
E. No correction required

Reasoning Ability

Q.31 निर्देश: निम्नलिखित प्रश्न में दिए गए कथनों को सत्य मानते हुए, ज्ञात कीजिए कि दिए गए निष्कर्षों में से कौन-सा/से निष्कर्ष निश्चित रूप से सत्य है/हैं और उसके अनुसार अपना उत्तर दीजिए।

कथन: A > B > C = D; D ≤ E ≤ F ≥ G ≥ H; I ≥ H

निष्कर्ष:

I. C > G

II. F > I

A. कोई सत्य नहीं है
B. I और II दोनों सत्य हैं
C. केवल II सत्य है
D. केवल I सत्य है
E. या तो I या तो II सत्य है

Ques (32-35):निर्देश: निम्नलिखित प्रश्नों में दिए गए कथनों को सत्य मानते है, दिए गए निष्कर्षों में से कौन सा निष्कर्ष निश्चित रूप से सत्य है और फिर उसी के अनुसार अपना उत्तर दीजिए।

Q.32 कथन:

A > B > C = P, R < B > Q, P ≥ S = T

निष्कर्ष:

I. A > R

II. C = T

III. B > S

A. सभी अनुसरण करते हैं
B. केवल I अनुसरण करता है
C. केवल II अनुसरण करता है
D. केवल I और III अनुसरण करता है
E. कोई भी अनुसरण नहीं करता है

Q.33 कथन:

N ≥ T > J ≤ R, J ≥ P ≥ M

निष्कर्ष:

I. M < R

II. N = P

III. R = M

A. केवल III सत्य है
B. केवल या तो I या III सत्य है
C. केवल II सत्य है
D. केवल I सत्य है
E. कोई भी सत्य नहीं है

Q.34 कथन:

B ≥ Q, O = M, E ≤ O, Q ≤ E

निष्कर्ष:

I. O ≥ Q

II. O < B

III. B < E

A. न तो I निष्कर्ष और न ही II सत्य है
B. न तो निष्कर्ष I और न ही III सत्य है
C. केवल III सत्य है
D. केवल I सत्य है
E. केवल II सत्य है

Q.35 कथन: K ≤ L ≤ M = N, P ≥ O ≥ N

निष्कर्ष:

I. K < O

II. K = N

III. K ≤ M

A. कोई सत्य नहीं है
B. केवल I सत्य है
C. केवल I और II सत्य हैं
D. केवल II और III सत्य हैं
E. केवल III सत्य हैं

Q.36 'TERMINATION' शब्द के प्रत्येक व्यंजन को अंग्रेजी वर्णमाला क्रमानुसार उसके पिछले अक्षर से बदल दिया जाता है और प्रत्येक स्वर को

अंग्रेजी वर्णमाला क्रमानुसार उसके आगामी अक्षर से बदल दिया जाता है। यदि इस प्रकार बने नए शब्द को अंग्रेजी वर्णमाला क्रमानुसार (बाएं से दाएं) व्यवस्थित किया जाये तो निम्नलिखित में से कौन दायी ओर से छठवां अक्षर होगा?

A. M **B.** S
C. P **D.** L
E. इनमे से कोई नहीं

Q.37 यदि 'FAVOURITE' शब्द में सभी व्यंजनों को बाईं ओर विपरीत अंग्रेजी वर्णमाला क्रम में और उसके बाद व्यंजनों के दायी ओर सारे स्वरों को अंग्रेजी वर्णमाला क्रम में व्यवस्थित किया जाता है, फिर दाएं छोर से तीसरे अक्षर और बाएं छोर से चौथे अक्षर के बीच वर्णमाला श्रृंखला में कितने अक्षर होते हैं?

A. 2 **B.** 5 **C.** 6 **D.** 8
E. 9

Q.38 पांच छात्रों A, K, L, M और T की ऊंचाई की तुलना की जाती है। K की लम्बाई केवल दो विद्यार्थियों से अधिक है। M की ऊँचाई T से अधिक है और T की ऊँचाई K से अधिक है। कितने विद्यार्थी T से छोटे हैं?

A. 3 **B.** 4 **C.** 5 **D.** 1
E. 2

Q.39 35 बच्चों की एक कतार में M दायीं ओर से 15 वां है और M और R के बीच 10 बच्चे हैं। कतार में बायीं ओर से R का स्थान कौन सा है?

A. 15वां
B. 5वां
C. 30वां
D. 20वां
E. ज्ञात नही किया जा सकता है

Ques (40-42):निर्देश: निम्नलिखित जानकारी का अध्ययन करें तथा नीचे दिए गए प्रश्नों के उत्तर दें।

एक परिवार में, अजय, काव्या, विवेक, ओमकार, श्रुति और काजल छह सदस्य हैं। अजय और काव्या एक विवाहित जोड़े हैं, अजय एक पुरुष सदस्य हैं। ओमकार, विवेक का एकमात्र बेटा है, जो अजय का भाई है। श्रुति, ओमकार की बहन है। काव्या, काजल की बहू है, जिसका पति मर चुका है।

Q.40 काजल, काव्या के साथ कैसे संबंधित है?

A. माँ **B.** सास **C.** भाभी **D.** बहन
E. आंटी

Q.41 परिवार में कितनी महिला सदस्य हैं?

[IBPS RRB Scale I, 2020]

A. एक
B. दो
C. तीन
D. चार
E. निर्धारित नहीं किया जा सकता

Q.42 काजल, श्रुति से कैसे संबंधित है?

A. नानी
B. दादी
C. आंटी
D. सास
E. निर्धारित नहीं किया जा सकता

Ques (43-47):निर्देश: निम्नलिखित जानकारी का ध्यानपूर्वक अध्ययन कीजिये और नीचे दिए गए प्रश्नों के उत्तर दीजिये।

सात छात्र - गंगा, अर्नव, स्वाति, अनूप, समिता, प्रकाश, पारुल एक गोलाकार मेज़ के परिगत केंद्र के सम्मुख होकर बैठे हैं। अनूप, अर्नव के बाएं दूसरे स्थान पर बैठा है। समिता और गंगा के बीच केवल दो छात्र बैठेंगे। स्वाति और समिता के बगल में पारुल नहीं बैठी है। अर्नव, पारुल के बाएं से दूसरे स्थान पर बैठा है। अनूप और स्वाति की पड़ोसी गंगा नहीं है।

Q.43 पारुल के निकटतम दायें कौन बैठा है?

A. गंगा **B.** अर्नव
C. प्रकाश **D.** कोई नहीं
E. इनमें से कोई नहीं

Q.44 यदि बाएं छोर पर अर्नव से शुरू करते हुए उन्हें रैखिक व्यवस्था में बैठाया जाता है उसके बाद गंगा, तब दायें छोर से तीसरे स्थान पर कौन बैठा होगा?

A. पारुल **B.** स्वाति **C.** समिता **D.** गंगा
E. प्रकाश

Q.45 स्वाति और समिता के बीच कौन बैठा है?

A. पारुल **B.** अनूप **C.** अर्नव **D.** कोई नहीं
E. प्रकाश

Q.46 अनूप के निकटतम दायें बैठे व्यक्ति के बाएं से दूसरे स्थान पर कौन बैठा है?

A. समिता **B.** स्वाति
C. पारुल **D.** प्रकाश
E. इनमें से कोई नहीं

Q.47 पारुल से दक्षिणावर्त दिशा में गिनने पर प्रकाश और पारुल के बीच में कितने व्यक्ति बैठे हैं?

A. एक **B.** चार **C.** तीन **D.** पांच
E. कोई नहीं

Ques (48-51):निर्देश: नीचे दिए गये प्रश्न में दो कथन और दो निष्कर्ष I और II दिए गये हैं। आपको दिए गये कथनों को सत्य मानना है भले ही वे ज्ञात तथ्यों से अलग प्रतीत होते हों। निर्णय कीजिये कि कौनसा निष्कर्ष कथनों का अनुसरण करता है।

Q.48 कथन:

कोई कम्प्यूटर टेबलेट नहीं है।

केवल कुछ बैंड कम्प्यूटर हैं।

निष्कर्ष:

I: कुछ बैंड टेबलेट हैं।

II: सभी बैंड कम्प्यूटर हैं।

A. केवल निष्कर्ष I अनुसरण करता है
B. केवल निष्कर्ष II अनुसरण करता है
C. या तो निष्कर्ष I या II अनुसरण करता है
D. न तो निष्कर्ष I और न ही II अनुसरण करता है
E. दोनों निष्कर्ष I और II अनुसरण करते हैं

Q.49 कथन:

सभी पिंजरे बार हैं।

केवल कुछ बाड़ बार हैं।

निष्कर्ष:

I: सभी पिंजरे बाड़ हैं।

II: कुछ बाड़ पिंजरे हैं।

A. केवल निष्कर्ष I अनुसरण करता है
B. केवल निष्कर्ष II अनुसरण करता है
C. या तो निष्कर्ष I या II अनुसरण करता है
D. न तो निष्कर्ष I और न ही II अनुसरण करता है

E. दोनों निष्कर्ष I और II अनुसरण करते हैं

Q.50 कथन:
केवल कुछ इमारत चौक हैं।
कोई चौक टॉफ़ी नहीं है।
निष्कर्ष:
I: कुछ इमारत टॉफ़ी हैं।
II: सभी इमारतों के चौक होने की सम्भावना है
A. केवल निष्कर्ष I अनुसरण करता है
B. केवल निष्कर्ष II अनुसरण करता है
C. या तो निष्कर्ष I या II अनुसरण करता है
D. न तो निष्कर्ष I और न ही II अनुसरण करता है
E. दोनों निष्कर्ष I और II अनुसरण करते हैं

Q.51 कथन:
केवल कुछ ही सहयोगी स्मार्ट हैं।
सभी पिता स्मार्ट हैं।
निष्कर्ष:
I: कुछ सहयोगी पिता हैं।
II: कुछ स्मार्ट सहयोगी हैं।
A. केवल निष्कर्ष I अनुसरण करता है
B. केवल निष्कर्ष II अनुसरण करता है
C. या तो निष्कर्ष I या II अनुसरण करता है
D. न तो निष्कर्ष I और न ही II अनुसरण करता है
E. दोनों निष्कर्ष I और II अनुसरण करते हैं

Q.52 निर्देश: नीचे दिए गए प्रश्न में तीन कथन दिए गए हैं जिनके बाद (i) और (ii) संख्यांकित दो निष्कर्ष दिए गए हैं। आपको दिए गए कथनों को सत्य मानना है, भले ही वे सामान्यतः ज्ञात तथ्यों के साथ विचरण करते हों। सभी निष्कर्षों को पढ़िए और फिर निर्णय लीजिये कि दिए गए कथनों में से कौन सा निष्कर्ष सामान्यतः ज्ञात तथ्यों की अवहेलना करते हुए दिए गए कथनों का तार्किक रूप से अनुसरण करता है।
कथन:
केवल A, B हैं।
केवल C, D हैं।
कुछ A, C हैं।
निष्कर्ष:
(i) कुछ B, C हो सकते हैं।
(ii) कुछ D, A हैं।
A. केवल (i) अनुसरण करता है
B. केवल (ii) अनुसरण करता है
C. या (i) या (ii) अनुसरण करता है
D. दोनों (i) और (ii) अनुसरण करते हैं
E. कोई भी अनुसरण नहीं करता है

Q.53 एक कूट भाषा में, 'BLANCH' को 'YIXKZE' लिखा जाता है। तब इस कूट भाषा में 'DEFAME' को किस प्रकार लिखा जायेगा?
[SSC MTS, 2019]

A. CDEJKL **B.** ABCXJB
C. BCDXJC **D.** ABDXIB
E. इनमें से कोई नहीं

Q.54 एक कूट भाषा में, 'FRAUD' को 'KWFZI' लिखा जाता है। तब इस कूट भाषा में 'GLAIR' को किस प्रकार लिखा जायेगा?
[SSC MTS, 2019]

A. KRHOX **B.** LQFNW
C. KQGMX **D.** LRHMX
E. इनमें से कोई नहीं

Q.55 यदि MOTHER के लिए कूट JRQKBU है तो PRINCIPAL के लिए कूट क्या है?
A. MRFKZLMXI **B.** SULQFLSDO
C. MUFQZLMDI **D.** MRFKZFMXI
E. इनमें से कोई नहीं

Ques (56-60):निर्देश: निम्नलिखित जानकारी का ध्यानपूर्वक अध्ययन कीजिये और नीचे दिए गए प्रश्नों के उत्तर दीजिये।

एक निश्चित संख्या में व्यक्ति उत्तर दिशा के सम्मुख एक पंक्ति में बैठे हैं। अंकित पंक्ति के दाएं छोर से दूसरे स्थान पर बैठा है। अंकित और अभि के बीच पांच व्यक्ति बैठे हैं। पीहू, अभि के निकटतम दाएं बैठी है। श्वेता, पीहू के दाएं तीसरे स्थान पर बैठी है। श्वेता के बाएं सात व्यक्ति बैठे हैं। नेहा किसी एक अंतिम छोर पर बैठी है लेकिन अंकित के निकटतम दाएं नहीं बैठी है। शिखा, नेहा के दाएं आठवें स्थान पर और अंकित के निकटतम बाएं बैठी है। अनु, शिखा के दाएं दूसरे स्थान पर बैठा है। अनु और रिया के बीच चार व्यक्ति बैठे हैं।

Q.56 पंक्ति के दाएं छोर से श्वेता का स्थान क्या है?
A. दूसरा **B.** तीसरा **C.** चौथा **D.** पांचवां
E. छठवां

Q.57 रिया के निकटतम बाएं कौन बैठा है?
A. अनु **B.** अभि **C.** अंकित **D.** पीहू
E. नेहा

Q.58 पीहू और शिखा के बीच कितने व्यक्ति बैठे हैं?
A. एक **B.** दो **C.** तीन **D.** चार
E. पाँच

Q.59 पीहू और शिखा के बीच कितने व्यक्ति बैठे हैं?
A. 8 **B.** 9 **C.** 10 **D.** 11
E. 12

Q.60 पंक्ति के अंतिम बाएं छोर पर कौन बैठा है?
A. अंकित **B.** अभि **C.** पीहू **D.** रिया
E. नेहा

Ques (61-65):निर्देश: दिए गए प्रश्न का उत्तर देने के लिए निम्नलिखित जानकारी का ध्यानपूर्वक अध्ययन करें:

H 8 & 5 T O 9 # V 6 P $ 7 W F * 1 N L 4 ? 3 / C Q U ! A 2 > J

Q.61 दी गई श्रृंखला में ऐसे कितने प्रतीक हैं जिनके ठीक पहले एक संख्या है लेकिन ठीक बाद एक अक्षर नहीं है?
A. कोई नहीं **B.** 1
C. 2 **D.** 3
E. 3 से अधिक

Q.62 यदि श्रृंखला से सभी सम संख्याओं को छोड़ दिया जाता है, तो दायें छोर से दूसरे स्वर और $ के बीच आने वाली संख्याओं का गुणनफल ज्ञात कीजिए।
A. 63 **B.** 21
C. 48 **D.** 84
E. इनमें से कोई नहीं

Q.63 यदि श्रृंखला से सभी प्रतीकों को छोड़ दिया जाता है, तो निम्न में से कौन सा तत्व श्रृंखला की सबसे बड़ी संख्या के दायें से पांचवें स्थान पर होगा?
A. W **B.** F **C.** 1 **D.** 7
E. N

Q.64 निम्नलिखित पांच में से चार एक निश्चित तरीके से समान हैं और इस प्रकार एक समूह बनाते हैं। निम्नलिखित में से कौन समूह से संबंधित नहीं है?

A. OV5 **B.** C!3 **C.** FN7 **D.** 4/L
E. 96T

Q.65 ऐसी कितनी विषम संख्याएँ हैं जिनके ठीक बाद एक प्रतीक है लेकिन ठीक पहले एक अक्षर नहीं है?

A. कोई नहीं **B.** 1
C. 2 **D.** 3
E. 3 से अधिक

Quantitative Aptitude

Ques (66-70):निर्देश: निम्नलिखित बार ग्राफ में विभिन्न कंपनियों द्वारा उत्पादित और बेची जाने वाली इकाइयों की संख्या दर्शायी गई है।

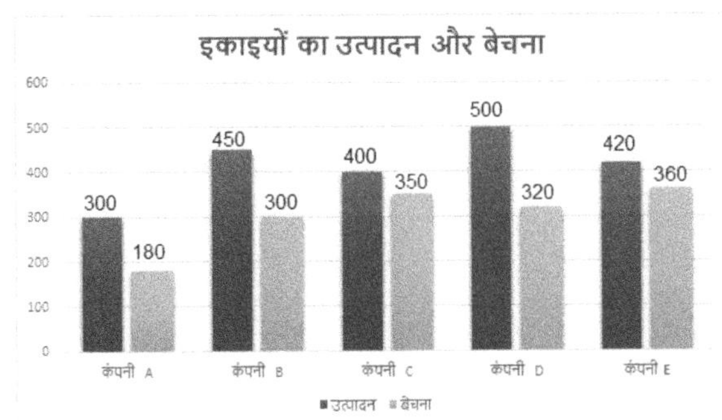

Q.66 कंपनी E और कंपनी D की एक साथ न बिकने वाली इकाइयाँ और कंपनी A और B की एक साथ बिकने वाली इकाइयों के बीच अनुपात क्या है?

A. 1:2 **B.** 2:1 **C.** 3:2 **D.** 4:3
E. 5:7

Q.67 कंपनी C द्वारा उत्पादित इकाइयाँ, B द्वारा बेची गई इकाइयों की तुलना में कितने प्रतिशत अधिक/कम है?

A. 25% **B.** 20% **C.** 30% **D.** 33.33%
E. 37.5%

Q.68 सभी कंपनियों की इकाई जो बिकी नहीं हैं, उनका औसत क्या है?

A. 118 **B.** 120 **C.** 112 **D.** 150
E. 130

Q.69 यदि कंपनी F कंपनी A द्वारा उत्पादित इकाइयों से 10% अधिक इकाई का उत्पादन करती है और कंपनी C द्वारा बेची गई इकाइयों से 20% कम इकाइयाँ बेचती है तो कंपनी F की कितनी इकाई न बिकने वाली है?

A. 60 **B.** 50 **C.** 70 **D.** 90
E. 80

Q.70 सभी कंपनियों द्वारा कुल उत्पादित और बेची गई इकाइयों के बीच अंतर क्या है?

A. 500 **B.** 560 **C.** 550 **D.** 600
E. 650

Ques (71-74):निर्देश: नीचे दिए गए प्रत्येक प्रश्न में एक प्रश्न और दो कथन I और II दिए गए हैं। आपको यह तय करना होगा कि कथन में दी गई जानकारी प्रश्न का उत्तर देने के लिए पर्याप्त हैं या नहीं। दोनों कथनों को पढ़ें और उत्तर दें।

Q.71 यदि ब्याज की दर सालाना चक्रवृद्धि है, तो दो वर्ष के अंत में रीना को कितनी राशि मिलेगी?

कथन I: रोहन प्रति वर्ष 10% की दर से साधारण ब्याज के बराबर धनराशि का निवेश करता है और 3 वर्षों के अंत में कुल 1560 रु की राशि प्राप्त करता है।

कथन II: 2 वर्ष के अंत में समान ब्याज दर पर समान ब्याज पर साधारण ब्याज और चक्रवृद्धि ब्याज के बीच का अंतर 12 रुपये है।

A. कथन I में दी गई जानकारी प्रश्न का उत्तर देने के लिए पर्याप्त है, जबकि कथन II में दी गई जानकारी प्रश्न का उत्तर देने के लिए पर्याप्त नहीं है।
B. अकेले कथन II में दी गई जानकारी प्रश्न का उत्तर देने के लिए पर्याप्त है, जबकि कथन I में दी गई जानकारी प्रश्न का उत्तर देने के लिए पर्याप्त नहीं है।
C. प्रश्न का उत्तर देने के लिए या तो कथन I या कथन II पर्याप्त है।
D. I और II दोनों कथनों में दी गई जानकारी प्रश्न का उत्तर देने के लिए पर्याप्त नहीं है।
E. प्रश्न का उत्तर देने के लिए I और II दोनों कथनों में दी गई जानकारी आवश्यक है।

Q.72 532 किमी की दूरी तय करने में ट्रेन P को कितना समय लगेगा?

कथन I: ट्रेन P और ट्रेन Q के दौड़ने की चाल का अनुपात क्रमशः 4: 5 है।

कथन II: ट्रेन P और ट्रेन Q की औसत चाल $\frac{400}{9}$ किमी प्रति घंटा है।

A. कथन I में दी गई जानकारी प्रश्न का उत्तर देने के लिए पर्याप्त है, जबकि कथन II में दी गई जानकारी प्रश्न का उत्तर देने के लिए पर्याप्त नहीं है।
B. कथन II में दी गई जानकारी प्रश्न का उत्तर देने के लिए पर्याप्त है, जबकि कथन I में दी गई जानकारी प्रश्न का उत्तर देने के लिए पर्याप्त नहीं है।
C. प्रश्न का उत्तर देने के लिए या तो कथन I या कथन II पर्याप्त है।
D. I और II दोनों कथनों में दी गई जानकारी प्रश्न का उत्तर देने के लिए पर्याप्त नहीं है।
E. प्रश्न का उत्तर देने के लिए I और II दोनों कथनों में दी गई जानकारी आवश्यक है।

Q.73 वर्ष 2018 में एक शहर की जनसंख्या 219615 थी तो शहर की जनसंख्या ठीक 4 साल पहले क्या होगी?

कथन I: वर्ष 2018 में शहर की जनसंख्या वर्ष 2014 के ठीक 1.4641 गुणा है।

कथन II: शहर की जनसंख्या में हर साल 10% की वृद्धि हुई।

A. कथन I में दी गई जानकारी प्रश्न का उत्तर देने के लिए पर्याप्त है, जबकि कथन II में दी गई जानकारी प्रश्न का उत्तर देने के लिए पर्याप्त नहीं है।
B. कथन II में दी गई जानकारी प्रश्न का उत्तर देने के लिए पर्याप्त है, जबकि कथन I में दी गई जानकारी प्रश्न का उत्तर देने के लिए पर्याप्त नहीं है।
C. प्रश्न का उत्तर देने के लिए या तो कथन I या कथन II पर्याप्त है।
D. I और II दोनों कथनों में दी गई जानकारी प्रश्न का उत्तर देने के लिए पर्याप्त नहीं है।
E. प्रश्न का उत्तर देने के लिए I और II दोनों कथनों में दी गई जानकारी आवश्यक है।

Q.74 त्रिभुज abc में, ab, bc और ca में से कौन सी भुजा सबसे लम्बी है?

कथन I: कोण a से कोण b का अनुपात 3: 2 है जो कोण b से कोण c के अनुपात के समान है।

कथन II: त्रिकोण की परिधि 144 सेमी है।

A. कथन I में दी गई जानकारी प्रश्न का उत्तर देने के लिए पर्याप्त है, जबकि कथन II में दी गई जानकारी प्रश्न का उत्तर देने के लिए पर्याप्त नहीं है।
B. कथन II में दी गई जानकारी प्रश्न का उत्तर देने के लिए पर्याप्त है, जबकि कथन I में दी गई जानकारी प्रश्न का उत्तर देने के लिए पर्याप्त नहीं है।

C. प्रश्न का उत्तर देने के लिए या तो कथन I या कथन II पर्याप्त है।

D. I और II दोनों कथनों में दी गई जानकारी प्रश्न का उत्तर देने के लिए पर्याप्त नहीं है।

E. प्रश्न का उत्तर देने के लिए I और II दोनों कथनों में दी गई जानकारी आवश्यक है।

Q.75 निर्देश: नीचे दिए गए प्रत्येक प्रश्न में एक प्रश्न और तीन कथन I, II और III दिए गए हैं। आपको यह तय करना होगा कि कथन में दी गई जानकारी प्रश्न का उत्तर देने के लिए पर्याप्त हैं या नहीं। सभी कथन पढ़ें और उत्तर दें:

बिंदु Y से ट्रेन किस समय बिंदु X पर पहुंचेगी?

I. विपरीत दिशा में चलने वाली दो ट्रेनें जिनकी लम्बाई समान है (250 मीटर) एक दूसरे को 25 सेकंड में काटती हैं।

II. 250 मीटर की ट्रेन 10 सेकंड में एक सिग्नल पोल को पार करती है।

III. बिंदु X और बिंदु Y के बीच की दूरी 360 किमी है।

A. कथन I में दी गई जानकारी प्रश्न का उत्तर देने के लिए पर्याप्त है, जबकि कथन II और III में दी गई जानकारी प्रश्न का उत्तर देने के लिए पर्याप्त नहीं है।

B. कथन II और III में दी गई जानकारी प्रश्न का उत्तर देने के लिए पर्याप्त है, जबकि कथन I में दी गई जानकारी प्रश्न का उत्तर देने के लिए पर्याप्त नहीं है।

C. तीन में से किसी भी दो कथन में दी गई जानकारी प्रश्न का उत्तर देने के लिए पर्याप्त है।

D. I, II और III सभी कथनों में दी गई जानकारी प्रश्न का उत्तर देने के लिए पर्याप्त नहीं है।

E. प्रश्न का उत्तर देने के लिए I, II और III के सभी कथनों में दी गई जानकारी आवश्यक है।

Q.76 निम्नलिखित प्रश्न में प्रश्न चिह्न '?' के स्थान पर क्या मान आना चाहिए?

$45^2 - 100 - 25^2 = ?$

[Bank of India Clerk, 2019], [UCO Bank Clerk, 2019], [Bank of Maharashtra Clerk, 2019]

A. 1200 **B.** 1100 **C.** 1300 **D.** 1700
E. 1500

Q.77 निम्नलिखित प्रश्न में प्रश्न चिह्न (?) के स्थान पर क्या आएगा?

$$\sqrt[3]{1728} + \sqrt[3]{1331} + \sqrt{?} + 12 = 49$$

[Bank of India Clerk, 2019], [Bank of Maharashtra Clerk, 2019], [Union Bank of India Clerk, 2019]

A. 256 **B.** 225 **C.** 196 **D.** 169
E. 324

Q.78 निम्नलिखित प्रश्न में प्रश्न चिह्न '?' के स्थान पर क्या मान आना चाहिए?

$120 \div x = 14 \times 6 - 4^3$

[Bank of India Clerk, 2019], [Bank of Maharashtra Clerk, 2019], [Union Bank of India Clerk, 2019]

A. 4 **B.** 6 **C.** 12 **D.** 8
E. 10

Q.79 निम्नलिखित प्रश्न में प्रश्न चिह्न '?' के स्थान पर क्या मान आना चाहिए?

$$\sqrt{81 + ? + 95} = 16$$

[Bank of India Clerk, 2019], [UCO Bank Clerk, 2019], [Bank of Maharashtra Clerk, 2019]

A. 90 **B.** 70 **C.** 60 **D.** 80
E. 110

Q.80 निम्नलिखित प्रश्न में प्रश्न चिह्न (?) के स्थान पर क्या आएगा?

$\sqrt{1024} \times 11 + 8 \times ? = 32 \times 16$

[Bank of India Clerk, 2019], [Bank of Maharashtra Clerk, 2019], [Union Bank of India Clerk, 2019]

A. -30 **B.** 24 **C.** -16 **D.** 20
E. -32

Q.81 निम्नलिखित प्रश्न में प्रश्न चिह्न (?) के स्थान पर क्या आएगा?

$12^2 + 16^2 - ?^2 = 10^2 \times 3$

[Bank of India Clerk, 2019], [UCO Bank Clerk, 2019], [Bank of Maharashtra Clerk, 2019]

A. 15 **B.** 20 **C.** 10 **D.** 12
E. 8

Ques (82-83): निम्नलिखित समीकरण में प्रश्नवाचक चिह्न '?' के स्थान पर क्या आएगा?

Q.82 185% का $500 - 46\%$ का $1650 = 4 \times ?$

A. 42.5 **B.** 35.5
C. 53.5 **D.** 41.5
E. इनमें से कोई नहीं

Q.83 $2\frac{5}{13}\%$ का $5200 + 1\frac{1}{17}\%$ का $5100 = ?$

A. 17800 **B.** 1780
C. 178 **D.** 17.8
E. इनमें से कोई नहीं

Q.84 एक दुकानदार 12 पेन को उस कीमत पर बेचता है जिस पर उसने 14 पेन खरीदीं। यदि उसे प्राप्त लाभ पर 10% कर का भुगतान करना है, तो कुल लेन देन पर उसका शुद्ध लाभ कितना है?

A. 15.33%
B. 16%
C. 16.67%
D. 15%
E. निर्धारित नहीं किया जा सकता

Q.85 एक चुनाव में, 80% व्यक्तियों ने वोट डाले और वोट डालने वाले 45% मतदाता नियोजित हैं और नियोजित मतदाताओं के 66.67% इंजीनियर हैं। कुल मतदाताओं में गैर-इंजीनियरों का प्रतिशत ज्ञात कीजिये?

A. 12% **B.** 24% **C.** 50% **D.** 76%
E. 48%

Q.86 निर्देश: दिए गए प्रश्न में, I और II से अंकित दो समीकरण दिए गए हैं। आपको दोनों समीकरणों को हल करना है और सही उत्तर चिह्नित करना है-

I. $x^2 - 13x + 30 = 0$

II. $y^2 + 5y + 4 = 0$

A. x > y
B. x < y
C. x ≥ y
D. x ≤ y
E. x = y या x और y के बीच सम्बन्ध स्थापित नहीं किया जा सकता है

Q.87 निर्देश: दिए गए प्रश्न में, I और II से अंकित दो समीकरण दिए गए हैं। आपको दोनों समीकरणों को हल करना है और सही उत्तर चिह्नित करना है-

I. $x^2 + 17x + 72 = 0$

II. $y^2 + 11y + 30 = 0$

A. x > y
B. x < y
C. x ≥ y

D. x ≤ y
E. x = y या x और y के बीच सम्बन्ध स्थापित नहीं किया जा सकता है

Q.88 निर्देश: दिए गए प्रश्न में, I और II से अंकित दो समीकरण दिए गए हैं। आपको दोनों समीकरणों को हल करना है और सही उत्तर चिह्नित करना है-

I. $2x^2 - 39x + 189 = 0$

II. $y^2 - 16y + 63 = 0$

A. x > y
B. x < y
C. x ≥ y
D. x ≤ y
E. x = y या x और y के बीच सम्बन्ध स्थापित नहीं किया जा सकता है

Q.89 निर्देश: दिए गए प्रश्न में, I और II से अंकित दो समीकरण दिए गए हैं। आपको दोनों समीकरणों को हल करना है और सही उत्तर चिह्नित करना है-

I. $x^2 - 27x + 180 = 0$

II. $y^2 - 31y + 240 = 0$

A. x > y
B. x < y
C. x ≥ y
D. x ≤ y
E. x = y या x और y के बीच सम्बन्ध स्थापित नहीं किया जा सकता है

Q.90 निर्देश: दिए गए प्रश्न में, I और II से अंकित दो समीकरण दिए गए हैं। आपको दोनों समीकरणों को हल करना है और सही उत्तर चिह्नित करना है-

I. $5x^2 + 29x - 42 = 0$

II. $20y^2 - 9y - 18 = 0$

A. x > y
B. x < y
C. x ≥ y
D. x ≤ y
E. x = y या x और y के बीच सम्बन्ध स्थापित नहीं किया जा सकता है

Q.91 निम्नलिखित श्रृंखला में प्रश्न चिन्ह '?' के स्थान पर क्या आएगा?
68, 71, 65, 74, 62, ?
A. 72 **B.** 82 **C.** 79 **D.** 83
E. 77

Q.92 निम्नलिखित श्रृंखला में प्रश्न चिन्ह '?' के स्थान पर क्या आएगा?
63, 80, 99, ?, 143, 168
A. 121 **B.** 122 **C.** 124 **D.** 126
E. 120

Q.93 निम्नलिखित श्रृंखला में प्रश्न चिन्ह '?' के स्थान पर क्या आएगा?
12, 15, 24, 39, 60, ?
A. 77 **B.** 81 **C.** 83 **D.** 87
E. 91

Q.94 निम्नलिखित श्रृंखला में प्रश्न चिन्ह '?' के स्थान पर क्या आएगा?
7, 8, 17, 52, ?, 1046
A. 209 **B.** 316 **C.** 329 **D.** 263
E. 291

Q.95 निम्नलिखित श्रृंखला में प्रश्न चिन्ह '?' के स्थान पर क्या आएगा?
16, 160, 281, 381, ?, 526
A. 432 **B.** 442 **C.** 462 **D.** 452
E. 472

Q.96 एक आदमी 2.5 घंटे में 50 किलोमीटर और 4 घंटे में 200 किलोमीटर की दूरी तय कर सकता है। गति का औसत ज्ञात कीजिए।
A. 38 किलोमीटर/घंटा **B.** 37.5 किलोमीटर/घंटा
C. 36.4 किलोमीटर/घंटा **D.** 38.46 किलोमीटर/घंटा
E. 34 किलोमीटर/घंटा

Q.97 20 लीटर अल्कोहल और पानी के मिश्रण में 15% अल्कोहल है। मिश्रण में कितना अल्कोहल और जोड़ा जाना चाहिए ताकि मिश्रण में 20% अल्कोहल हो।
A. 2.25 लीटर **B.** 1.50 लीटर
C. 1.25 लीटर **D.** 2.50 लीटर
E. 3.50 लीटर

Q.98 निर्देश: निम्नलिखित प्रश्न में प्रश्नवाचक चिन्ह (?) के स्थान पर लगभग कितना मान आना चाहिए?

$(17.76)^2 + (20.99)^2 = (2)^7 + ?$

A. 581 **B.** 650 **C.** 532 **D.** 648
E. 637

Q.99 निम्न प्रश्न में प्रश्न चिह्न '?' के स्थान पर क्या आएगा?

$\sqrt{676} \times 12 - 864 \div 36 = ? + 61$

A. 224 **B.** 169 **C.** 507 **D.** 227
E. 223

Q.100 40 संख्याओं का औसत 71 है। यदि संख्या 100 को 140 से बदल दिया जाता है, तो औसत में वृद्धि हुई है :
A. 3 **B.** 4 **C.** 2 **D.** 1
E. 6

// स्मार्ट उत्तर पुस्तिका //

सही उत्तर — उन छात्रों के प्रतिशत को इंगित करता है जिन्होंने प्रश्नों का सही उत्तर दिया था।

छोड़ दिया — उन छात्रों के प्रतिशत को इंगित करता है जिन्होंने प्रश्नों को छोड़ दिया था।

प्रश्न संख्या	उत्तर	सही उत्तर	छोड़ दिया
1	D	15.4 %	59.37 %
2	B	1.46 %	89.06 %
3	B	18.32 %	55.58 %
4	A	19.11 %	59.9 %
5	C	31.05 %	50.83 %
6	A	19.87 %	54.49 %
7	C	20.47 %	52.87 %
8	E	28.27 %	58.41 %
9	B	19.25 %	67.74 %
10	C	16.69 %	64.89 %
11	C	8.02 %	75.05 %
12	A	16.9 %	53.96 %
13	B	27.54 %	60.03 %
14	B	23.27 %	60.58 %
15	B	1.97 %	71.32 %
16	D	16.46 %	62.25 %
17	B	20.93 %	63.89 %
18	C	16.57 %	59.8 %
19	A	41.21 %	46.81 %
20	D	2.13 %	74.24 %
21	C	12.44 %	67.98 %
22	E	14.9 %	60.5 %
23	D	30.53 %	50.28 %
24	B	16.74 %	57.78 %
25	A	8.03 %	71.93 %
26	B	25.36 %	61.95 %
27	D	28.66 %	55.79 %
28	A	17.51 %	59.81 %
29	B	16.28 %	57.66 %
30	E	26.47 %	62.11 %
31	A	4.68 %	70.93 %
32	D	22.91 %	63.54 %
33	B	25.87 %	60.12 %
34	D	50.33 %	43.94 %
35	E	44.58 %	48.21 %
36	A	42.42 %	45.11 %
37	A	21.46 %	53.14 %
38	A	29.45 %	57.65 %
39	E	62.52 %	33.27 %
40	B	20.26 %	62.91 %
41	C	47.2 %	45.23 %
42	B	15.76 %	67.41 %
43	C	16.29 %	67.69 %
44	C	4.1 %	75.34 %
45	B	22.53 %	52.02 %
46	A	61.21 %	32.25 %
47	D	15.19 %	57.29 %
48	D	21.87 %	54.66 %
49	D	14.63 %	66.04 %
50	D	19.3 %	60.71 %
51	B	17.57 %	67.5 %
52	D	17.67 %	62.17 %
53	B	31.4 %	51.12 %
54	B	17.27 %	65.15 %
55	C	1.05 %	80.32 %
56	C	49.74 %	40.71 %
57	D	54.46 %	30.12 %
58	C	15.29 %	58.36 %
59	D	21.08 %	68.98 %
60	E	15.16 %	60.94 %
61	C	14.96 %	67.67 %
62	B	20.65 %	58.75 %
63	A	17.64 %	59.29 %
64	D	23.18 %	53.71 %
65	B	5.01 %	78.42 %
66	A	49.29 %	47.93 %
67	D	16.2 %	61.3 %
68	C	19.29 %	62.39 %
69	B	28.21 %	52.26 %
70	B	16.32 %	67.02 %
71	E	22.93 %	66.07 %
72	E	25.09 %	62.46 %
73	C	16.39 %	59.56 %
74	A	24.51 %	54.15 %
75	B	28.68 %	52.01 %
76	C	4.09 %	82.16 %
77	C	20.52 %	68.2 %
78	B	25.1 %	50.47 %
79	D	19.89 %	63.65 %
80	D	14.87 %	67.11 %

प्रश्न संख्या	उत्तर	सही उत्तर	छोड़ दिया
81	C	19.92 %	61.65 %
82	D	2.46 %	88.27 %
83	C	23.44 %	65.72 %
84	D	19.82 %	54.12 %
85	A	12.21 %	67.53 %
86	A	2.85 %	89.79 %
87	B	23.69 %	64.86 %
88	C	61.92 %	31.81 %
89	D	24.36 %	55.43 %
90	E	28.2 %	57.61 %
91	E	22.12 %	54.22 %
92	E	24.23 %	52.13 %
93	D	19.01 %	57.6 %
94	A	24.33 %	64.28 %
95	C	55.14 %	39.61 %
96	D	56.56 %	34.02 %
97	C	20.18 %	63.82 %
98	E	34.01 %	50.34 %
99	D	17.33 %	64.91 %
100	D	17.4 %	67.74 %

कार्य विश्लेषण	
औसत अंक (%)	49.0%
टॉपर्स स्कोर (%)	69.0%
आपका स्कोर	

//संकेत और समाधान//

1. Overt is MOST OPPOSITE in meaning to the word 'Covert'.

Covert means not openly shown, engaged in, or avowed.

Overt means done or shown openly; plainly apparent.

Hence, the correct option is (D).

2. Cautious is MOST OPPOSITE in meaning to the word 'PRUDENT'.

The given word 'Prudent' means sensible and careful when making judgements and decisions; avoiding unnecessary risks.

- Let's see the meaning of other given options:-
  - 'Hasty' means said or done too quickly.
  - 'Cautious' means taking great care to avoid possible danger or problems.
  - 'Reckless' means not thinking about possible bad or dangerous results that could come from your actions.
  - 'Rude' means not polite.

Hence, the correct option is (B).

3. The sentence mentions 'need to be cared for', therefore, ruling-out the word 'abused' as it would make the sentence vague. The word 'democratic' disturbs the meaning of the sentence. Using the word 'emotional' would be grammatically incorrect. The word 'protected' that means to keep someone safe from any kind of harm or injury fits the blank best.

Almost one-third of the world's population consists of children. Therefore they need to be cared for and (A) protected.

Hence, the correct option is (B).

4. The words 'statutory' and 'contrast' cannot be used with the word 'social' mentioned in the sentence. Using the word 'fullness' would not provide any meaning to the sentence, therefore, making 'structure' as the best fit to fill the blank.

Children are an important component of the social (B) structure.

Hence, the correct option is (A).

5. The sentence mentions the word 'task', which should be used as a hint while picking up the word fitting the blank. As the sentence indicates a negative remark, 'qualified' and 'pleasant' gets omitted for being positive words. 'Untoward' does not make a proper sentence. When used with 'task', it does not convey an appropriate meaning to the sentence in the above passage. The word 'uphill' fits the word 'task' along with appropriately conveying the meaning of the sentence too.

Finding a single definition to describe a 'child' is becoming an (C) uphill task.

Hence, the correct option is (C).

6. The reading of the sentence with the inclusive phrase 'infancy and youth' gives us the hint that the word that needs to fit the blank must be talking about both these terms i.e. 'infancy' and 'youth' separately. Out of the given words, 'among' is used to talk about a group or crowd or mass of objects and thus, is rejected. 'Along' means to move in a constant direction and thus, it does not fit the context of the sentence. 'Amidst' means to be in the middle of or to be surrounded by something and therefore, gets ruled out. The word 'between' makes the best fit for the blank as it is used to refer to two separate things.

The dictionary defines the word 'child' as a young person, especially (D) between infancy and youth.

Hence, the correct option is (A).

7. The words 'policies' and 'adopt' gets omitted due to being grammatically incorrect. 'Surprise' cannot be used as it makes the sentence vague and does not provide an appropriate meaning.The word 'qualification' carries the required message fitting the sense of the statement.

The only (E) qualification is that the child should be unable to maintain himself.

Hence, the correct option is (C).

8. There is no error in the given sentence.

Therefore the correct sentence is "The defence minister thought that each veteran was as respectful as himself and should be given due preference as well."

Hence, the correct option is (E).

9. The error lies in the second part of the statement because 'of' cannot be used with 'despite'. "Despite" itself means 'in spite of'.

Unfortunately, India continues to be one of the backward countries with respect to literacy, despite the fact that successive governments have been trying their best to promote education.

Hence, the correct option is (B).

10. The error lies in the part (3) of the sentence. The sentence has a past context, hence 'run' needs to be replaced with 'ran'.

The correct sentence will be "The first lady took it upon herself to make sure that the government ran smoothly while the President was recuperating from the surgery.

Hence, the correct option is (C).

11. The error lies in the third part of the sentence. Since the comparison is between men and women, the plural form of the word 'counterpart' (counterparts).

The correct sentence will be "Cases of malignant melanoma are rising faster among men than women, but men are often worse than their female counterparts at protecting themselves from the Sun.

Hence, the correct option is (C).

12. The error lies in the first part of the sentence. The subject is 'appropriation', which is singular, thus the helping verb 'have' should be replaced with 'has'.

The correct sentence will be "Appropriation of assets has become increasingly important due to the willingness of those in power to abuse authority for personal gains.

Hence, the correct option is (A).

13. The correctly spelt word is misogynist means a man who hates women. The correct spellings of the other words are momentary, monotheism, moratorium.

Hence, the correct option is (B).

14. Consequantly has the wrongly spelt word. The correct spelling is 'Consequently' which means accordingly.

Cautiously means careful.

Completely means totally or utterly.

Concurrently means occurring at the same time; simultaneously.

Hence, the correct option is (B).

15. Journy has the incorrectly spelt word. The correct word is a journey which refers to the act of travelling from one place to another.

Meaning of other words:

Delicious means greatly pleasing or entertaining.

Furious means marked by extreme and violent energy.

Failure means an event that does not accomplish its intended purpose.

Ruthless means having no pity, cruel or merciless.

Hence, the correct option is (B).

16. The given passage is all about the Indian Premier League.

The second-last sentence of the first paragraph says "The latest outing has Tata as the title sponsor while multiple brands will jostle for space through the tournament and its 10 teams."

From the above sentence, we can say that according to the passage, TATA is the title sponsor for the IPL 2022.

Hence, the correct option is (D).

17. The word 'Inception' means The establishment or the point at which something begins.

- Example: The club has grown rapidly since its inception in 1990.

Let's look at the meaning of the given options:-

Commencement - The beginning of something.

- Example: She had to get all her stuff ready before the commencement of her course.

Cessation - The fact or process of ending or being brought to an end.

- Example: The cessation of the war will save the lives of millions.

Genesis - The beginning or origin of something.

- Example: The project had its genesis two years earlier.

Outset - The start or beginning of something.

- Example: Since the doctor discovered cancer during the outset of its stage, the person would fully recover.

Dawn - The beginning of something.

- Example: People have talked about the weather since the dawn of civilization.

Hence, the correct option is (B).

18. The last sentence of the first paragraph says "Meanwhile, the two new squads — Gujarat Titans and Lucknow Super Giants — will enhance the novelty factor" and the last sentence of the passage says "And this IPL will also help leading players such as Kane Williamson to finesse their craft ahead of the ICC T20 World Cup in Australia, later this year".

From the above sentences, we can say that statements A and C are correct according to the given passage.

The sixth sentence of the second paragraph says "While CSK will look at replicating its triumphs, Mumbai Indians, the most successful franchise with five trophies, will hope to excel in its backyard".

From the above sentence, we can say that statement B is incorrect according to the given passage.

Hence, the correct option is (C).

19. The first sentence of the passage says "Nearly a decade and a half since its inception, the Indian Premier League (IPL) has struck deep roots and acquired nimble feet", the eighth sentence of the first paragraph says "Ever since that summer night at Bengaluru's M. Chinnaswamy Stadium in 2008 when the IPL made its debut, it's commercial value has found incremental gains" and the ninth sentence of the first paragraph says "The latest outing has Tata as the title sponsor while multiple brands will jostle for space through the tournament and its 10 teams".

From the above sentences, we can say that the central theme of the passage is "IPL – The money-making machine".

Hence, the correct option is (A).

20. The meaning of the given words:

- Nimble: Quick and light in movement or action; agile.
- Agile: Able to move quickly and easily.
- Clumsy - Awkward in movement or in handling things.
- Lumbering - Moving in a slow, heavy, awkward way.
- Stiff - Not easy to move.

So, it is concluded that Agile is the synonym of the word 'Nimble'.

Hence, the correct option is (D).

21. The first sentence of the passage should introduce the topic and it is the story of 'Eklavya' which is sentence D

- The second sentence mentions why this story is special and this is sentence A.
- The third sentence tells us more about Eklavya, who Ekklavya was and this is sentence C.
- Eklavya's first step towards achieving his goal is mentioned in sentence B.
- Sentence F then states the way by which Eklavya learnt archery.
- The last sentence is E as it concludes the passage.

The correct order is DACBFE.

D is the FIRST sentence of the paragraph.

Hence, the correct option is (C).

22. The first sentence of the passage should introduce the topic and it is the story of 'Eklavya' which is sentence D

- The second sentence mentions why this story is special and this is sentence A.
- The third sentence tells us more about Eklavya, who Ekklavya was and this is sentence C.
- Eklavya's first step towards achieving his goal is mentioned in sentence B.
- Sentence F then states the way by which Eklavya learnt archery.
- The last sentence is E as it concludes the passage.

The correct order is DACBFE.

The second sentence is A.

Hence, the correct option is (E).

23. The first sentence of the passage should introduce the topic and it is the story of 'Eklavya' which is sentence D

- The second sentence mentions why this story is special and this is sentence A.
- The third sentence tells us more about Eklavya, who Ekklavya was and this is sentence C.
- Eklavya's first step towards achieving his goal is mentioned in sentence B.
- Sentence F then states the way by which Eklavya learnt archery.
- The last sentence is E as it concludes the passage.

The correct order is DACBFE.

The third sentence is C.

Hence, the correct option is (D).

24. The first sentence of the passage should introduce the topic and it is the story of 'Eklavya' which is sentence D

- The second sentence mentions why this story is special and this is sentence A.
- The third sentence tells us more about Eklavya, who Ekklavya was and this is sentence C.
- Eklavya's first step towards achieving his goal is mentioned in sentence B.
- Sentence F then states the way by which Eklavya learnt archery.
- The last sentence is E as it concludes the passage.

The correct order is DACBFE.

The fourth sentence is B.

Hence, the correct option is (B).

25. The first sentence of the passage should introduce the topic and it is the story of 'Eklavya' which is sentence D

- The second sentence mentions why this story is special and this is sentence A.
- The third sentence tells us more about Eklavya, who Ekklavya was and this is sentence C.
- Eklavya's first step towards achieving his goal is mentioned in sentence B.
- Sentence F then states the way by which Eklavya learnt archery.
- The last sentence is E as it concludes the passage.

The correct order is DACBFE.

The last sentence is F.

Hence, the correct option is (A).

26. According to the given context we are talking about the need for the government to carry on with the good work so that the people remain with the government.

Call off (Phrasal Verb): Cancel something

Therefore, it is not correct in the given context and it should be corrected. Among the given words, continue fits perfectly here and it is our pick as the correct answer.

The correct statement is:

The new government needs to continue the good work so that the popular sentiment remains positive.

Hence, the correct option is (B).

27. There is an error in the bold part of the sentence since it is not expressing the correct meaning that it is healthy for the democracy of India that Mr Modi does not take into account the caste, language and region oriented issues while deciding on any policy.

Option A can be eliminated since it is not expressing the desired meaning whereas Option B is not making any sense. Same can be said regarding Option C also. Only Option D is there that explains the correct meaning of the statement.

The correct statement is:

There is an argument that it is healthy that Mr. Modi does not bargain with caste, linguistic and region-oriented interest groups.

Hence, the correct option is (D).

28. The original sentence is erroneous.

Reason: The noun or pronoun relating to a gerund should always be in the possessive case. A gerund is a verb form which functions as a noun. It is present in verb+ing form. Hence the possessive pronoun 'his' should be used in place of the objective pronoun 'him' to make the sentence grammatically correct.

Among the given choices, only option A replaces the given bold part most appropriately.

The sentence after replacement becomes:

Karim's father does not like his hanging around with rowdy boys who cause trouble.

Hence, the correct option is (A).

29. The original sentence is erroneous.
Reason: Usage of the phrasal verb 'fall out' which means 'have an argument' is inappropriate in this sentence.
'Fall back' which means 'withdraw or retreat' would be suitable in this context.
E.g.: The infantry fell back in disarray.
Hence 'fell back' should be used in place of 'fell out' to make the sentence grammatically and contextually correct.
Among the given choices, only option B replaces the given bold part most appropriately.
The sentence after replacement becomes:

The Japanese army fell back only after the devastating attack on Nagasaki.

Hence, the correct option is (B).

30. The original sentence is absolutely correct and hence the bold part needs no replacement.

Hence, the correct option is (E).

31. दिया गया कथन: A > B > C = D; D ≤ E ≤ F ≥ G ≥ H; I ≥ H

संयोजन करने पर: A > B > C = D ≤ E ≤ F ≥ G ≥ H ≤ I

निष्कर्ष:

I. C > G → असत्य (चूँकि C = D ≤ E ≤ F ≥ G → इसलिए C और G के बीच संबंध निर्धारित नहीं किया जा सकता है)

II. F > I → असत्य (चूँकि F ≥ G ≥ H ≤ I → इसलिए F और I के बीच संबंध निर्धारित नहीं किया जा सकता है)

इस प्रकार, कोई सत्य नहीं है।

अतः विकल्प (A) सही है।

32. दिए गए कथन: - A > B > C = P, R < B > Q, P ≥ S = T

संयोजित करने पर: A > B > C = P ≥ S = T, R < B > Q

निष्कर्ष:

A > R → सत्य (इसलिये A > B > R, अंतर्निहित A > R)

C = T → असत्य (जैसे कि C = P ≥ S =T, अंतर्निहित C ≥ T, इस प्रकार C = T निश्चित नहीं है)

B > S → सत्य (क्योंकि B > C = P ≥ S, अंतर्निहित B > S)

इसलिए, केवल I और III अनुसरण करता है।

अत: विकल्प (D) सही है।

33. दिया गया है: N ≥ T > J ≤ R, J ≥ P ≥ M

संयोजित करने पर: R ≥ J ≥ P ≥ M, N ≥ T > J ≥ P ≥ M

निष्कर्ष:

I. M < R → असत्य (चूँकि R ≥ J ≥ P ≥ M, इसलिये R ≥ M)

II. N = P → असत्य (चूँकि N ≥ T > J ≥ P, इसलिये N > P)

III. R = M → असत्य (चूँकि R ≥ J ≥ P ≥ M, इसलिये R ≥ M)

निष्कर्ष I और III पूरक जोड़ी बनाते हैं।

इसलिए, या तो निष्कर्ष I और III सत्य है।

अत: विकल्प (B) सही है।

34. दिया गया कथन: B ≥ Q, O = M, E ≤ O, Q ≤ E

संयोजित करने पर: B ≥ Q ≤ E ≤ O = M

निष्कर्ष:

I. O ≥ Q → सत्य (क्योंकि Q ≤ E ≤ O → O ≥ Q)

II. O < B → असत्य (क्योंकि B ≥ Q ≤ E ≤ O → O और B के बीच स्पष्ट संबंध निर्धारित नहीं किया जा सकता)

III. B < E → असत्य (क्योंकि B ≥ Q ≤ E → B और E के बीच स्पष्ट संबंध निर्धारित नहीं किया जा सकता)

चूंकि केवल निष्कर्ष, I सत्य है और निष्कर्ष II और III असत्य है।

अत: विकल्प (D) सही है।

35. दिए गए कथन: K ≤ L ≤ M = N; P ≥ O ≥ N

संयोजित करने पर: K ≤ L ≤ M = N ≤ O ≤ P

निष्कर्ष:

I. K < O → असत्य (क्योंकि K ≤ L ≤ M = N ≤ O →K ≤ O)

II. K = N → असत्य (यह केवल तब सत्य हो सकता है जब K = L और L = M, और इसलिए K = N निश्चित रूप से असत्य है।)

III. K ≤ M → सत्य (क्योंकि K ≤ L और L ≤ M→ इसलिए, यह निष्कर्ष निकाला जा सकता है कि K ≤ M)

इसलिए, केवल निष्कर्ष III सत्य है।

अत: विकल्प (E) सही है।

36. दिया गया शब्द:

T E R M I N A T I O N

उपरोक्त शर्त को लागू करते हुए, हमारे पास नया शब्द है:

S F Q L J M B S J P M

अब, वर्णानुक्रम में व्यवस्थित करने पर (बाएं से दाएं)

B F J J L M M P Q S S

तो, M दायें से छठे स्थान पर है।

अतः विकल्प (A) सही है।

37. दिया गया शब्द:

FAVOURITE

बाईं ओर सभी व्यंजनों को उल्टे वर्णानुक्रम में व्यवस्थित करने के बाद, हम प्राप्त करते हैं:

VTRF

अब, इन व्यंजनों के दायीं ओर सभी स्वरों को व्यवस्थित करने पर, हम प्राप्त करते हैं:

VTRFAEIOU

यहाँ दायें छोर से तीसरा अक्षर I है और बायें छोर से चौथा अक्षर F है।

और, हम जानते हैं कि वर्णानुक्रम में F और I के बीच दो अक्षर होते है।

अतः विकल्प (A) सही है।

38. दिया गया है,

पांच छात्रों A, K, L, M और T की ऊंचाई की तुलना की जाती है। K की लम्बाई केवल दो विद्यार्थियों से अधिक है। M की ऊँचाई T से अधिक है और T की ऊँचाई K से अधिक है।

पांच छात्रों-A, K, L, M और T की तुलना की जाती है।

1. K की ऊँचाई केवल दो विद्यार्थियों से अधिक है।

_ > _ > K > _ > _

2. M की ऊँचाई T से अधिक है और T की ऊँचाई K से अधिक है।

M > T > K

शर्त 1 और 2 से, हम प्राप्त करते हैं

M > T > K > _ > _

तो, 3 विद्यार्थी T से छोटे हैं।

अतः विकल्प (A) सही है।

39. दिया गया है,

35 बच्चों की एक कतार में M दायीं ओर से 15 वां है और M और R के बीच 10 बच्चे हैं।

दी गई जानकारी के अनुसार,

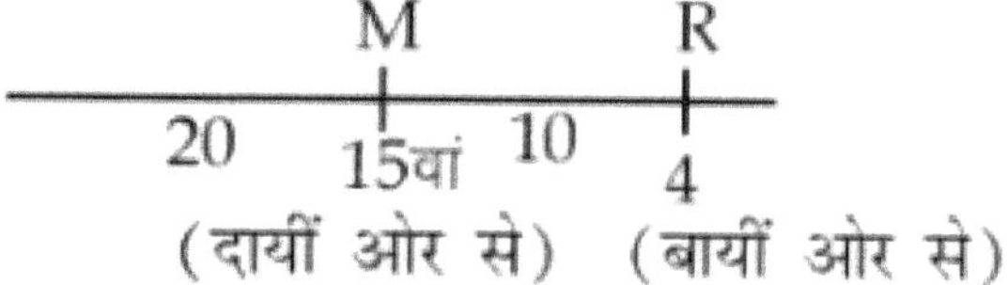

या

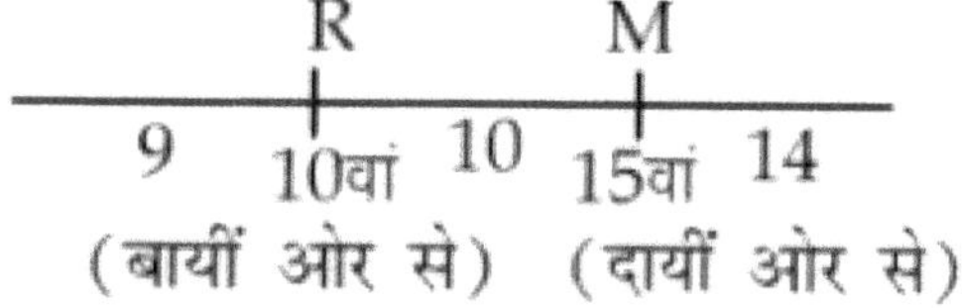

इस प्रकार R की स्थिति ज्ञात नही किया जा सकता है।

अतः विकल्प (E) सही है।

Ques (40-42):1) अजय और काव्या विवाहित जोड़ा है।

2) अजय एक पुरुष सदस्य हैं का अर्थ है कि अजय पति है और काव्या पत्नी है।

3) ओमकार, विवेक का एकमात्र बेटा है, जो अजय का भाई है।

4) श्रुति, ओमकार की बहन है का अर्थ है कि वह विवेक की बेटी है।

5) काव्या, काजल की बहू है का अर्थ है कि काजल, अजय और विवेक की माँ है।

चित्र में प्रतीक	अर्थ
○	स्त्री
□	पुरुष
═	विवाहित जोड़ा
—	भाई/बहन
|	पीढ़ी का अंतर

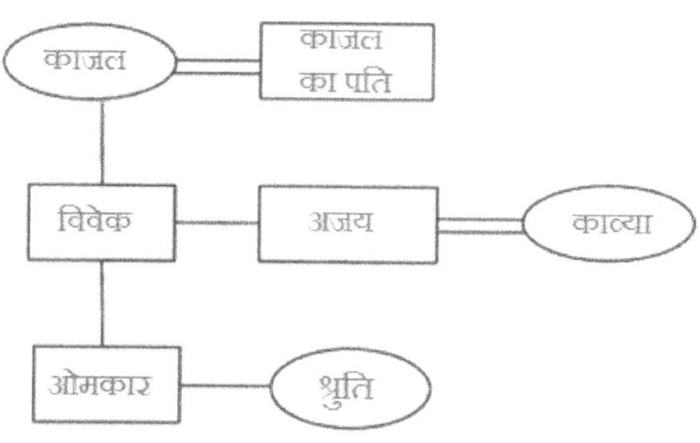

40. इस प्रकार, काजल, काव्या की सास है।

अतः विकल्प (B) सही है।

41. इस प्रकार, परिवार में तीन महिला सदस्य हैं।

अतः विकल्प (C) सही है।

42. इस प्रकार, काजल, श्रुति की दादी है।

अतः विकल्प (B) सही है।

Ques (43-47):1) अनूप, अर्नव के बाएं दूसरे से स्थान पर बैठा है।

2) अर्नव, पारुल के बाएं दूसरे से स्थान पर बैठा है।

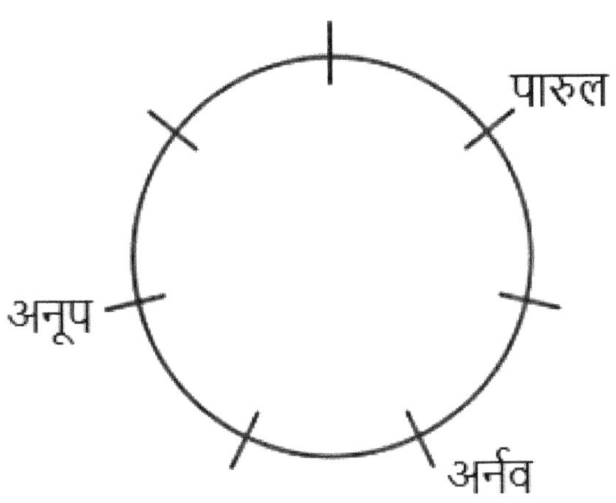

3) स्वाति और समिता के बगल में पारुल नहीं बैठी है।

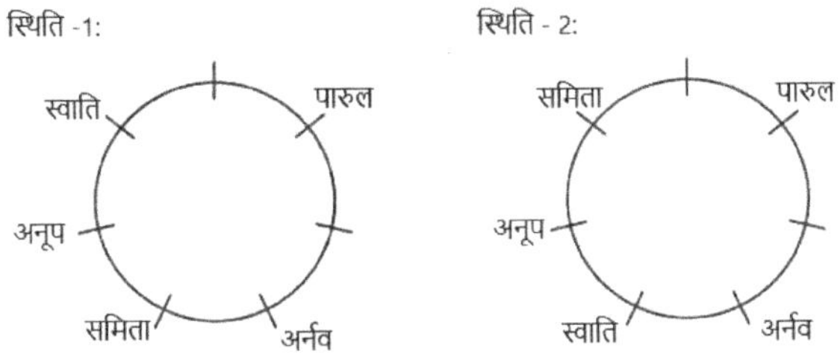

4) अनूप और स्वाति की पड़ोसी गंगा नहीं है (इसलिए, स्थिति 1 लागू नहीं होगा)

5) समिता और गंगा के बीच केवल दो छात्र बैठेंगे।

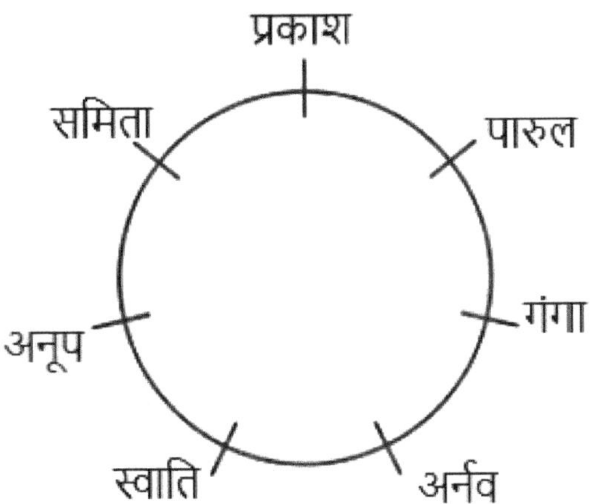

43. इसलिए, पारुल के निकटतम दायें प्रकाश बैठा है।

अतः विकल्प (C) सही है।

44. यदि बाएं छोर पर अर्नव से शुरू करते हुए उन्हें रैखिक व्यवस्था में बैठाया जाता है

इसलिए, दायें छोर से तीसरे स्थान पर समिता बैठी है।

अतः विकल्प (C) सही है।

45. इसलिए, स्वाति और समिता के बीच अनूप बैठा है।

अतः विकल्प (B) सही है।

46. अनूप के निकटतम दायें बैठे व्यक्ति के बाएं से दूसरे स्थान पर समिता बैठी है।

अतः विकल्प (A) सही है।

47. पारुल से दक्षिणावर्त दिशा में गिनने पर प्रकाश और पारुल के बीच पांच व्यक्ति बैठे हैं।

अतः विकल्प (D) सही है।

48. न्यूनतम सम्भावित वेन आरेख नीचे दिया गया है:

निष्कर्ष:

I: कुछ बैंड टेबलेट हैं → असत्य (यह सम्भावित है लेकिन निश्चित नहीं है)

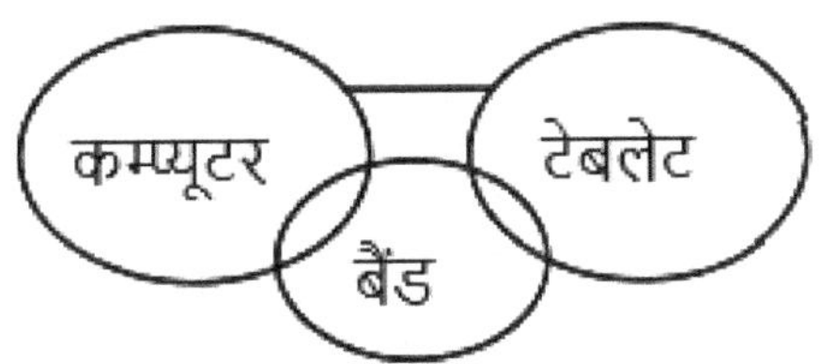

यह आरेख दर्शाता है कि कुछ बैंड के टेबलेट होने की सम्भावना है।

II: सभी बैंड कम्प्यूटर हैं → असत्य (केवल कुछ बैंड कम्प्यूटर हैं)

इसलिए न तो निष्कर्ष I और न ही II अनुसरण करता है।

अतः विकल्प (D) सही है।

49. न्यूनतम सम्भावित वेन आरेख नीचे दिया गया है:

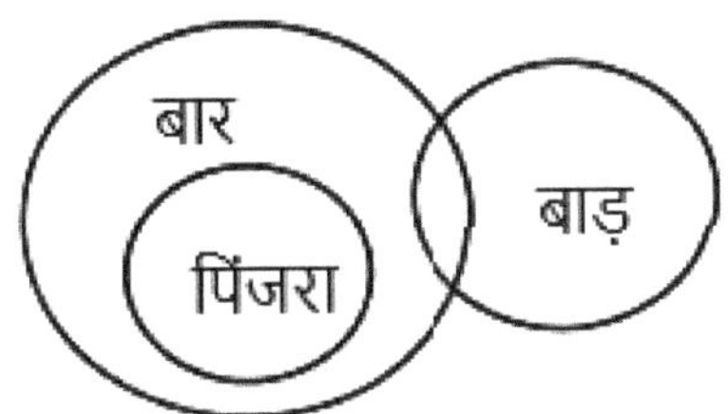

निष्कर्ष:

I: सभी पिंजरे बाड़ हैं → असत्य (यह सम्भावित है लेकिन निश्चित नहीं है)

सम्भावित आरेख नीचे दिया गया है:

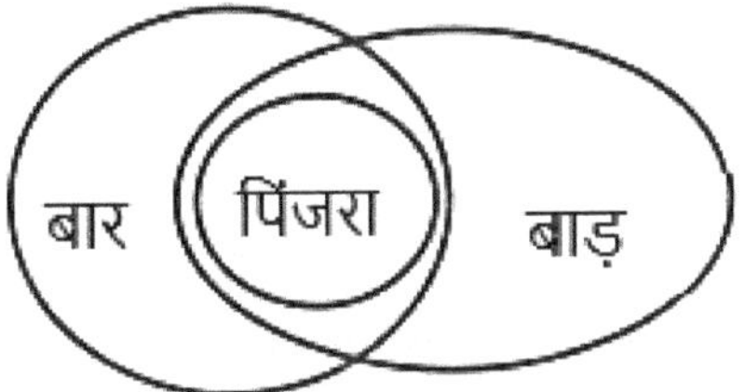

II: कुछ बाड़ पिंजरे हैं → असत्य (यह सम्भावित है लेकिन निश्चित नहीं है)

सम्भावित आरेख नीचे दिया गया है:

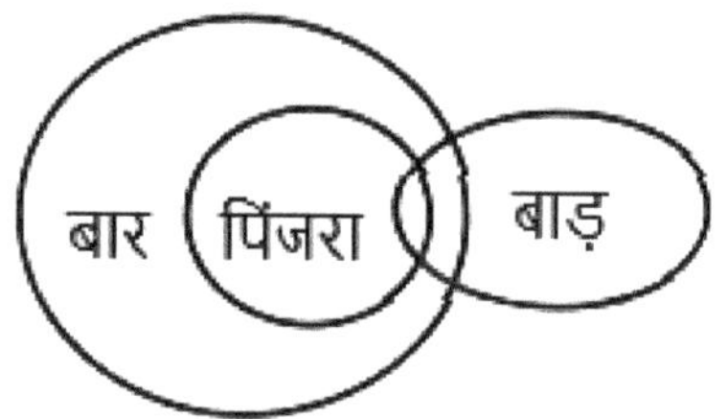

इसलिए न तो निष्कर्ष I और न ही II अनुसरण करता है।

अतः विकल्प (D) सही है।

50. न्यूनतम सम्भावित वेन आरेख नीचे दिया गया है:

निष्कर्ष:

I: कुछ इमारत टॉफ़ी हैं → असत्य (यह सम्भव है लेकिन निश्चित नहीं है)

सम्भावित आरेख नीचे दिया गया है:

II: सभी इमारतों के चौक होने की सम्भावना है → असत्य (केवल कुछ इमारत चौक हैं)

इसलिए न तो निष्कर्ष I और न ही II अनुसरण करता है।

अतः विकल्प (D) सही है।

51. न्यूनतम सम्भावित वेन आरेख नीचे दिया गया है:

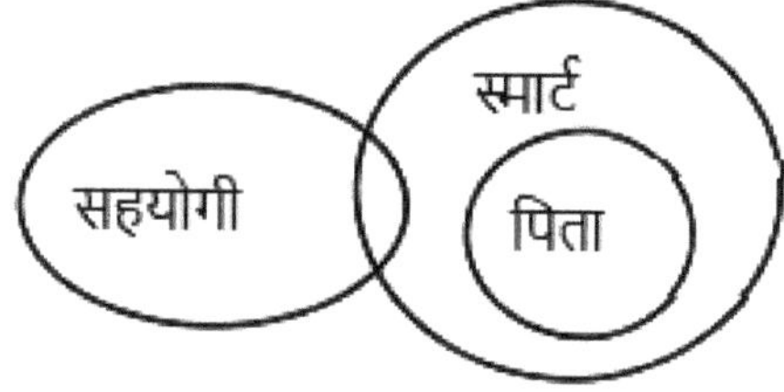

निष्कर्ष:

I: कुछ सहयोगी पिता हैं → असत्य (यह सम्भावित है लेकिन निश्चित नहीं है)

सम्भावित वेन आरेख नीचे दिया गया है:

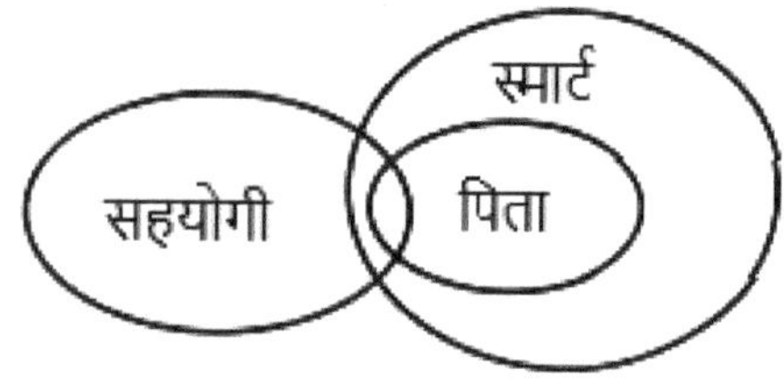

II: कुछ स्मार्ट सहयोगी हैं → सत्य (केवल कुछ ही सहयोगी स्मार्ट हैं)

इसलिए केवल निष्कर्ष II अनुसरण करता है।

अतः विकल्प (B) सही है।

52. दिए गए कथनों के लिए न्यूनतम संभावित वेन आरेख इस प्रकार है

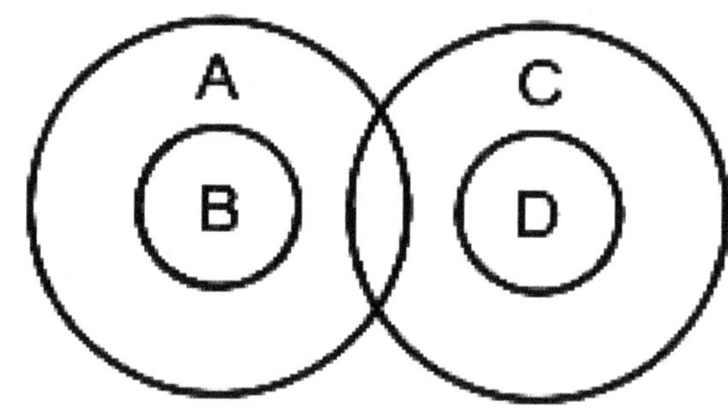

निष्कर्ष:

(i) कुछ B, C हो सकते हैं → असत्य (केवल A, B है, और कुछ भी B नहीं हो सकता है)

(ii) कुछ D, A हैं। → असत्य (केवल C, D है, और कुछ भी D नहीं हो सकता है)

इसलिये, निष्कर्ष (i) और (ii) दोनों अनुसरण करते हैं।

अतः विकल्प (D) सही है।

53. यहाँ स्वरुप इस प्रकार है:

वर्णमाला	A	B	C	D	E	F	G	H	I	J	K	L	M
स्थानीय मान	1	2	3	4	5	6	7	8	9	10	11	12	13
स्थानीय मान	26	25	24	23	22	21	20	19	18	17	16	15	14
वर्णमाला	Z	Y	X	W	V	U	T	S	R	Q	P	O	N

B L A N C H

↓-3 ↓-3 ↓-3 ↓-3 ↓-3 ↓-3

Y I X K Z E

इसी प्रकार,

D E F A M E

↓-3 ↓-3 ↓-3 ↓-3 ↓-3 ↓-3

A B C X J B

इसलिये, 'ABCXJB' सही उत्तर है।

अतः विकल्प (B) सही है।

54. यहाँ स्वरुप इस प्रकार है:

वर्णमाला	A	B	C	D	E	F	G	H	I	J	K	L	M
स्थानीय मान	1	2	3	4	5	6	7	8	9	10	11	12	13
स्थानीय मान	26	25	24	23	22	21	20	19	18	17	16	15	14
वर्णमाला	Z	Y	X	W	V	U	T	S	R	Q	P	O	N

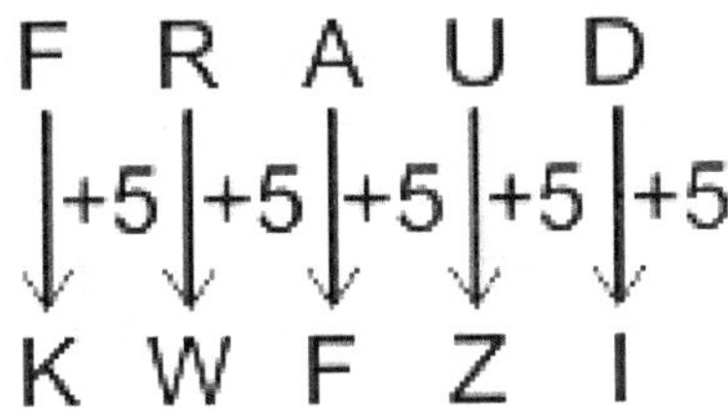

इसी प्रकार,

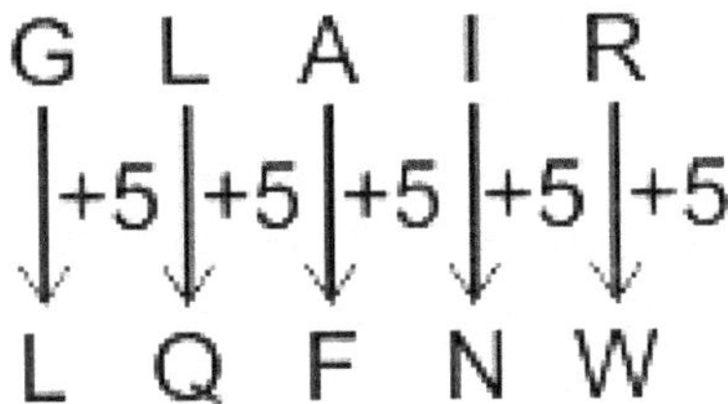

इसलिये, 'LQFNW' सही उत्तर है।

अत: विकल्प (B) सही है।

55. दिए गए शब्दों के बीच का संबंध कुछ इस प्रकार है:

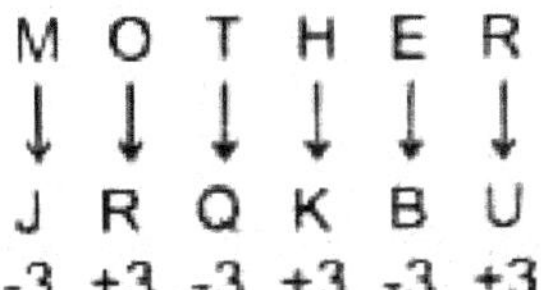

इसी प्रकार,

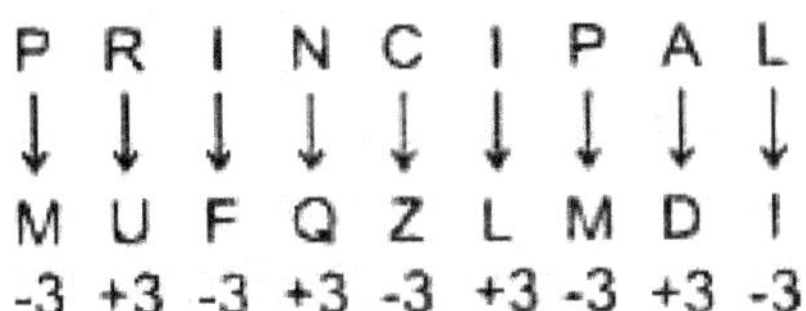

इसलिए, PRINCIPAL का कूट MUFQZLMDI होगा।

अतः विकल्प (C) सही है।

Ques (56-60):दिया है,

सम्मुख दिशा - उत्तर

1. अंकित पंक्ति के दाएं छोर से दूसरे स्थान पर बैठा है।

2. अंकित और अभि के बीच पांच व्यक्ति बैठे हैं।

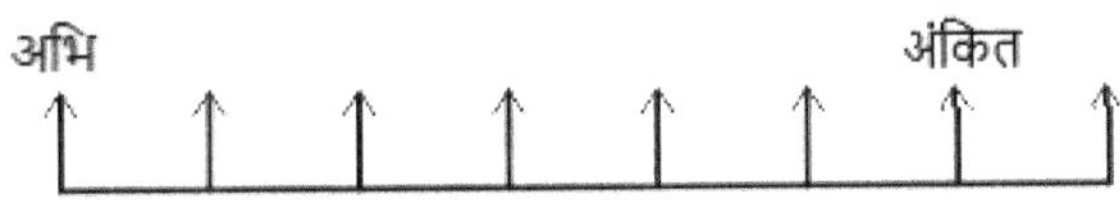

3. पीहू, अभि के निकटतम दाएं बैठी है।

4. श्वेता, पीहू के दाएं तीसरे स्थान पर बैठी है।

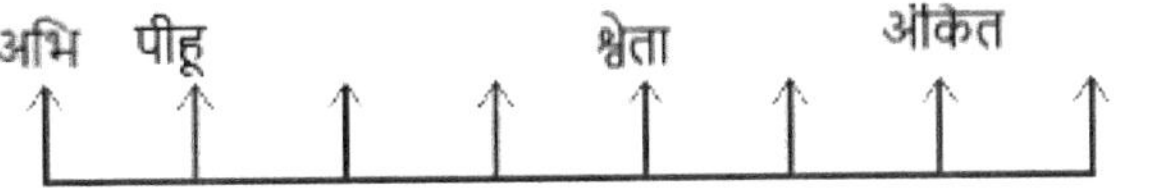

5. श्वेता के बाएं सात व्यक्ति बैठे हैं।

6. नेहा किसी एक अंतिम छोर पर बैठी है लेकिन अंकित के निकटतम दाएं नहीं बैठी है।

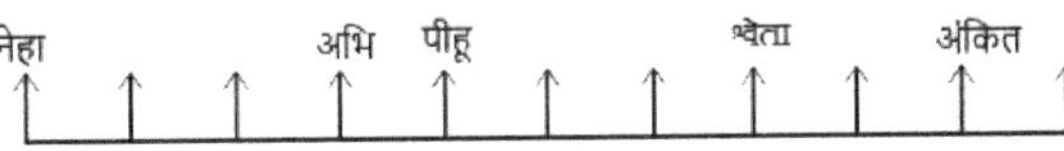

7. शिखा, नेहा के दाएं आठवें स्थान पर और अंकित के निकटतम बाएं बैठी है।

8. अनु, शिखा के दाएं दूसरे स्थान पर बैठा है।

9. अनु और रिया के बीच चार व्यक्ति बैठे हैं।

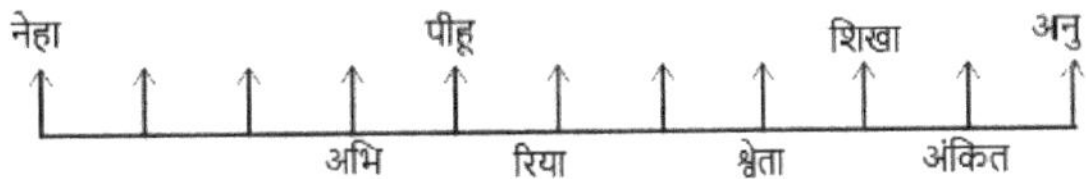

56. इसलिए, पंक्ति के दाएं छोर से श्वेता का स्थान चौथा है।

अतः विकल्प (C) सही है।

57. इसलिए, पिहू, रिया के निकटतम बाएं बैठी है।

अतः विकल्प (D) सही है।

58. इसलिए, पीहू और शिखा के बीच तीन व्यक्ति बैठे हैं।

अतः विकल्प (C) सही है।

59. इसलिए, पंक्ति में 11 व्यक्ति बैठे हैं।

अतः विकल्प (D) सही है।

60. इसलिए, नेहा, पंक्ति के अंतिम बाएं छोर पर बैठी है।

अतः विकल्प (E) सही है।

61. दी गई श्रृंखला: H 8 & 5 T O 9 # V 6 P $ 7 W F * 1 N L 4 ? 3 / C Q U ! A 2 > J

H 8 & 5 T O 9 # V 6 P $ 7 W F * 1 N L 4 ? 3 / C Q U ! A 2 > J

स्पष्ट रूप से, 2 ऐसे प्रतीक हैं।

अत: विकल्प (C) सही है।

62. श्रृंखला दी गई: H 8 & 5 T O 9 # V 6 P $ 7 W F * 1 N L 4 ? 3 / C Q U ! A 2 > J

नई श्रृंखला: H & 5 T O 9 # V P $ 7 W F * 1 N L ? 3 / C Q U ! A > J

$ और U (दाएं छोर से दूसरा स्वर) के बीच की संख्याएँ – 7,1 और 3 हैं।

इस प्रकार आवश्यक गुणनफल 21 है।

अत: विकल्प (B) सही है।

63. दी गई श्रृंखला: H 8 & 5 T O 9 # V 6 P $ 7 W F * 1 N L 4 ? 3 / C Q U ! A 2 > J

नई श्रृंखला: H 8 5 T O 9 V 6 P 7 W F 1 N L 4 3 C Q U A 2 J

श्रृंखला में सबसे बड़ी संख्या 9 है, इसलिए जब सभी प्रतीकों को छोड़ दिया जाता है तो 9 के दाईं ओर पांचवां तत्व 'W' होता है।

अत: विकल्प (A) सही है।

64. दी गई श्रृंखला: H 8 & 5 T O 9 # V 6 P $ 7 W F * 1 N L 4 ? 3 / C Q U ! A 2 > J

तर्क: दूसरा तत्व पहले तत्व के दायें से तीसरा और पहले तत्व के बायें से तीसरा तत्व है।

विकल्प (D) को छोड़कर अन्य सभी उपर्युक्त तर्क का पालन करते हैं।

अत: विकल्प (D) सही है ।

65. दी गई श्रृंखला: H 8 & 5 T O 9 # V 6 P $ 7 W F * 1 N L 4 ? 3 / C Q U ! A 2 > J

अब,

H 8 & 5 T O 9 # V 6 P $ 7 W F * 1 N L 4 ? 3 / C Q U ! A 2 > J

उपरोक्त श्रृंखला से हम केवल एक विषम संख्या (? 3 /) प्राप्त कर सकते हैं जिसके ठीक बाद एक प्रतीक है लेकिन ठीक पहले एक अक्षर नहीं है।

स्पष्ट रूप से, ऐसी केवल एक विषम संख्या है।

अत: विकल्प (B) सही है ।

66. कंपनी E की न बिकने वाली इकाई $= 420 - 360 \ = 60$

कंपनी D की न बिकने वाली इकाई $= 500 - 320 \ = 180$

कंपनी E और कंपनी D की एक साथ न बिकने वाली इकाइयाँ $= 180 + 60 \ = 240$

कंपनी A की बिकने वाली इकाइयाँ $= 180$

कंपनी B की बिकने वाली इकाइयाँ $= 300$

कंपनी A और B की एक साथ बिकने वाली इकाइयाँ $= 180 + 300 = 480$

अभीष्ट अनुपात $= 240 : 480$

$= 1 : 2$

अत: विकल्प (A) सही है।

67. कंपनी C द्वारा निर्मित इकाइयाँ = 400

कंपनी B द्वारा बेची गई इकाइयाँ = 300

∴ अभीष्ट प्रतिशत = $\frac{(400-300)}{300} \times 100$

= 33.33%

अत: विकल्प (D) सही है।

68. कंपनी A की न बिकने वाली इकाइयां = 120

कंपनी B की न बिकने वाली इकाइयां = 150

कंपनी C की न बिकने वाली इकाइयां = 50

कंपनी D की न बिकने वाली इकाइयां = 180

कंपनी E की न बिकने वाली इकाइयां = 60

न बिकने वाली इकाइयां का औसत = $\frac{(120+150+50+180+60)}{5}$

= 112

अत: विकल्प (C) सही है।

69. A द्वारा उत्पादित इकाइयाँ = 300

इसलिए, कंपनी F द्वारा उत्पादित इकाइयाँ = $300 \times \frac{110}{100}$ = 330

कंपनी C द्वारा बेची गई इकाइयाँ = 350

इसलिए, कंपनी F द्वारा बेची गई इकाइयाँ F = $350 \times \frac{80}{100}$ = 280

कंपनी F की न बिकने वाली इकाइयां = 330 - 280

= 50

अत: विकल्प (B) सही है।

70. कुल उत्पादित इकाइयाँ = 300 + 450 + 400 + 500 + 420 = 2070

कुल बेची गई इकाइयाँ = 180 + 300 + 350 + 320 + 360 = 1510

∴ अपेक्षित अंतर = 2070 - 1510

= 560

अत: विकल्प (B) सही है।

71. कथन I से, हम यह निष्कर्ष निकाल सकते हैं कि रीना ने कितना पैसा निवेश किया था, लेकिन कहीं भी यह उल्लेख नहीं किया गया है कि रीना ने अपना पैसा निवेश किया था। इसलिए हम कथन से उत्तर तक नहीं पहुंच सकते।

कथन II से, 2 वर्ष के अंत में चक्रवृद्धि ब्याज और साधारण ब्याज के बीच का अंतर 12 रुपये है। चूंकि मूलधन यहां नहीं दिया गया है, हम केवल कथन II का उपयोग करके ब्याज दर नहीं निकाल सकते हैं।

लेकिन, कथन I से, हमने धन की राशि का निष्कर्ष निकाला और इस कथन पर हम ब्याज दर का निष्कर्ष निकाल सकते हैं।

इसलिए, यदि हम कथन I और कथन II को मिलाते हैं तो हम यह निष्कर्ष निकाल सकते हैं कि ब्याज की दर 10% प्रति वर्ष थी और धन की राशि 1200 रुपये अब हम गणना कर सकते हैं कि 2 साल के अंत में रीना को कितनी राशि मिलेगी।

इसलिए, कथन I और II दोनों में डेटा एक साथ प्रश्न का उत्तर देने के लिए आवश्यक है।

अत: विकल्प (E) सही है।

72. प्रश्न में दूरी दी गई है।

कथन I, में चाल का अनुपात दिया गया है।

कथन I, से हम यह निष्कर्ष निकाल सकते हैं कि P की चाल: Q की चाल = 4: 5

लेकिन हम अलग-अलग ट्रेनों की चाल का पता नहीं लगा सकते हैं।

कथन II में दोनों ट्रेनों की औसत चाल दी गई है, इसलिए हम अलग-अलग ट्रेनों की चाल का पता नहीं लगा सकते हैं।

यदि हम कथन I को कथन II के साथ जोड़ते हैं, तो हम प्राप्त कर सकते हैं क्योंकि P की चाल = 40 किमी प्रति घंटा Q की चाल = 50 किमी प्रति घंटा

इसलिए, प्रश्न का उत्तर देने के लिए कथन I और II दोनों में डेटा आवश्यक है।

अत: विकल्प (E) सही है।

73. माना शहर की जनसंख्या 4 साल पहले अर्थात वर्ष 2014 में $= x$

तब, कथन I से, $1.4641 \times x = 219615$

$x = 150000$

कथन II से,

यदि इसमें प्रत्येक वर्ष 10% की वृद्धि की जाती है तो,

$$x \times \frac{110}{100} \times \frac{110}{100} \times \frac{110}{100} \times \frac{110}{100} = 219615$$

यहाँ से, हम x का मान प्राप्त कर सकते हैं $= 150000$

इसलिए, या तो कथन I या कथन II प्रश्न का उत्तर देने के लिए पर्याप्त है।

अत: विकल्प (C) सही है।

74. कथन I से, हम कोण a : b : c = 9 : 6 : 4 के अनुपात का निष्कर्ष निकाल सकते हैं।

हम जानते हैं कि त्रिभुज में बड़े कोण की सम्मुख भुजा सबसे बड़ी होती है।

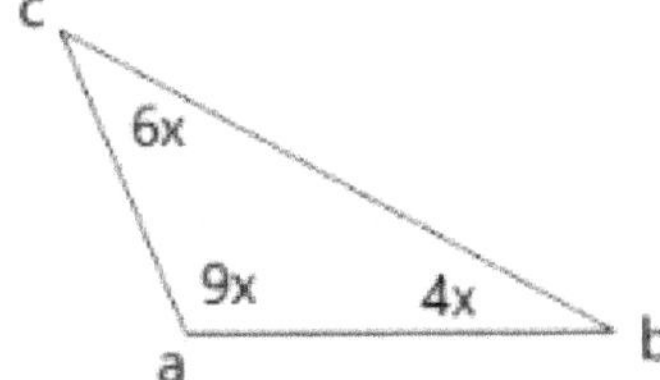

यहाँ से हम यह निष्कर्ष निकाल सकते हैं कि भुजा bc सबसे बड़ी होगी।

कथन II से, केवल परिमाप दिया गया है लेकिन, प्रश्न में, हमें सबसे बड़ा पक्ष ज्ञात करने की आवश्यकता है, इसलिए केवल इस कथन से कुछ भी निष्कर्ष नहीं निकाला जा सकता है।

इसलिए, कथन I का डेटा प्रश्न का उत्तर देने के लिए पर्याप्त है, जबकि कथन II में डेटा प्रश्न का उत्तर देने के लिए पर्याप्त नहीं है।

अत: विकल्प (A) सही है।

75. कथन I से:

सापेक्ष गति $= \frac{D}{T}$

$S_1 + S_2 = \frac{250+250}{25}$

$= \frac{500}{25} = 20$ मी/से

कथन II से:

$S = \frac{D}{T}$

$= \frac{250}{25} = 10$ मी/से

कथन II से:

$S = \frac{D}{T}$

$= \frac{250}{25} = 10$ मी/से

कथन III से:

बिंदु X से बिंदु Y तक की दूरी $= 360$ किमी

कथन II और III:

गति $= 10$ मी/से

या $10 \times \frac{18}{5} = 36$ किमी/घंटा

$S = \frac{D}{T}$

$36 = \frac{360}{T}$

$T = 10$ घंटे

अत: विकल्प (B) सही है।

76. दिया हुआ:

$45^2 - 100 - 25^2 = ?$

⇒2025 – 100 – 625 = ?

⇒1300 = ?

अतः विकल्प (C) सही है।

77. दिया हुआ:

$\sqrt[3]{1728} + \sqrt[3]{1331} + \sqrt{x} + 12 = 49$

⇒ 12 + 11 + $\sqrt{x}$ = 37

⇒ $\sqrt{x}$ = 37 – 23

⇒ $\sqrt{x}$ = 14

दोनों ओर वर्ग करने पर,

⇒ x = 196

अतः विकल्प (C) सही है।

78. दिया हुआ:

120 ÷ x = 14 × 6 - 43

⇒ $\frac{120}{x}$ = 84 – 64

⇒ $\frac{120}{x}$ = 20

⇒ $x = \frac{120}{20}$

⇒ x = 6

अतः विकल्प (B) सही है।

79. दिया हुआ:

$\sqrt{(81+ ? +95)} = 16$

81 + x + 95 = 256

x = 256 – 176

x = 80

अतः विकल्प (D) सही है।

80. दिया हुआ:

$\sqrt{1024}$ × 11 + 8 × x = 32 × 16

इस प्रश्न को हल करने के लिए BODMAS नियम का पालन नीचे दिए क्रम के अनुसार करें,

⇒ 32 × 11 + 8x = 512

⇒ 32 × 11 + 8x = 512

⇒ 8x = 512 – 352

⇒ x = $\frac{160}{8}$

⇒ x = 20

अतः विकल्प (D) सही है।

81. दिया हुआ :

$12^2 + 16^2 - ?^2 = 102 \times 3$

इस प्रश्न को हल करने के लिए BODMAS नियम का पालन नीचे दिए क्रम के अनुसार करें,

⇒ $144 + 256 - ?^2 = 100 \times 3$

⇒ $?^2 = 400 - 300 = 100$

⇒? = $\sqrt{100}$ = $\sqrt{(10 \times 10)}$

⇒ ? = 10

अतः विकल्प (C) सही है।

82. दिया गया:

185% का $500 - 46\%$ का $1650 = 4 \times ?$

$\Rightarrow 185\%$ का $500 - 46\%$ का $1650 = 4 \times ?$

$\Rightarrow (925 - 759) = 4 \times ?$

$\Rightarrow 166 = 4 \times ?$

$\Rightarrow ? = 41.5$

अतः विकल्प (D) सही है।

83. दिया गया व्यंजक:

$2\frac{5}{13}\%$ का $5200 + 1\frac{1}{17}\%$ का $5100 = ?$

$\left(\frac{31}{1300}\right) \times 5200 + \left(\frac{18}{1700}\right) \times 5100 = ?$

$? = 31 \times 4 + 18 \times 3$

$? = 124 + 54$

$= 178$

अतः विकल्प (C) सही है।

84. प्रश्नानुसार,

12 पेन की कीमत बेचना = 14 पेन की लागत मूल्य

12 × विक्रय मूल्य = 14 × लागत मूल्य

⇒ विक्रय मूल्य = $\left(\frac{7}{6}\right)$ × लागत मूल्य

लाभ = (विक्रय मूल्य- लागत मूल्य)/लागत मूल्य × 100% = 16.67%

इसलिए, यदि लागत मूल्य 100 है, तो लाभ 16.67 है।

कर = 10% = $\left(\frac{10}{100}\right)$ × 16.67 = 1.67

तो, शुद्ध लाभ = 16.67 - 1.67 = 15

इसलिए, जब दुकान मूल्य 100 है तो दुकानदार 15 का शुद्ध लाभ कमा रहा है।

शुद्ध लाभ प्रतिशत = 15%

अतः विकल्प (D) सही है।

85. दिया है:

80% व्यक्तियों ने वोट डाले।

वोट डालने वाले 45% मतदाता नियोजित हैं।

नियोजित मतदाताओं के 66.67% इंजीनियर हैं।

माना कि मतदाताओं की कुल संख्या 100 है।

80% व्यक्तियों ने वोट डाले

= $\left(\frac{80}{100}\right)$ × 100 = 80

80 व्यक्तियों ने वोट डाले।

= 80 का 45% = $\left(\frac{45}{100} \times 80\right)$ = 36

36 मतदाता नियोजित थे।

नियोजित मतदाताओं के 66.67% इंजीनियर हैं।

⇒ 36 × 66.67% = 24

24 मतदाता इंजीनियर थे।

कुल मतदाताओं में गैर-इंजीनियरों की संख्या = 36 – 24 = 12

∴ अपेक्षित प्रतिशत = $\frac{12}{100}$ × 100 = 12%

अतः विकल्प (A) सही है।

86. I. $x^2 - 13x + 30 = 0$

$\Rightarrow x^2 - 3x - 10x + 30 = 0$

$\Rightarrow (x-3)(x-10) = 0$

$\Rightarrow x = 3, 10$

II. $y^2 + 5y + 4 = 0$

$\Rightarrow y^2 + y + 4y + 4 = 0$

$\Rightarrow (y+4)(y+1) = 0$

$\Rightarrow y = -4, -1$

x का मान	y का मान	सम्बन्ध
3	–4	x > y
3	–1	x > y
10	–4	x > y
10	–1	x > y

इसलिए, x > y

अतः विकल्प (A) सही है।

87. I. $x^2 + 17x + 72 = 0$

$\Rightarrow x^2 + 9x + 8x + 72 = 0$

$\Rightarrow (x + 8)(x + 9) = 0$

$\Rightarrow x = -8, -9$

II. $y^2 + 11y + 30 = 0$

$\Rightarrow y^2 + 5y + 6y + 30 = 0$

$\Rightarrow (y + 5)(y + 6) = 0$

$\Rightarrow y = -5, -6$

x का मान	y का मान	सम्बन्ध
–8	–5	x < y
–8	–6	x < y
–9	–5	x < y
–9	–6	x < y

इसलिए , x < y

अतः विकल्प (B) सही है।

88. I. $2x^2 - 39x + 189 = 0$

$\Rightarrow 2x^2 - 18x - 21x + 189 = 0$

$\Rightarrow 2x(x - 9) - 21(x - 9) = 0$

$\Rightarrow (x - 9)(2x - 21) = 0$

$\Rightarrow x = 9, \frac{21}{2}$

II. $y^2 - 16y + 63 = 0$

$\Rightarrow y^2 - 7y - 9y + 63 = 0$

$\Rightarrow y(y - 7) - 9(y - 7) = 0$

$\Rightarrow (y - 7)(y - 9) = 0$

$\Rightarrow y = 7, 9$

x का मान	y का मान	सम्बन्ध
9	7	x > y
9	9	x = y
\(\frac{21}{2}\)	7	x > y
$\frac{21}{2}$	9	x > y

∴ x ≥ y

अतः विकल्प (C) सही है।

89. I. $x^2 - 27x + 180 = 0$

$\Rightarrow x^2 - 12x - 15x + 180 = 0$

$\Rightarrow (x - 12)(x - 15) = 0$

$\Rightarrow x = 12, 15$

II. $y^2 - 31y + 240 = 0$

$\Rightarrow y^2 - 15y - 16y + 240 = 0$

$\Rightarrow (y - 15)(y - 16) = 0$

$\Rightarrow y = 15, 16$

x का मान	y का मान	सम्बन्ध
12	15	x < y
12	16	x < y
15	15	x = y
15	16	x < y

So, x ≤ y

अतः विकल्प (D) सही है।

90. I. $5x^2 + 29x - 42 = 0$

$\Rightarrow 5x^2 + 35x - 6x - 42 = 0$

$\Rightarrow 5x(x + 7) - 6(x + 7) = 0$

$\Rightarrow (x + 7)(5x - 6) = 0$

$\Rightarrow x = -7, \frac{6}{5}$

II. $20y^2 - 9y - 18 = 0$

$\Rightarrow 20y^2 + 15y - 24y - 18 = 0$

$\Rightarrow (5y - 6)(4y + 3) = 0$

$\Rightarrow y = \frac{-3}{4}, \frac{6}{5}$

x का मान	y का मान	सम्बन्ध
-7	$\frac{-3}{4}$	x < y
-7	$\frac{6}{5}$	x < y
\(\frac{6}{5}\)	$\frac{-3}{4}$	x > y
$\frac{6}{5}$	$\frac{6}{5}$	x = y

x और y के बीच सम्बन्ध स्थापित नहीं किया जा सकता है।

अतः विकल्प (E) सही है।

91. श्रृंखला में अनुसरित स्वरूप निम्न है:

68 + 3 = 71

71 - 6 = 65

65 + 9 = 74

74 - 12 = 62

62 + 15 = 77

अतः विकल्प (E) सही है।

92. श्रृंखला में अनुसरित स्वरूप निम्न प्रकार है:

$8^2 - 1 = 63$

$9^2 - 1 = 80$

$10^2 - 1 = 99$

$11^2 - 1 = 120$

$12^2 - 1 = 143$

$13^2 - 1 = 168$

अतः विकल्प (E) सही है।

93. श्रृंखला में अनुसरित स्वरूप निम्न प्रकार है:

12 + 3 = 15

15 + 9 = 24

24 + 15 = 39

39 + 21 = 60

60 + 27 = 87

अतः विकल्प (D) सही है।

94. श्रृंखला में अनुसरित स्वरूप निम्न प्रकार है:

7 × 1 + 1 = 8

8 × 2 + 1 = 17

17 × 3 + 1 = 52

52 × 4 + 1 = 209

209 × 5 + 1 = 1046

अतः विकल्प (A) सही है।

95. श्रृंखला में अनुसरित स्वरूप निम्न प्रकार है:

16 + 144 = 160

160 + 121 = 281

281 + 100 = 381

381 + 81 = 462

462 + 64 = 526

अतः विकल्प (C) सही है।

96. दिया है:

50 किलोमीटर तय करने के लिए लिया गया समय = 2.5 घंटा

200 किलोमीटर तय करने के लिए लिया गया समय = 4 घंटा

औसत गति = कुल दूरी/कुल समय = $\frac{250}{6.5}$ किलोमीटर/घंटा

औसत गति = 38.46 किलोमीटर/घंटा

∴ गति का औसत 38.46 किलोमीटर/घंटा है।

अतः विकल्प (D) सही है।

97. दिया है कि:

मिश्रण की मात्रा = 20 लीटर

मिश्रण में अल्कोहल की मात्रा = 15%

माना कि मिश्रण में x लीटर अल्कोहल मिलाया गया है।

20 लीटर में अल्कोहल की मात्रा = 20 का 15%

$= 20 \times \frac{15}{100} = 3$ लीटर

प्रश्नानुसार,

$\Rightarrow \frac{(3+x)}{(20+x)} = \frac{20}{100}$

$\Rightarrow 5(3 + x) = 20 + x$

$\Rightarrow 4x = 5$

$\Rightarrow x = 1.25$ लीटर

∴ मिश्रण में 20% अल्कोहल बनाने के लिए मिश्रण में 1.25 लीटर अल्कोहल मिलाया जाना चाहिए।

अतः विकल्प (C) सही है।

98. दिया है:

$(17.76)^2 + (20.99)^2 = (2)^7 + ?$

गणना:

$(17.76)^2 + (20.99)^2 = (2)^7 + ?$

$\Rightarrow (18)^2 + (21)^2 = (2)^7 + ?$

$\Rightarrow 324 + 441 = 128 + ?$

$\Rightarrow ? = 765 - 128$

$\Rightarrow ? = 637$

∴ ? का मान 637 है।

अतः विकल्प (E) सही है।

99. दिया है,

$\sqrt{676} \times 12 - 864 \div 36 = ? + 61$

इस प्रश्न को हल करने के लिए नीचे दिए गए क्रम के अनुसार BODMAS नियम का पालन करने पर,

$\Rightarrow 26 \times 12 - 24 = ? + 61$

$\Rightarrow 312 - 24 = ? + 61$

$\Rightarrow 312 - 85 = ?$

$\Rightarrow ? = 227$

अतः विकल्प (D) सही है।

100. दिया गया है,

40 संख्याओं का औसत = 71

सूत्र:

औसत = सभी अवलोकनों का योग/सभी अवलोकनों की संख्या

गणना:

40 संख्याओं का योग = 40 × 71 = 2840

40 संख्याओं का नया योग = 2840 – 100 + 140 = 2880

40 संख्याओं का नया औसत = $\frac{2880}{40}$ = 72

∴ औसत में वृद्धि = 72 – 71 = 1

अतः विकल्प (D) सही है।

English Language

Q.1 Select the incorrectly spelt word.

A. Deliquescence
B. Pertinacious
C. Pisiculture
D. Renaissance
E. Renegade

Q.2 Select the incorrectly spelt word.

A. Millennium
B. Millionaire
C. Millenerian
D. Manageable
E. None of these

Q.3 Four words are given, out of which only one word is spelt correctly?

A. Dysorientation
B. Desorientation
C. Disorientation
D. Disorientetion
E. None of the above

Ques (4-8):Direction: Rearrange the following six sentences (A), (B), (C), (D), (E) and (F) in the proper sequence to form a meaningful paragraph and then answer the question given beside.

(A) Last June, ISRO had come close to NASA's record by launching 20 satellites in one mission.

(B) The Indian Space Research Organisation boosted its reputation further when it successfully launched a record 104 satellites in one mission from Sriharikota a few days ago.

(C) Of the 101 foreign satellites launched, 96 were from the U.S. and one each from the other five countries.

(D) An earth observation Cartosat-2 series satellite and two other nano satellites were the only Indian satellites launched: the remaining were from the United States, Israel, the UAE, the Netherlands, Kazakhstan and Switzerland.

(E) The launch is particularly significant as ISRO now cements its position as a key player in the lucrative commercial space launch market by providing a cheaper yet highly reliable alternative.

(F) But ISRO views the launch not as a mission to set a world record but as an opportunity to make full use of the capacity of the launch vehicle.

Q.4 Which of the following would be the first sentence after rearrangement?

A. (E)
B. (A)
C. (C)
D. (B)
E. (D)

Q.5 Which of the following would be the second sentence after rearrangement?

A. (D)
B. (E)
C. (A)
D. (F)
E. (B)

Q.6 Which of the following would be the third sentence after rearrangement?

A. (D)
B. (C)
C. (A)
D. (F)
E. (E)

Q.7 Which of the following would be the fourth sentence after rearrangement?

A. (D)
B. (F)
C. (E)
D. (A)
E. (C)

Q.8 Which of the following would be the last but one sentence after rearrangement?

A. (A)
B. (C)
C. (D)
D. (E)
E. (F)

Ques (9-13):Directions: The sentence given below has blank, the blank indicating that something has been omitted. Choose the word that would fit the blank appropriately.

Q.9 South Africa finds itself in the middle of a _______ third-wave of the COVID with people losing their lives faster than any wave before.

A. mesmerizing
B. tantalizing
C. crippling
D. stabilizing
E. sloping

Q.10 The Louvre pyramid is one of the most ______ landmarks in France.

A. dismal
B. shallow
C. iconic
D. crude
E. contempt

Q.11 China's computing machine is 20000 times faster than its international counterparts and may ______ the processing power of supercomputers.

A. hinder
B. boost
C. decrease
D. diminish
E. destroy

Q.12 The ______ nature of the employee was unacceptable to the boss because the work kept piling up with time.

A. genius
B. diligent
C. indolent
D. indefatigable
E. None of these

Q.13 I despise ______ people as they have a tendency to blow their own trumpet.

A. garrulous
B. reticent
C. generous
D. pragmatic
E. None of these

Q.14 Direction: Choose the word which best expresses nearly the same meaning of the given word.

OCCULT

A. Religious
B. Unnatural
C. Supernatural
D. Strong
E. None of these

Q.15 Direction: Choose the word which best expresses the opposite meaning of the word.

COUNTERFEIT

A. Destructive **B.** Genuine
C. Affirm **D.** Harmonize
E. None of these

Ques (16-20):Direction: Read the following sentence and determine whether there is any error in it. The error, if any, will be in one part of the sentence. If the sentence is error-free, then select 'No Error' as your answer.

Q.16 Despite of the rain, the parade went(A)/on uninterrupted which was followed by(B)/ the President's address and other formal (C)/ festivities of the Republic Day. (D)

[SBI Clerk, 2021]

A. (A) **B.** (B) **C.** (C) **D.** (D)
E. No Error

Q.17 "Lisa is more stronger than(A)/ her opponent", said the coach(B)/ during the press briefing(C)/ ahead of the Asian Games.(D)

[SBI Clerk, 2021]

A. (A) **B.** (B) **C.** (C) **D.** (D)
E. No Error

Q.18 I lost the bag in which I had my all documents, certificates, and academic records. /(A) I have a job interview tomorrow where I need all these things, /(B) and I have no clue what will happen. I lodged /(C) a police complaint, but within this short time, nothing is possible. /(D)

[SBI Clerk, 2021]

A. (A) **B.** (B) **C.** (C) **D.** (D)
E. No error

Q.19 The fabric is as softer as cotton, but it is /(A) not pure cotton. That's why she got so many /(B) allergic reactions on her face after using that mask /(C) and is now under proper medication and care. /(D)

[SBI Clerk, 2021]

A. (A) **B.** (B) **C.** (C) **D.** (D)
E. No error

Q.20 Kiva has loaned out (A) nearly a quarter of (B) a billion dollars to (C) small and medium businesses for 2005. (D)

[SBI Clerk, 2021]

A. (A) **B.** (B) **C.** (C) **D.** (D)
E. No error

Ques (21-22):Direction: In the following sentence, a part of the sentence is underlined. Below are given alternatives to the underlined part, which may improve the sentence. Choose the correct alternative. In case no improvement is needed, choose the alternative that indicates 'No improvement'.

Q.21 Covid treatment in this hospital is <u>very low expensive that</u> they had to sell off their land to pay for it.

A. quite expensive and **B.** too expensive for
C. so expensive but **D.** more expensive
E. No improvement

Q.22 The entire town was <u>set on the ears</u> when it was announced that a giant megastore would be closing itself.

A. Set by the eyes **B.** Set by the ears
C. Set at the ears **D.** Set on the eyes
E. No Improvement

Ques (23-24):Direction: A sentence/part of the sentence is emboldened. Five alternatives are given to the embolden part which will improve the sentence. Choose the correct alternative and choose the option corresponding to it. In case no improvement is needed, click the option corresponding to 'No improvement required'.

Q.23 He slapped the team into action and they headed for the town at a **more leisure pace**.

[IBPS PO, 2021]

A. many leisurely
B. many leisured
C. more leisure paced
D. more leisurely pace
E. No improvement required

Q.24 Although both the United States and China are formidable world powers, **India should side with the later.**

[IBPS PO, 2021]

A. India should side along the later
B. India should side with the latter
C. India should side along the latter
D. India should be siding with the later
E. No Improvement required

Q.25 Direction: In the following sentence, a part is underlined. Below are given alternatives to the underlined part, which may improve the sentence. Choose the correct alternative. In case no improvement is needed, choose the alternative that indicates 'No improvement'.

The new captain's poker face made them <u>unable for gauge his mood</u>.

A. unable in gauge his mood
B. unable to assess his mood
C. unable to gauge his mood

A. Only A **B.** Only C
C. Only B **D.** Both B and C
E. No improvement

Ques (26-30):Direction: Read the passage and answer the following questions.

The economic and labour crisis created by the COVID-19 pandemic could increase global unemployment by almost 25 million, according to a new assessment by the International Labour Organization (ILO). However, if we see an internationally coordinated policy response, as happened in the global financial crisis of 2008/9, then the impact on global unemployment could be ______ lower.

The preliminary assessment note, COVID-19 and the world of work: Impacts and responses, calls for urgent, large-scale and coordinated measures across three pillars: protecting workers in the workplace, stimulating the economy and employment, and supporting jobs and incomes. These measures include extending social protection, supporting employment retention (i.e. short-time work, paid leave, other subsidies), and financial and tax relief, including for micro, small and medium-sized enterprises. In addition, the note proposes fiscal and monetary policy measures, and lending and financial support for specific economic sectors.

Based on different scenarios for the impact of COVID-19 on global GDP growth, the ILO estimates indicate a rise in global unemployment of between 5.3 million ("low" scenario) and 24.7 million ("high" scenario) from a base level of 188 million in 2019. By comparison, the 2008-9 global financial crisis increased global unemployment by 22 million. Underemployment is also expected to increase on a large scale, as the economic consequences of the virus outbreak translate into reductions in working hours and wages. Self-employment in developing countries, which often serves to cushion the impact of changes, may not do so this time because of restrictions on the movement of people (e.g. service providers) and goods.

Fall in employment also means large income losses for workers. The study estimates these as being between USD 860 billion and USD 3.4 trillion by the end of 2020. This will translate into falls in the consumption of goods and services, in turn affecting the prospects for businesses and economies. Working poverty is expected to increase significantly too, as "the strain on incomes resulting from the decline in economic activity will devastate workers close to or below the poverty line". The ILO estimates that between 8.8 and 35 million additional people will be in working poverty worldwide, compared to the original estimate for 2020 (which projected a decline of 14 million worldwide).

Q.26 Which options best fits the given blank in the passage "However, if we see an internationally coordinated policy response, as happened in the global financial crisis of 2008/9, then the impact on global unemployment could be ______ lower."

A. significantly
B. obsessed
C. aggravated
D. mitigating
E. None of these

Q.27 What could be the most similar in meaning to the word "**restrictions**"?

A. Liberation
B. Limitation
C. Freedom
D. Permission
E. All of the above

Q.28 What does the fall in employment mean?

A. Large income losses for workers
B. Rise in inflation
C. No pay for employees
D. Decline in economy
E. None of these

Q.29 According to a new assessment by the International Labour Organization (ILO), unemployment could globally increase by:

A. 20 million
B. 22 million
C. 23 million
D. 24 million
E. 25 million

Q.30 The ILO estimates indicate a rise in global unemployment of between 5.3 million and 24.7 million from a base level of 188 million in which year?

A. 2020
B. 2021
C. 2019
D. 2022
E. None of these

Reasoning Ability

Ques (31-34):निर्देश: निम्नलिखित प्रश्न में दिए गए कथनों को सत्य मानते हुए, यह ज्ञात कीजिये कि दिए गए निष्कर्षों में से कौन-सा/कौन-से निष्कर्ष निश्चित रूप से सत्य है/हैं और तदनुसार अपने उत्तर दीजिये।

Q.31 कथन: $B < S \leq Q < Y = X > C \geq J$

निष्कर्ष:

I. $S < Y$

II. $X > B$

A. केवल I सत्य है।
B. या तो I या II सत्य है।
C. केवल II सत्य है।
D. I और II दोनों सत्य हैं।
E. इनमें से कोई नहीं

Q.32 कथन: $A < C = D \leq E; B = A > F$

निष्कर्ष:

I. $D > F$

II. $B > E$

A. केवल II सत्य है।
B. केवल I सत्य है।
C. दोनों सत्य हैं।
D. न तो I न II सत्य है।
E. या तो I या II सत्य है।

Q.33 कथन: $D = X \geq C > S = F; D > Y \geq H \geq G$

निष्कर्ष:

I. $G \leq X$

II. $D > F$

A. केवल निष्कर्ष I अनुसरण करता है।
B. दोनों निष्कर्ष I या II अनुसरण करते हैं।
C. केवल निष्कर्ष II अनुसरण करता है।
D. या तो I या II अनुसरण करता है।
E. न तो निष्कर्ष I और न ही II अनुसरण करता है।

Q.34 कथन: $G \geq M = P > C; \; Q < R = B < C$

निष्कर्ष:

I. $M > R$

II. $G \geq B$

A. केवल I अनुसरण करता है।
B. केवल II अनुसरण करता है।
C. दोनों अनुसरण करता है।
D. या तो I या II अनुसरण करता है।
E. इनमें से कोई अनुसरण नहीं करता है।

Q.35 निर्देश: निम्नलिखित प्रश्न में दिए गए कथनों को सत्य मानते हुए, ज्ञात कीजिये कि निष्कर्षों में से कौन सा/कौन से निष्कर्ष निश्चित रूप से सत्य है/हैं और फिर उसके तदनुसार अपने उत्तर दीजिये।

कथन:

M < N < U; R = T; U ≤ R ≥ V ≥ E

निष्कर्ष:

I. T > N

II. R ≥ E

III. M < T

IV. T ≥ U

A. सभी सत्य हैं।

B. कोई भी सत्य नहीं है।

C. केवल II सत्य है।

D. केवल I और या तो II या IV सत्य हैं।

E. केवल I और II सत्य हैं।

Q.36 छात्रों की एक कतार में रमेश बाएँ से नौवें तथा सुमन दाएँ से छठे स्थान पर है। जब रमेश तथा सुमन अपने स्थान आपस में अदल-बदल कर लेते हैं, तो रमेश बाएँ से पन्द्रहवाँ हो जाता है। बताएँ कि परिवर्तन के बाद सुमन का दाएँ से कौन-सा स्थान होगा?

A. 6वाँ **B.** 13वाँ **C.** 15वाँ **D.** 12वाँ
E. 14वाँ

Q.37 60 विद्यार्थियों की किसी कक्षा में जिसमें लड़कियों की संख्या लड़कों की संख्या से दुगुनी है कमल का स्थान ऊपर से 17 वां है। यदि कमल से आगे 9 लड़कियाँ हैं तो रैंक में उससे पीछे कितने लड़के हैं?

A. 3 **B.** 7 **C.** 12 **D.** 23
E. 20

Ques (38-42):निर्देश: निम्नलिखित जानकारी का ध्यानपूर्वक अध्ययन कीजिए और दिए गए प्रश्न के उत्तर दीजिये।

आठ व्यक्ति फियोना, लिज़, कोडी, जैक, एशले, बेट्टी, डेरेक और पैट्रिक एक गोलाकार मेज पर केंद्र के विपरीत दिशा के सम्मुख बैठे हैं परन्तु यह जरूरी नहीं कि वे इसी क्रम में हों।

बेट्टी, कोडी के बाएं तीसरे स्थान पर बैठी है। पैट्रिक, एशले के दाएं दूसरे स्थान पर बैठा है। डेरेक, कोडी के बाएं दूसरे स्थान पर बैठा है। जैक, एशले या पैट्रिक का पड़ोसी नहीं है। फियोना, डेरेक के विपरीत नहीं बैठी है। एशले, बेट्टी के विपरीत बैठी है।

Q.38 निम्नलिखित में से कौन सा युग्म लिज़ का निकटतम पड़ोसी है?

A. पैट्रिक और बेट्टी **B.** एशले और पैट्रिक
C. डेरेक और जैक **D.** एशले और कोडी
E. बेटी और जैक

Q.39 निम्नलिखित में से कौन सा कथन निश्चित रूप से सत्य है/हैं?

I. डेरेक, एशले के सामने बैठा है।

II. बेट्टी, जैक के दाएं दूसरे स्थान पर बैठी है।

III. फियोना, कोडी के सामने बैठी है।

A. केवल कथन I सत्य है **B.** केवल कथन II सत्य है
C. केवल कथन III सत्य है **D.** कोई भी सत्य नहीं है
E. सभी सत्य हैं

Q.40 लिज़ के दाएं से गिनती करने पर लिज़ और जैक के बीच कितने व्यक्ति बैठे हैं?

A. 2 **B.** 1 **C.** 3 **D.** 4
E. 5

Q.41 यदि बेट्टी, पैट्रिक के साथ अपना स्थान बदल लेती है तो बेट्टी के बाएं तीसरे स्थान पर कौन बैठा है?

A. एशले **B.** जैक **C.** डेरेक **D.** कोडी
E. लिज़

Q.42 कोडी के विपरीत कौन बैठा है?

A. डेरेक **B.** फियोना **C.** लिज़ **D.** जैक
E. पैट्रिक

Ques (43-47):निर्देश: निर्देश को ध्यान से पढ़िये और नीचे दिए गए प्रश्न का उत्तर दीजिये ।

नौ व्यक्ति – L, N, O, P, Q, R, S, T और W एक पंक्ति में बैठे हैं। उनमें से पाँच उत्तर की ओर सम्मुख हैं जबकि शेष चार दक्षिण की ओर सम्मुख हैं। लगातार तीन व्यक्ति एक ही दिशा की ओर सम्मुख नहीं हैं।

N, W के दाएं से पांचवें स्थान पर बैठा है और N, W के समान दिशा की ओर सम्मुख नहीं है। W के बाएं दो व्यक्ति बैठे हैं और दोनों उत्तर के सम्मुख हैं। P, T के बाएं छठे स्थान पर बैठा है, जो N का निकटतम पड़ोसी है। Q, S के बाएं चौथे स्थान पर बैठा है, जो P के समान दिशा के सम्मुख है। S, P के निकटतम नहीं बैठा है। O, R के बाएं चौथे स्थान पर बैठा है और वे विपरीत दिशाओं की ओर सम्मुख हैं। O, T का निकटतम पड़ोसी है। अंतिम छोर पर बैठे व्यक्ति विपरीत दिशाओं के सम्मुख बैठे हैं।

Q.43 W के दाएं दूसरा कौन बैठा है?

A. O **B.** S **C.** L **D.** R
E. Q

Q.44 L के बाएं से तीसरा कौन बैठा है?

A. S **B.** P **C.** Q **D.** N
E. T

Q.45 R के निकटतम पडोसी कौन हैं?

A. LS **B.** ON **C.** PL **D.** PW
E. TO

Q.46 N के निकटतम पडोसी कौन हैं?

A. QT **B.** OS **C.** LW **D.** RP
E. SW

Q.47 L के दायें से तीसरे स्थान पर कौन बैठा है?

A. N **B.** T **C.** R **D.** W
E. P

Ques (48-49):निर्देश: नीचे दिए गए प्रश्न में कुछ कथन दिए गए हैं जिनके बाद दो निष्कर्ष I, और II दिए गए हैं। आपको दिए गए कथनों को सत्य मानना है, भले ही वे सामान्यतः ज्ञात तथ्यों से भिन्न हों। सभी निष्कर्षों को पढ़िए और फिर निर्णय लीजिये कि दिए गए कथनों में से कौन सा निष्कर्ष सामान्यतः ज्ञात तथ्यों की अवहेलना करते हुए दिए गए कथनों का तार्किक रूप से अनुसरण करता है।

Q.48 कथन:

कुछ C, D हैं।

कोई C एक E नहीं है।

सभी E, F हैं।

निष्कर्ष:

I. कोई F एक C नहीं है।

II. कम से कम कुछ D, F हैं।

A. न तो I और न ही II अनुसरण करता है।

B. केवल I अनुसरण करता है।

C. केवल II अनुसरण करता है।

D. या तो I या II अनुसरण करता है।
E. I और II दोनों अनुसरण करते हैं।

Q.49 कथन:
कोई भी बुरे अच्छे नहीं हैं।
सभी अच्छे शालीन हैं।
केवल कुछ शालीन सागर हैं।
निष्कर्ष:
I. सभी सागर अच्छे हो सकते हैं।
II. कुछ शालीन बुरे नहीं हैं।
A. केवल निष्कर्ष I अनुसरण करता है।
B. केवल निष्कर्ष II अनुसरण करता है।
C. या तो निष्कर्ष I या निष्कर्ष II अनुसरण करता है।
D. न तो निष्कर्ष I न निष्कर्ष II अनुसरण करता है।
E. निष्कर्ष I और निष्कर्ष II दोनों अनुसरण करते हैं।

Ques (50-52):निर्देश: नीचे दिए गए प्रश्न में दो कथन दिए गए हैं जिसके बाद I और II से अंकित दो निष्कर्ष दिए गए हैं। आपको दिए गए कथनों को सत्य मानना है, भले ही वे सामान्यतः ज्ञात तथ्यों से अलग प्रतीत होते हों। सभी निष्कर्षों को पढ़िये और फिर तय कीजिये कि दिए गए निष्कर्षों में से कौन सा निष्कर्ष सामान्य रूप से ज्ञात तथ्यों को नजरंदाज किए बिना दिए गए कथनों का तार्किक रूप से अनुसरण करता है।

Q.50 कथन:
केवल कुछ जानवर बिल्ली हैं
कुछ जानवर कुत्ते हैं
निष्कर्ष:
I. सभी बिल्ली जानवर हैं
II. कुछ बिल्ली कुत्ते हैं
[SBI Clerk, 2021]

A. केवल II अनुसरण करता है
B. I और II दोनों अनुसरण करते हैं
C. या तो I या II अनुसरण करते हैं
D. केवल I अनुसरण करता है
E. न तो I और न ही II अनुसरण करते हैं

Q.51 कथन:
केवल कुछ समुद्र नदी हैं
सभी नदी जल निकाय हैं
निष्कर्ष:
I. कुछ समुद्र जल निकाय हैं
II. सभी समुद्र नदी हैं
[SBI Clerk, 2021]

A. I और II दोनों अनुसरण करते हैं
B. न तो I और II अनुसरण करते हैं
C. या तो I या II अनुसरण करता है
D. केवल I अनुसरण करता है
E. केवल II अनुसरण करता है

Q.52 कथन:
सभी डेस्क जंगल हैं।
सभी जंगल पहाड़ हैं।
निष्कर्ष:
I. कोई जंगल पहाड़ नहीं है।
II. कुछ पहाड़ डेस्क हैं।
[SBI Clerk, 2021]

A. I और II दोनों अनुसरण करते हैं
B. केवल I अनुसरण करता है
C. केवल II अनुसरण करता है
D. या तो I या II अनुसरण करते हैं
E. इनमें से कोई नहीं

Q.53 शब्द 'LAVISLY' में, प्रत्येक स्वर को वर्णमाला श्रृंखला के अगले अक्षर से और प्रत्येक व्यंजन को वर्णमाला श्रृंखला के पिछले अक्षर से बदलतें है। इस नवगठित शब्द में कितने अक्षर एक से अधिक बार आते हैं?
[IBPS PO, 2021]

A. एक B. दो C. तीन D. चार
E. शून्य

Q.54 शब्द 'ENTHUSIASM' में अक्षरों के ऐसे कितने युग्म हैं, जिनमें से प्रत्येक के बीच में (आगे और पीछे दोनों दिशाओं में) उतने ही अक्षर हैं जितने उनके बीच अंग्रेजी वर्णमाला श्रृंखला में हैं?
[SBI Clerk, 2021]

A. एक B. दो
C. तीन D. चार
E. चार से अधिक

Ques (55-59):निर्देश: दिए गए प्रश्नों का उत्तर देने के लिए निम्नलिखित जानकारी का ध्यानपूर्वक अध्ययन कीजिए।

2 # C D 6 % F I M K H 8 © @ T U V 4 € 2 7 8 $ H O K W 5 Y 4 ¥ Y A P @

Q.55 उपरोक्त व्यवस्था में बाएं छोर से चौबीसवें तत्व के बाईं ओर निम्नलिखित में से कौन सा छठा है?
[SBI Clerk, 2021]

A. 4 B. V
C. @ D. H
E. इनमें से कोई नहीं

Q.56 यदि दी गई श्रृंखला से सभी सम संख्याओं को हटा दिया जाता है, तो निम्नलिखित में से कौन सा तत्व दायें छोर से दसवाँ होगा?
[SBI Clerk, 2021]

A. # B. O
C. Y D. 7
E. इनमें से कोई नहीं

Q.57 उपरोक्त व्यवस्था में ऐसे कितने स्वर हैं, जिनके ठीक बाद एक व्यंजन है लेकिन ठीक पहले एक संख्या नहीं है?
[SBI Clerk, 2021]

A. एक B. दो
C. तीन D. तीन से अधिक
E. कोई नहीं

Q.58 उपरोक्त व्यवस्था के दाएं ओर से तेईसवें तत्व के दाएं ओर नौवां कौन सा है?
[SBI Clerk, 2021]

A. 8 B. @
C. © D. 4
E. इनमें से कोई नहीं

Q.59 उपरोक्त व्यवस्था में उनकी स्थिति के आधार पर निम्नलिखित पाँच में से चार एक निश्चित तरीके से एक समान हैं और इसलिए एक समूह बनाते हैं। वह कौन सा है जो उस समूह से संबंधित नहीं है?
[SBI Clerk, 2021]

A. C6F **B.** H©T **C.** 7$O **D.** V€7
E. 4YA

Ques (60-62):निर्देश: निम्नलिखित जानकारी का अध्ययन कीजिये और दिए गए प्रश्नों के उत्तर दीजिये।

एक घर में एक परिवार के आठ सदस्य रह रहे हैं, जिसमें दो विवाहित जोड़े हैं। N, D का पिता है। E का विवाह N से हुआ है। G और D सहोदर हैं। C, G से विवाहित है। N का कोई पुत्र नहीं है। K, E का पिता है। Q, C का इकलौता पुत्र है। A, N का साला है।

Q.60 निम्नलिखित में से कौन N का दामाद है?

[IBPS PO, 2021]

A. G **B.** K
C. C **D.** Q
E. इनमें से कोई नहीं

Q.61 K, D से किस प्रकार संबंधित है?

[IBPS PO, 2021]

A. पिता **B.** चाचा/ मामा (अंकल)
C. दादी/ नानी (ग्रैंडमदर) **D.** नाना
E. इनमें से कोई नहीं

Q.62 निम्नलिखित में से कौन सा कथन सत्य है?

[IBPS PO, 2021]

A. K, A की माता है **B.** D और C भाई-बहन हैं
C. Q, A का पुत्र है **D.** N, E का पति है
E. इनमें से कोई नहीं

Q.63 एक कूट भाषा में, 'SERVICE' को 'RESVECI' लिखा जाता है। उसी भाषा में 'NAUGHTY' को किस प्रकार लिखा जाएगा?

[SSC Selection Post Phase IX, 2019]

A. UANGTYH **B.** GUANYTH
C. UANGYTH **D.** UNAGYHT
E. NNAGYHG

Q.64 यदि ACNE को $3-7-29-11$ के रूप में कूटबद्ध किया जाता है, तो BOIL को किस प्रकार कूटबद्ध किया जाएगा?

[Territorial Army Officer, 2019]

A. $5-29-19-17$ **B.** $5-29-19-25$
C. $2-31-21-25$ **D.** $5-31-19-25$
E. $5-31-19-95$

Q.65 एक कूट भाषा में, 'SURGE' को 'GITWU' लिखा जाता है। उसी भाषा में 'LIGHT' को किस प्रकार लिखा जाएगा?

A. VJIKN **B.** UJIMN **C.** VKIJM **D.** VJILM
E. MJILV

Quantitative Aptitude

Ques (66-70):निर्देश: निम्नलिखित संख्या श्रृंखला में प्रश्न चिन्ह '?' के स्थान पर क्या आएगा?

Q.66 10212,10631,11482,11925,12824, ?

A. 16195 **B.** 13178 **C.** 18822 **D.** 20002
E. 14555

Q.67 16,87,103,135,151,183, ?

A. 119 **B.** 238 **C.** 231 **D.** 115
E. 230

Q.68 12,12,18,36,90, ?

A. 270 **B.** 280 **C.** 250 **D.** 235
E. \(275)

Q.69 163,150,134,112,81, ?

A. 58 **B.** 42 **C.** 38 **D.** 30
E. 26

Q.70 3,4,10,33,136, ?,4116

A. 580 **B.** 685 **C.** 680 **D.** 612
E. 548

Ques (71-75):निर्देश: निम्न प्रश्न में, I और II से अंकित दो समीकरण दिए गए हैं। आपको दोनों समीकरणों को हल करना है और सही उत्तर को चिन्हित करना है।

Q.71 I. $x^2-50x+225=0$

II. $y^2+32y-105=0$

A. x > y
B. y > x
C. x ≥ y
D. y ≥ x
E. x = y या x और y के बीच सम्बन्ध निर्धारित नहीं किया जा सकता

Q.72 I. $24x^2+38x+15=0$

II. $54y^2+123y+65=0$

A. x > y
B. y > x
C. x ≥ y
D. y ≥ x
E. x = y or relationship between x and y can not be established.

Q.73 I. $2x^2-19x+45=0$

II. $3y^2-17y+20=0$

A. x > y
B. y > x
C. x ≥ y
D. y ≥ x
E. x = y या x और y के बीच सम्बन्ध निर्धारित नहीं किया जा सकता

Q.74 I. $x^2+13x-140=0$

II. $y^2-13y-140=0$

A. x > y
B. y > x
C. x ≥ y
D. y ≥ x
E. x = y या x और y के बीच सम्बन्ध निर्धारित नहीं किया जा सकता

Q.75 I. $2x^2+23x+56=0$

II. $12y^2+41y+35=0$

A. x > y
B. y > x
C. x ≥ y

D. y ≥ x
E. x = y या x और y के बीच सम्बन्ध निर्धारित नहीं किया जा सकता

Q.76 A, B और C ने किसी व्यापार में क्रमशः 5000, 7000 और 6000 रूपए निवेश किये। यदि दो वर्षों के अंत में उन्हें 10,800 रुपयों का लाभ मिलता है, तो, लाभ में B का हिस्सा क्या है?

A. 4500 रूपए **B.** 4200 रूपए
C. 1800 रूपए **D.** 1500 रूपए
E. 3600 रूपए

Q.77 एक बेईमान दुकानदार अपने माल को क्रय मूल्य पर बेचने का दावा करता है, परन्तु खराब मानकों का उपयोग करता है। उसका 1 किग्रा वजन में केवल 950 ग्राम होते हैं। उसका लाभ प्रतिशत ज्ञात कीजिये।

A. $7\frac{3}{19}\%$ **B.** $5\frac{7}{19}\%$ **C.** $5\frac{5}{19}\%$ **D.** $4\frac{5}{19}\%$
E. $3\frac{2}{19}\%$

Q.78 26 वस्तुओं का औसत 40 पाया गया। पता लगाने पर, यह पाया गया कि दो वस्तुओं को गलत तरीके से 40 और 24 के बजाय 20 और 18 लिया गया था। सही औसत ज्ञात कीजिये।

A. 39 **B.** 40
C. 42 **D.** 41
E. इनमें से कोई नहीं

Q.79 संजू, सूरज और संजय एक कार्य को क्रमश: 12 दिन, 16 दिन और 24 दिन में पूरा कर सकते हैं। वे तीनों मिलकर उसी कार्य को कितने दिनों में करेंगे?

A. $\frac{16}{3}$ दिन **B.** $\frac{58}{9}$ दिन
C. 6 दिन **D.** 8 दिन
E. इनमें से कोई नहीं

Q.80 80 रुपये प्रति लीटर और अन्य एक निश्चित मूल्य के दो अलग-अलग प्रकार के सफाई करने के तरल को $\frac{6}{4}$ के अनुपात में मिश्रित किया जाता है। यदि तैयार किए गए मिश्रण को 90 रुपये प्रति किलो पर बेचा जाता है, तो दोनों तरल अनुपात को साथ में मिलाने पर इसकी कीमत ज्ञात करें।

A. 85.5 रुपये **B.** 91.2 रुपये **C.** 92.5 रुपये **D.** 95.5 रुपये
E. 96 रुपये

Q.81 तीन नल A, B और C एक टंकी को क्रमश: 12,15 और 20 घंटे में भर सकते हैं। यदि A हर समय खुला रहता है और B और C बारी-बारी से एक-एक घंटे के लिए खुले रहते हैं, तो टंकी कितनी देर में भर जाएगी:

A. 6 घंटे **B.** $6\frac{2}{3}$ घंटे **C.** 7 घंटे **D.** $7\frac{1}{2}$ घंटे
E. $7\frac{3}{2}$ घंटे

Ques (82-86):निर्देश: निम्नलिखित लाइन ग्राफ का अध्ययन करें जो वर्ष 1996 से वर्ष 2001 तक छह साल के लिए वर्ष की शुरुआत में स्कूल में शामिल होने और छोड़ने वाले छात्रों की संख्या देता है।

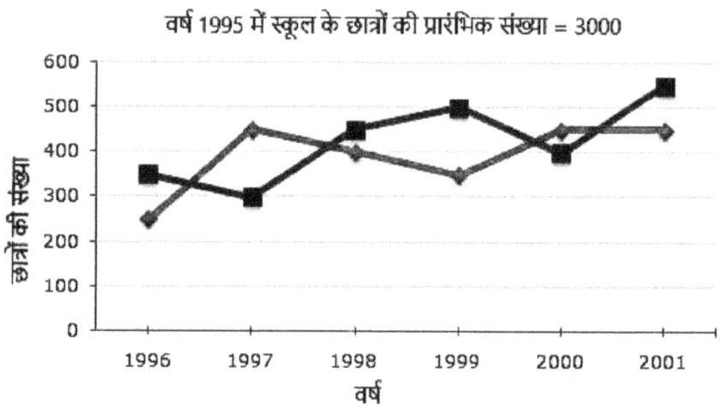

Q.82 वर्ष 1999 के दौरान स्कूल में पढ़ने वाले छात्रों की संख्या थी?

A. 2950 **B.** 3000 **C.** 3100 **D.** 3150
E. 3200

Q.83 पिछले वर्ष की तुलना में किस वर्ष स्कूल छोड़ने वाले छात्रों की संख्या में प्रतिशत वृद्धि/गिरावट अधिकतम है?

A. 1997 **B.** 1998 **C.** 1999 **D.** 2000
E. 2001

Q.84 वर्ष 1997 से वर्ष 1998 तक छात्रों की संख्या में लगभग कितने प्रतिशत की वृद्धि/कमी हुई?

A. 1.2% **B.** 1.7% **C.** 1% **D.** 2.1%
E. 2.5%

Q.85 वर्ष 1998 में स्कूल में पढ़ने वाले छात्रों की संख्या वर्ष 2001 में स्कूल में पढ़ने वाले छात्रों की संख्या का कितना प्रतिशत थी?

A. 92.13% **B.** 93.75% **C.** 96.88% **D.** 97.25%
E. 95.44%

Q.86 दी गई अवधि के दौरान किसी भी वर्ष में स्कूल छोड़ने वाले छात्रों की न्यूनतम संख्या का स्कूल छोड़ने वाले छात्रों की अधिकतम संख्या का अनुपात कितना है?

A. 7:9 **B.** 4:5 **C.** 3:4 **D.** 2:3
E. 8:9

Ques (87-89):निर्देश: नीचे A और B नाम की दो मात्राएँ दी गयी हैं। दी गई जानकारी के आधार पर, आपको दोनों मात्राओं के बीच संबंध निर्धारित करना होगा। आपको संभावित उत्तरों के बीच चयन करने के लिए दी गयी जानकारी और गणित के अपने ज्ञान का उपयोग करना चाहिए।

Q.87 मात्रा A: अल्कोहल और जल के 63 लीटर मिश्रण में, अल्कोहल और जल का अनुपात 5 : 4 है। अल्कोहल और जल के अनुपात को 3 : 2 करने के लिए, मिश्रण में कुछ मात्रा में अल्कोहल डालना है। नए मिश्रण में मौजूद अल्कोहल की मात्रा है?

मात्रा B: 43 लीटर

A. मात्रा A > मात्रा B
B. मात्रा A < मात्रा B
C. मात्रा A ≥ मात्रा B
D. मात्रा A ≤ मात्रा B
E. मात्रा A = मात्रा B या कोई संबंध नहीं है

Q.88 मात्रा A: कार में बैठे एक व्यक्ति ने देखा कि एक बस उससे 200 मीटर आगे है, 63 सेकंड के बाद उसने देखा कि बस उससे 150 मीटर पीछे है। यदि कार की चाल 78 किमी/घंटा है तो बस की चाल ज्ञात कीजिए।

मात्रा B: 60 किमी/घंटा

A. मात्रा A > मात्रा B

B. मात्रा A < मात्रा B
C. मात्रा A ≥ मात्रा B
D. मात्रा A ≤ मात्रा B
E. मात्रा A = मात्रा B या कोई संबंध नहीं

Q.89 मात्रा A: एक वस्तु को 19972 रुपये में बेचकर कमाया गया लाभ वस्तु को बेचने पर हुए नुकसान की राशि 17228 रुपये के बराबर है। यदि यह 20088 रुपये में बेचा जाता है तो लाभ प्रतिशत क्या होगा।
मात्रा B: 10%
A. मात्रा A > मात्रा B
B. मात्रा A < मात्रा B
C. मात्रा A ≥ मात्रा B
D. मात्रा A ≤ मात्रा B
E. मात्रा A = मात्रा B या कोई संबंध नहीं

Q.90 एक बेलन की त्रिज्या और ऊंचाई का योग 19 मी है। बेलन का कुल पृष्ठ क्षेत्रफल 1672 मी ^{2} है। बेलन का आयतन कितना है?
A. 3080 मी ^{3} **B.** 2940 मी ^{3}
C. 3420 मी ^{3} **D.** 2860 मी ^{3}
E. इनमें से कोई नहीं

Ques (91-93):निर्देश: निम्नलिखित प्रश्न में, प्रश्न चिह्न '?' के स्थान पर क्या आएगा?

Q.91 $? = 320$ का $40\% + 4^3 \div 16 \times 108 \div 8$
[SBI Clerk, 2021]
A. 176 **B.** 172 **C.** 168 **D.** 166
E. 182

Q.92 180 का $35\% + 18^2 = (27)^{\frac{5}{3}} + ?^2$
[SBI Clerk, 2021]
A. 18 **B.** 15 **C.** 12 **D.** 13
E. 14

Q.93 $38 + 41 \times (441 \div 21) - 17^2 = ?$
[SBI Clerk, 2021]
A. 605 **B.** 206
C. 610 **D.** 508
E. इनमें से कोई नहीं

Ques (94-100):निर्देश: निम्नलिखित प्रश्न में प्रश्नवाचक चिन्ह (?) के स्थान पर क्या आएगा?

Q.94 $(25^2 - 106) \div 3 - 13^2 + 35 = ?$
[SBI Clerk, 2021]
A. 39 **B.** 41
C. 43 **D.** 35
E. इनमें से कोई नहीं

Q.95 225 का $6.67\% + 1120$ का $6.25\% = (?)^3 + 3$
A. $(-76)^{\frac{1}{2}}$ **B.** $(76)^{\frac{1}{2}}$
C. $(-76)^{\frac{1}{3}}$ **D.** $(76)^{\frac{1}{3}}$
E. इनमें से कोई नहीं

Q.96 (999 + 99 + 9) + 90 का 5.55%= ?
A. 1202 **B.** 1022
C. 1122 **D.** 1112
E. इनमें से कोई नहीं

Q.97 $32 + 65 - 96$ का $16\frac{2}{3}\% = ? + 120$ का $33\frac{1}{3}\%$
A. 32 **B.** 52 **C.** 41 **D.** 46
E. 64

Q.98 7428 का $25\% + 71.5 \times 2 = ?$ का $14\frac{2}{7}\%$
A. 2000 **B.** 5000 **C.** 4000 **D.** 14000
E. 12000

Q.99 200 का $31\% + 300$ का $21\% = 25 \times 5 + ?^2 -$ 90 का 40%
A. 7 **B.** 4 **C.** 6 **D.** 5
E. 8

Q.100 $\sqrt[3]{6859} + \sqrt{441} - \sqrt[3]{4096} - \sqrt{576} = ?$
A. 1 **B.** 48
C. 0 **D.** -42
E. इनमें से कोई नहीं

// स्मार्ट उत्तर पुस्तिका //

सही उत्तर उन छात्रों के प्रतिशत को इंगित करता है जिन्होंने प्रश्नों का सही उत्तर दिया था।

छोड़ दिया उन छात्रों के प्रतिशत को इंगित करता है जिन्होंने प्रश्नों को छोड़ दिया था।

प्रश्न संख्या	उत्तर	सही उत्तर	छोड़ दिया
1	C	22.01 %	64.79 %
2	C	50.93 %	38.91 %
3	C	21.84 %	50.21 %
4	D	15.57 %	62.44 %
5	A	16.38 %	56.19 %
6	B	22.19 %	59.07 %
7	D	51.42 %	39.31 %
8	E	21.83 %	63.59 %
9	C	20.19 %	50.45 %
10	C	14.07 %	61.28 %
11	B	22.22 %	59.18 %
12	C	30.29 %	51.45 %
13	A	17.85 %	52.7 %
14	C	44.92 %	46.84 %
15	B	15.71 %	59.42 %
16	A	43.16 %	44.0 %
17	A	50.55 %	36.43 %
18	A	14.54 %	61.2 %
19	A	27.51 %	57.0 %
20	D	25.51 %	51.2 %
21	A	3.9 %	77.18 %
22	B	1.95 %	81.4 %
23	D	18.33 %	60.96 %
24	B	6.94 %	70.71 %
25	D	21.7 %	64.33 %
26	A	47.73 %	47.8 %
27	B	24.63 %	63.09 %
28	A	53.92 %	30.28 %
29	E	51.72 %	36.35 %
30	C	28.57 %	57.07 %
31	D	15.87 %	68.82 %
32	B	64.0 %	31.72 %
33	C	51.68 %	39.47 %
34	A	15.7 %	66.97 %
35	A	2.8 %	79.68 %
36	A	18.92 %	50.72 %
37	C	20.46 %	62.57 %
38	B	17.11 %	61.08 %
39	C	2.12 %	89.09 %
40	D	17.83 %	62.94 %
41	D	44.34 %	45.03 %
42	B	51.32 %	44.97 %
43	B	12.13 %	66.75 %
44	E	48.8 %	44.28 %
45	D	49.25 %	43.95 %
46	A	44.87 %	45.82 %
47	E	17.86 %	53.03 %
48	A	40.55 %	47.76 %
49	E	17.32 %	58.28 %
50	E	45.24 %	41.59 %
51	D	48.63 %	42.1 %
52	C	17.79 %	64.16 %
53	A	31.82 %	52.0 %
54	C	19.63 %	62.06 %
55	A	26.52 %	60.63 %
56	B	16.95 %	65.23 %
57	D	49.14 %	42.39 %
58	A	40.7 %	47.7 %
59	E	19.72 %	66.18 %
60	C	44.21 %	45.1 %
61	D	18.5 %	68.32 %
62	D	11.01 %	68.85 %
63	C	22.19 %	67.2 %
64	D	47.37 %	46.49 %
65	A	31.41 %	53.16 %
66	A	1.18 %	83.6 %
67	C	18.05 %	57.97 %
68	A	21.0 %	63.51 %
69	C	15.65 %	68.29 %
70	B	29.02 %	51.32 %
71	A	63.27 %	32.28 %
72	C	44.83 %	48.13 %
73	A	28.63 %	57.56 %
74	E	3.25 %	76.01 %
75	B	16.38 %	58.51 %
76	B	60.19 %	33.44 %
77	C	45.8 %	44.82 %
78	D	11.07 %	68.63 %
79	A	47.2 %	48.77 %
80	C	30.56 %	53.1 %

प्रश्न संख्या	उत्तर	सही उत्तर / छोड़ दिया
81	C	58.17 % / 32.98 %
82	D	48.82 % / 42.87 %
83	A	42.56 % / 46.02 %
84	B	60.85 % / 30.32 %

प्रश्न संख्या	उत्तर	सही उत्तर / छोड़ दिया
85	B	44.29 % / 48.53 %
86	D	43.26 % / 44.97 %
87	B	16.29 % / 63.05 %
88	B	50.39 % / 37.12 %

प्रश्न संख्या	उत्तर	सही उत्तर / छोड़ दिया
89	B	27.2 % / 58.18 %
90	A	53.35 % / 34.98 %
91	E	53.28 % / 38.91 %
92	C	51.57 % / 36.01 %

प्रश्न संख्या	उत्तर	सही उत्तर / छोड़ दिया
93	C	17.12 % / 64.8 %
94	A	48.54 % / 36.94 %
95	E	15.13 % / 61.25 %
96	D	16.87 % / 64.06 %

प्रश्न संख्या	उत्तर	सही उत्तर / छोड़ दिया
97	C	20.72 % / 54.36 %
98	D	50.49 % / 34.09 %
99	C	16.81 % / 60.39 %
100	C	19.91 % / 55.89 %

कार्य विश्लेषण	
औसत अंक (%)	35.0%
टॉपर्स स्कोर (%)	69.0%
आपका स्कोर	

//संकेत और समाधान//

1. Pisiculture has the incorrectly spelt word. The correct spelling is pisciculture.

Pisciculture involves raising fish commercially in tanks or enclosures such as fish ponds, usually for food.

The meanings of the other words are:

Deliquescence means tending to melt or dissolve especially.

Pertinacious means holding firmly to an opinion or a course of action.

Renaissance means a new growth of activity or interest in something, especially art, literature, or music.

Renegade means someone or something that causes trouble and cannot be controlled.

Hence, the correct option is (C).

2. Millenerian has the wrongly spelt word. The correct spelling is millenarian. It is a belief in Christian millenarianism.

Meaning of the other words are:

Millennium means a period of a thousand years, especially when calculated from the traditional date of the birth of Christ.

A millionaire means a person whose assets are worth one million pounds or dollars or more.

Manageable means are able to be controlled or dealt with without difficulty.

Hence, the correct option is (C).

3. The correctly spelt word is disorientation means a feeling of being confused about where you are, where you are going, or what is happening.

Hence, the correct option is (C).

4. The first sentence after rearrangement is (B).

The sentence are arranged in the following pattern: (B)-(D)-(C)-(A)-(F)-(E)

- The subject that is being discussed in the passage is the successful launch of 104 satellites in a single mission by the Indian Space Research Organisation and sentence (B) sets the tone by mentioning this achievement in brief.
- (D) follows as it elaborates the details of the satellites launched.
- (C) follows next as it states the further details of the satellites launched.
- 'The United States', 'Israel', 'the UAE', 'the Netherlands', 'Kazakhstan' and 'Switzerland' are foreign countries and keyword that links (C) to (D) is "foreign".
- Now, if we pick sentence (E) as the next sentence, the position of sentence A as either the fifth or the sixth sentence would create absurdity and hence the only available choice for the fourth sentence is a sentence (A).
- The sequence made so far is (B)-(D)-(C)-(A).
- The next sentence that should follow is a sentence (F) that describes the real purpose of the launch of satellites. Now, the only sentence that is left is (E).

Hence, the correct option is (D).

5. The second sentence after rearrangement is (D).

The sentence are arranged in the following pattern: (B)-(D)-(C)-(A)-(F)-(E)

- The subject that is being discussed in the passage is the successful launch of 104 satellites in a single mission by the Indian Space Research Organisation and sentence (B) sets the tone by mentioning this achievement in brief.
- (D) follows as it elaborates the details of the satellites launched.
- (C) follows next as it states the further details of the satellites launched.
- 'The United States', 'Israel', 'the UAE', 'the Netherlands', 'Kazakhstan' and 'Switzerland' are foreign countries and keyword that links (C) to (D) is "foreign".
- Now, if we pick sentence (E) as the next sentence, the position of sentence A as either the fifth or the sixth sentence would create absurdity and hence the only available choice for the fourth sentence is sentence (A).
- The sequence made so far is (B)-(D)-(C)-(A).
- The next sentence that should follow is sentence (F) that describes the real purpose of the launch of satellites. Now, the only sentence that is left is (E).

Hence, the correct option is (A).

6. The third sentence after rearrangement is (C).

The sentence are arranged in the following pattern: (B)-(D)-(C)-(A)-(F)-(E)

- The subject that is being discussed in the passage is the successful launch of 104 satellites in a single mission by the Indian Space Research Organisation and sentence (B) sets the tone by mentioning this achievement in brief.
- (D) follows as it elaborates the details of the satellites launched.
- (C) follows next as it states the further details of the satellites launched.
- 'The United States', 'Israel', 'the UAE', 'the Netherlands', 'Kazakhstan' and 'Switzerland' are foreign countries and keyword that links (C) to (D) is "foreign".
- Now, if we pick sentence (E) as the next sentence, the position of sentence A as either the fifth or the sixth sentence would create absurdity and hence the only available choice for the fourth sentence is sentence (A).
- The sequence made so far is (B)-(D)-(C)-(A).

- The next sentence that should follow is sentence (F) that describes the real purpose of the launch of satellites. Now, the only sentence that is left is (E).

Hence, the correct option is (B).

7. The fourth sentence after rearrangement is (A).

The sentence are arranged in the following pattern: (B)-(D)-(C)-(A)-(F)-(E)

- The subject that is being discussed in the passage is the successful launch of 104 satellites in a single mission by the Indian Space Research Organisation and sentence (B) sets the tone by mentioning this achievement in brief.
- (D) follows as it elaborates the details of the satellites launched.
- (C) follows next as it states the further details of the satellites launched.
- 'The United States', 'Israel', 'the UAE', 'the Netherlands', 'Kazakhstan' and 'Switzerland' are foreign countries and keyword that links (C) to (D) is "foreign".
- Now, if we pick sentence (E) as the next sentence, the position of sentence A as either the fifth or the sixth sentence would create absurdity and hence the only available choice for the fourth sentence is sentence (A).
- The sequence made so far is (B)-(D)-(C)-(A).
- The next sentence that should follow is sentence (F) that describes the real purpose of the launch of satellites. Now, the only sentence that is left is (E).

Hence, the correct option is (D).

8. The last sentence after rearrangement is (F).

The sentence are arranged in the following pattern: (B)-(D)-(C)-(A)-(F)-(E)

- The subject that is being discussed in the passage is the successful launch of 104 satellites in a single mission by the Indian Space Research Organisation and sentence (B) sets the tone by mentioning this achievement in brief.
- (D) follows as it elaborates the details of the satellites launched.
- (C) follows next as it states the further details of the satellites launched.
- 'The United States', 'Israel', 'the UAE', 'the Netherlands', 'Kazakhstan' and 'Switzerland' are foreign countries and keyword that links (C) to (D) is "foreign".
- Now, if we pick sentence (E) as the next sentence, the position of sentence A as either the fifth or the sixth sentence would create absurdity and hence the only available choice for the fourth sentence is sentence (A).
- The sequence made so far is (B)-(D)-(C)-(A).
- The next sentence that should follow is sentence (F) that describes the real purpose of the launch of satellites. Now, the only sentence that is left is (E).

Hence, the correct option is (E).

9. Let's look at the meaning of the correct word:

Crippling: causing a severe and almost insuperable problem.

The blank requires an adjective that can be used to describe the quality of the third wave of the virus.

The sentence mentions that the current wave of the virus is more deadly than the previous waves as it is killing people at a faster rate.

This means that it would be seriously damaging to the country - for the people and the economy.

Complete sentence:

South Africa finds itself in the middle of a **crippling** third-wave of the COVID with people losing their lives faster than any wave before.

Hence, the correct option is (C).

10. Here the sentence is talking about the Louvre pyramid which is a famous monument in France.

Keeping this in mind let's look at the meaning of the given option.

Iconic: widely recognized and well-established; famous as an icon.

Example: He became an iconic figure for directors around the world.

Thus from the given meaning and example, it is evident that the correct answer is iconic.

Complete sentence:

The Louvre pyramid is one of the most **iconic** landmarks in France.

Hence, the correct option is (C).

11. Let's look at the meaning of the correct answer:

A computing machine 20000 times faster can increase the processing power of supercomputers.

boost - help or encourage (something) to increase or improve.

Example - We have to adopt a range of measures to boost tourism.

From the given meaning we can conclude that the correct answer is a boost.

Complete sentence:

China's computing machine is 20000 times faster than its international counterparts and may **boost** the processing power of supercomputers.

Hence, the correct option is (B).

12. Indolent: lazy or lackadaisical.

The context talks about the boss' frustration with the lazy employee.

Complete sentence:

The **indolent** nature of the employee was unacceptable to the boss because the work kept piling up with time.

Hence, the correct option is (C).

13. Garrulous: excessively talkative, especially on trivial matters.

The context talks about the reason the speaker hates talkative people.

Blow one's own trumpet: talk boastfully about one's achievements.

Complete sentence:

I despise **garrulous** people as they have a tendency to blow their own trumpet.

Hence, the correct option is (A).

14. The meaning of the given words:

- Occult: having seemingly supernatural qualities or powers
- Supernatural: being so extraordinary or abnormal as to suggest powers which violate the laws of nature
- Religious: of, relating to or used in the practice or worship services of a religion
- Unnatural: departing from some accepted standard of what is normal
- Strong: having muscles capable of exerting great physical force

So from the given meanings, we find that supernatural and Occult are synonyms.

Hence, the correct option is (C).

15. The meaning of the given words:

- Counterfeit: made in imitation of something else with intent to deceive
- Genuine: being exactly as appears or as claimed
- Destructive: causing great and irreparable damage
- Affirm: state emphatically or publicly
- Harmonize: add notes to (a melody) to produce harmony

So, from the given meanings, we find that genuine and Counterfeit are antonyms.

Hence, the correct option is (B).

16. In the given sentence, the error lies in part (A) where Despite of is an incorrect usage.

- The sentence talks the Republic Day celebrations going on uninterrupted, even though it was raining. Thus, in simple words, the festivities continued without being influenced or hindered by the rain.
- 'Despite' means without taking any notice of or being influenced by. It is most appropriate in the context of the given sentence.
- It is important to note that 'despite' should be not be followed by 'of'. Rather, it should be directly followed by the time-dependent clause which tells about the fact.

Thus, the correct sentence is: Despite the rain, the parade went on uninterrupted which was followed by the President's address and other formal festivities of the Republic Day.

Hence, the correct option is (A).

17. In the given sentence, the error is part (A) where more stronger than is an incorrect usage.

- Here, the coach says that Lisa is stronger than her opponent. There is a comparison between Lisa and her opponent and thus a comparative adjective stronger is used.
- The adjective 'strong' when used in a comparative form becomes 'stronger'. There is no need of using more along with this comparative adjective. Therefore, usage of 'more stronger' is a repetition mistake or redundancy.

Thus, the correct sentence is: "Lisa is stronger than her opponent", said the coach during the press briefing ahead of the Asian Games.

Hence, the correct option is (A).

18. Part (A) has an error.

According to the rule, before possessives, determiners such as 'all', 'both', 'half', etc. are used.

Example: She loves both her daughters equally and distributed the property evenly between them.

So, 'all my documents' should be used instead of 'my all documents' to make the sentence correct.

So, the correct sentence is: I lost the bag in which I had all my documents, certificates, and academic records. I have a job interview tomorrow where I need all these things, and I have no clue what will happen. I lodged a police complaint, but within this short time, nothing is possible.

Hence, the correct option is (A).

19. Part (A) has an error.

According to the rule, if 'as.....as' is used in a sentence, the adjective or adverb used in-between 'as' should always be in the Positive Degree.

Example: He is as brave as his father, who is a police officer.

So, 'as soft as' should be used to make the sentence correct.

So, the correct sentence is: The fabric is as soft as cotton, but it is not pure cotton. That's why she got so many allergic reactions on her face after using that mask and is now under proper medication and care.

Hence, the correct option is (A).

20. Error is in part (D) of the sentence.

- The adverbial phrase for 2005 used in part (D) is incorrect.
- We don't use for with a point in time (2005).
- The sentence can be made correct if we use since.

The correct sentence will be: Kiva has loaned out nearly a quarter of a billion dollars to small and medium businesses since 2005.

Hence, the correct option is (D).

21. Correct sentence: Covid treatment in this hospital is quite expensive and they had to sell off their land to pay for it.

- Option (A) replaces the bold part appropriately and thus becomes the best replacement among all.
- Option (B) can be eliminated because 'too' must be followed by an infinitive (to + verb1) which is not the case here.
- Option (C) gets eliminated too because 'so' must be followed by 'that' which is again not the case here.
- Option (D) gets eliminated because no comparison is made in the sentence and it gets confirmed by the absence of the preposition 'than' in the sentence.

Hence, the correct option is (A).

22. Set (someone) by the ears: To cause (someone, generally a group of two or more people) to engage in a squabble, dispute, or altercation. Ex: Jatin likes to set his classmates by the ears as a means of getting attention.

Correct sentence: The entire town was set by the ears when it was announced that a giant megastore would be closing itself.

Hence, the correct option is (B).

23. In the sentence, more leisure pace is grammatically incorrect.

- In the emboldened part, the word leisure is a noun that is followed by another noun pace.
- Here, the adjective of leisure i.e. leisurely which means acting, proceeding, or done without haste must be used to describe the noun pace.

Correct sentence: He slapped the team into action and they headed for the town at a more leisurely pace.

Hence, the correct option is (D).

24. The word 'later' means 'at a time in the near future' and is unsuitable in this sentence. The correct word to be used here is 'latter' which means 'denoting the second or second mentioned of two people or things.'

So, 'latter' should be used in place of 'later' to make the sentence grammatically correct.

Correct sentence: Although both the United States and China are formidable world powers, India should side with the latter.

Hence, the correct option is (B).

25. The underlined part of the sentence is grammatically incorrect. The preposition 'for' used here is wrong. The correct preposition should be 'to'.

Gauge means to judge or assess (a situation, mood, etc.). So, 'assess' is a synonym of 'gauge'.

Hence, the correct option is (D).

26. We need an adverb, and here the only adverb is 'significantly'.

- Significantly: having or likely to have influence or effect.
- Obsessed: preoccupied with or haunted by some idea, interest, etc
- Aggravated: to make something worse or more serious
- Mitigating: providing a reason that explains somebody's actions or why he/she committed a crime, which makes it easier to understand so that the punishment may be less harsh.

Hence, the correct option is (A).

27. The meaning of the given words:

- Restrictions: something (sometimes a rule or law) that limits the number, amount, size, freedom, etc. of somebody/something
- Limitation: the act of limiting or controlling something; a condition that puts a limit on something
- Liberation: an occasion when something or someone is released or made free.
- Freedom: the state of not being held prisoner or controlled by somebody else.
- Permission: the act of allowing somebody to do something, especially when this is done by somebody in a position of authority.

From the meanings of the given words, we can conclude that the word most similar in meaning to restrictions is limitation.

Hence, the correct option is (B).

28. According to passage, "Fall in employment also means large income losses for workers."

So, it is concluded that the fall in employment mean large income losses for workers.

Hence, the correct option is (A).

29. According to passage, "The economic and labour crisis created by the COVID-19 pandemic could increase global unemployment by almost 25 million, according to a new assessment by the International Labour Organization (ILO)."

So, it is concluded that a new assessment by the International Labour Organization (ILO), unemployment could globally increase by 25 million.

Hence, the correct option is (E).

30. According to passage, "Based on different scenarios for the impact of COVID-19 on global GDP growth, the ILO estimates indicate a rise in global unemployment of between 5.3 million ("low" scenario) and 24.7 million ("high" scenario) from a base level of 188 million in 2019."

Hence, the correct option is (C).

31. कथन: $B < S \leq Q < Y = X > C \geq J$

I. S < Y ⇒ सत्य (जैसे S ≤ Q < Y ⇒ S < Y)

II. X > B ⇒ सत्य (जैसे B < S ≤ Q < Y = X ⇒ B < X ⇒ X > B)

इसलिए, I और II दोनों सत्य हैं।

अतः विकल्प (D) सही है।

32. दिए गए कथन: A < C = D < E; B = A > F

संयोजन करने पर: F < B = A < C = D < E

I. D > F → सत्य (क्योंकि F < A < C = D → D > F)

II. B > E → असत्य (क्योंकि B < C = D < E → B < E)

इसलिए, केवल निष्कर्ष I सत्य है।

अतः विकल्प (B) सही है।

33. दिए गए कथन: D = X ≥ C > S = F; D > Y ≥ H ≥ G

संयोजन करने पर: G ≤ H ≤ Y < D = X ≥ C > S = F

निष्कर्ष:

I. G ≤ X → असत्य (क्योंकि G ≤ H ≤ Y < D = X)

II. D > F → सत्य (क्योंकि D = X ≥ C > S = F)

इसलिए, केवल निष्कर्ष II अनुसरण करता है।

अतः विकल्प (C) सही है।

34. दिया गया कथन: G ≥ M = P > C; Q < R = B < C

ऊपर दिए गए दोनों कथनों के संयोजन पर: G ≥ M = P > C > B = R > Q

निष्कर्ष:

I. M > R → सत्य (क्योंकि M = P > C > B = R)

II. G ≥ B → असत्य (क्योंकि G ≥ M = P > C > B → G > B)

इसलिए, केवल निष्कर्ष I अनुसरण करता है।

अतः विकल्प (A) सही है।

35. दिए गए कथन: M < N < U; R = T; U ≤ R ≥ V ≥ E

संयोजन करने पर: M < N < U ≤ R = T ≥ V ≥ E

I. T > N → सत्य (क्योंकि N < U ≤ R = T)

II. R ≥ E → सत्य (क्योंकि R ≥ V ≥ E)

III. M < T → सत्य (क्योंकि M < N < U ≤ R = T)

IV. T ≥ U → सत्य (क्योंकि U ≤ R = T)

इसलिए, सभी सत्य हैं।

अतः विकल्प (A) सही है।

36. दिया गया है,

छात्रों की एक कतार में रमेश बाएँ से नौवें तथा सुमन दाएँ से छठे स्थान पर है। जब रमेश तथा सुमन अपने स्थान आपस में अदल-बदल कर लेते हैं, तो रमेश बाएँ से पन्द्रहवाँ हो जाता है।

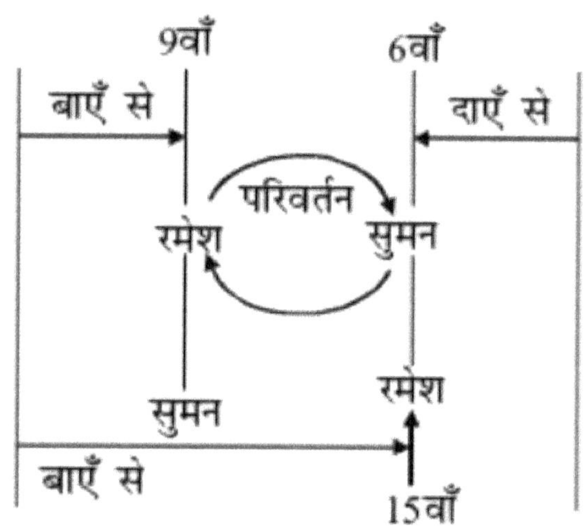

इस प्रकार सुमन का दाएँ से परिवर्तित स्थान $= 6 + 5 +$ सुमन

$= 6 + 5 + 1 = 12$

इस प्रकार सुमन दाएँ से 12 वें स्थान पर होगी।

अतः विकल्प (A) सही है।

37. माना लड़कों की संख्या x है।

फिर, लड़कियों की संख्या $= 2x$

प्रश्न के अनुसार,

$\therefore x + 2x = 60$

$\Rightarrow 3x = 60$

$\Rightarrow x = 20$

इसलिए, लड़कों की संख्या $= 20$

और लड़कियों की संख्या $= 40$

रैंक में कमल के पीछे छात्रों की संख्या $= (60 - 17) = 43$

रैंक में कमल से आगे लड़कियों की संख्या $= 9$

रैंक में कमल से पीछे लड़कियों की संख्या $= (40 - 9) = 31$

$\therefore$ रैंक में कमल से पीछे लड़कों की संख्या $= (43 - 31) = 12$

अतः विकल्प (C) सही है।

Ques (38-42):8 व्यक्ति - फियोना, लिज़, चाड, जैक, एशले, बेट्टी, डेरेक और पैट्रिक।

1) बेट्टी, कोडी के बाएं तीसरे स्थान पर बैठी है।

2) डेरेक, कोडी के बाएं दूसरे स्थान पर बैठा है।

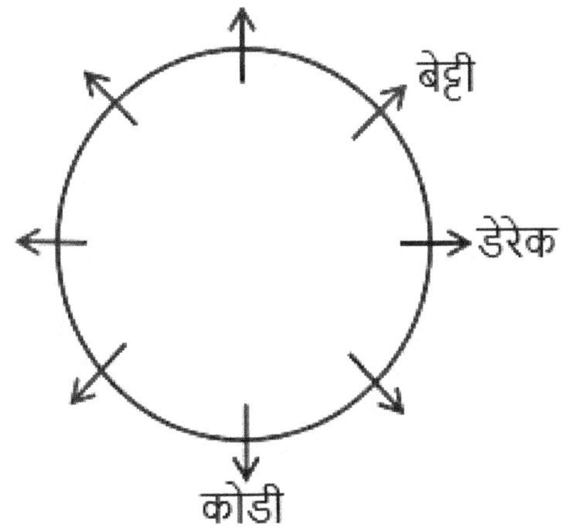

3) एशले, बेट्टी के विपरीत बैठी है।

4) पैट्रिक, एशले के दाएं दूसरे स्थान पर बैठा है।

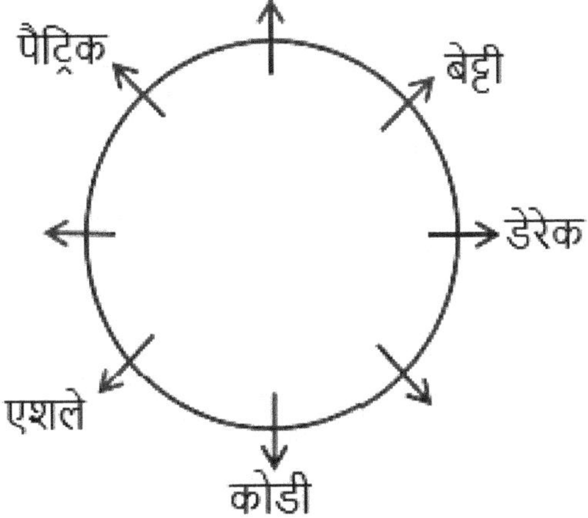

5) जैक, एशले या पैट्रिक का पड़ोसी नहीं है। इस प्रकार जैक, डेरेक और कोडी के बीच बैठा है।

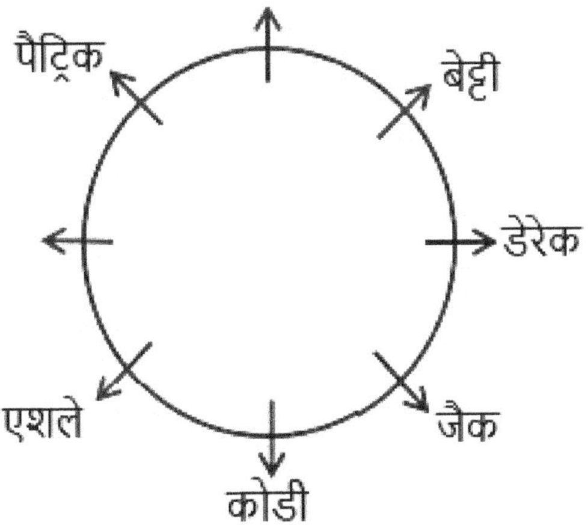

6) फियोना, डेरेक के विपरीत नहीं बैठी है। इस प्रकार फियोना, कोडी के विपरीत बैठी है। लिज़, डेरेक के सामने बैठी है।

अंतिम व्यवस्था इस प्रकार होगी:

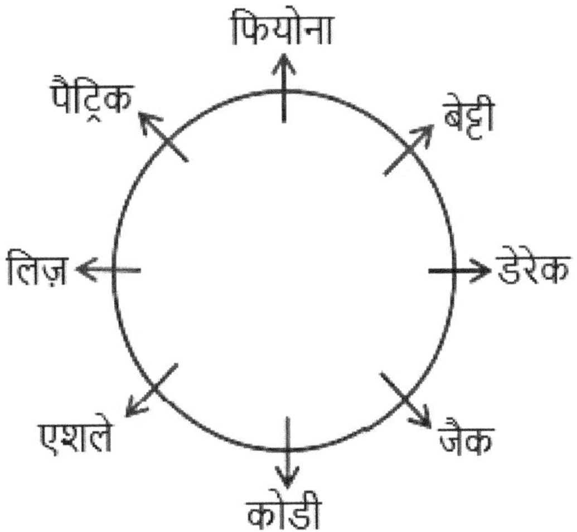

38. इसलिए, 'एशले और पैट्रिक' लिज़ के निकटतम पड़ोसी है।

अतः विकल्प (B) सही है।

39. यदि बेट्टी, पैट्रिक के साथ अपना स्थान बदल लेती है तो व्यवस्था इस प्रकार होगी:

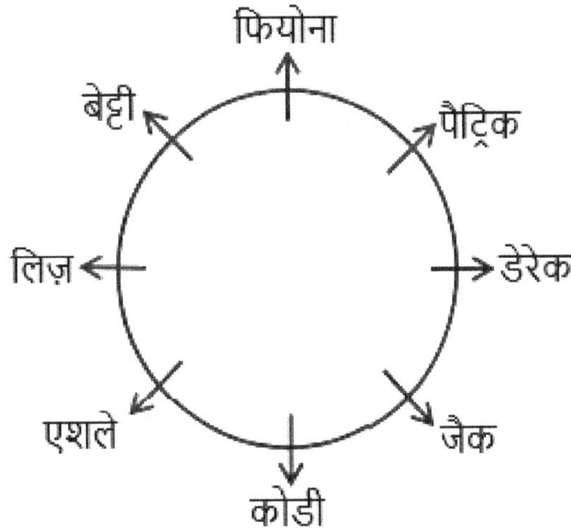

I. डेरेक, एशले के सामने बैठा है → असत्य

II. बेट्टी, जैक के दाएं दूसरे स्थान पर बैठी है → असत्य

III. फियोना, कोडी के सामने बैठी है → सत्य

इसलिए, 'केवल कथन III सत्य है' सही उत्तर है।

अतः विकल्प (C) सही है।

40. यदि बेट्टी, पैट्रिक के साथ अपना स्थान बदल लेती है तो व्यवस्था इस प्रकार होगी:

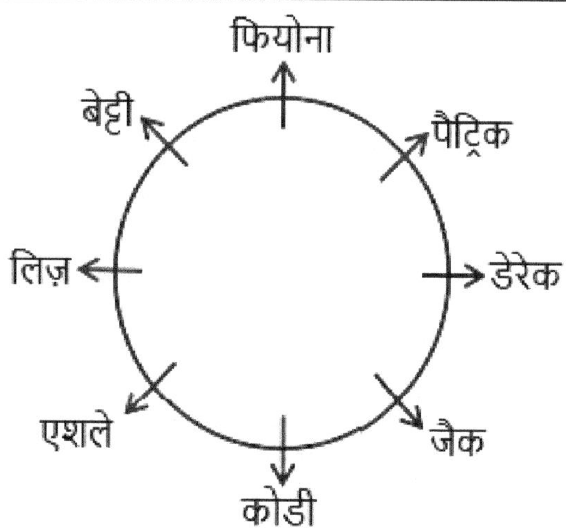

इसलिए, लिज़ के दाएं से गिनती करने पर लिज़ और जैक के बीच '4' व्यक्ति बैठे हैं।

अतः विकल्प (D) सही है।

41. यदि बेट्टी, पैट्रिक के साथ अपना स्थान बदल लेती है तो व्यवस्था इस प्रकार होगी:

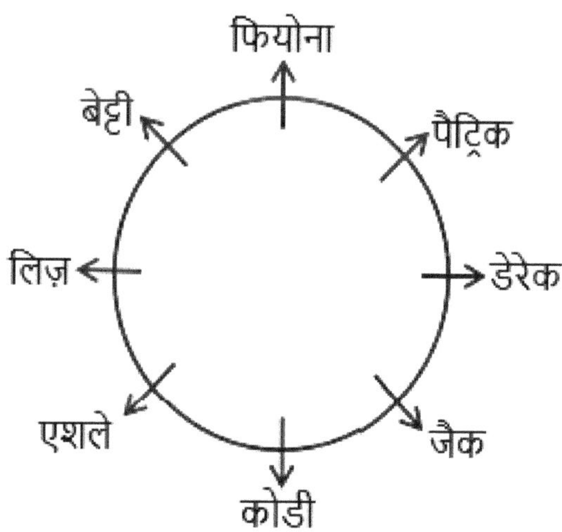

इसलिए, 'कोडी' सही उत्तर है।

अतः विकल्प (D) सही है।

42. इसलिए, 'फियोना' सही उत्तर है।

अतः विकल्प (B) सही है।

Ques (43-47):1) N, W के दाएं से पांचवें स्थान पर बैठा है और N, W के समान दिशा की ओर सम्मुख नहीं है।

2) W के बाएं दो व्यक्ति बैठे हैं और दोनों उत्तर के सम्मुख हैं।

(इसका अर्थ है कि W, दक्षिण के सम्मुख होगा क्योंकि लगातार तीन व्यक्ति एक ही दिशा के सम्मुख नहीं हो सकते हैं। इसका मतलब है कि N उत्तर के सम्मुख

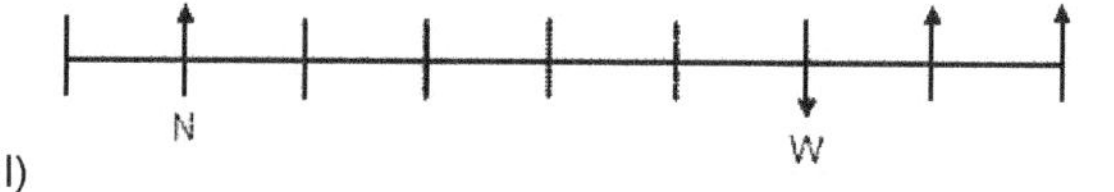

है।)

3) P, T के बाएं छठे स्थान पर बैठा है, जो N का निकटतम पड़ोसी है।

4) अंतिम छोर पर बैठे व्यक्ति विपरीत दिशाओं के सम्मुख बैठे हैं।

(T, दक्षिण के सम्मुख चाहिए, यदि वह N का निकटतम पड़ोसी है, क्योंकि तभी हम P को उसके बाएं से छठे स्थान पर बिठा सकते हैं। इसके अलावा, यदि हम T को N के निकटतम बाएं रखते हैं, तो W, T के बाएं से छठे स्थान पर होगा जो कि संभव नहीं है। इस प्रकार, T, N के निकटतम दाएं बैठा है और P, W के बाएं दूसरे स्थान पर बैठा है।

इसके अलावा, N के निकटतम बाएं बैठा व्यक्ति दक्षिण की ओर सम्मुख है क्योंकि P उत्तर की ओर सम्मुख है।

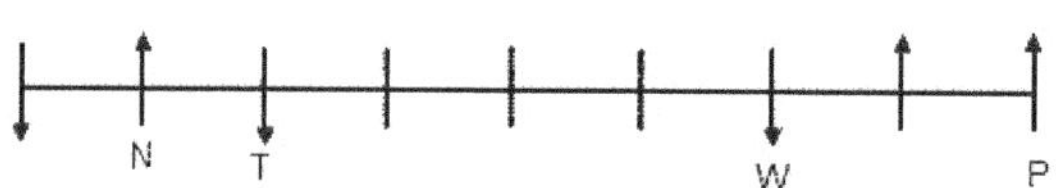

5) Q, S के बाएं चौथे स्थान पर बैठा है, जो P के समान दिशा के सम्मुख है।

6) S, P के निकटतम नहीं बैठा है।

(यदि S, P के बगल में नहीं बैठा है, इसका अर्थ है किवह W के दाएं से दुसरे स्थान पर बैठा है, केवल तभी हम Q को बाएं S से चौथे स्थान पर रख सकते हैं, जो उत्तर की ओर है।

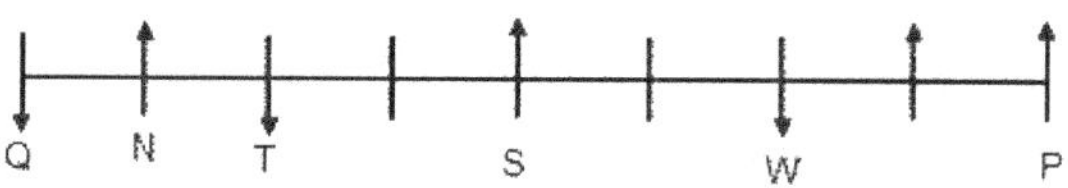

7) O, R के बाएं चौथे स्थान पर बैठा है और वे विपरीत दिशाओं की ओर सम्मुख हैं।

8) O, T का निकटतम पड़ोसी है।

(इसका अर्थ है कि R, W और P के बीच में बैठा है। O, T और S के बीच बैठा है और वह दक्षिण की ओर सम्मुख है क्योंकि R उत्तर की ओर सम्मुख है। इसके अलावा, अब केवल L को रखा जाना बाकी है, हम उसे S और W के बीच रख सकते हैं। वह उत्तर की ओर सम्मुख होगा क्योंकि हम पहले से ही उन चार व्यक्तियों की पहचान कर चुके हैं जो दक्षिण का सामना कर रहे हैं।)

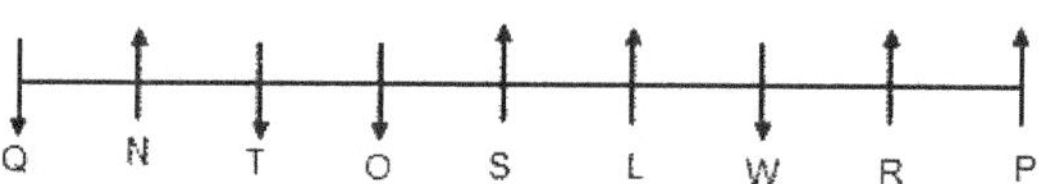

43. इसलिए, S, W के दाएं से दूसरे स्थान पर बैठा है।

अत: विकल्प (B) सही है।

44. इसलिए, T, L के बाएं से तीसरे स्थान पर है।

अत: विकल्प (E) सही है।

45. इसलिए, P और W, R के निकटतम पडोसी हैं।

अत: विकल्प (D) सही है।

46. इसलिए, Q और T, N के निकटतम पडोसी हैं।

अत: विकल्प (A) सही है।

47. इसलिए, P, L के दायें से तीसरे स्थान पर बैठा है।

अत: विकल्प (E) सही है।

48. दिए गए कथनों के लिए न्यूनतम संभावित वेन आरेख इस प्रकार है:

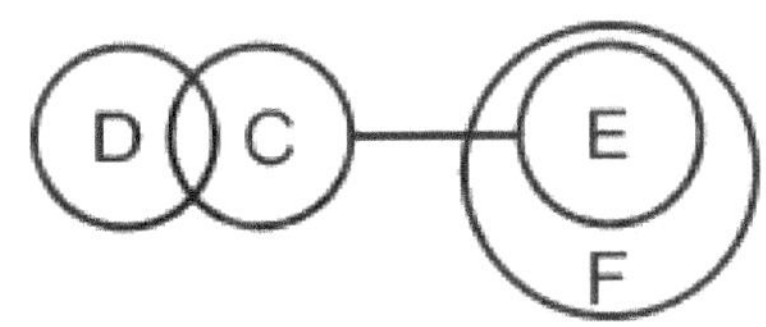

निष्कर्ष:

I. कोई F एक C नहीं है → असत्य (यह संभव है लेकिन निश्चित नहीं है इसलिए असत्य है)

II. कम से कम कुछ D, F हैं → असत्य (यह संभव है लेकिन निश्चित नहीं है इसलिए असत्य है)

इसलिए, न तो I और न ही II अनुसरण करता है।

अतः विकल्प (A) सही है।

49. न्यूनतम सम्भावित वेन आरेख नीचे दिया गया है:

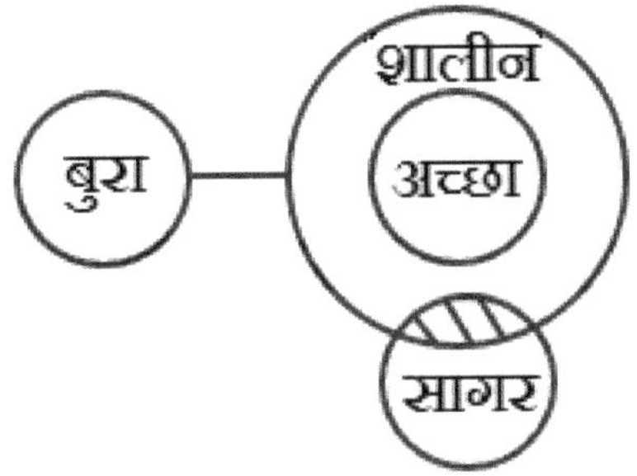

I. सभी सागर अच्छे हो सकते हैं → सत्य (कथन में यह स्पष्ट तौर पर कहा गया है कि केवल कुछ शालीन सागर हैं और सभी अच्छे शालीन हैं।)

II. कुछ अच्छे बुरे नहीं हैं → सत्य (कथन में यह स्पष्ट तौर पर कहा गया है कि कोई भी बुरे अच्छे नहीं हैं।

इसलिए, निष्कर्ष I और निष्कर्ष II दोनों अनुसरण करते हैं।

अतः विकल्प (E) सही है।

50. कथन:

केवल कुछ जानवर बिल्ली हैं → जानवरों का कुछ हिस्सा बिल्ली के साथ अतिव्यापन कर रहा है और जानवरों का कुछ हिस्सा बिल्ली नहीं है

कुछ जानवर कुत्ते हैं → जानवरों का कुछ हिस्सा कुत्ते के साथ अतिव्यापी (ओवरलैप) हो रहा है

दिए गए कथनों के लिए वेन आरेख इस प्रकार है:

निष्कर्ष:

I. सभी बिल्ली जानवर हैं → असत्य (जानवर का कुछ हिस्सा बिल्ली नहीं है लेकिन जानवर का शेष हिस्सा बिल्ली हो सकता है, इसलिए यह संभावित कथन निश्चित नहीं है इसलिए, असत्य है)

II. कुछ बिल्ली कुत्ते हैं → असत्य (कुछ कुत्ते बिल्ली हैं या नहीं निश्चित है यह एक संभावित स्थिति हो सकती है लेकिन निश्चित नहीं)

इसलिए, न तो I और न ही II का अनुसरण करता है।

अतः विकल्प (E) सही है।

51. कथन:

केवल कुछ समुद्र नदी हैं → समुद्र का कुछ हिस्सा नदी हैं और समुद्र का कुछ हिस्सा नदी नहीं हैं।

सभी नदी जल निकाय हैं → सभी नदी जल निकाय का हिस्सा होंगी

न्यूनतम संभावित वेन आरेख होगा:

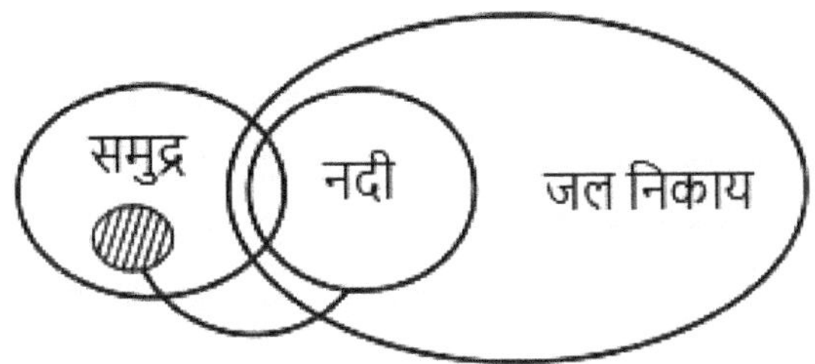

निष्कर्ष:

I. कुछ समुद्र जल निकाय हैं → सत्य (समुद्र का कुछ हिस्सा नदी हैं और सभी नदी जल निकाय हैं इसलिए, कुछ समुद्र जल निकाय हैं)

II. सभी समुद्र नदी हैं → असत्य (समुद्र का कुछ हिस्सा नदी हैं और समुद्र का कुछ हिस्सा नदी नहीं हैं इसलिए, सभी समुद्र नदी हैं, असत्य हैं)

इसलिए, केवल I अनुसरण करता है।

अतः विकल्प (D) सही है।

52. दिए गए कथनों के लिए न्यूनतम संभावित वेन आरेख इस प्रकार है:

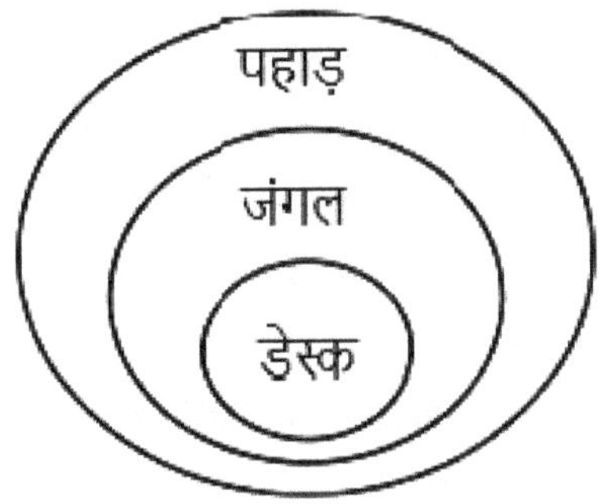

निष्कर्ष:

I. कोई जंगल पहाड़ नहीं है → असत्य (सभी डेस्क जंगल हैं और सभी जंगल पहाड़ हैं इसलिए सभी कथन सकारात्मक हैं यह निष्कर्ष असत्य है।)

II. कुछ पहाड़ डेस्क हैं → सत्य (सभी डेस्क जंगल हैं और सभी जंगल पहाड़ हैं इसलिए कुछ पहाड़ डेस्क हैं)

इसलिए, केवल II अनुसरण करता है।

अतः विकल्प (C) सही है।

53. दिया गया शब्द: LAVISLY

प्रत्येक स्वर को वर्णानुक्रम में अगले अक्षर से और प्रत्येक व्यंजन को वर्णानुक्रम में पिछले अक्षर से बदलने के बाद, हम प्राप्त करते हैं:

दिया गया	L	A	V	I	S	L	Y
प्रतिस्थापन के बाद	K	B	U	J	R	K	X

यहां दो बार अक्षर, K आया है।

अतः विकल्प (A) सही है।

54.

वर्ण माला	A	B	C	D	E	F	G	H	I	J	K	L	M
स्थानीय मान	1	2	3	4	5	6	7	8	9	10	11	12	13
स्थानीय मान	26	25	24	23	22	21	20	19	18	17	16	15	14
वर्ण माला	Z	Y	X	W	V	U	T	S	R	Q	P	O	N

E	N	T	H	U	S	I	A	S	M
5	14	20	8	21	19	9	1	19	13

आगे की जोड़ी - EH

पीछे की जोड़ी - NI, TM

इसलिए, ऐसे तीन युग्म जिनके बीच में उतने ही अक्षर हैं जितने उनके बीच अंग्रेजी वर्णमाला श्रृंखला में हैं।

अत: विकल्प (C) सही है।

55. दी गई श्रृंखला:

बायां पक्ष 2 # C D 6 % F I M K H 8 © @ T U V 4 € 2 7 8 $ H O K W 5 Y 4 ¥ Y A P @दायां पक्ष

जैसे बायां पक्ष - बयान पक्ष = बायां पक्ष

बाईं ओर से चौबीसवाँ - बाईं ओर से छठवां = बाईं ओर से अठरहवाँ

स्पष्ट रूप से, बाईं ओर से अठरहवाँ स्थान 4 है।

अत: विकल्प (A) सही है।

56. दी गई श्रृंखला:

बायां पक्ष 2 # C D 6% F I M K H 8 © @ T U V 4 € 2 7 8 $ H O K W 5 Y 4 5 Y A P @ दायां पक्ष

1) यदि सभी सम संख्याएँ हटा दी जाएँ:

C D% F I M K H © @ T U V € 7 $ H O K W 5 Y A Y A P @

2) दायें छोर से दसवाँ तत्व O है

इसलिए, दायें छोर से दसवाँ तत्व 'O' है।

अत: विकल्प (B) सही है।

57. दी गई श्रृंखला:

बायां पक्ष 2 # C D 6% F I M K H 8 © @ T U V 4 € 2 7 8 $ H O K W 5 Y 4 5 Y A P @ दायां पक्ष

सबसे पहले, स्वरों को चिह्नित करने पर:

2 # C D 6 % F **I** M K H 8 © @ T **U** V 4 € 2 7 8 $ H **O** K W 5 Y 4 ¥ Y **A** P @

आवश्यक क्रम: संख्या नहीं → स्वर → व्यंजन

2 # C D 6 % **F I M** K H 8 © @ **T U V** 4 € 2 7 8 $ **H O K** W 5 Y 4 ¥ **Y A P** @

इसलिए, 3 से अधिक (F**I**M, T**U**V, H**O**K, Y**A**P) ऐसे स्वर हैं जिनके ठीक बाद व्यंजन है लेकिन ठीक पहले संख्या नहीं है वे द्वारा अनुसरण किया जाता है।

अत: विकल्प (D) सही है।

58. दी गई श्रृंखला:

2 # C D 6 % F I M K H 8 © @ T U V 4 € 2 7 8 $ H O K W 5 Y 4 ¥ Y A P @

जैसे, दायां - दायां = दायां

दाएं ओर से 23वां - दाएं ओर से 9वां = दाएं ओर से 14वां

स्पष्ट रूप से, दाएं से 14वां 8 है।

अत: विकल्प (A) सही है।

59. दी गई श्रृंखला:

बायां पक्ष 2 # C D 6 % F I M K H 8 © @ T U V 4 € 2 7 8 $ H O K W 5 Y **4 ¥ Y A** P @ दायां पक्ष

श्रृंखला में तत्वों की स्थिति के अनुसार:

(A) C6F → C + 2 = 6 और 6 + 2 = F

(B) H©T → H + 2 = © और © + 2 = T

(C) 7$O → 7 + 2 = $ और $ + 2 = O

(D) V€7 → V + 2 = € और € + 2 = 7

(E) 4YA → 4 + 2 = Y और Y + 1 = A

इसलिए, 4YA समूह से संबंधित नहीं है।

अत: विकल्प (E) सही है।

Ques (60-62):प्रतीकों और उनके अर्थों का वर्णन करते हुए तालिका:

चित्र में प्रतीक	अर्थ
○	महिला
□	पुरुष
═	शादीशुदा जोड़ा
—	भाई-बहन
|	एक पीढ़ी का प्रसार

1. N, D का पिता है। E का विवाह N से हुआ है। G और D सहोदर हैं। C, G से विवाहित है। N का कोई पुत्र नहीं है।

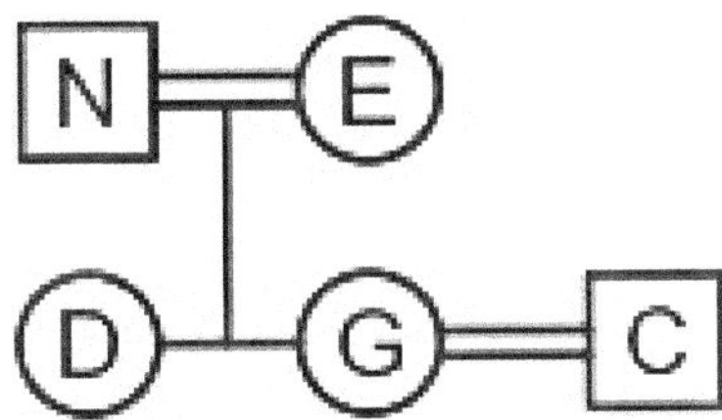

2. एक घर में एक परिवार के आठ सदस्य रह रहे हैं, जिसमें दो विवाहित जोड़े हैं। K, E का पिता है। Q, C का इकलौता पुत्र है। A, N का साला है।

इसलिए, अंतिम व्यवस्था होगी,

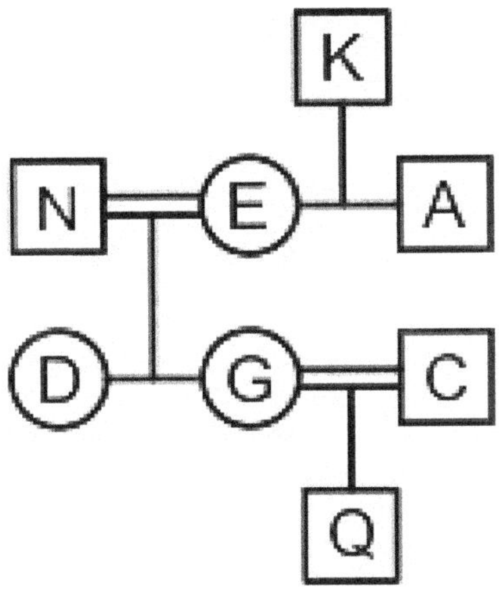

60. इसलिए, C, N का दामाद है।

अत: विकल्प (C) सही है।

61. इसलिए,K, D का नाना है।

अत: विकल्प (D) सही है।

62. इसलिए, N, E का पति है।

अत: विकल्प (D) सही है।

63. यहां अनुसरण किया गया तर्क निम्नानुसार है:

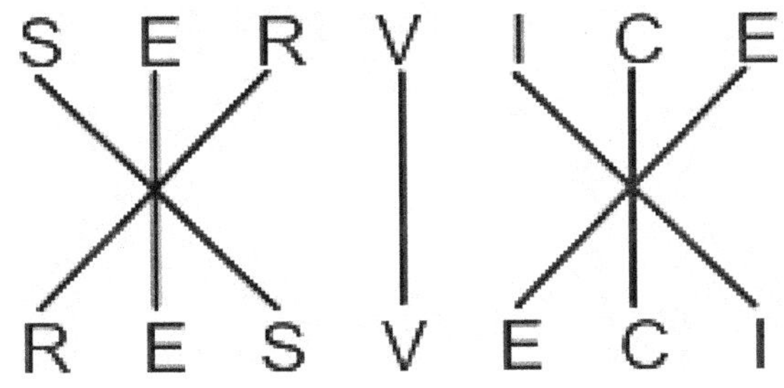

इसी तरह,

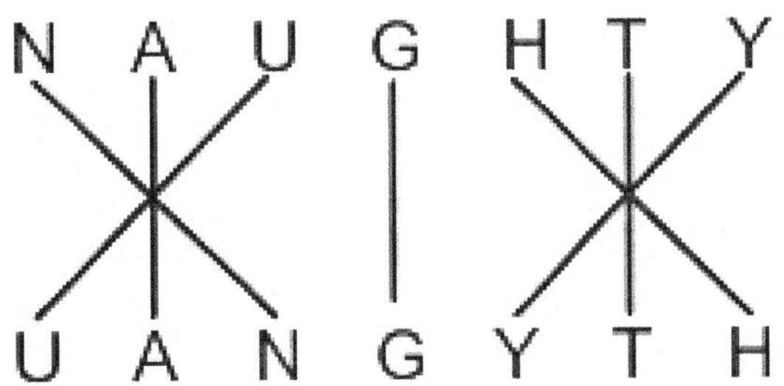

इसलिए, उस भाषा में 'NAUGHTY' को UANGYTH के रूप में लिखा जाएगा।

अतः विकल्प (C) सही है।

64. स्थानीय मान के साथ अंग्रेजी वर्णमाला श्रृंखला के अनुसार:

वर्णमाला	A	B	C	D	E	F	G	H	I	J	K	L	M
स्थानीय मान	1	2	3	4	5	6	7	8	9	10	11	12	13
स्थानीय मान	26	25	24	23	22	21	20	19	18	17	16	15	14
वर्णमाला	Z	Y	X	W	V	U	T	S	R	Q	P	O	N

एक निश्चित कूट में;

$A = 1{,}1 \times 2 + 1 = 3$

$C = 3{,}3 \times 2 + 1 = 7$

$N = 14{,}14 \times 2 + 1 = 29$

$E = 5{,}5 \times 2 + 1 = 11$

इसी प्रकार,

$B = 2{,}2 \times 2 + 1 = 5$

$O = 15{,}15 \times 2 + 1 = 31$

$I = 9{,}9 \times 2 + 1 = 19$

$L = 12{,}12 \times 2 + 1 = 25$

इसलिए, BOIL को $5 - 31 - 19 - 25$ कूटबद्ध किया जाएगा।

अत: विकल्प (D) सही है।

65. यहाँ अनुसरण किया गया तर्क इस प्रकार है:

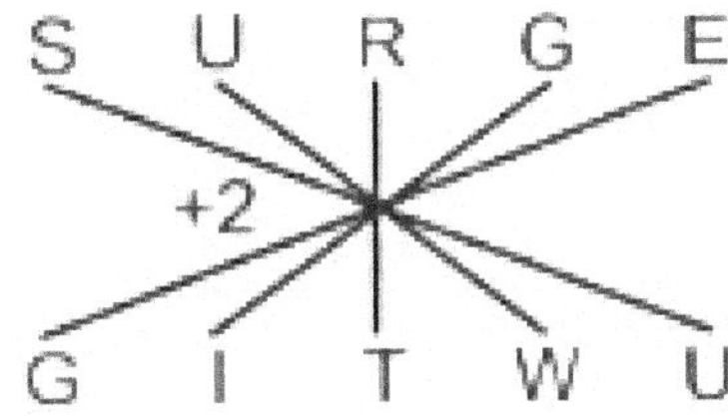

इसी तरह,

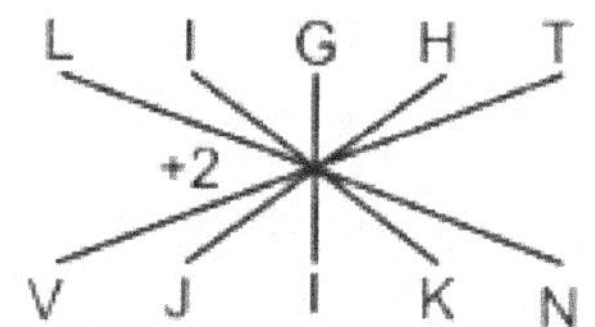

इसलिए, उस भाषा में 'LIGHT' को VJIKN लिखा जाएगा।

अतः विकल्प (A) सही है।

66. श्रृंखला निम्नलिखित स्वरुप का पालन करती है:

$101^2 + 11 = 10212$

$103^2 + 22 = 10631$

$107^2 + 33 = 11482$

$109^2 + 44 = 11925$

$113^2 + 55 = 12824$

हम देख सकते हैं कि 101,103,107,109 और 113 अभाज्य संख्याएं हैं।

तर्क के अनुसार 12824 के बाद अगली संख्या $127^2 + 66 = 16195$ है।

अतः विकल्प (A) सही है।

67. श्रृंखला निम्नलिखित स्वरुप का पालन करती है:

$\left(16 \times \frac{11}{2}\right) - 1 = 87$

$\left(16 \times \frac{13}{2}\right) - 1 = 103$

$\left(16 \times \frac{17}{2}\right) - 1 = 135$

$\left(16 \times \frac{19}{2}\right) - 1 = 151$

$\left(16 \times \frac{23}{2}\right) - 1 = 183$

⇒ तर्क के अनुसार 183 के बाद अगली संख्या $\left(16 \times \frac{29}{2}\right) - 1 = 231$

अतः विकल्प (C) सही है।

68. दी गयी श्रृंखला का स्वरुप निम्न प्रकार है:

$\Rightarrow 12 \times 1 = 12$

$\Rightarrow 12 \times 1.5 = 18$

$\Rightarrow 18 \times 2 = 36$

$\Rightarrow 36 \times 2.5 = 90$

$\Rightarrow 90 \times 3 = 270$

अतः विकल्प (A) सही है।

69. The logic of the series can be explained as:

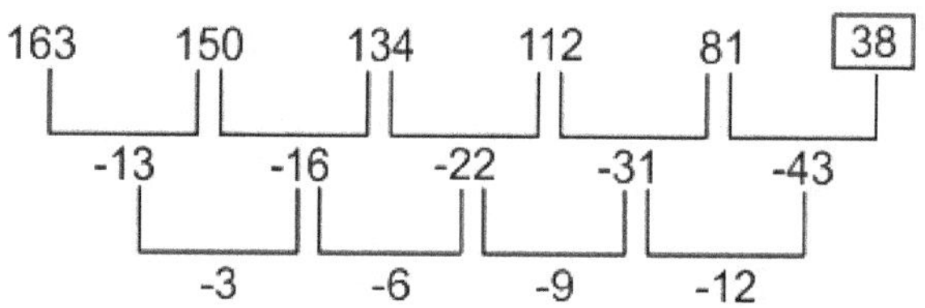

∴ The value of ? is 38.

Hence, the correct option is (C).

70. The series follows the following pattern:

$\Rightarrow 3 \times 1 + 1 = 4$

$\Rightarrow 4 \times 2 + 2 = 10$

$\Rightarrow 10 \times 3 + 3 = 33$

$\Rightarrow 33 \times 4 + 4 = 136$

$\Rightarrow 136 \times 5 + 5 = 685$

$\Rightarrow 685 \times 6 + 6 = 4116$

∴ The value of ? is 685.

Hence, the correct option is (B).

71. I. $x^2 - 50x + 225 = 0$

$\Rightarrow x^2 - 45x - 5x + 225 = 0$

$\Rightarrow x(x - 45) - 5(x - 45) = 0$

$\Rightarrow (x - 5)(x - 45) = 0$

$\Rightarrow x = 5,45$

II. $y^2 + 32y - 105 = 0$

$\Rightarrow y^2 + 35y - 3y - 105 = 0$

$\Rightarrow y(y + 35) - 3(y + 35) = 0$

$\Rightarrow (y - 3)(y + 35)$

$\Rightarrow y = 3, -35$

∴ x > y

अतः विकल्प (A) सही है।

72. I. $24x^2 + 38x + 15 = 0$

$\Rightarrow 24x^2 + 18x + 20x + 15 = 0$

$\Rightarrow 6x(4x + 3) + 5(4x + 3) = 0$

$\Rightarrow (6x + 5)(4x + 3) = 0$

$\Rightarrow x = -\frac{5}{6}, -\frac{3}{4}$

II. $54y^2 + 123y + 65 = 0$

$\Rightarrow 54y^2 + 78y + 45y + 65 = 0$

$\Rightarrow 6y(9y+13)+5(9y+13)=0$

$\Rightarrow (6y+5)(9y+13)=0$

$\Rightarrow y=-\frac{5}{6},-\frac{13}{9}$

$\therefore x \geq y$

Hence, the correct option is (C).

73. I. $2x^2-19x+45=0$

$\Rightarrow 2x^2-10x-9x+45=0$

$\Rightarrow 2x(x-5)-9(x-5)=0$

$\Rightarrow (2x-9)(x-5)=0$

$\Rightarrow x=\frac{9}{2},5$

II. $3y^2-17y+20=0$

$\Rightarrow 3y^2-12y-5y+20=0$

$\Rightarrow 3y(y-4)-5(y-4)=0$

$\Rightarrow (3y-5)(y-4)=0$

$\Rightarrow y=\frac{5}{3},4$

$\therefore x > y$

अतः विकल्प (A) सही है।

74. I. $x^2+13x-140=0$

$\Rightarrow x^2+20x-7x-140=0$

$\Rightarrow x(x+20)-7(x+20)=0$

$\Rightarrow (x+20)(x-7)=0$

$\Rightarrow x=-20,7$

II. $y^2-13y-140=0$

$\Rightarrow y^2-20y+7y-140=0$

$\Rightarrow y(y-20)+7(y-20)=0$

$\Rightarrow (y-20)(y+7)$

$\Rightarrow v=20-7$

$\therefore$ x = y या x और y के बीच सम्बन्ध निर्धारित नहीं किया जा सकता।

अतः विकल्प (E) सही है।

75. I. $2x^2+23x+56=0$

$\Rightarrow 2x^2+16x+7x+56=0$

$\Rightarrow 2x(x+8)+7(x+8)=0$

$\Rightarrow (2x+7)(x+8)=0$

$\Rightarrow x=-\frac{7}{2},-8$

II. $12y^2+41y+35=0$

$\Rightarrow 12y^2+21y+20y+35=0$

$\Rightarrow 3y(4y+7)+5(4y+7)=0$

$\Rightarrow (3y+5)(4y+7)=0$

$\Rightarrow y=-\frac{5}{3},-\frac{7}{4}$

$\therefore y > x$

अतः विकल्प (B) सही है।

76. A, B और C के हिस्सों का अनुपात = 2 वर्षों में उनके निवेश का अनुपात

= [(5000 × 2): (7000 × 2): (6000 × 2)]

= [10000: 14000: 12000]

= 5: 7: 6

दिया है : कुल लाभ = 10,800 रूपए

$\therefore$ B का हिस्सा = $\frac{7}{18}$ × 10800 = 4,200 रूपए

अतः विकल्प (B) सही है।

77. मान लीजिये कि 1 ग्राम चीनी का मूल्य 1 रुपये है।

मान लीजिये कि वह 1000 ग्राम चीनी बेचता है।

चूंकि वह झूठे वजन का उपयोग करता है, तो वह वास्तव में केवल 950 ग्राम चीनी बेचता है।

इसलिए, उसके लिए वास्तविक लागत मूल्य 950 है।

विक्रय मूल्य = 1000 रुपये

लाभ प्रतिशत $=\frac{(1000-950)}{950}\times 100$

$=\frac{100}{19}\%$

$=5\frac{5}{19}\%$

अतः विकल्प (C) सही है।

78. हम जानते हैं कि,

प्रेक्षणों का योग = औसत × प्रेक्षणों की संख्या

प्रेक्षणों का सही योग = [प्रेक्षणों का योग - (गलत प्रेक्षण) + (सही प्रेक्षण)]

प्रश्नानुसार,

26 वस्तुओं की औसत गणना = 40

26 वस्तुओं का गलत योग = 40 × 26 = 1040

26 वस्तुओं का सही योग = गलत योग - गलत वस्तुओं का योग + सही वस्तुओं का योग

सही योग = 1040 - (20 + 18) + (40 + 24)

= 1040 - 38 + 64

= 1066

सही औसत = $\frac{1066}{26}$ = 41

अतः विकल्प (D) सही है।

79. दिया गया है,

संजू एक कार्य पूरा करता है $= 12$ दिन

सूरज एक कार्य पूरा करता है $= 16$ दिन

संजय एक कार्य पूरा करता है $= 24$ दिन

जैसा कि हम जानते है,

किया गया कुल कार्य $=$ दिनों की संख्या $\times$ दक्षता

माना की संजू, सूरज और संजय की क्षमताएँ (कार्य प्रतिदिन की जाती हैं) क्रमशः 'a', 'b' और 'c' हैं।

माना कुल कार्य 1 इकाई है।

इसलिए, $(a \times 12) = 1$

$\Rightarrow a = \frac{1}{12}$

तो, $(b \times 16) = 1$

$\Rightarrow b = \frac{1}{16}$

तो, $(c \times 24) = 1$

$c = \frac{1}{24}$

संजू, सूरज और संजय द्वारा एक साथ लिया गया समय $=$ किया गया कुल कार्य/दक्षता

$= \frac{1}{\{(\frac{1}{12})+(\frac{1}{16})+(\frac{1}{24})\}}$

$= \frac{48}{(4+3+2)}$

$= \frac{48}{9}$ दिन

$= \frac{16}{3}$दिन

∴ संजू, सूरज और संजय मिलकर पूरे कार्य को $\frac{16}{3}$ दिनों में पूरा करते हैं।

अत: विकल्प (A) सही है।

80. दिया गया है कि,

मान लीजिए अन्य प्रकार के तरल की कीमत N रुपये प्रति लीटर है।

पृथ्थीकरण नियम का उपयोग करने पर,

$\Rightarrow \frac{6}{4} = \frac{(N-90)}{(90-80)}$

$\Rightarrow \frac{6}{4} = \frac{(N-90)}{10}$

⇒ 4N – 360 = 60

⇒ N = 105

अन्य प्रकार के तरल की कीमत 105 रुपये है।

दिया गया है कि,

मान लीजिए कि नए मिश्रण की क़ीमत M रुपये है।

⇒ (M – 80) = (105 – M)

⇒ 2M = 185

⇒ M = 92.5

∴ नए मिश्रण की क़ीमत 92.5 रुपये है।

अतः विकल्प (C) सही है।

81. दिया गया है,

नल A द्वारा टैंक को भरने में लिया गया समय =12 घंटे

नल A द्वारा 1 घंटे में भरा गया भाग = $\frac{1}{12}$

नल B द्वारा टैंक को भरने में लिया गया समय = 15 घंटे

नल B द्वारा 1 घंटे में भरा गया भाग = $\frac{1}{15}$

नल C द्वारा टैंक को भरने में लिया गया समय = 20 घंटे

नल C द्वारा 1 घंटे में भरा गया भाग = $\frac{1}{20}$

(A + B) का 1 घंटे का काम $= \frac{1}{12} + \frac{1}{15}$

$= \frac{9}{60}$

$= \frac{3}{20}$

(A + C) का 1 घंटे का काम $= \frac{1}{12} + \frac{1}{20}$

$= \frac{8}{60}$

$= \frac{2}{15}$

2 घंटे में भरा भाग $= \frac{3}{20} + \frac{2}{15}$

$= \frac{17}{60}$

6 घंटे में भरा भाग $= 3 \times \frac{17}{60}$

$= \frac{17}{20}$

शेष भाग $= 1 - \frac{17}{20}$

$= \frac{3}{20}$

चूँकि शेष भाग $\frac{3}{20}$ है और इस भाग को नल A और B 1 घंटे में भर सकते हैं

लिया गया कुल समय = 6 + 1

=7 घंटे

∴ टैंक को भरने में लिया गया कुल समय 7 घंटे है।

अतः विकल्प (C) सही है।

82. दिया गया:

वर्ष 1995 में = 3000

विभिन्न वर्षों में विद्यालय में पढ़ने वाले छात्रों की संख्या :

वर्ष 1995 में = 3000 (दिया गया)

वर्ष 1996 में = 3000 - 250 + 350 = 3100

वर्ष 1997 में = 3100 - 450 + 300 = 2950

वर्ष 1998 में = 2950 - 400 + 450 = 3000

वर्ष 1999 में = 3000 - 350 + 500 = 3150

वर्ष 2000 में = 3150 - 450 + 400 = 3100

वर्ष 2001 में = 3100 - 450 + 550 = 3200

इसलिए, वर्ष 1999 के दौरान स्कूल में पढ़ने वाले छात्रों की संख्या = 3150

अतः विकल्प (D) सही है।

83. विभिन्न वर्षों के दौरान (पिछले वर्ष की तुलना में) स्कूल छोड़ने वाले छात्रों की संख्या में प्रतिशत वृद्धि/गिरावट है:

वर्ष $1997 = \left[\frac{(450-250)}{250} \times 100\right]\% = 80\%$ (वृद्धि)

वर्ष $1998 = \left[\frac{(450-400)}{450} \times 100\right]\% = 11.11\%$(गिरावट
)

वर्ष $1999 = \left[\frac{(400-350)}{400} \times 100\right]\% = 12.5\%$ (गिरावट)

वर्ष $2000 = \left[\frac{(450-350)}{350} \times 100\right]\% = 28.57\%$ (वृद्धि)

वर्ष $2001 = \left[\frac{(450-450)}{450} \times 100\right]\% = 0\%$

स्पष्ट रूप से,

अधिकतम प्रतिशत वृद्धि/गिरावट वर्ष 1997 के लिए है

अतः विकल्प (A) सही है।

84. दिए गए ग्राफ से नोट किए गए महत्वपूर्ण डेटा:

वर्ष 1996 में : स्कूल छोड़ने वाले छात्रों की संख्या = 250

और शामिल हुए छात्रों की संख्या = 350

वर्ष 1997 में : स्कूल छोड़ने वाले छात्रों की संख्या = 450

और शामिल हुए छात्रों की संख्या = 300

वर्ष 1998 में : स्कूल छोड़ने वाले छात्रों की संख्या = 400

और शामिल हुए छात्रों की संख्या = 450

वर्ष 1999 में : स्कूल छोड़ने वाले छात्रों की संख्या = 350

और शामिल हुए छात्रों की संख्या = 500

वर्ष 2000 में : स्कूल छोड़ने वाले छात्रों की संख्या = 450

और शामिल हुए छात्रों की संख्या = 400

वर्ष 2001 में : स्कूल छोड़ने वाले छात्रों की संख्या = 450

और शामिल हुए छात्रों की संख्या = 550

इसलिए, विभिन्न वर्षों में विद्यालय में पढ़ने वाले छात्रों की संख्या :

वर्ष 1995 में = 3000 (दिया गया)

वर्ष 1996 में = 3000 - 250 + 350 = 3100

वर्ष 1997 में = 3100 - 450 + 300 = 2950

वर्ष 1998 में = 2950 - 400 + 450 = 3000

वर्ष 1999 में = 3000 - 350 + 500 = 3150

वर्ष 2000 में = 3150 - 450 + 400 = 3100

वर्ष 2001 में = 3100 - 450 + 550 = 3200

वर्ष 1997 से वर्ष 1998 तक छात्रों की संख्या में प्रतिशत वृद्धि $= [\frac{(3000-2950)}{2950} \times 100]\%$

$= 1.69\% \approx 1.7\%$

अतः विकल्प (B) सही है।

85. आवश्यक प्रतिशत $= \left(\frac{3000}{3200} \times 100\right)\%$

$= 93.75\%$

अतः विकल्प (B) सही है।

86. आवश्यक अनुपात = 300 : 450

= 2 : 3

अतः विकल्प (D) सही है।

87. मात्रा A:

दिया है,

मात्रा = 63 लीटर

प्रारंभिक अनुपात (अल्कोहल : जल) = 5 : 4

अंतिम अनुपात (अल्कोहल : जल) = 3 : 2

कुल मिश्रण (अनुपात) = 5 + 4 = 9 अनुपात

9 अनुपात = 63 लीटर

→ 1 अनुपात = 7 लीटर

∴ अल्कोहल = 5 अनुपात = 35 लीटर

और, जल = 4 अनुपात = 28 लीटर

चूंकि जल की मात्रा समान रहेगी,

अंतिम अनुपात के लिए, 2 अनुपात = 28 लीटर

∴ 3 अनुपात = 42 लीटर

इसलिए, अल्कोहल = 42 लीटर

मात्रा B: 43 लीटर

∴ मात्रा A < मात्रा B

अतः विकल्प (B) सही है।

88. मात्रा A:

दिया है,

प्रारंभिक दूरी = 200 मीटर (बस आगे)

63 सेकंड के बाद दूरी = 150 मीटर (कार आगे)

कार की चाल = 78 किमी/घंटा

जब दो वस्तुएं एक ही दिशा में चल रही होती हैं, तो सापेक्ष चाल उनकी व्यक्तिगत चालों का अंतर होती है।

प्रयुक्त सूत्र:

चाल = दूरी/समय

सापेक्ष चाल $=\frac{(200+150)}{63}$

$=\frac{350}{63}$

$\Rightarrow \frac{50}{9}$ मीटर/सेकंड

$\Rightarrow \frac{50}{9}\times\frac{18}{5}$

$= 20$ किमी/घंटा

साथ ही, सापेक्ष चाल = कार की चाल - बस की चाल

∴ 20 = 78 - बस की चाल

⇒ बस की चाल = 58 किमी/घंटा

∴ बस की चाल 58 किमी/घंटा है।

मात्रा B: 60 किमी/घंटा

∴ मात्रा A < मात्रा B

अतः विकल्प (B) सही है।

89. मात्रा A:

दिया है,

विक्रय मूल्य 1 = 19972 रुपये

विक्रय मूल्य 2 = 17228 रुपये

वांछित विक्रय मूल्य = 20088 रुपये

प्रयुक्त सूत्र :

लाभ% = लाभ/क्रय मूल्य × 100

माना कि क्रय मूल्य x रुपये है।

प्रश्न के अनुसार:

19972 - x = x - 17228

⇒ 2x = 37200

⇒ x = 18600 रुपये

अब, लाभ = 20088 - 18600

= 1488 रुपये

∴ लाभ % = $\frac{1488}{18600}\times 100$

= 8%

मात्रा B: 10%

∴ मात्रा A < मात्रा B

अतः विकल्प (B) सही है।

90. दिया गया है,

बेलन का पृष्ठ क्षेत्रफल $= 1672$ मी ^{2}

जैसा कि हम जानते हैं,

बेलन का पृष्ठ क्षेत्रफल $= 2\pi r(r+h)$

प्रश्न के अनुसार,

$\Rightarrow 2\pi r(r+h) = 1672$ मी ^{2}

$\Rightarrow 2\times\frac{22}{7}\times r\times 19 = 1672$ मी ^{2}

$\Rightarrow r=\frac{(1672\times 7)}{(2\times 22\times 19)}$

$\Rightarrow r = 14$

$\therefore h = 19-14 = 5$ मी

बेलन का आयतन $=\pi r^2 h$

$=\frac{22}{7}\times 14\times 14\times 5$

$= 3080$ मी ^{3}

अतः विकल्प (A) सही है।

91. जैसा कि हम जानते हैं,

$? = 320$ का $40\% + 4^3 \div 16\times 108\div 8$

$\Rightarrow ? = \frac{40}{100}\times 320 + 4^3\div 16\times 108\div 8$

$\Rightarrow ? = 128 + 64\div 16\times 108\div 8$

$\Rightarrow ? = 128 + 4\times\left(\frac{27}{2}\right)$

$\Rightarrow ? = 128+54$

$\Rightarrow ? = 182$

∴ ? का मान 182 है।

अतः विकल्प (E) सही है।

92. दिया गया है,

180 का $35\% + 18^2 = (27)^{\frac{5}{3}} + ?^2$

$\Rightarrow \frac{35}{100}\times 180 + 324 = 3^5 + ?^2$

$\Rightarrow 63+324 = 243 + ?^2$

$\Rightarrow ? = \sqrt{(324+63-243)}$

$\Rightarrow ? = \sqrt{(387-243)}$

$\Rightarrow ? = \sqrt{(144)}$

$\Rightarrow ? = 12$

∴ ? का मान 12 है।

अत: विकल्प (C) सही है।

93. दिया गया है,

$38 + 41 \times (441 \div 21) - 17^2 = ?$

$\Rightarrow 38 + 41 \times 21 - 289 = ?$

$\Rightarrow 38 + 861 - 289 = ?$

$\Rightarrow ? = 610$

∴ ? का मान 610 है।

अत: विकल्प (C) सही है।

94. दिया गया है,

$(25^2 - 106) \div 3 - 13^2 + 35 = ?$

$\Rightarrow (625 - 106) \div 3 - 169 + 35 = ?$

$\Rightarrow 519 \div 3 - 169 + 35 = ?$

$\Rightarrow 173 - 169 + 35 = ?$

$\Rightarrow ? = 39$

∴ ? का मान 39 है।

अत: विकल्प (A) सही है।

95. दिया है:

225 का 6.67% + 1120 का 6.25% $= (?)^3 + 3$

$\Rightarrow \frac{1}{15} \times 225 + \frac{1}{16} \times 1120 = (?)^3 + 3$

$\Rightarrow 15 + 70 = (?)^3 + 3$

$\Rightarrow 85 = (?)^3 + 3$

$\Rightarrow (?)^3 = 82$

$\Rightarrow ? = (82)^{\frac{1}{3}}$

? का मान $(82)^{\frac{1}{3}}$ है।

अत: विकल्प (E) सही है।

96. दिया है :

$(999 + 99 + 9) +$ 90 का 5.55% = ?

हम जानते हैं कि 5.55% का मान $\frac{1}{18}$ है,

1107 + 90 का $\frac{1}{18}$ = ?

$\Rightarrow 1107 + 5 = ?$

$\Rightarrow 1112 = ?$

∴ ? का मान 1112 है।

अत: विकल्प (D) सही है।

97. दिया है:

32 + 65 − 96 का $16\frac{2}{3}\%$ = ? +120 का $33\frac{1}{3}\%$

⇒ 97 − का $\frac{50}{3}\%$ = ? +120 का $\frac{100}{3}\%$

$\Rightarrow 97 - \frac{50}{(3\times100)} \times 96 = ? + \frac{100}{(3\times100)} \times 120$

$\Rightarrow 97 - 16 = ? + 40$

$\Rightarrow ? = 97 - 56$

$\Rightarrow ? = 41$

∴ ? का मान 41 है।

अत: विकल्प (C) सही है।

98. जैसा कि हम जानते हैं,

$25\% = \frac{1}{4}$ और $14\frac{2}{7}\% = \frac{1}{7}$

दिया है:

7428 का 25% + 71.5 × 2 = ? का $14\frac{2}{7}\%$

$\Rightarrow \frac{1}{4} \times 7428 + 143 = \frac{1}{7} \times ?$

$\Rightarrow 1857 + 143 = \frac{1}{7} \times ?$

$\Rightarrow 2000 = \frac{1}{7} \times ?$

$\Rightarrow ? = 7 \times 2000$

$\Rightarrow ? = 14000$

अत: विकल्प (D) सही है।

99. दिया है:

200 का 31% + 300 का 21% = 25 × 5 + ?² − 90 का 40%

$\Rightarrow \frac{31}{100} \times 200 + \frac{21}{100} \times 300 = 125 + ?^2 - \frac{40}{100} \times 90$

$\Rightarrow 62 + 63 = 125 + ?^2 - 36$

$\Rightarrow ?^2 = 36$

$\Rightarrow ? = 6$

∴ ? का मान 6 है।

अत: विकल्प (C) सही है।

100. दिया है :

$\sqrt[3]{6859} + \sqrt{441} - \sqrt[3]{4096} - \sqrt{576} = ?$

$\Rightarrow 19 + 21 - 16 - 24 = ?$

$\Rightarrow 19 + 21 - 16 - 24 = ?$

$\Rightarrow 40 - 40 = ?$

$\Rightarrow ? = 0$

$\therefore$? का मान 0 है।

अतः विकल्प (C) सही है।

अनुभागीय टेस्ट 01

Ques (1-5):Direction: Below, a set of eight statements is given, out of which the first sentence, given in bold, is fixed. The rest are jumbled in any random order. Out of the remaining seven statements, one does not belong to the passage. Rearrange the remaining sentences in the correct order and then answer the question.

A. Until the early 2000s, Bollywood remained the main source of entertainment for the Himalayan monarchy of Bhutan.

B. As the industry continues to boom, a new parallel cinema movement, made mostly for an international audience, is emerging.

C. Arun Bhattarai's The Next Guardian, a bittersweet documentary set in a remote monastery, also features a character going through a sexual identity crisis.

D. Passionate, self-taught film-makers, armed with themes ranging from magical realism to social justice and sexual identity, have begun to appear in major international film festivals in recent years.

E. The advent of the internet brought along a tidal wave of new content and a nascent parallel voice has also begun taking shape.

F. It was a love triangle about two college boys falling for the same girl, that birthed the commercial Bhutanese film industry.

G. Two decades later, commercial Bhutanese films continue to ride on Bollywood influences, with staple themes of mawkish drama, syrupy duets and acrobatic action sequences featuring prominently.

H. It was in 1999 when the late Tshering Wangyel released the first Dzongkha-language movie called Rewaa (Hope).

Q.1 Which of the following sentences is SECOND in the correct order?

A. B **B.** G **C.** E **D.** H
E. F

Q.2 Which of the following sentences is FOURTH in the correct order?

A. E **B.** C **C.** G **D.** B
E. H

Q.3 Which of the following sentences does not belong in the given passage?

A. E **B.** F **C.** G **D.** H
E. C

Q.4 Which of the following sentences is FIFTH in the correct order?

A. C **B.** E **C.** B **D.** F
E. H

Q.5 Which of the following sentences is SIXTH in the correct order?

A. E **B.** D **C.** C **D.** B
E. G

Ques (6-10):Direction: Read the passage and answer the following question.

Mother Teresa is famous in the history of mankind for her charity work toward the poor, sick, helpless, homeless, and downtrodden people of the society. She was born on 27th August, 1910 in Yugoslavia, as Agnes Gonxha Bojaxhin, to Albanian parents.

Agnes Gonxha became a nun of the Order of the Sisters of Our Lady of Loreto in Ireland at an early age of 18 years. She came to India and commenced her novitiate (a beginner becoming a nun) in 1928 in Darjeeling, a hill station in the Indian State of West Bengal. She soon became the principal of the institution. Agnes Gonxha adopted the name "Teresa" in 1931, in memory of Saint Thérèse of Lisieux. In 1946 Agnes felt an inner calling to serve the poor, sick, old, and helpless people. Accordingly, she obtained permission from Pope Pius XII in 1948 to leave the convent and serve the people living in the slums and in the streets.

In 1948 Agnes Gonxha managed to secure Indian citizenship and started to drape herself in a sari. In 1950 she started her own order "Missionaries of Charity" to look after the **unloved**, abandoned, and unwanted people. She also ran many children's homes to look after the orphaned, retarded and sick children. Gradually she came to be known as Mother Teresa. Mother Teresa's Missionaries of Charity founded "Nirmal Hriday", which is a home for the dying, at an abandoned Kali temple in Kalighat in West Bengal. In 1953 Mother Teresa founded her first orphanage. She also started a home for the lepers in the year 1957 in Kolkata. Gradually she **established** around 570 homes for the poor in more than 125 countries, both in the East and in the West.

Mother Teresa was **honored** with several awards for her contributions to the human society. These awards include the Nobel Prize for Peace in 1979, Bharat Ratna (Highest Civilian Award in India) in 1980, Templeton Award (Britain), Magsaysay Award (The Philippines), Presidential Medal of Freedom from President Ronald Reagan, etc. However, fame and recognitions mattered very little to her. Mother Teresa breathed her last on September 5, 1997, in Kolkata, India. She was buried within the premises of Missionaries of Charity in Kolkata. She has been beatified by the Catholic Church. This is a step towards becoming a Saint. Now she is referred to as Blessed Teresa of Calcutta.

Q.6 Mother Teresa is currently referred to as:

A. Teresa
B. Saint Teresa
C. Blessed Teresa of Calcutta

D. Agnes Gonxha
E. None of these

Q.7 Which were some of the awards that Mother Teresa received?

(A). Nobel Prize for Peace in 1979
(B). Bharat Ratna in 1980 (India)
(C). Magsaysay Award (The Philippines)

A. Only (A) **B.** Only (B)
C. Only (C) **D.** All of the above
E. None of these

Q.8 What was the name of the home set up by the Missionaries of Charity for the dying?

A. Kalighat
B. Missionaries of Charity
C. Nirmal Hriday
D. Home for the dying
E. Order of the Sisters of Our Lady of Loreto

Q.9 Which children did Mother Teresa look after?

(A). Orphaned
(B). Sick
(C). Active

A. Only (A) **B.** Only (B)
C. Only (C) **D.** All except (C)
E. All of the above

Q.10 What does the word 'unloved' mean in the passage?

A. Uncared for
B. An intense feeling of deep affection
C. A great interest and pleasure in something
D. Love, loyalty, or enthusiasm for a person or activity
E. Not having or showing the necessary skills to do something successfully

Ques (11-15):Direction: A passage is given below with the blanks labeled (A)-(J). Below the passage, five options are given for each blank. Choose the word that fits each blank most appropriately in the context of the passage, and mark the corresponding answer.

The heatwave conditions in India will be "serious" before monsoon hits various parts of the country, said the World Meteorological Organisation (WMO), as global temperature records were smashed yet again in April, 2016.

Though heatwaves are common in India from April through June, this year __(A)__ [contains] seen an exceptionally powerful one. The climate pattern sits well with the general global experience this year of record high temperatures in most parts of the world.

Last year, El Niño, a climactic occurrence __(B)__ **[above]** the Pacific Ocean that unusually spikes up the ocean temperatures was __(C)__ **[interrogated]** for severe droughts and dry spells over southern Africa, South and South-east Asia, the US and the western Pacific. The event also __(D)__ **[accelerating]** powerful west Pacific typhoons. El Nino that has a significant impact on the Asian monsoon has a high probability of becoming a La Nina weather system, the opposite of El Niño towards the end of the year. La Niña brings cooler temperatures, __(E)__ **[greater]** rainfall, including to the South East Asian region, sometimes even flooding countries.

Frequent deficit monsoons are __(F)__ **[developing]** common in India as well as in other parts of the subcontinent. An increase in extreme rainfall events have occurred at the expense of __(G)__ **[inadequate]** rainfall events over the central Indian region and in many other areas, according to the Intergovernmental Panel on Climate Change (IPCC) findings.

__(H)__ **[Expeditious]** climate change and thinning snow covers may also have __(I)__ **[hold]** an impact on the increasing Indian temperatures, like for most other parts of the world. The threats on health from rising temperatures are real. Last month, the WMO and WHO hosted a climate and health forum to __(J)__**[encourage]** heat-health early warning systems to encourage countries to respond better.

Q.11 Which of the following fits in the blank labelled (A)?

A. Have **B.** were **C.** Has **D.** was
E. had

Q.12 Which of the following fits in the blank labelled (B)?

A. Over **B.** on **C.** At **D.** For
E. of

Q.13 Which of the following fits in the blank labelled (C)?

A. Question **B.** Asked **C.** say **D.** Blamed
E. praised

Q.14 Which of the following fits in the blank labelled (F)?

A. coming **B.** becoming
C. become **D.** Approaching
E. became

Q.15 Which of the following fits in the blank labelled (G)?

A. weak **B.** strong **C.** fewer **D.** stronger
E. Weaker

Ques (16-20):Direction: Which of the phrases given below the sentence should replace the word/phrase given below in bold in the sentence to make it grammatically correct? If the sentence is correct as it is given and no correction is required, mark 'No correction required' as the answer.

Q.16 I have great **antipathy towards** the people who are born with a silver spoon.

A. antipathy for
B. antipathy to
C. antipathy on
D. antipathy against
E. No correction required

Q.17 The technician **impressed on** the need for focus and innovation, which were necessary for the upcoming project.

A. impressed upon
B. impressed into
C. impressed onto

D. impressed with
E. No correction required

Q.18 The unfortunate husband **pined off** in the memory of his lost wife, who had died an untimely death.

A. pined away
B. pined
C. pined down
D. pined up
E. No correction required

Q.19 Mahatma Gandhi **say that** honesty is the best policy.

A. speak
B. were saying
C. says that
D. say
E. No correction required

Q.20 The aeroplane **alighted at the airport and it was ahead of its** scheduled time.

A. alighted on the airport and it was ahead of its
B. alighted at the airport and it was ahead of it's
C. alighted in the airport and it was ahead of its
D. alighted the airport and it was ahead of its
E. No correction required

Q.21 Choose the correctly spelt word from the options.

A. Sacriligeous **B.** Sacrilegious
C. Sacriligious **D.** Sacrilegeous
E. Sacrilegeuos

Q.22 Choose the correctly spelt word from the options.

A. Puritanical **B.** Puirtanical
C. Pruitanical **D.** Pirutanical
E. Piurtanical

Q.23 Choose the correctly spelt word from the options.

A. Schrizophenia **B.** Schizophenia
C. Schyzophrenia **D.** Schizophrenia
E. Schiozphrenia

Q.24 Direction: Select the most appropriate synonym of the given word.

Embezzle

A. Misappropriate **B.** Balance
C. Remunerate **D.** Clear
E. None of these

Q.25 Direction: Select the most appropriate antonym of the given word.

Persuasion

A. Dislike **B.** Discouraging
C. Convincing **D.** Induce
E. None of these

Ques (26-30):Direction: In the following question, a sentence is divided into five parts; (A), (B), (C), (D) and (E). There may be an error in one of the parts, which makes the sentence grammatically or contextually incorrect. Choose the option with the part containing error.

Q.26 It brings with it issues not only of cultural and (A) / managerial alterations, but rather various financial conflicts, (B) / such as internal disputes between the banks (C) / that could affect lending as well as recovery. (D) / No error (E)

A. A **B.** B **C.** C **D.** D
E. E

Q.27 Issues could include something as simple as an internal (A) / hierarchical muddle to more direct and large conflicts like priority (B)/ of charge on securities in cases of common stressed assets, (C) / and the different recovery process being followed by each bank. (D) / No error (E)

A. A **B.** B **C.** C **D.** D
E. E

Q.28 It is necessary that resources be dedicated (A) / towards engaging competent teams (B) / from oversee and resolve issues arising (C) out of such a transition phase. (D) / No error (E)

A. A **B.** B **C.** C **D.** D
E. E

Q.29 Global oil demand is muted against the backdrop in economic uncertainty (A) / and continuing trade frictions, and there has been (B) / a surge in petroleum output in the US and elsewhere, (C) / which should ease oil prices sooner rather than later. (D) / No error (E)

A. A **B.** B **C.** C **D.** D
E. E

Q.30 The way ahead is for the government to (A) / fast forward long pending reform of (B) / oil marketing, so as to purposefully shore on (C) / investments and revamp market design in oil. / No error (E)

A. A **B.** B **C.** C **D.** D
E. E

// Smart Answer Sheet //

Correct Indicates percentage of students who answered questions correctly.

Skipped Indicates percentage of students who skipped questions.

Q.	Ans.	Correct	Skipped
1	D	31.15 %	51.44 %
2	C	16.55 %	60.71 %
3	E	41.49 %	48.18 %
4	B	3.24 %	85.9 %
5	D	28.5 %	55.23 %
6	C	31.69 %	51.7 %
7	D	27.3 %	51.23 %
8	C	21.7 %	60.01 %
9	C	4.63 %	79.07 %
10	A	2.23 %	81.45 %
11	C	19.96 %	63.75 %
12	A	32.6 %	51.84 %
13	D	1.08 %	86.62 %
14	B	19.58 %	66.26 %
15	E	25.13 %	52.27 %
16	D	19.35 %	65.11 %
17	A	1.63 %	78.24 %
18	A	17.48 %	59.28 %
19	C	6.25 %	72.33 %
20	E	22.11 %	57.58 %
21	B	14.15 %	67.82 %
22	A	15.9 %	59.26 %
23	D	21.15 %	59.25 %
24	A	7.6 %	73.94 %
25	B	23.06 %	62.55 %
26	B	21.4 %	68.48 %
27	B	52.68 %	44.13 %
28	C	4.36 %	81.84 %
29	A	6.51 %	77.77 %
30	C	31.54 %	51.6 %

Performance Analysis	
Avg. Score (%)	36.67%
Toppers Score (%)	63.33%
Your Score	

//संकेत और समाधान//

1. The first sentence of a paragraph gives an introduction, which is then elaborated in the following sentences.

A is given as the first, introductory sentence. So, logically, the next sentence must give more information about the Bhutanese cinema circa 2000.

This is only shown by H, which talks about the first commercially successful Bhutanese film. **So, H is the second sentence.**

Sentence F gives more information about the film in H. **So, F is the third sentence.**

The next sentences talk about the current state of commercial cinema. **So, G must be fourth.**

E talks about the emergence of current parallel cinema. **So, E must be fifth.**

It is followed logically by B, which talks about its audience. **So, B is the sixth sentence.**

The remaining sentence, **D, is then, the seventh.**

The correct order is : **AHFGEBD**

Hence, the correct option is (D).

2. The first sentence of a paragraph gives an introduction, which is then elaborated in the following sentences.

A is given as the first, introductory sentence. So, logically, the next sentence must give more information about the Bhutanese cinema circa 2000.

This is only shown by H, which talks about the first commercially successful Bhutanese film. **So, H is the second sentence.**

Sentence F gives more information about the film in H. **So, F is the third sentence.**

The next sentences talk about the current state of commercial cinema. **So, G must be fourth.**

E talks about the emergence of current parallel cinema. **So, E must be fifth.**

It is followed logically by B, which talks about its audience. **So, B is the sixth sentence.**

The remaining sentence, **D, is then, the seventh.**

The correct order is : **AHFGEBD**

Hence, the correct option is (C).

3. The context of most sentences is the emergence of Bhutanese cinema.

Only C talks about Anil Bhattarai's documentary. **So, C is out of context.**

The first sentence of a paragraph gives an introduction, which is then elaborated in the following sentences.

A is given as the first, introductory sentence. So, logically, the next sentence must give more information about the Bhutanese cinema circa 2000.

This is only shown by H, which talks about the first commercially successful Bhutanese film. **So, H is the second sentence.**

Sentence F gives more information about the film in H. **So, F is the third sentence.**

The next sentences talk about the current state of commercial cinema. **So, G must be fourth.**

E talks about the emergence of current parallel cinema. **So, E must be fifth.**

It is followed logically by B, which talks about its audience. **So, B is the sixth sentence.**

The remaining sentence, **D, is then, the seventh.**

The correct order is : **AHFGEBD**

Hence, the correct option is (E).

4. The first sentence of a paragraph gives an introduction, which is then elaborated in the following sentences.

A is given as the first, introductory sentence. So, logically, the next sentence must give more information about the Bhutanese cinema circa 2000.

This is only shown by H, which talks about the first commercially successful Bhutanese film. **So, H is the second sentence.**

Sentence F gives more information about the film in H. **So, F is the third sentence.**

The next sentences talk about the current state of commercial cinema. **So, G must be fourth.**

E talks about the emergence of current parallel cinema. **So, E must be fifth.**

It is followed logically by B, which talks about its audience. **So, B is the sixth sentence.**

The remaining sentence, **D, is then, the seventh.**

The correct order is : **AHFGEBD**

Hence, the correct option is (B).

5. The first sentence of a paragraph gives an introduction, which is then elaborated in the following sentences.

A is given as the first, introductory sentence. So, logically, the next sentence must give more information about the Bhutanese cinema circa 2000.

This is only shown by H, which talks about the first commercially successful Bhutanese film. **So, H is the second sentence.**

Sentence F gives more information about the film in H. **So, F is the third sentence.**

The next sentences talk about the current state of commercial cinema. **So, G must be fourth.**

E talks about the emergence of current parallel cinema. **So, E must be fifth.**

It is followed logically by B, which talks about its audience. **So, B is the sixth sentence.**

The remaining sentence, **D, is then, the seventh.**

The correct order is : **AHFGEBD**

Hence, the correct option is (D).

6. The passage is about Mother Teresa and her charitable work.

Important point:

The following is stated in the passage: "Now she is referred to as Blessed Teresa of Calcutta."

Her major work was in Kolkata (also known as Calcutta). She spent most of her life serving the less privileged people of West Bengal.

Therefore, now she is also known as Blessed Teresa of Calcutta.

Hence, the correct option is (C).

7. The passage is about Mother Teresa and her charitable work.

Important point:

The following is stated in the passage: "Mother Teresa was honored with several awards for her contributions to human society. These awards include the Nobel Prize for Peace in 1979, Bharat Ratna (Highest Civilian Award in India) in 1980, Templeton Award (Britain), Magsaysay Award (The Philippines), Presidential Medal of Freedom from President Ronald Reagan, etc".

Hence, the correct option is (D).

8. The passage is about Mother Teresa and her charitable work.

Important point:

The following is stated in the passage: "Mother Teresa's Missionaries of Charity founded the "Nirmal Hriday", which is a home for the dying, at an abandoned Kali temple in Kalighat in West Bengal".

Hence, the correct option is (C).

9. The passage is about Mother Teresa and her charitable work.

Important point:

The following is stated in the passage: " She also ran many children's homes to look after the orphaned, retarded and sick children".

Out of all the points, only point (C) is not mentioned in the passage.

Hence, the correct option is (C).

10. The passage is about Mother Teresa and her charitable work.

Important point:

The sentence in the passage containing the above word is: "In 1950 she started her own order "Missionaries of Charity" to look after the unloved, abandoned, and unwanted people".

In this context, it refers to those who didn't receive any love or care and were left to fend for themselves. Mother Teresa set up the organization to look after these people.

Example: "The most terrible thing is the feeling of being unloved".

Hence, the correct option is (A).

11. The context implies that this year exceptionally powerful heatwaves are being seen. It shows an action or situation that started in the past, but continues in the present. This implies the use of present perfect tense. Therefore, 'has' should be used with 'seen'.

Hence, the correct option is (C).

12. By observing the given options, the most obvious option is 'over'. 'On' is used to show a surface of something. 'At' is used to indicate a place or destination. 'For' is used to indicate the use of something. 'Of' is used to show certain relation or connection. The preposition 'over' is used to show a place covered by something. In the given context, El Niño, is a climactic occurrence that is not static in nature and is used to cover the Pacific Ocean. Therefore, we can select option (A) as the most suitable answer.

Hence, the correct option is (A).

13. By observing the given options, we can remove options (A) and (C). This is because; the sentence is written in past tense while option (A) and (C) represent tense consistency error. Therefore, we can eliminate these options. The sentence says that El Niño was responsible for severe droughts. Therefore, 'praised' could not be the correct option. Option (B) is also incorrect as El Niño would not ask for severe droughts. Now as we are left with option (D), we can select it as the most suitable answer.

Hence, the correct option is (D).

14.

The context implies that recurrent deficit of monsoon is becoming common in India. As the action is showing the prevailing trend, the present continuous tense of the given options should be used. Also, here we are talking about a phenomenon that is coming into being. Therefore, a synonym of 'being' will be suitable. Hence, 'becoming' appears as the most suitable option for the given blank.

Hence, the correct option is (B).

15. The context implies that increase in extreme rainfall events has occurred due to feebler rainfall events over the central Indian region. The sentence comprises a sense of comparison as due to feebler rainfall in some regions, increase in extreme rainfall events has occurred. While eliminating the options on this basis, we can eliminate options (A) (B) and (D) directly as they do not fit into the context. Considering the rest of the options, i.e. 'weaker' and 'fewer'; 'weaker' appears as the most suitable option as 'fewer' applies to countable objects.

Hence, the correct option is (E).

16. 'antipathy against' will replace 'antipathy towards'

- antipathy means hatred or scorn.
- Preposition against is used with antipathy, when the object of antipathy is a human being.
- Therefore, the correct answer is: I have great antipathy against the people who are born with a silver spoon.

Hence, the correct option is (D).

17. 'Impressed upon' will replace 'impressed on'.

- impressed upon means advised.
- Therefore, the correct answer is: The technician impressed upon the need for focus and innovation, which were necessary for the upcoming project.

Hence, the correct option is (A).

18. 'pined away' will replace 'pined off'.

- 'pine' takes the preposition 'away'
- pined away means died with grief.
- Therefore, the correct answer is: The unfortunate husband pined away in the memory of his lost wife, who had died an untimely death.

Hence, the correct option is (A).

19. The Plural verb say does not appear to agree with the singular subject Mahatma Gandhi.

- According to the Subject-Verb agreement rule, a verb must be in accordance with the noun. A singular noun must be followed by a singular verb and a plural noun by a plural verb.
- The correct sentence will be "Mahatma Gandhi says that honesty is the best policy."

Hence, the correct option is (C).

20. 'Alighted at' means land at a site or place.

- 'it's' will not be used (see option B) because 'it's' means 'it is' or 'it has'.
- Therefore, the correct answer is: The aeroplane alighted at the airport and it was ahead of its scheduled time.

Hence, the correct option is (E).

21. The correctly spelt word among the given options is 'Sacrilegious'.

- The word 'Sacrilegious' means 'treating something holy or important without respect'.
- Example: The performance is not sacrilegious or blasphemous.

Hence, the correct option is (B).

22. The correct answer is 'Puritanical.'

The correctly spelled word is 'Puritanical' and it means believing or involving the belief that it is important to work hard and control yourself, and that pleasure is wrong or unnecessary.

Hence, the correct option is (A).

23. The correctly spelt word is 'Schizophrenia' and it means a serious mental illness in which a person confuses the real world and the world of the imagination and often behaves in strange and unexpected ways.

Hence, the correct option is (D).

24. Embezzle - steal or misappropriate money placed in one's trust or belonging to the organization for which one works

Misappropriate - dishonestly or unfairly take

Balance - an even distribution of weight enabling someone or something to remain upright and steady

Remunerate - pay (someone) for services rendered or work done

Clear - easy to perceive, understand or interpret

Thus, 'Misappropriate' is the synonym of the word 'Embezzle'.

Hence, the correct option is (A).

25. Persuasion: the action or fact of persuading someone or of being persuaded to do or believe something

Discouraging: causing someone to lose confidence or enthusiasm; depressing

Dislike: feel distaste for or hostility toward

Convincing: capable of causing someone to believe that something is true or real

Induce: to cause something to happen

Thus, from the given meanings, we find that Persuasion and Discouraging are antonyms.

Hence, the correct option is (B).

26. The error lies in the fragment B of the sentence.

'Not only - but also' is a correlative conjunction. In fragment B, 'rather' should be replaced with 'also' in order to make it a grammatically correct sentence.

Correct Sentence:

It brings with it issues not only of cultural and managerial alterations, but also various financial conflicts, such as internal disputes between the banks that could affect lending as well as recovery.

Hence, the correct option is (B).

27. The error lies in the fragment B of the sentence.

The comparative form of the adjective 'large' should be used to describe the conflicts because the accompanying adjective 'more direct' is also in comparative form.

Instead of 'large', 'larger' should be used to make it a grammatically correct sentence.

Correct Sentence :

Issues could include something as simple as an internal hierarchical muddle to more direct and larger conflicts like priority of charge on securities in cases of common stressed assets, and the different recovery process being followed by each bank.

Hence, the correct option is (B).

28. The error lies in the fragment C of the sentence.

The use of preposition 'from' in the fragment C is incorrect. Instead of the preposition 'from', the preposition 'to' should be used to make it a grammatically correct sentence.

Correct Sentence:

It is necessary that resources be dedicated towards engaging competent teams to oversee and resolve issues arising out of such a transition phase.

Hence, the correct option is (C).

29. The error lies in the fragment A of the sentence.

The use of preposition 'in' in the fragment A is incorrect. Instead of the preposition 'in', the preposition 'of' should be used to make it a grammatically correct sentence.

Correct Sentence:

Global oil demand is muted against the backdrop of economic uncertainty and continuing trade frictions, and there's been a surge in petroleum output in the US and elsewhere, which should ease oil prices sooner rather than later.

Hence, the correct option is (A).

30. The error lies in the fragment C of the sentence.

The correct phrasal verb of 'shore' appropriate for this sentence is 'shore up'.

Shore up (phrasal verb)

Meaning : to make something stronger by supporting it.

E.g.: After the earthquake we had to shore up ceilings and walls.

Instead of 'on', 'up' should be used to make it a grammatically correct sentence.

Correct Sentence:

The way ahead is for the government to fast-forward long pending reform of oil marketing, so as to purposefully shore up investments and revamp market design in oil.

Hence, the correct option is (C).

अनुभागीय टेस्ट 02

Ques (1-5):Direction: Rearrange the following eight sentences P, Q, R, S, T, U, V and W in the proper sequence to form a meaningful paragraph and answer the question accordingly.

P. What was until then a sport predominantly of the hinterlands received wider recognition as television and newspapers began discovering it.

Q. The Aamir Khan-starrer Dangal, which narrates the story of Mahavir Singh Phogat and his daughters Geeta Phogat and Babita Kumari, was perhaps the icing on the cake.

R. Ever since Sushil Kumar won a bronze medal at the 2008 Beijing Olympics, wrestling has, without doubt, grown by leaps and bounds.

S. Now, it has reached a stage where Sakshi's Olympic bronze is expected to do to women's wrestling what Sushil's did to wrestling in general.

T. Also, independent India's first individual Olympic medal winner was a wrestler: Khashaba Dadasaheb Jadhav, who bagged a bronze in the 1952 Helsinki Games. This aided wrestling in securing a prominent place both in the minds of the country's citizenry as well as in its yet-to-thrive sporting ecosystem.

U. That Sakshi and the Phogats came from Haryana, a State infamous for its skewed gender ratio, even boosted the narrative of the sport now being a tool for breaking gender stereotypes.

V. Even to the uninitiated, the sport's rich moral, philosophical and mystical heritage — with links first to the Ramayana and the Mahabharata through the likes of Hanuman and Bhima, and then to the Mughals and Maratha kings, who were huge patrons of the sport — has always appealed.

W. A series of successes followed, from Yogeshwar Dutt to the Phogat sisters to Sakshi Malik.

Q.1 Which of the following would be the FIFTH sentence after rearrangement?

A. P **B.** Q **C.** U **D.** V
E. S

Q.2 Which of the following would be the SECOND sentence after rearrangement?

A. S **B.** T **C.** W **D.** R
E. U

Q.3 Which of the following would be the SEVENTH sentence after rearrangement?

A. Q **B.** P **C.** V **D.** S
E. W

Q.4 Which of the following would be the FIRST sentence after rearrangement?

A. T **B.** P **C.** Q **D.** R
E. S

Q.5 Which of the following would be the FOURTH sentence after rearrangement?

A. W **B.** S **C.** U **D.** Q
E. T

Ques (6-10):Direction: Read the passage and answer the following question.

Child labor is an important topic that is being debated as a serious social issue all around the world. Keeping the society aware of this issue will help to avoid such illegal and **inhuman** activity from destroying the lives of many children. Child labor is something that replaces the normal activities of a child, like education, playing, etc., with economic activities. These economic activities may be paid or unpaid work, which benefits the family of the child or the owner the child works for. The age limit is restricted to fourteen years or even seventeen years in case of dangerous works.

Children may be forced to do child labor because of poverty and financial problems in their family. Many owners accept child labors since they only need a less amount as salary or even some accept non-monetary jobs too. Children are often made to do such hard jobs by their irresponsible parents. They send their kids for domestic works for the money as well as for the food they get through these works. These demanding works often spoil the childhood and give a harder way of living to the kid.

Parents allow their children for such jobs because of lack of awareness too. When they are too poor to take admissions in schools and the lack of good schools in their locality may also lead to such activities. Not all forms of jobs done by children are considered as child labor, but there are some things to note while categorizing them. Whether the job is done mentally, morally, physically and socially, does it affects the child in a dangerous way? Does the job done affect their education and other childhood activities like playing? The job they do shouldn't be both tiring and excessive that they are forced to avoid other activities they should be doing in their age. These are the characteristics of Child Labor.

In extreme ways, there are owners who treat children like slaves and separate them from their families to do such hard jobs. Whatever be the job done, child labor depends on the age of the kid involved, type of activity and hours of work they do per day. As a conclusion, children are meant to be enjoying their childhood and should be allowed to educate themselves at early ages. There are many **schemes** introduced by the government to reduce such child labors like providing free education and taking severe actions against those who promote child labor.

Q.6 Which of the following statements is true in terms of child labor?

A. Children cannot get admissions to school and should

continue earning money through labor

B. Children are meant to be enjoying their childhood and should not be allowed to do these jobs

C. Children below 17 are more active and can provide better productivity as laborers.

D. Since they only need a less amount as salary, they should continue to do these jobs

E. None of these is true

Q.7 What do the government schemes include to reduce child labor?

(A). Providing free education.

(B). Taking severe actions against those who promote child labor.

(C). Encouraging more wages for child laborers.

A. Only (A) **B.** Only (B)
C. All except (A) **D.** All except (C)
E. None of these

Q.8 What are the characteristics to look for to identify child labor?

(A). Whether the job affects the child in a dangerous way

(B). Whether the jobs done affect their education and other childhood activities like playing.

(C). Whether the jobs are fun and not risky.

A. Only (A) **B.** Only (B)
C. Only (C) **D.** All except (B)
E. All except (C)

Q.9 Why do parents push their children into doing child labor?

(A). lack of awareness

(B). lack of good schools in the area

(C). too poor to admit their children to schools

A. All of these **B.** All except (A)
C. All except (B) **D.** All except (C)
E. None of these

Q.10 According to the passage, **'schemes'** refers to:

A. Make plans, especially in a devious way or with intent to do something illegal or wrong

B. Not properly planned and controlled

C. Involving or contributing to a breakdown of peaceful and law-abiding behavior

D. A large-scale systematic plan or arrangement for putting a particular idea into effect

E. Not done or acting according to a fixed plan or system

Q.11 Direction: In the following the question choose the word which is the synonym of the given word.

Emancipate

A. Liberate **B.** Release
C. Acquit **D.** Conformist
E. Eccentric

Q.12 Direction: In the following the question choose the word which is the antonym of the given word.

Haggard

A. Exuberant **B.** Vile
C. Emaciated **D.** Exquisite
E. None of these

Ques (13-17):Direction : In the question below, a sentence has been given with some of its part in bold. To make the sentence grammatically and idiomatically correct, you have to replace the bold part with one of the correct alternatives stated below. If the sentence is correct, mark the option 'no improvement required' as the answer.

Q.13 It is about time we **tell you that** you should start preparing for the exam carefully.

A. told you that
B. tell you that
C. will tell you that
D. have told you that
E. No improvement required

Q.14 Mr. Subhash is eclipsed by his wife who is **much lively and more intelligent** than he is.

A. more lively and much intelligent
B. much more lively and much more intelligent
C. much livelier and more intelligent
D. much liveliest and most intelligent
E. No improvement required

Q.15 Indian farmers have been reeling under financial stress **from immemorial time.**

A. since immemorial time
B. for immemorial time
C. for time immemorial
D. from time immemorial
E. No improvement required

Q.16 The brilliant administrator **was destined for** the post of Assistant Commissioner; there was no one to challenge his caliber.

A. were destined for
B. was destined of
C. were destined of
D. was destined with
E. No improvement required

Q.17 The young man bought **a pair of branded trouser** from the new mall.

A. a pair of branded trousers
B. pair of branded trouser
C. pair of branded trousers
D. a pair for branded trousers
E. No improvement required

Ques (18-22):Direction: In the question given below, a blank has been provided for each and needs to be filled with the appropriate word. Choose the best option among the given ones.

Q.18 Higher input costs have squeezed profits for companies and further______ these worries, the yield on 10-year U.S. Treasuries hit 3% for the first time in more than four years, indicating that companies would require more cash to service company their debt.

A. ameliorating
B. aggravate
C. compounding
D. relieving
E. None of these

Q.19 The Reserve Bank of India has further liberalised the norms for external commercial borrowing (ECB) that will allow Indian companies to access ______ funds from overseas markets.

A. cheaper
B. dearer
C. expensive
D. poor
E. ordinary

Q.20 The government ______ up to Rs 1.03 lakh crore in GST collection in April, indicating stabilization of the new indirect tax regime which was rolled out on July 1 last year.

A. moped
B. collected
C. mopped
D. Both (A) and (B)
E. Both (B) and (C)

Q.21 With increasing adoption of digital payments and reliance on electronic banking ecosystem, India must have a data localization mandate to avoid data ______.

A. safety
B. pilferage
C. thief
D. reduction
E. substantiate

Q.22 Paytm has said that no payment system should be allowed to roll out services unless they _____ with the regulations.

A. refer
B. flout
C. adhere
D. comply
E. abide

Ques (23-27):Direction: In the following question, a sentence is divided into five parts; (A), (B), (C), (D) and (E). There may be an error in one of the parts, which makes the sentence grammatically or contextually incorrect. Choose the option with the part containing error.

Q.23 It is the job of the political executive to (A) / release the economy's fate from the thrall of (B) / civil servant's perception that doing their (C) / work is a threat to their future liberty. (D) / No error (E)

A. A
B. B
C. C
D. D
E. E

Q.24 Not only is the reintroduction of driving restrictions (A) / ineffective in terms of improving air quality, but it also ignores (B) / Delhi residents' mobility recourse in the absence of reliable, (C) / affordable and accessibility mass public transport. (D) / No error (E)

A. A
B. B
C. C
D. D
E. E

Q.25 Reports say New Delhi has begin (A) / making a list of the products and (B) / tariff lines on which it can offer duty (C) / concessions to the other 15 Asia-Pacific members. (D) / No error (E)

A. A
B. B
C. C
D. D
E. E

Q.26 The reported advisory by the Centre to (A) / the states to ban production of certain kind of (B) / articles of single-use plastic before October 2 (C) / represents the wrong way to go about the job. (D) / No error (E)

A. A
B. B
C. C
D. D
E. E

Q.27 It is far better to leave lending rates (A) / to competition among lenders and increase (B) / the potential competition by licensing more banks (C) / and giving a large role to fin-tech companies. (D) / No error (E)

A. A
B. B
C. C
D. D
E. E

Q.28 Find the correctly spelt word.

A. Vaccinetion
B. Vacination
C. Vaccination
D. Veccinetion
E. Vecinetion

Q.29 Find the correctly spelt word.

A. Lieutenant
B. Leftinant
C. Leiutnant
D. Lieotenant
E. Lieoteant

Q.30 Find the correctly spelt word.

A. Acsessibility
B. Accessibility
C. Accessebility
D. Accessiblity
E. Accessibity

// Smart Answer Sheet //

Correct Indicates percentage of students who answered questions correctly.

Skipped Indicates percentage of students who skipped questions.

Q.	Ans.	Correct	Skipped
1	D	24.58 %	64.48 %
2	C	26.65 %	59.99 %
3	A	5.8 %	77.91 %
4	D	27.68 %	58.09 %
5	B	4.31 %	76.56 %
6	B	17.81 %	66.25 %

Q.	Ans.	Correct	Skipped
7	D	47.21 %	41.75 %
8	E	5.66 %	82.37 %
9	A	16.65 %	61.4 %
10	D	30.09 %	51.11 %
11	A	28.09 %	58.95 %
12	A	16.11 %	62.28 %

Q.	Ans.	Correct	Skipped
13	A	53.92 %	42.08 %
14	C	20.3 %	60.28 %
15	D	20.57 %	66.63 %
16	E	20.19 %	67.27 %
17	A	3.91 %	81.5 %
18	C	20.83 %	51.14 %

Q.	Ans.	Correct	Skipped
19	A	18.06 %	65.4 %
20	E	1.06 %	89.63 %
21	B	23.29 %	60.26 %
22	D	22.85 %	53.19 %
23	C	30.55 %	52.25 %
24	D	22.46 %	50.04 %

Q.	Ans.	Correct	Skipped
25	B	44.69 %	44.87 %
26	B	16.52 %	62.71 %
27	D	52.46 %	41.87 %
28	C	16.17 %	64.77 %
29	A	12.15 %	67.34 %
30	B	55.27 %	34.12 %

Performance Analysis	
Avg. Score (%)	50.0%
Toppers Score (%)	56.67%
Your Score	

//संकेत और समाधान//

1. The correct sequence of the sentences is R-W-P-S-V-T-Q-U and the fifth sentence clearly is V.

The passage clearly describes changing perception towards Wrestling in India and how the sport has received recognition in recent times.

Sentence R clearly sets the tone of the passage by mentioning the phenomenal growth the sport has achieved since 2008.

Sentence W immediately follows as it quotes a few more recent successes to strengthen the idea stated in sentence R.

Keywords/phrases that link W to R:

'A series of successes' (W) – 'won' (R)

Sentence P clearly seems to follow next as it takes the description forward.

Keyword/phrase that links P to W:

'Recognition' (P) – 'A series of successes followed' (W)

Sentence S follows next as it augments the idea stated so far.

Keyword/phrase that links S to P:

'Now' (S) – 'then' (P)

The sequence made so far is R - W – P - S

From here, though it becomes a bit complex to pick the next sentence in sequence yet we can pair up the remaining sentences.

For instance,

Between Q and U, sentence U clearly follows Q and hence they get paired up as Q – U.

Keyword/phrase that links U to Q:

'narrative' (U) – 'narrates' (Q)

Similarly, between T and V, sentence V must precede T keeping the chronology of events happened in mind. This forms another pair as V – T.

If we observe further we can infer that sentence T links to sentence Q.

Keywords/phrases that link T to Q:

'This added wrestling', 'a prominent place' (T) – 'icing on the cake' (Q)

The complete sequence of the sentences thus formed is R-W-P-S-V-T-Q-U.

Hence, the correct option is (D).

2. The correct sequence of the sentences is R-W-P-S-V-T-Q-U and the fifth sentence clearly is V.

The passage clearly describes changing perception towards Wrestling in India and how the sport has received recognition in recent times.

Sentence R clearly sets the tone of the passage by mentioning the phenomenal growth the sport has achieved since 2008.

Sentence W immediately follows as it quotes a few more recent successes to strengthen the idea stated in sentence R.

Keywords/phrases that link W to R:

'A series of successes' (W) – 'won' (R)

Sentence P clearly seems to follow next as it takes the description forward.

Keyword/phrase that links P to W:

'Recognition' (P) – 'A series of successes followed' (W)

Sentence S follows next as it augments the idea stated so far.

Keyword/phrase that links S to P:

'Now' (S) – 'then' (P)

The sequence made so far is R - W – P - S

From here, though it becomes a bit complex to pick the next sentence in sequence yet we can pair up the remaining sentences.

For instance,

Between Q and U, sentence U clearly follows Q and hence they get paired up as Q – U.

Keyword/phrase that links U to Q:

'narrative' (U) – 'narrates' (Q)

Similarly, between T and V, sentence V must precede T keeping the chronology of events happened in mind. This forms another pair as V – T.

If we observe further we can infer that sentence T links to sentence Q.

Keywords/phrases that link T to Q:

'This added wrestling', 'a prominent place' (T) – 'icing on the cake' (Q)

The complete sequence of the sentences thus formed is R-W-P-S-V-T-Q-U.

Hence, the correct option is (C).

3. The correct sequence of the sentences is R-W-P-S-V-T-Q-U and the fifth sentence clearly is V.

The passage clearly describes changing perception towards Wrestling in India and how the sport has received recognition in recent times.

Sentence R clearly sets the tone of the passage by mentioning the phenomenal growth the sport has achieved since 2008.

Sentence W immediately follows as it quotes a few more recent successes to strengthen the idea stated in sentence R.

Keywords/phrases that link W to R:

'A series of successes' (W) – 'won' (R)

Sentence P clearly seems to follow next as it takes the description forward.

Keyword/phrase that links P to W:

'Recognition' (P) – 'A series of successes followed' (W)

Sentence S follows next as it augments the idea stated so far.

Keyword/phrase that links S to P:

'Now' (S) – 'then' (P)

The sequence made so far is R - W – P - S

From here, though it becomes a bit complex to pick the next sentence in sequence yet we can pair up the remaining sentences.

For instance,

Between Q and U, sentence U clearly follows Q and hence they get paired up as Q – U.

Keyword/phrase that links U to Q:

'narrative' (U) – 'narrates' (Q)

Similarly, between T and V, sentence V must precede T keeping the chronology of events happened in mind. This forms another pair as V – T.

If we observe further we can infer that sentence T links to sentence Q.

Keywords/phrases that link T to Q:

'This added wrestling', 'a prominent place' (T) – 'icing on the cake' (Q)

The complete sequence of the sentences thus formed is R-W-P-S-V-T-Q-U.

Hence, the correct option is (A).

4. The correct sequence of the sentences is R-W-P-S-V-T-Q-U and the fifth sentence clearly is V.

The passage clearly describes changing perception towards Wrestling in India and how the sport has received recognition in recent times.

Sentence R clearly sets the tone of the passage by mentioning the phenomenal growth the sport has achieved since 2008.

Sentence W immediately follows as it quotes a few more recent successes to strengthen the idea stated in sentence R.

Keywords/phrases that link W to R:

'A series of successes' (W) – 'won' (R)

Sentence P clearly seems to follow next as it takes the description forward.

Keyword/phrase that links P to W:

'Recognition' (P) – 'A series of successes followed' (W)

Sentence S follows next as it augments the idea stated so far.

Keyword/phrase that links S to P:

'Now' (S) – 'then' (P)

The sequence made so far is R - W – P - S

From here, though it becomes a bit complex to pick the next sentence in sequence yet we can pair up the remaining sentences.

For instance,

Between Q and U, sentence U clearly follows Q and hence they get paired up as Q – U.

Keyword/phrase that links U to Q:

'narrative' (U) – 'narrates' (Q)

Similarly, between T and V, sentence V must precede T keeping the chronology of events happened in mind. This forms another pair as V – T.

If we observe further we can infer that sentence T links to sentence Q.

Keywords/phrases that link T to Q:

'This added wrestling', 'a prominent place' (T) – 'icing on the cake' (Q)

The complete sequence of the sentences thus formed is R-W-P-S-V-T-Q-U.

Hence, the correct option is (D).

5. The correct sequence of the sentences is R-W-P-S-V-T-Q-U and the fifth sentence clearly is V.

The passage clearly describes changing perception towards Wrestling in India and how the sport has received recognition in recent times.

Sentence R clearly sets the tone of the passage by mentioning the phenomenal growth the sport has achieved since 2008.

Sentence W immediately follows as it quotes a few more recent successes to strengthen the idea stated in sentence R.

Keywords/phrases that link W to R:

'A series of successes' (W) – 'won' (R)

Sentence P clearly seems to follow next as it takes the description forward.

Keyword/phrase that links P to W:

'Recognition' (P) – 'A series of successes followed' (W)

Sentence S follows next as it augments the idea stated so far.

Keyword/phrase that links S to P:

'Now' (S) – 'then' (P)

The sequence made so far is R - W – P - S

From here, though it becomes a bit complex to pick the next sentence in sequence yet we can pair up the remaining sentences.

For instance,

Between Q and U, sentence U clearly follows Q and hence they get paired up as Q – U.

Keyword/phrase that links U to Q:

'narrative' (U) – 'narrates' (Q)

Similarly, between T and V, sentence V must precede T keeping the chronology of events happened in mind. This forms another pair as V – T.

If we observe further we can infer that sentence T links to sentence Q.

Keywords/phrases that link T to Q:

'This added wrestling', 'a prominent place' (T) – 'icing on the cake' (Q)

The complete sequence of the sentences thus formed is R-W-P-S-V-T-Q-U.

Hence, the correct option is (B).

6. The passage speaks of child labor as an inhuman aspect.

It generally describes the reasons as well as the effects of child labor.

Hence, the correct option is (B).

7. According to the passage, there are many schemes introduced by the government to reduce such child labors like providing free education and taking severe actions against those who promote child labor.

Hence, the correct option is (D).

8. The passage speaks of child labor as an inhuman aspect.

It generally describes the reasons as well as the effects of child labor.

The sentences in the passage clearly mention "...does it affects the child in a dangerous way?" and "Does the job done affect their education and other childhood activities?"

The job they do shouldn't be both tiring and excessive that they are forced to avoid other activities they should be doing in their age.

Other than point (C), the rest are mentioned in the passage.

Hence, the correct option is (E).

9. The passage speaks of child labor as an inhuman aspect.

It generally describes the reasons as well as the effects of child labor.

The sentences in the passage clearly mention "Parents allow their children for such jobs because of lack of awareness too. When they are too poor to take admissions in schools and the lack of good schools in their locality may also lead to such activities".

These demanding works often spoil their childhood and give a harder way of living to the kid.

Hence, the correct option is (A).

10. The passage speaks of child labor as an inhuman aspect.

It generally describes the reasons as well as the effects of child labor.

The sentence in the passage containing the above word is "There are many schemes introduced by the government to reduce such child labors like providing free education and taking severe actions against those who promote child labor".

Here, it refers to the planning or arrangement of putting a law into action against the people who employee child laborers.

An example of 'schemes' is: The government is dusting off schemes for supporting creative industries.

Hence, the correct option is (D).

11. Emancipate: set free, especially from legal, social, or political restrictions

Liberate: set (someone) free from imprisonment, slavery, or oppression

Release: allow or enable to escape from confinement

Acquit: free (someone) from a criminal charge by a verdict of not guilty

Conformist: a person who conforms to accepted behaviour or established practices

Eccentric: unconventional and slightly strange

Thus, 'Liberate' is the synonym of the given word 'Emancipate'.

Hence, the correct option is (A).

12. Haggard: Someone who looks haggard has a tired expression and shadows under their eyes, especially because they are ill or have not had enough sleep.

Exuberant: If you are exuberant, you are full of energy, excitement, and cheerfulness.

Vile: If you say that someone or something is vile, you mean that they are very unpleasant.

Emaciated: A person or animal that is emaciated is extremely thin and weak because of illness or lack of food.

Exquisite: Something that is exquisite is extremely beautiful or pleasant, especially in a delicate way.

Thus, 'Exuberant' is the antonym of the word 'Haggard'.

Hence, the correct option is (A).

13. Here,

It's time + subject + past verb form.

Therefore, the sentence would be correct if "tell you that" is replaced by "told you that".

Correct Sentence :

It is about time we told you that you should start preparing for the exam carefully.

Hence, the correct option is (A).

14. Here, a comparison is made between Mr. Subhash and his wife.

So, the comparative degree of the adjectives has to be used.

Though "more intelligent" is the comparative degree of "intelligent", "lively" is the positive degree.

So, the sentence would be correct if "lively" is replaced by its comparative degree "livelier".

Correct Sentence :

Mr. Subhash is eclipsed by his wife who is much livelier and more intelligent than he is.

Hence, the correct option is (C).

15. "From time immemorial" is a standard English expression/ phrase.

It cannot be changed whimsically.

The sentence would be correct if "from immemorial time" is replaced by "from time immemorial".

Correct Sentence:

Indian farmers have been reeling under financial stress from time immemorial.

Hence, the correct option is (D).

16. "For" is the correct preposition after "destined" in this context.

"Destined for" means 'headed for/ bound for/ intended for'.

The subject of the statement "the brilliant administrator" is singular. Hence the verb would also be "was" (=singular).

So, the sentence is absolutely correct from every aspect.

Hence, the correct option is (E).

17. Here "Trouser" is always used in the plural (=trousers).

So, "a pair of branded trousers" is the correct expression.

Correct Sentence :

The young man bought a pair of branded trousers from the new mall.

Hence, the correct option is (A).

18. The tone of the statement is negative and it conveys that higher prices lead to less profits and then goes on to talk about another negative issue. Thus, clearly, the second would add to the stress and not reduce it. Hence, we can eliminate ameliorating and relieving, both of which mean to make a situation better.

Aggravate is correct in terms of meaning (to worsen) but incorrect grammatically as aggravating should have been used.

Compounding means to make (something bad) worse and is a perfect fit.

Then the sentence is,

Higher input costs have squeezed profits for companies and further compounding these worries, the yield on 10-year U.S. Treasuries hit 3% for the first time in more than four years, indicating that companies would require more cash to service company their debt.

Hence, the correct option is (C).

19. If the RBI has eased ECB norms, it would lead to borrowing on cheaper rates.

The other options do not fit in.

Dearer and expensive are opposite of what is needed.

Poor and ordinary are both irrelevant here.

Then the sentence is,

The Reserve Bank of India has further liberalised the norms for external commercial borrowing (ECB) that will allow Indian companies to access cheaper funds from overseas markets.

Hence, the correct option is (A).

20. Moped means to feel dejected and apathetic.

Collected and mopped both mean the same and fit in well.

Then the sentence is,

The government mopped (collected) up to Rs 1.03 lakh crore in GST collection in April, indicating stabilization of the new indirect tax regime which was rolled out on July 1 last year.

Hence, the correct option is (E).

21. The statement wants India to store its data domestically. One of the obvious reasons could be to avoid data leak. This eliminates safety as it is the opposite of the correct meaning.

Thief is incorrect as it is the action of stealing i.e. theft that is to be avoided here.

Reduction clearly does not fit in while substantiate means to provide evidence to support and does not fit in the blank.

Only pilferage meaning leakage fits in well.

Then the sentence is,

With increasing adoption of digital payments and reliance on electronic banking ecosystem, India must have a data localization mandate to avoid data pilferage.

Hence, the correct option is (B).

22. Adhere is always followed by to and is thus incorrect here.

Similarly, abide is to be followed by 'by' which is not the case here. This can also be eliminated.

Flout meaning to defy is the opposite of what is needed.

Refer does not make sense in the statement.

Only Comply which means to follow/abide by/adhere to is correct.

Then the sentence is,

Paytm has said that no payment system should be allowed to roll out services unless they comply with the regulations.

Hence, the correct option is (D).

23. The error lies in the fragment C of the sentence.

The use of singular possessive form "servant's" in the fragment C is incorrect. Here the reference has been made to all civil servants in general.

Instead of "servant's", the plural possessive form "servants'" should be used to make it a grammatically correct sentence.

Correct Sentence:

It is the job of the political executive to release the economy's fate from the thrall of civil servants' perception that doing their work is a threat to their future liberty.

Hence, the correct option is (C).

24. The error lies in the fragment D of the sentence.

Usage of 'accessibility' given in fragment D is incorrect.

Instead of 'accessibility', the form 'accessible' should be used to make it a grammatically correct sentence.

Correct Sentence:

Not only is the reintroduction of driving restrictions ineffective in terms of improving air quality, but it also ignores Delhi residents' mobility recourse in the absence of reliable, affordable and accessible mass public transport.

Hence, the correct option is (D).

25. The error lies in the fragment B of the sentence.

The presence of 'has' before 'begin' indicates that it should be in the past perfect form.

'Begin' should be replaced with 'begun' in order to make it a grammatically correct sentence.

Correct Sentence:

Reports say New Delhi has begun making a list of the products and tariff lines on which it can offer duty concessions to the other 15 Asia-Pacific members.

Hence, the correct option is (B).

26. The error lies in the fragment B of the sentence.

The absence of the singular article 'a' before 'kind of' indicates that several types of articles are being referred to.

Instead of 'kind', 'kinds' should be used to make it a grammatically correct sentence.

Correct Sentence:

The reported advisory by the Centre to the states to ban production of certain kinds of articles of single-use plastic before October 2 represents the wrong way to go about the job.

Hence, the correct option is (B).

27. The error lies in the fragment D of the sentence.

The comparative form of the adjective 'large' should be used to describe the role given to fin-tech companies just as 'more' banks are to be licensed.

Instead of 'large', 'larger' should be used to make it a grammatically correct sentence.

Correct Sentence:

It is far better to leave lending rates to competition among lenders and increase the potential competition by licensing more banks and giving a larger role to fin-tech companies.

Hence, the correct option is (D).

28. Vaccination is correctly spelt word. It means treatment with a vaccine to produce immunity against a disease.

Example:

Routine smallpox vaccination in the United States ended in 1972.

Hence, the correct option is (C).

29. Lieutenant is correctly spelt word. A lieutenant is a person who holds a junior officer's rank in the army, navy, marines, or air force, or in the American police force.

Example: Lieutenant Campbell ordered the man at the wheel to steer for the gunboat.

Hence, the correct option is (A).

30. Accessibility is correctly spelt word. Accessibility is the quality of being able to be reached or entered.

Hence, the correct option is (B).

अनुभागीय टेस्ट 03

Ques (1-5):निर्देश: निम्नलिखित प्रश्न में दिए गए कथनों को सत्य मानते हुए, यह ज्ञात कीजिये कि दिए गए निष्कर्षों में से कौन-सा/कौन-से निष्कर्ष निश्चित रूप से सत्य है/हैं और तदनुसार अपने उत्तर दीजिये।

Q.1 कथन: Z > Y ≥ X ≥ K; K = L ≥ M;
निम्नलिखित में से कौन सा निश्चित रूप से सत्य है?

A. X > L
B. Z > L
C. K = Z
D. K < Y
E. उपरोक्त में से कोई नहीं

Q.2 कथन: T ≥ C ≥ F; E = A < D; X > T; D < F = T
निष्कर्ष:
I. F < E
II. C = F
III. A > T

A. केवल I सही है
B. केवल II सही है
C. केवल III सही है
D. केवल I और III सही हैं
E. कोई भी सत्य नहीं है

Q.3 कथन: Y < Z > X; W > D < R; Y > T = R; X > W
निष्कर्ष:
I. R < Z
II. X > D
III. T < W

A. केवल I सही है
B. केवल II सही है
C. केवल I और II सही हैं
D. केवल II और III सही हैं
E. केवल III और I सही हैं

Q.4 कथन: E ≥ U = D; R < A < F; W ≤ D; W > F
निष्कर्ष:
I. U < R
II. E = W
III. E > W

A. केवल II सही है
B. केवल III सही है
C. केवल I और II सही हैं
D. या तो I या फिर II सही है
E. या तो II या फिर III सही है

Q.5 कथन: $M \leq K < L; N \leq M < P < Q$
निष्कर्ष:
I. $L > P$
II. $N < L$

A. या तो निष्कर्ष I या II सत्य है
B. केवल निष्कर्ष II सत्य है
C. केवल निष्कर्ष I सत्य है
D. निष्कर्ष I और II दोनों सत्य हैं
E. कोई भी निष्कर्ष सत्य नहीं है

Q.6 'DISCOVERY' शब्द में अक्षरों के ऐसे कितने युग्म हैं जिनमे उनके बीच उतने ही अक्षर है जितने की उनके बीच वर्णमाला श्रंखला में होते हैं?

A. छः
B. पांच
C. चार
D. सात
E. तीन

Q.7 शब्द 'INSURANCE' के प्रत्येक व्यंजन को अंग्रेजी वर्णमाला श्रृंखला में पिछले अक्षर से बदल दिया जाता है और प्रत्येक स्वर को अंग्रेजी वर्णमाला श्रृंखला में अगले अक्षर से बदल दिया जाता है। यदि इस प्रकार बनाए गए नए वर्णमाला को वर्णानुक्रम (बाएं से दाएं) में व्यवस्थित किया जाए, तो निम्नलिखित में से कौन सा दाएं से तीसरा होगा?

A. M
B. B
C. Q
D. V
E. इनमें से कोई नहीं

Ques (8-10):निर्देश: निम्नलिखित जानकारी का ध्यानपूर्वक अध्ययन कीजिए और दिए गए प्रश्नों के उत्तर दीजिए।

किसी विशिष्ट कूट भाषा में,

'fa ga ba ha' का अर्थ 'idli has low calories' है,

'ta ya ha va' का अर्थ 'idli diet reduces fat' है,

'wa va ta ha' का अर्थ 'idli reduces more fat' है,

'fa xa ba va' का अर्थ 'chapati has low fat' है।

Q.8 उसी कूट भाषा में, निम्नलिखित में से किसका अर्थ 'reduces' है?

A. ya
B. va
C. ta
D. या तो (A) या (B) या (C)
E. या तो (B) या (C)

Q.9 दी गयी कूट भाषा में, कूट 'wa' किस शब्द के लिए है?

A. idli
B. reduces
C. more
D. fat
E. या तो (A) या (B)

Q.10 'low calories food reduces weight' के लिए क्या कूट होगा?

A. ta ba ga va wa
B. wa ta ga ba ya
C. ta ba ma ga va
D. ta ja ba ma ga
E. या तो (A) या (C)

Q.11 पाँच लोगों A, B, C, D और E में से केवल D, C और A से लंबा है। A, C या B जितना लंबा नहीं है। E, B से छोटा है लेकिन D से लंबा है। सबसे लंबा व्यक्ति ज्ञात कीजिये।

A. B
B. E
C. D
D. C
E. A

Q.12 D, C और E से लंबा है। A, E जितना लंबा नहीं है। C, A से लंबा है। D, B जितना लंबा नहीं है। उनमें से सबसे लंबे व्यक्ति के निकटस्थ कौन है?

A. A
B. D
C. B & D
D. C
E. E

Ques (13-15):निर्देश: ये प्रश्न निम्नलिखित जानकारी पर आधारित हैं।

तीन पीढ़ियों के एक परिवार में 7 सदस्य- K, L, T, W, S, Q और Y हैं। परिवार में कोई भी एकल अभिभावक नहीं हैं। W, K की सास है, जो L की माँ है। Q, Y का ससुर है। L, T की भतीजी है, जो S का पुत्र है।

Q.13 Q, T से किस प्रकार संबंधित है?

A. भाई **B.** पिता **C.** माँ **D.** बहन
E. पुत्र

Q.14 विषम का चयन कीजिए:

A. S **B.** Y **C.** K **D.** Q
E. T

Q.15 L, S से किस प्रकार संबंधित है?

A. पुत्र **B.** पुत्री **C.** पिता **D.** ग्रैंडडॉटर
E. ग्रैंडसन

Q.16 निर्देश: निम्न प्रश्न में तीन कथन और इन कथनों के बाद I और II से अंकित दो निष्कर्ष दिए गये हैं। आपको दिए गये कथन को सत्य मानना है, भले ही वे ज्ञात तथ्यों से अलग प्रतीत होते हों। सभी निष्कर्षों को पढ़िए और फिर निर्णय कीजिए कि दिये गये निष्कर्षों में से कौन सा निष्कर्ष ज्ञात तथ्यों को नजरंदाज करने पर तीनों कथनों का तार्किक रूप से अनुसरण करता है।

कथन:
सभी आम पपीता हैं
कोई पपीता सेब नहीं है
कुछ पपीता तरबूज है

गणना:
I. कुछ सेब आम हैं
II. कुछ तरबूज पपीता नहीं हैं

[SBI PO, 2021]

A. केवल I अनुसरण करता है
B. केवल II अनुसरण करता
C. दोनों अनुसरण करते हैं
D. या तो I या II अनुसरण करता है
E. कोई अनुसरण नहीं करता है

Ques (17-20):निर्देश: नीचे दिए गए प्रश्न में दो कथन और उसके बाद दो I तथा II से अंकित दो निष्कर्ष दिए गये हैं। आपको दिए गये कथन को सत्य मानना है, भले ही वे ज्ञात तथ्यों से अलग प्रतीत होते हों। सभी निष्कर्षों को पढ़िए और निर्धारित कीजिये कि दिए गये निष्कर्षों में से कौन-सा/से निष्कर्ष ज्ञात तथ्यों को नजरंदाज करने पर कथनों का तार्किक रूप से अनुसरण करता/करते है/हैं।

Q.17 कथन:
कुछ झोपड़ियां मिट्टी की हैं।
कोई भी मिट्टी लोहा नहीं है।
निष्कर्ष:
I. कुछ झोपड़ियां लोहा हैं।
II.कुछ झोपड़ियां लोहा नहीं हैं।

A. केवल I अनुसरण करता है
B. केवल II अनुसरण करता है
C. या तो I या II अनुसरण करता है
D. न ही I और न ही II अनुसरण करता है
E. I और II दोनों अनुसरण करते हैं

Q.18 कथन:
कुछ नारंगी, नीबू हैं।
केवल कुछ नीबू मिठाई हैं।
निष्कर्ष:
I. कुछ नारंगी, मिठाई हैं।
II. कोई भी नारंगी, मिठाई नहीं है।

A. केवल I अनुसरण करता है
B. केवल II अनुसरण करता है
C. या तो I या II अनुसरण करता हैं
D. न ही I अथवा न ही II अनुसरण करते हैं
E. I और II दोनों अनुसरण करते हैं

Q.19 कथन:
सभी योद्धा, महिला हैं।
सभी महिलाएँ, माँ हैं।
निष्कर्ष:
I. सभी माँ, योद्धा हैं।
II. सभी महिलाएं योद्धा हैं।

A. केवल I अनुसरण करता है
B. केवल II अनुसरण करता है
C. या तो I या II अनुसरण करता है
D. न तो I और न ही II अनुसरण करता है
E. I और II दोनों अनुसरण करते हैं

Q.20 कथन:
सभी ट्राम, रेलगाड़ी हैं।
केवल कुछ ही रेलगाड़ी, बुलेट हैं।
निष्कर्ष:
I. कुछ ट्राम, बुलेट हो सकते हैं।
II. सभी बुलेट, रेलगाड़ी हो सकते हैं।

A. केवल I अनुसरण करता है
B. केवल II अनुसरण करता है
C. या तो I या II अनुसरण करता है
D. न तो I या न ही II अनुसरण करता है
E. I और II दोनों अनुसरण करते हैं

Ques (21-25):निर्देश: दिए गए प्रश्नों का उत्तर देने के लिए निम्नलिखित जानकारी का अध्ययन कीजिए:

आठ छात्र P, Q, R, S, T, U, V और W एक क्षैतिज पंक्ति में बैठे हैं। सभी उत्तर दिशा के सम्मुख हैं। V, S के बाएं से तीसरे स्थान पर है। Q, R के निकटतम बाएं बैठा है। R और T के बीच चार छात्र बैठे हैं। W, U के बाएं में बैठा है, जो V के आसन्न नहीं है। V के बाएं में कम से कम तीन छात्र बैठे हैं। P सबसे अंत में नहीं बैठा है। T न तो सबसे बाएं और न ही दूसरे सबसे बाएं स्थान पर बैठा है।

Q.21 सबसे बाएं पर कौन बैठा है?

A. Q **B.** R **C.** W **D.** U
E. S

Q.22 P के दाएं पर कितने व्यक्ति बैठे हैं?

A. तीन **B.** चार **C.** पाँच **D.** दो
E. एक

Q.23 निम्नलिखित में से कौन सा कथन सही है?

A. T, U के निकटतम दाएं बैठा है
B. एक व्यक्ति Q और U के बीच बैठा है
C. Q, V के बाएं से दूसरे स्थान पर बैठा है
D. S, R के दाएं से तीसरे स्थान पर बैठा है
E. सभी सत्य हैं

Q.24 Q और U के बीच कितने छात्र बैठे हैं?

A. दो **B.** एक **C.** चार **D.** तीन
E. पाँच

Q.25 सबसे दाएं पर कौन बैठा है?

A. S **B.** U **C.** W **D.** R
E. T

Ques (26-30):निर्देश: नीचे दी गई जानकारी का ध्यानपूर्वक अध्ययन कीजिए और आने वाले प्रश्नों के उत्तर दीजिए।

आठ लोग, P, Q, R, S, T, U, V, और W, एक गोलाकार मेज के चारों ओर केंद्र के सम्मुख बैठे हैं। P, R के बाएँ से तीसरे स्थान पर बैठा है। S, U के विपरीत बैठा है। P, S का निकटतम पड़ोसी है। Q , W के दाएँ से दूसरे स्थान पर बैठा है। W, S का निकटतम पड़ोसी नहीं है। V, R के विपरीत नहीं बैठा है।

Q.26 W के दाएँ से तीसरे स्थान पर कौन बैठा है?

A. P **B.** U **C.** V **D.** R
E. T

Q.27 V और T के बीच कितने लोग बैठे हैं यदि हम V से वामावर्त दिशा में गणना करते हैं?

A. चार से अधिक **B.** चार
C. तीन **D.** दो
E. शून्य

Q.28 P के विपरीत कौन बैठा है?

A. V **B.** Q **C.** S **D.** W
E. T

Q.29 U के निकटतम पड़ोसी कौन हैं?

A. TQ **B.** PS **C.** WR **D.** VR
E. QW

Q.30 P के निकटतम बाएँ कौन बैठा है?

A. T **B.** U **C.** V **D.** W
E. S

Ques (31-35):निर्देश: निम्नलिखित जानकारी का ध्यानपूर्वक अध्ययन करें और नीचे दिए गए प्रश्नों के उत्तर दें:

1 W E 3 $ R T % M 9 4 L S C 8 & F J 2 @ U P 7 D 5 * 6 Z C ? A

Q.31 यदि उपरोक्त क्रम में अभाज्य स्थान पर मौजूद सभी तत्वों को हटा दिया जाए तो निम्नलिखित में से कौन सा तत्व बाएं छोर से 13वां होगा?

A. F **B.** J **C.** 2 **D.** @
E. U

Q.32 निम्नलिखित पांच में से चार एक निश्चित तरीके से समान हैं और इसलिए एक समूह बनाते हैं। निम्नलिखित में से वह कौन सा है जो समूह से संबंधित नहीं है?

A. 1W? **B.** 3$6 **C.** RT5 **D.** M97
E. WEC

Q.33 उपरोक्त व्यवस्था में ऐसे कितने अक्षर हैं, जिनमें से प्रत्येक के ठीक पहले एक संख्या और ठीक बाद एक व्यंजन है?

A. कोई भी नहीं **B.** एक
C. दो **D.** तीन
E. तीन से अधिक

Q.34 निम्नलिखित में से कौन सा तत्व बाएं छोर से तेरहवें तत्व के दायें से आठवें स्थान पर है?

A. J **B.** U **C.** 7 **D.** M
E. S

Q.35 यदि बाएँ और दाएँ दोनों छोरों से केवल पहले स्वरों का उपयोग करके एक सार्थक शब्द बनाना है और व्यंजन जो बाएँ छोर से पहले और दूसरे प्रतीक के बीच हैं तो कितने सार्थक शब्द बन सकते हैं?

A. कोई भी नहीं **B.** एक
C. दो **D.** तीन
E. तीन से अधिक

// स्मार्ट उत्तर पुस्तिका //

सही उत्तर उन छात्रों के प्रतिशत को इंगित करता है जिन्होंने प्रश्नों का सही उत्तर दिया था।

छोड़ दिया उन छात्रों के प्रतिशत को इंगित करता है जिन्होंने प्रश्नों को छोड़ दिया था।

प्रश्न संख्या	उत्तर	सही उत्तर	छोड़ दिया
1	B	18.12 %	64.44 %
2	E	21.89 %	63.75 %
3	C	18.59 %	68.65 %
4	E	18.41 %	67.14 %
5	B	13.49 %	63.26 %
6	C	1.07 %	80.95 %
7	C	17.34 %	62.52 %
8	C	23.82 %	56.34 %
9	C	29.29 %	55.29 %
10	D	15.39 %	60.68 %
11	A	30.5 %	52.99 %
12	B	19.25 %	64.89 %
13	A	27.55 %	50.73 %
14	C	21.62 %	60.67 %
15	D	22.56 %	57.14 %
16	E	22.53 %	55.51 %
17	B	15.8 %	58.73 %
18	C	23.94 %	50.95 %
19	D	42.51 %	44.23 %
20	E	21.1 %	63.03 %
21	C	55.13 %	36.97 %
22	A	13.67 %	66.48 %
23	C	2.69 %	84.91 %
24	D	12.08 %	65.04 %
25	E	15.49 %	57.09 %
26	E	20.82 %	65.29 %
27	B	30.46 %	54.78 %
28	D	27.75 %	52.16 %
29	E	14.71 %	58.61 %
30	A	30.38 %	50.34 %
31	E	45.17 %	48.66 %
32	D	11.48 %	68.68 %
33	C	2.94 %	88.4 %
34	B	50.1 %	46.58 %
35	C	6.44 %	71.52 %

कार्य विश्लेषण	
औसत अंक (%)	57.14%
टॉपर्स स्कोर (%)	65.71%
आपका स्कोर	

//संकेत और समाधान//

1. दिए गए कथन: Z > Y ≥ X ≥ K; K = L ≥ M;

मिलाने पर: Z > Y ≥ X ≥ K = L ≥ M;

निष्कर्ष:

I. X > L → असत्य (जैसा कि X ≥ K और K = L का अर्थ है X ≥ L, इस प्रकार एक स्पष्ट संबंध निर्धारित नहीं किया जा सकता है)

II. Z > L → सत्य (जैसा कि Z > Y ≥ X ≥ K; K = L का अर्थ है Z > L)

III. K = Z → असत्य (जैसा कि Z > Y ≥ X ≥ K का अर्थ है K < Z)

IV. K < Y → असत्य (जैसा कि Z > Y ≥ X ≥ K का अर्थ है Y ≥ K, इस प्रकार एक स्पष्ट संबंध निर्धारित नहीं किया जा सकता है)

अतः विकल्प (B) सही है।

2. दिए गए कथन: T ≥ C ≥ F; E = A < D; X > T; D < F = T

संयोजन करके: E = A < D < F ≤ C ≤ T < X; F = T

निष्कर्ष:

I. F < E → गलत (क्योंकि E = A < D < F → E < F)

II. C = F → गलत (दी गयी जानकारी के अनुसार, F = T & T ≥ C ≥ F)

III. A > T → गलत (क्योंकि A < D < F ≤ C ≤ T → A < F ≤ C ≤ T → A < C ≤ T → A < T)

अतः विकल्प (E) सही है।

3. दिए गए कथन: Y < Z > X; W > D < R; Y > T = R; X > W

संयोजन करके: D < R = T < Y < Z > X > W > D

निष्कर्ष:

I. R < Z → सही (क्योंकि R = T < Y < Z → R < Z)

II. X > D → सही (क्योंकि X > W > D → X > D)

III. T < W → गलत (क्योंकि T < Y < Z > X > W → T < Z > W → इसलिए T और W के मध्य स्पष्ट सम्बंध निर्धारित नहीं किया जा सकता है)

अतः विकल्प (C) सही है।

4. दिए गए कथन: E ≥ U = D; R < A < F; W ≤ D; W > F

संयोजन करके: E ≥ U = D ≥ W > F > A > R

निष्कर्ष:

I. U < R → गलत (क्योंकि U = D ≥ W > F > A > R → U ≥ W > R → U > R)

II. E = W → गलत (क्योंकि E ≥ U = D ≥ W → E ≥ D ≥ W → E ≥ W)

III. E > W → गलत (क्योंकि E ≥ U = D ≥ W → E ≥ D ≥ W → E ≥ W)

चूँकि, निष्कर्ष II और III समपूरक जोड़ी बनते हैं और E ≥ W

अतः विकल्प (E) सही है।

5. दिया गया कथन: $M \leq K < L; N \leq M < P < Q$

संयोजन करने पर हमें प्राप्त होता है,

$$L > K \geq M < P < Q; N \leq M \leq K < L$$

निष्कर्ष:

I. $L > P$ → असत्य (क्योंकि $L > K \geq M < P < Q$ इसलिए, L और P के बीच संबंध निर्धारित नहीं किया जा सकता है)

II. $N < L$ → सत्य (क्योंकि $N \leq M \leq K < L$, तो $N < L$)

अतः विकल्प (B) सही है।

6. दिया गया शब्द:

DISCOVERY

उपरोक्त शब्द में अक्षरों की संभावित युग्म जिनके बीच उतने ही अक्षर हैं जितने कि अंग्रेजी वर्णमाला श्रृंखला में हैं:

युग्म 1:

शब्द में अक्षर	S	C	O	V
वर्णमाला श्रृंखला में अक्षर	S	T	U	V

युग्म 2:

शब्द में अक्षर	O	V	E	R
वर्णमाला श्रृंखला में अक्षर	O	P	Q	R

युग्म 3:

शब्द में अक्षर	V	E	R	Y
वर्णमाला श्रृंखला में अक्षर	V	W	X	Y

युग्म 4:

शब्द में अक्षर	S	C	O	V	E	R	Y
वर्णमाला श्रृंखला में अक्षर	S	T	U	V	W	X	Y

यहाँ, हम देख सकते हैं कि अक्षरों के ऐसे चार संभावित जोड़े उपरोक्त शर्तों को पूरा करते हैं।

अतः विकल्प (C) सही है।

7. दिया गया शब्द:

I N S U R A N C E

उपरोक्त शर्त को लागू करते हुए, हमारे पास नया शब्द है:

J M R V Q B M B F

वर्णानुक्रम में व्यवस्थित करने पर (बाएं से दाएं)

B B F J M M Q R V

तो, Q दायें से तीसरे स्थान पर है।

अतः विकल्प (C) सही है।

Ques (8-10):दी गयी कूट भाषा में,

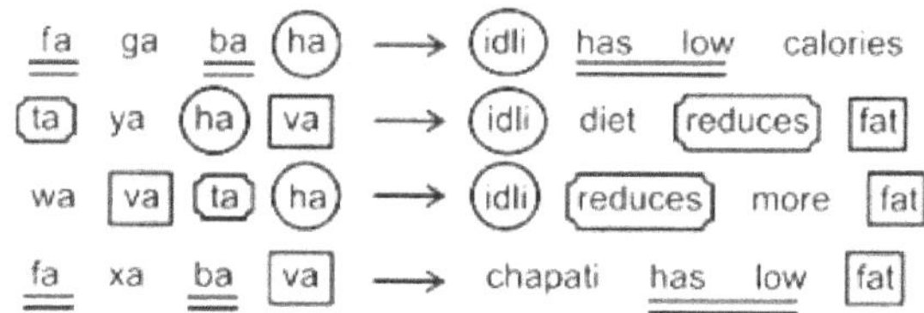

8. इसलिए, 'reduces' को 'ta' के रूप में कूटबद्ध किया गया है।

अत: विकल्प (C) सही है।

9. इसलिए, 'more' के लिए कूट 'wa' है।

अत: विकल्प (C) सही है।

10. 'low' के लिए कूट 'ba' या 'fa' है,

'calories' के लिए कूट 'ga' है,

'food' के लिए कूट या तो 'ma' या 'ja' है, क्योंकि 'food' के लिए कूट नही दिया गया है।

'reduces' के लिए कूट 'ta' है,

'weight' के लिए कूट या तो 'ma' या 'ja' है, क्योंकि 'weight' के लिए कूट नही दिया गया है।

इसलिए, संभावित उत्तर 'ta ja ba ma ga' है।

अत: विकल्प (D) सही है।

11. 1. D केवल C और A से लंबा है।

__ > D > C & A

2. A, C या B जितना लंबा नहीं है।

C / B > A

3. E, B से छोटा है लेकिन C से लंबा है।

B > E > D

1, 2 और 3 के संयोजन पर, हमें यह मिलता है:

B > E > D > C > A

इसलिए, 'B' सबसे लंबा व्यक्ति है।

अत: विकल्प (A) सही है।

12. (1) D, C और E से लंबा है।

D > C/E

(2) A, E जितना लंबा नहीं है।

E > A

(3) C, A से लंबा है।

C > A

(4) D, B जितना लंबा नहीं है।

B > D

उपरोक्त सभी कथनों को संयोजित करने पर हमें प्राप्त होता है:

B > D > C/E > C/E > A

इसलिए, D दूसरा सबसे लंबा है।

अत: विकल्प (B) सही है।

Ques (13-15):दी गई जानकारी से,

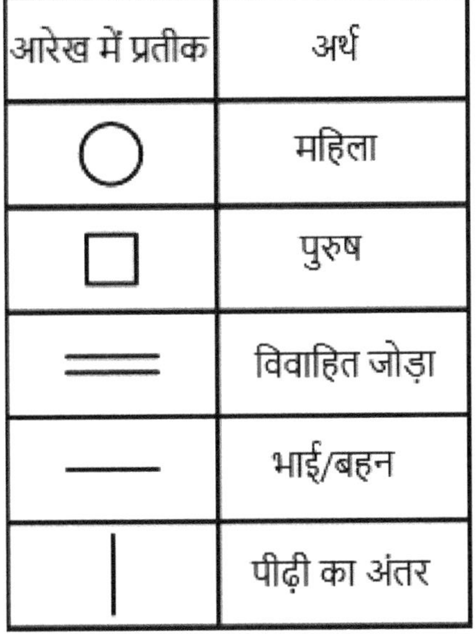

आरेख में प्रतीक	अर्थ
○	महिला
□	पुरुष
═	विवाहित जोड़ा
—	भाई/बहन
|	पीढ़ी का अंतर

1) W, K की सास है, जो L की माँ है।

2) Q, Y का ससुर है।

3) L, T की भतीजी है, जो S का पुत्र है।

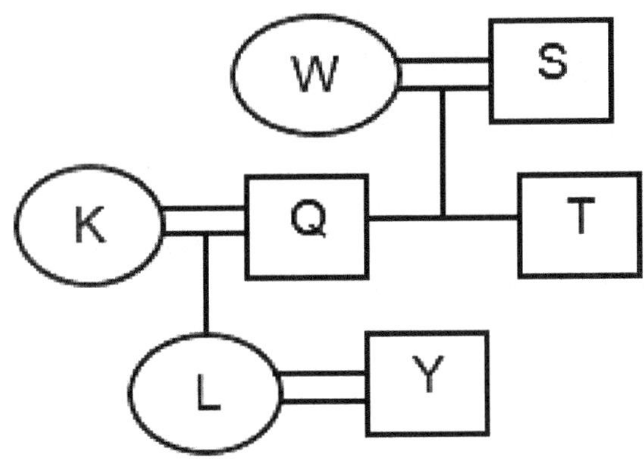

13. इसलिए, Q, T का भाई है।

अत: विकल्प (A) सही है।

14. S → पुरुष

Y → पुरुष

K → महिला

Q → पुरुष

T → पुरुष

इसलिए, K दिए गए विकल्पों में से विषम है।

अत: विकल्प (C) सही है।

15. इसलिए, L, S की ग्रैंडडॉटर है।

अत: विकल्प (D) सही है।

16.

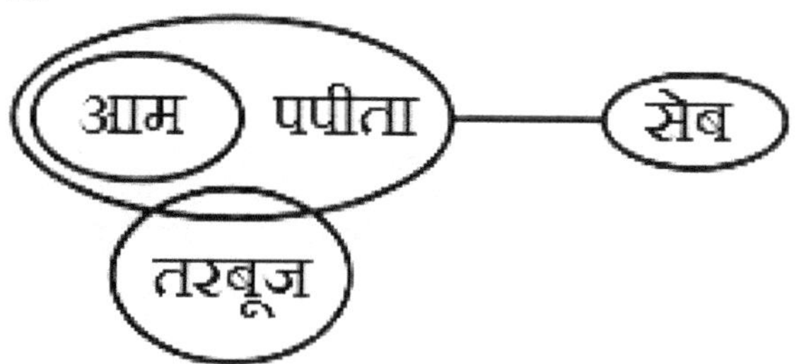

निष्कर्ष:

I. कुछ सेब आम हैं → असत्य (सभी आम पपीते हैं और कोई पपीता सेब नहीं है। इसलिए, सेब आम नहीं हो सकता)

II. कुछ तरबूज पपीते नहीं हैं → असत्य (दिया गया है कुछ तरबूज पपीते हैं। तो नकारात्मक निष्कर्ष अनुसरण नहीं करता है)

इसलिए, कोई निष्कर्ष अनुसरण नहीं करता है।

अतः विकल्प (E) सही है।

17. नीचे दिये गए कथन का न्यूनतम संभावित आरेख निम्न प्रकार है:

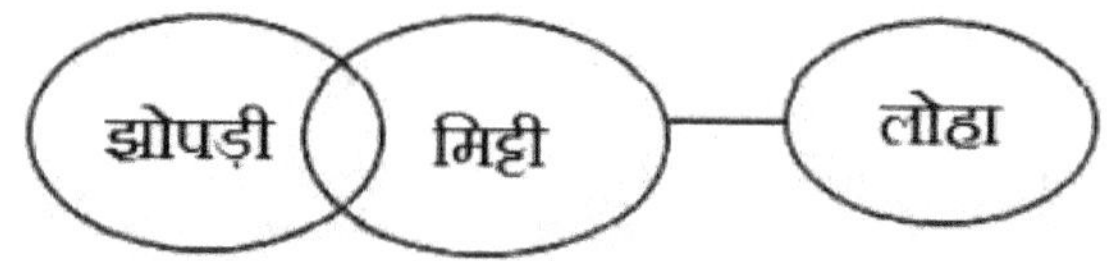

निष्कर्ष:

I. कुछ झोपड़ियां, लोहा हैं। → असत्य (यह संभव है लेकिन निश्चित नहीं है)

II. कुछ झोपड़ियां लोहा नहीं हैं। → सत्य (झोपड़ी का जो भाग मिट्टी है वह निश्चित रूप से लोहा नहीं है)

अतः विकल्प (B) सही है।

18. नीचे दिये गए कथन के न्यूनतम संभावित आरेख निम्न प्रकार है:

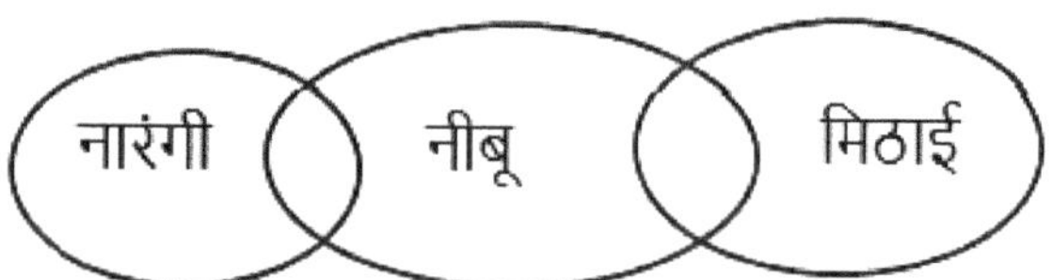

निष्कर्ष:

I. कुछ नारंगी, मिठाई हैं → असत्य (यह संभव है लेकिन निश्चित नहीं है)।

II. कोई भी नारंगी, मिठाई नहीं है → असत्य (यह संभव है लेकिन निश्चित नहीं है)।

दोनों निष्कर्ष एक दूसरे के पूरक हैं।

अतः विकल्प (C) सही है।

19. दिये हुए कथन के न्यूनतम संभावित आरेख निम्न प्रकार है:

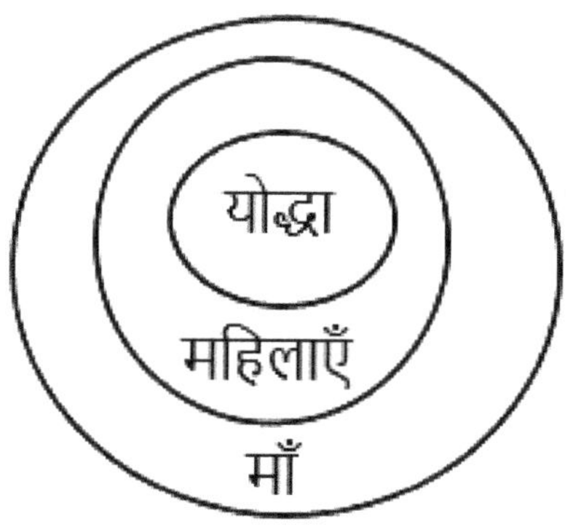

निष्कर्ष:

I. सभी माँ, योद्धा हैं → असत्य (यह संभव है लेकिन निश्चित नहीं है)।

II. सभी महिलाएं योद्धा हैं → असत्य (यह संभव है लेकिन निश्चित नहीं है)।

अतः विकल्प (D) सही है।

20. दिये हुए कथन के न्यूनतम संभावित आरेख निम्न प्रकार है:

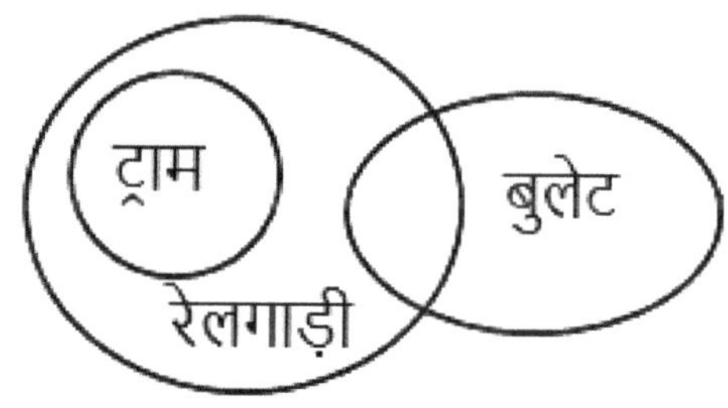

निष्कर्ष:

I. कुछ ट्राम, बुलेट हो सकते हैं → सत्य (यह निश्चित नहीं है। अनिश्चित निष्कर्ष की संभावना निष्कर्ष को सत्य बनाती है)।

II. सभी बुलेट, रेलगाड़ी हो सकते है → सत्य (यह निश्चित नहीं है। अनिश्चित निष्कर्ष की संभावना निष्कर्ष को सही बनाती है)।

अतः विकल्प (E) सही है।

Ques (21-25):छात्र: P, Q, R, S, T, U, V और W

1) V, S के बाएं से तीसरे स्थान पर है।

2) V के बाएं में कम से कम तीन छात्र बैठे हैं।

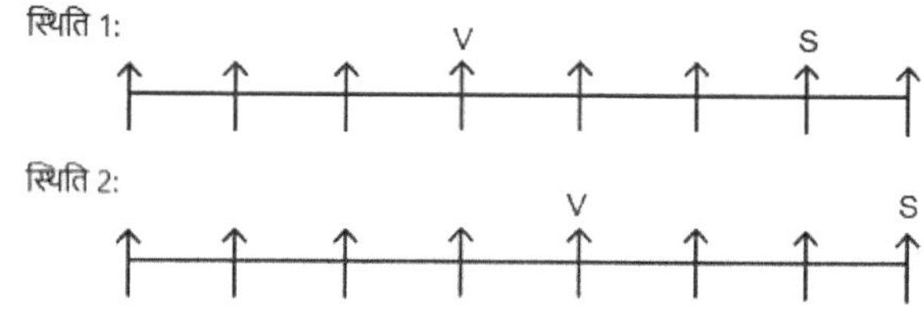

3) R और T के बीच चार छात्र बैठे हैं।

4) Q, R के निकटतम बाएं बैठा है।

5) T न तो सबसे बाएं और न ही दूसरे सबसे बाएं स्थान पर बैठा है।

स्थिति 1:

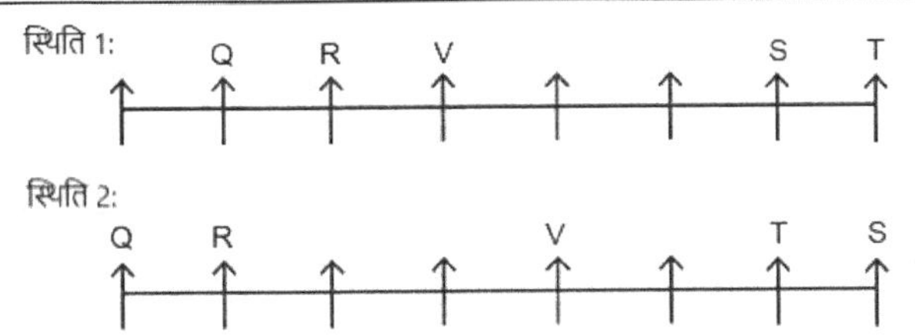

5) W, U के बाएं में बैठा है, जो V के आसन्न नहीं है। इसलिए, स्थिति 2 अमान्य होगी क्योंकि V, U के आसन्न नहीं बैठ सकता है।

6) P सबसे अंत में नहीं बैठा है। इसलिए, W को अंतिम बाएं छोर पर बैठना चाहिए।

स्थिति 1:

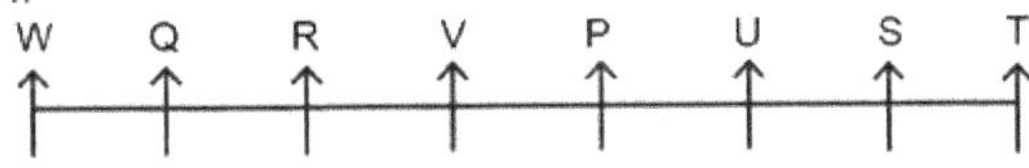

21. इसलिए, W सबसे बाएं छोर पर बैठा है।

अत: विकल्प (C) सही है।

22. इसलिए, P के दाएं पर तीन व्यक्ति बैठे हैं।

अत: विकल्प (A) सही है।

23. कथन 'S, R के दाएं से तीसरे स्थान पर बैठा है' सही है।

अत: विकल्प (C) सही है।

24. इसलिए, Q और U के बीच में तीन छात्र बैठे हैं।

अत: विकल्प (D) सही है।

25. इसलिए, T सबसे दाएं छोर पर बैठा है।

अत: विकल्प (E) सही है।

Ques (26-30):लोग = P, Q, R, S, T, U, V और W

1) P, R के बाएँ से तीसरे स्थान पर बैठा है।

(क्योंकि यह गोलाकार मेज है, हम मनमाने ढंग से R के स्थान का चयन करते हैं और फिर उसके अनुसार P का स्थान तय करते हैं।)

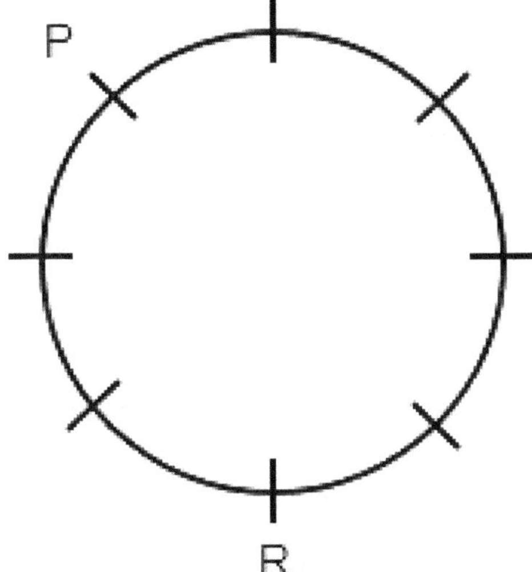

2) S, U के विपरीत बैठा है।

3) P, S का निकटतम पड़ोसी है।

(स्पष्ट है कि, हम S को P के निकटतम बायी ओर नहीं रख सकते हैं क्योंकि R उस स्थान के विपरीत बैठा है। सूचित किया जाया है की, S, P के निकटतम दायी ओर बैठा है और U, R के दायी ओर दूसरे स्थान पर बैठा है।)

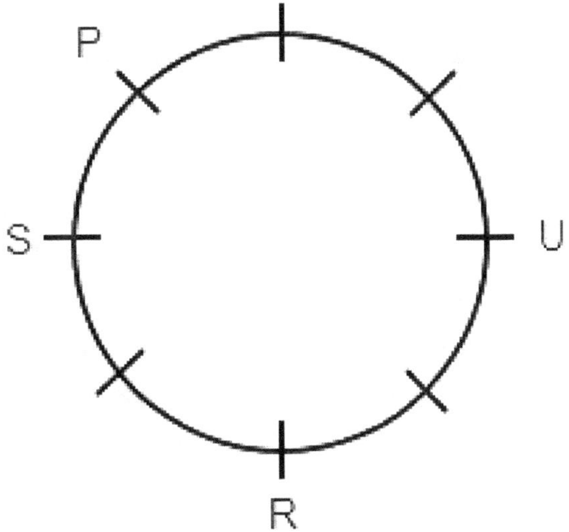

4) Q, W के दायी ओर दूसरे स्थान पर बैठा है।

(Q और W के स्थान की दो संभावनाएँ हैं। पहली स्थिति में हम W को S के निकटतम दाएँ और Q को R के निकटतम दाएँ रख सकते हैं और दूसरी स्थिति में हम W को R के निकटतम दाएँ और W को U के निकटतम दाएँ रख सकते हैं।)

5) W, S का निकटतम पड़ोसी नहीं है।

(यह स्पष्ट है कि पिछले कथन के लिए पहली स्थिति का सत्य नहीं है। इस प्रकार, W, R के निकटतम दाएँ बैठा है और Q, U के निकटतम दाएँ बैठा है।)

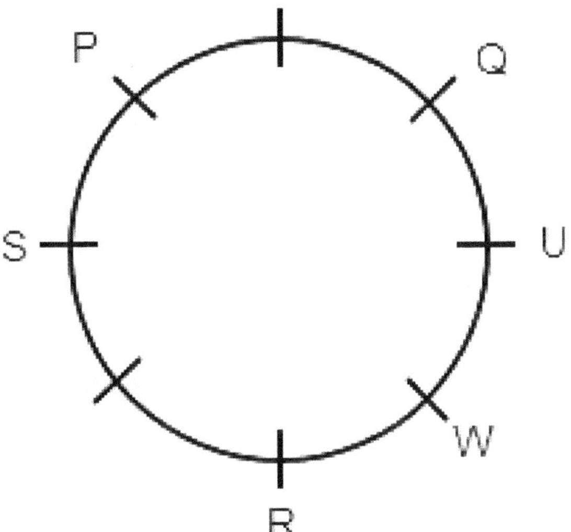

6) V, R के विपरीत नहीं बैठा है।

(यदि V, R के निकटतम विपरीत नहीं बैठा है, तो उसे R के निकटतम बाएँ बैठाना चाहिए, क्योंकि यह एकमात्र स्थान शेष रह गया है। साथ ही, अब केवल एक व्यक्ति ही शेष रह गया है जिसका स्थान निर्धारित नहीं है अर्थात् T, हम T को R के विपरीत रख सकते हैं चूँकि केवल यही स्थान शेष रह गया है जिसे भरना है।)

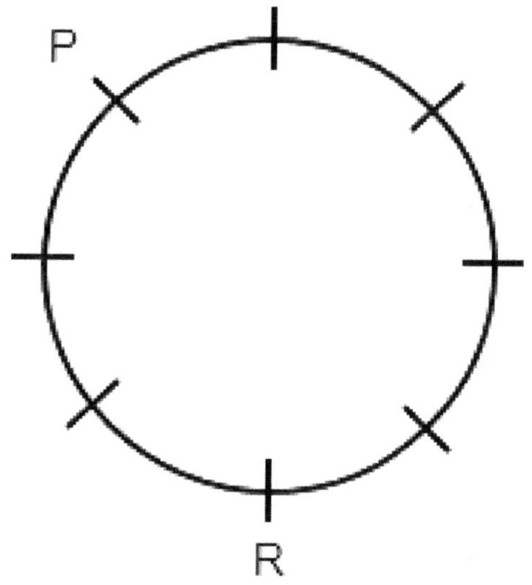

26. स्पष्ट है कि, T, W के दाएँ से तीसरे स्थान पर बैठा है।

अत: विकल्प (E) सही है।

27. स्पष्ट है कि, V और T के बीच चार लोग बैठे हैं यदि हम V से वामावर्त दिशा में गणना करते है।

अत: विकल्प (B) सही है।

28. स्पष्ट है कि, W, P के विपरीत बैठा है।

अत: विकल्प (D) सही है।

29. स्पष्ट है कि, Q और W, U के निकटतम पड़ोसी हैं।

अत: विकल्प (E) सही है।

30. स्पष्ट है कि, T, P के निकटतम बाएँ बैठा है।

अत: विकल्प (A) सही है।

Ques (31-35):दिया गया क्रम:

1 W E 3 $ R T % M 9 4 L S C 8 & F J 2 @ U P 7 D 5 * 6 Z C ? A

31. उपरोक्त क्रम में उन सभी तत्वों को छोड़ने के बाद जो अभाज्य स्थान पर हैं, हमारे पास है

1 3 R % M 9 L C 8 & J @ **U** P D 5 * 6 Z ?

यहाँ, जो तत्व बायें छोर से 13वां है वह U है।

अत: विकल्प (E) सही है।

32. दिए गए विकल्पों की तुलना दिए गए अनुक्रम से करने के बाद।

हम कह सकते हैं कि पैटर्न दूसरा तत्व है, पहले तत्व का तत्काल अगला तत्व है और तीसरा तत्व जिसका दाएं छोर से समान रैंक है, जैसा कि बाएं छोर से दूसरा तत्व है।

यहां, केवल विकल्प जो पैटर्न का पालन नहीं कर रहा है वह M97 है।

अत: विकल्प (D) सही है।

33. यहां दिए गए क्रम में हमारे पास 2 ऐसे अक्षर हैं जिनके ठीक पहले एक संख्या है और ठीक बाद एक व्यंजन है।

1 W E 3 $ R T % M 9 4 **L** S C 8 & F J 2 @ U P 7 D 5 * 6 **Z** C ? A

अत: विकल्प (C) सही है।

34. अब जो तत्व बायें छोर से तेरहवें के दायें से आठवां यानि 8 + 13 = बायें छोर से 21वां तत्व है।

1 W E 3 $ R T % M 9 4 L S C 8 & F J 2 @ **U** P 7 D 5 * 6 Z C ? A

यहाँ, जो तत्व बायें छोर से 21वां है वह U है।

अत: विकल्प (B) सही है।

35. यहाँ, बाएँ और दाएँ दोनों छोर से पहला स्वर और जो व्यंजन बाएँ छोर से पहले और दूसरे प्रतीक के बीच हैं, वे क्रमशः E, A, R और T हैं।

1 W **E** 3 $ **R T** % M 9 4 L S C 8 & F J 2 @ U P 7 D 5 * 6 Z C ? **A**

इस बिंदु पर E, A, R और T का उपयोग करके केवल 2 अर्थपूर्ण शब्द बनाए जा सकते हैं।

'दर' और 'टियर' दो अर्थपूर्ण शब्द हैं।

अत: विकल्प (C) सही है।

अनुभागीय टेस्ट 04

Ques (1-3):निर्देश: निम्नलिखित कथनों में दिए गए कथनों को सत्य मानते हुए, दिए गए निष्कर्षों में से कौन सा निष्कर्ष निश्चित रूप से सत्य है और फिर उसी के अनुसार अपने उत्तर दीजिए।

Q.1 कथन: Y ≥ R < E; R > P ≥ C = A

निष्कर्ष:

I. Y > A

II. E ≥ C

A. केवल I सत्य है

B. न तो I और न II सत्य है

C. I और II दोनों सत्य हैं

D. या तो I या II सत्य है

E. केवल II सत्य है

Q.2 कथन: W > Q ≥ M; H ≤ T = M

निष्कर्ष:

I. H ≤ Q

II. W > T

A. केवल I सत्य है **B.** न तो I न ही II सत्य है

C. I और II दोनों सत्य हैं **D.** या तो I या II सत्य है

E. केवल II सत्य है

Q.3 कथन: J < E ≥ O; Y < P ≤ H < O

निष्कर्ष:

I. J > P

II. Y < E

A. केवल II सत्य है **B.** न तो I न ही II सत्य है

C. I और II दोनों सत्य हैं **D.** या तो I या II सत्य है

E. केवल I सत्य है

Ques (4-5):निर्देश: निम्नलिखित प्रश्न में दिए गए कथनों को सत्य मानिए, ज्ञात कीजिए कि दिए गए निष्कर्षों में से कौन-सा/से निष्कर्ष निश्चित रूप से सत्य है/हैं और फिर उसी के अनुसार अपना उत्तर दीजिए।

Q.4 कथन: C ≤ D ≤ X; K > V ≥ I; C = O ≥ K

निष्कर्ष:

I. D ≤ V

II. X > K

III. I < O

A. केवल III सत्य है **B.** I और III दोनों सत्य हैं

C. या तो I या II सत्य है **D.** II और III दोनों सत्य हैं

E. केवल II सत्य है

Q.5 कथन: X < N ≤ W; B ≥ L ≥ O; O = X

निष्कर्ष:

I. B > N

II. N ≥ B

III. L < W

A. केवल III सत्य है **B.** I और III दोनों सत्य हैं

C. या तो I या II सत्य है **D.** II और III दोनों सत्य हैं

E. केवल II सत्य है

Q.6 'KITCHEN' शब्द के दूसरे, तीसरे, पाँचवें और सातवें अक्षरों का प्रत्येक शब्द में एक बार उपयोग करके कितने सार्थक शब्द बनाए जा सकते हैं?

A. एक **B.** तीन

C. दो **D.** चार

E. इनमें से कोई नहीं

Q.7 यदि 'CREATION' में अक्षरों को अंग्रेजी वर्णमाला श्रृंखला के अनुसार फिर से व्यवस्थित किया जाता है, तो पुनर्स्थापना के बाद कितने अक्षरों की स्थिति अपरिवर्तित रहेगी?

A. दो **B.** एक **C.** तीन **D.** शून्य

E. चार

Ques (8-10):निर्देश: निम्नलिखित जानकारी को ध्यान से पढ़ें और नीचे दिए गए प्रश्न का उत्तर दें।

"Backlog disc live heavily" को " 2$A 4#I 8$E 12#I " के रूप में कोडित किया गया है।

"Innocent band actress salute" को " 2#A 1$C 9%N 19&A" के रूप में कोडित किया गया है।

"Notify selfish model change" को "14&O 13!O 19$E 3&H" के रूप में कोडित किया गया है।

"Langer hill external limelight" को "12&A 12@I 8#I 5%X" के रूप में कोडित किया गया है।

Q.8 "Take advance receipt" के लिए कोड ज्ञात कीजिये।

A. 20#A 1$D 18$E **B.** 2#A 1$D 7$E

C. 20#A 11#D 17$E **D.** 20$A 1$D 17$E

E. इनमें से कोई भी नहीं

Q.9 "Advertise your product" के लिए कोड ज्ञात कीजिये।

A. 1@D 5#O 6$R **B.** 1@D 25#O 16$R

C. 1@D 25#O 16#R **D.** 1@D 25#O 16@R

E. इनमें से कोई नहीं

Q.10 "Travel with wander" के लिए कोड ज्ञात कीजिये।

A. 20&R 23#I 23#A **B.** 20&R 23&I 23&A

C. 23&R 23#I 23&A **D.** 20&R 23#I 23&A

E. इनमें से कोई नहीं

Q.11 एक पंक्ति में जहां सभी उत्तर की ओर उन्मुख हैं, रिया बाएं छोर से 15वें स्थान पर है और गरिमा दाएं छोर से 19वें स्थान पर है। वे अपना स्थान आपस में बदल लेते हैं, और श्याम जो बाएं छोर से 24वें स्थान पर बैठता है, रिया के नए स्थान के बाएं से 5वें स्थान पर बैठता है। पंक्ति में कितने व्यक्ति थे?

A. 36 **B.** 42 **C.** 47 **D.** 56

E. 57

Q.12 40 लड़कियों की किसी पंक्ति में जब कोमल अपने स्थान से चार स्थान बायीं तरफ चली जाती है तो पंक्ति में बायीं छोर से उसका स्थान 10 वां हो जाता है। पंक्ति के दायीं छोर से स्वाती का स्थान क्या था, यदि स्वाती, कोमल के मूल स्थान से तीन स्थान दायीं तरफ थी?

A. 7 **B.** 21 **C.** 22 **D.** 24

E. 25

Ques (13-16):निर्देश: नीचे प्रश्न में तीन कथन और उसके बाद I और II दो निष्कर्ष दिए गये हैं। आपको दिए गये कथनों को सत्य मानना है, भले ही वे ज्ञात तथ्यों से अलग प्रतीत होते हों। सभी निष्कर्षों को पढ़िए और निर्णय कीजिए कि दिये गये निष्कर्षों में से कौन-सा निष्कर्ष ज्ञात तथ्यों को नजरंदाज करने पर कथनों का तार्किक रूप से अनुसरण करता है।

Q.13 कथन:

I. सभी कार बाइक हैं

II. कोई बाइक ट्रैक नहीं है

III. केवल कुछ ट्रैक लैप्स हैं

निष्कर्ष:

I. कुछ कार लैप्स हैं

II. कोई कार ट्रैक नहीं है

A. केवल निष्कर्ष I अनुसरण करता है

B. केवल निष्कर्ष II अनुसरण करता है

C. या तो निष्कर्ष I या II अनुसरण करता है

D. न तो निष्कर्ष I और न ही II अनुसरण करता है

E. निष्कर्ष I और II दोनों अनुसरण करते हैं

Q.14 कथन:

केवल कुछ ही स्विच यूएसबी हैं।

केवल कुछ ही यूएसबी तार हैं।

कुछ स्विच चार्जर नहीं हैं।

निष्कर्ष:

I. कुछ चार्जर तार हैं।

II. कुछ यूएसबी चार्जर हैं।

A. केवल I अनुसरण करता है

B. केवल II अनुसरण करता है

C. या तो I या II अनुसरण करता है

D. न तो I और ना ही II अनुसरण करता है

E. I और II दोनों अनुसरण करते हैं

Q.15 कथन:

I. कोई ईंट सीमेंट नहीं है

II. सभी सीमेंट मिट्टी है

III. कोई मिट्टी सरिया नहीं है

निष्कर्ष:

I. कुछ मिट्टी ईंट नहीं है

II. कोई सरिया ईंट नहीं है

A. केवल I अनुसरण करता है

B. केवल II अनुसरण करता है

C. या तो I या II अनुसरण करता है

D. न तो I और न ही II अनुसरण करता है

E. I और II दोनों अनुसरण करते हैं

Q.16 कथन:

I. केवल कुछ कैप हैट हैं।

II. सभी हैट मास्क हैं।

III. कुछ मास्क कवर हैं।

निष्कर्ष:

I. कुछ मास्क हैट हैं।

II. किसी कैप के कवर नहीं होने की संभावना है।

A. केवल I अनुसरण करता है

B. केवल II अनुसरण करता है

C. या तो I या II अनुसरण करता है

D. न तो I और न ही II अनुसरण करता है

E. I और II दोनों अनुसरण करते हैं

Q.17 निर्देश: नीचे दिए गए प्रश्न में, I, II और III के तीन निष्कर्ष चार कथनों का अनुसरण करते हैं। आपको दिए गए कथनों को सत्य मानना है, भले ही वे सर्वज्ञात तथ्यों से भिन्न हों। सभी निष्कर्षों को पढ़ें और फिर तय करें कि दिए गए निष्कर्षों में से कौन सा निष्कर्ष सामान्य रूप से ज्ञात तथ्यों की परवाह किए बिना दिए गए कथन का तार्किक रूप से अनुसरण करता है।

कथन:

1) कोई कवि कलाकार नहीं है।

2) सभी कलाकार गायक हैं।

3) सभी गायक लेखक हैं।

4) कोई लेखक पिता नहीं है।

निष्कर्ष:

I) केवल लेखक ही कलाकार हैं।

II) कोई भी गायक कवि नहीं है।

III) केवल कलाकार ही लेखक हैं।

A. केवल निष्कर्ष II अनुसरण करता है।

B. केवल निष्कर्ष III अनुसरण करता है।

C. निष्कर्ष I और III दोनों अनुसरण करते हैं।

D. केवल निष्कर्ष I अनुसरण करता है।

E. कोई भी अनुसरण नहीं करता है।

Ques (18-22):निर्देश: नीचे दी गई जानकारी का ध्यानपूर्वक अध्ययन कीजिये तथा उस पर आधारित प्रश्न का उत्तर दीजिये।

आठ व्यक्ति- Ds, Fg, Lm, Ms, Nd, Pe, Ps, और Xy एक वृत्ताकार मेज के चारों ओर बैठे हैं, परंतु आवश्यक नहीं है कि इसी क्रम में हों। उनमें से कुछ केंद्र के विमुख हैं और कुछ केंद्र के सम्मुख हैं।

Pe, Lm के बाएं से तीसरे स्थान पर बैठा है जो केंद्र के सम्मुख बैठा है। Ms और Fg, Pe के निकटतम पड़ोसी हैं। Nd, Fg की दाएं ओर से दूसरे स्थान पर बैठा है। Fg और Ms एक ही दिशा के सम्मुख बैठे हैं, परंतु Pe के विपरीत है। Ds, Nd का निकटतम पड़ोसी नहीं है। Xy, Ds की दाएं ओर से दूसरे स्थान पर बैठा है। Nd के दोनों निकटतम पड़ोसी उस दिशा के सम्मुख है जिसके Ms है। Lm उस दिशा के सम्मुख है जिसके सम्मुख वह व्यक्ति है जो उसके दाएँ से दूसरे स्थान पर बैठा है।

Q.18 Xy की बाएं से गणना करने पर Fg और Xy के बीच कितने लोग बैठे हैं?

A. दो **B.** एक **C.** पाँच **D.** तीन

E. चार

Q.19 Nd के दाएं से गणना करने पर Nd और Ds के बीच कितने व्यक्ति केंद्र के विमुख बैठे है?

A. एक **B.** तीन **C.** चार **D.** दो

E. शून्य

Q.20 Ds के विपरीत कौन बैठा है?

A. Xy **B.** Fg **C.** Pe **D.** Lm

E. Ps

Q.21 Ps के बाएँ दूसरे स्थान पर कौन बैठा है?

A. Pe **B.** Ms

C. Lm **D.** Xy

E. उपरोक्त में से कोई नहीं

Q.22 कितने व्यक्ति केंद्र से सम्मुख नहीं है?

A. पाँच **B.** तीन **C.** चार **D.** दो

E. एक

Ques (23-27):निर्देश: निम्नलिखित जानकारी का अध्ययन कीजिये और नीचे दिए गए प्रश्न का उत्तर दीजिये।

8 व्यक्ति अमर, विक्रम, चरण, दीपक, एडवर्ड, फ्लिंट, गौतम और हरि 2 समानांतर पंक्तियों में उत्तर की ओर मुख करके बैठे हैं, और प्रत्येक पंक्ति में 4 व्यक्ति बैठे हैं पंक्तियों की व्यवस्था इस प्रकार की जाती हैं कि दूसरी पंक्ति से एक व्यक्ति पहली पंक्ति से एक व्यक्ति के पीछे बैठता है। उनमें से प्रत्येक को पीला, नीला, नारंगी, लाल, हरा, सफेद, काले और सियान में से एक अलग रंग पसंद है। इसके अलावा, उनके बारे में निम्नलिखित जानकारी भी दी जाती है।

अमर उस व्यक्ति के पीछे बैठा है जो पीले रंग को पसंद करता है। जो व्यक्ति नीला रंग पसंद करता है वह विक्रम की बाएं बैठा है और वह विक्रम का एकमात्र पड़ोसी है। अमर और विक्रम एक ही पंक्ति में नहीं बैठे हैं। जो व्यक्ति पीला पसंद करता है वह उस व्यक्ति के आस-पास बैठा है जो नीला पसंद करता है। अमर उस व्यक्ति के आस-पास बैठा है जो हरे रंग को पसंद करता है। हरे रंग को पसंद करने वाला व्यक्ति उस व्यक्ति के पीछे बैठा नहीं है जो नीला पसंद करता है। चरन उस व्यक्ति के पीछे बैठा है जिसे सियान पसंद है। चरन को हरा रंग पसंद नहीं है। जो लोग लाल और नारंगी पसंद करते हैं वे एक दूसरे के आस-पास बैठे होते हैं। उनमें से कोई भी उस व्यक्ति का पड़ोसी नहीं है जो हरे रंग को पसंद करता है। चरन को लाल पसंद नहीं है। दीपक सफेद पसंद करता है। फ्लिंट उस व्यक्ति के आस-पास बैठा है जो नीला पसंद करता है। एडवर्ड को लाल पसंद नहीं है लेकिन वह अमर का पड़ोसी है। गौतम को नीला रंग पसंद नहीं है।

Q.23 लाल रंग किसे पसंद है?

A. अमर **B.** हरीश **C.** गौतम **D.** विक्रम
E. चरन

Q.24 फ्लिंट के पीछे कौन बैठा है?

A. एडवर्ड **B.** अमर **C.** गौतम **D.** चरन
E. दीपक

Q.25 सफेद रंग को पहनने वाले व्यक्ति के पीछे बैठे व्यक्ति को कौन सा रंग पसंद है?

A. लाल **B.** नारंगी **C.** काली **D.** सफेद
E. हरा

Q.26 सियान रंग किसे पसंद है?

A. विक्रम **B.** हरीश **C.** गौतम **D.** अमर
E. एडवर्ड

Q.27 अमर को कौन सा रंग पसंद है?

A. हरा **B.** लाल **C.** काला **D.** नारंगी
E. सियान

Ques (28-30):निर्देश: निम्नलिखित जानकारी को ध्यान से पढ़ें और नीचे दिए गए प्रश्न का उत्तर दें।

G, F की माता है, जो D की पत्नी है। M, D की पुत्री है, जो C का इकलौता भाई है। E, G का पुत्र है, जो H से विवाहित है। A, C की भतीजी है, जिसकी कोई बहन नहीं है और अविवाहित है। T, D का पिता है और उसकी कोई पुत्री नहीं है। V, F की सिस्टर-इन-लॉ है। G के केवल दो बच्चे हैं। M, O की पोती है।

Q.28 V, M से कैसे संबंधित है?

A. चाची/बुआ **B.** मामी/मौसी
C. बहन **D.** या तो (A) या (B)
E. इनमें से कोई नहीं

Q.29 परिवार में कितनी महिला सदस्य हैं?

A. 7 **B.** 4 **C.** 5 **D.** 6
E. 7

Q.30 F की सास T से कैसे संबंधित है?

A. बहन **B.** मां
C. पत्नी **D.** मौसी
E. इनमें से कोई नहीं

Ques (31-35):निर्देश: निम्नलिखित प्रतीकात्मक अनुक्रम को ध्यानपूर्वक पढ़िए और उस पर आधारित प्रश्न का उत्तर दीजिए।

S $ 6 U K 7 % * 4 J O @ 2 3 L P 9 8 A # Y ^ 5 W &

Q.31 यदि अनुक्रम से सभी सम अंकों को छोड़ दिया जाता है, तो निम्नलिखित में से कौन सा अवयव '@' के दायें से पांचवें स्थान पर है?

A. A **B.** U **C.** W **D.** Y
E. #

Q.32 दाएं छोर से दूसरी अभाज्य संख्या और बाएं छोर से तीसरी भाज्य संख्या का योग कितना है?

A. 18 **B.** 16
C. 11 **D.** 20
E. इनमें से कोई नहीं

Q.33 निम्न में से कौन-सा अवयव बाएं छोर से 17वां है?

A. % **B.** 9 **C.** # **D.** 8
E. A

Q.34 निम्न पांच में से चार एक निश्चित प्रकार से समान हैं और इस प्रकार एक समूह बनाते हैं। निम्न में से कौन उस समूह से संबंधित नहीं है?

A. 7*K **B.** L93 **C.** J@4 **D.** $US
E. Y^A

Q.35 यदि दिये गए अनुक्रम से सभी अक्षरों को छोड़ दिया जाता है, तो निम्नलिखित में से कौन-सा '%' और '#' के ठीक बीच में है?

A. @ **B.** 4 **C.** 3 **D.** 2
E. 1

// स्मार्ट उत्तर पुस्तिका //

सही उत्तर उन छात्रों के प्रतिशत को इंगित करता है जिन्होंने प्रश्नों का सही उत्तर दिया था।

छोड़ दिया उन छात्रों के प्रतिशत को इंगित करता है जिन्होंने प्रश्नों को छोड़ दिया था।

प्रश्न संख्या	उत्तर	सही उत्तर	छोड़ दिया
1	A	1.04 %	87.52 %
2	C	14.32 %	64.21 %
3	A	25.57 %	53.04 %
4	A	22.22 %	64.0 %
5	C	21.28 %	60.44 %
6	C	29.1 %	55.36 %
7	B	11.37 %	68.96 %
8	A	11.61 %	67.32 %
9	B	23.11 %	63.05 %
10	C	24.77 %	63.36 %
11	C	33.9 %	51.31 %
12	E	22.24 %	62.75 %
13	B	30.0 %	55.74 %
14	D	15.61 %	58.97 %
15	A	43.95 %	47.24 %
16	E	20.68 %	62.25 %
17	E	22.89 %	63.44 %
18	A	3.13 %	83.46 %
19	B	27.2 %	59.28 %
20	E	1.84 %	82.21 %
21	A	18.61 %	51.91 %
22	C	16.22 %	63.47 %
23	C	23.63 %	65.48 %
24	B	22.05 %	50.38 %
25	E	20.7 %	57.86 %
26	A	29.62 %	55.55 %
27	C	47.61 %	42.46 %
28	B	16.43 %	67.82 %
29	D	21.18 %	51.4 %
30	C	3.77 %	70.4 %
31	A	18.14 %	66.81 %
32	E	62.68 %	32.56 %
33	B	24.02 %	64.24 %
34	E	22.07 %	68.25 %
35	D	19.3 %	62.61 %

कार्य विश्लेषण	
औसत अंक (%)	**68.57%**
टॉपर्स स्कोर (%)	**68.57%**
आपका स्कोर	

//संकेत और समाधान//

1. दिए गए कथन: Y ≥ R < E; R > P ≥ C = A

मिलाने पर: Y ≥ R > P ≥ C = A; E > R > P ≥ C = A

निष्कर्ष:

I. Y > A → सत्य (जैसे कि Y ≥ R > P ≥ C = A → Y > A)

II. E ≥ C → असत्य (जैसे कि E > R > P ≥ C → E > C)

अतः विकल्प (A) सही है।

2. दिए गए कथन: W > Q ≥ M; H ≤ T = M

मिलाने पर: W > Q ≥ M = T ≥ H

निष्कर्ष:

I. H ≤ Q → सत्य (जैसे कि Q ≥ M = T ≥ H → Q ≥ H)

II. W > T → सत्य (जैसे कि W > Q ≥ M = T → W > T)

अतः विकल्प (C) सही है।

3. दिए गए कथन: J < E ≥ O; Y < P ≤ H < O

मिलाने पर: J < E ≥ O > H ≥ P > Y

निष्कर्ष:

I. J > P → असत्य (जैसे कि J < E ≥ O > H ≥ P इस प्रकार J और P के बीच स्पष्ट संबंध निर्धारित नहीं किया जा सकता है)।

II. Y < E → सत्य (जैसे कि E ≥ O > H ≥ P > Y → E > Y)

अतः विकल्प (A) सही है।

4. दिए गए कथन: C ≤ D ≤ X; K > V ≥ I; C = O ≥ K

संयोजन करने पर: X ≥ D ≥ C = O ≥ K > V ≥ I

निष्कर्ष:

I. D ≤ V → असत्य (D > C = O ≥ K > V → D > V)

II. X > K → असत्य (X ≥ D > C = O ≥ K → X > K)

III. I < O → सत्य (O ≥ K > V ≥ I → O > I)

अतः विकल्प (A) सही है।

5. दिए गए कथन: X < N ≤ W; B ≥ L ≥ O; O = X

संयोजन करने पर: B ≥ L ≥ O = X; W ≥ N > O = X

निष्कर्ष:

I. B > N → असत्य (B ≥ L ≥ O और N > O → B और M के बीच संबंध निर्धारित नहीं किया जा सकता है।)

II. N ≥ B → असत्य (B ≥ L ≥ O और N > O → B और M के बीच संबंध निर्धारित नहीं किया जा सकता है।)

III. L < W → असत्य (L ≥ O और W ≥ N > O → L और W के बीच संबंध निर्धारित नहीं किया जा सकता है।)

निष्कर्ष में से कोई सत्य नहीं है, लेकिन निष्कर्ष I और II एक पूरक युग्म बनाते हैं।

इस प्रकार, या तो निष्कर्ष I या निष्कर्ष II सत्य है।

अतः विकल्प (C) सही है।

6. दिया गया शब्द:

KITCHEN

शब्द के दूसरे, तीसरे, पांचवें और सातवें अक्षर क्रमशः I, T, H और N हैं।

अक्षरों से बने शब्द:

HINT और THIN

अतः ऊपर दिए गए अक्षरों से दो शब्द बन सकते हैं।

अतः विकल्प (C) सही है।

7. दिया गया शब्द:

C R E A T I O N

दिए गए शब्द के अक्षरों को अंग्रेजी वर्णमाला के अनुसार व्यवस्थित करने के बाद, हमारे पास है:

A C E I N O R T

पुनर्व्यवस्था के बाद केवल 'E' उसी स्थिति में रहता है।

अतः विकल्प (B) सही है।

Ques (8-10):कोड का पहला अवयव A-Z को 1-26 मानते हुए पहले अक्षर के संख्यात्मक मान का प्रतिनिधित्व करता है।

उदाहरण के लिए: Disk

पहला तत्व 4 होगा, जो D के अंकीय मान को दर्शाता है।

कोड का दूसरा अवयव अक्षरों की संख्या के अनुसार कोड का प्रतिनिधित्व करता है जैसा कि निम्न तालिका में दिखाया गया है।

अक्षरों की संख्या कोड:

अक्षरों की संख्या	कोड
4	#
5	!
6	&
7	$
8	%
9	@

Disk में 4 अक्षर होते हैं, इसलिए इसका मध्य कोड तालिका के अनुसार # होगा।

तीसरा अवयव संबंधित शब्द के दूसरे अक्षर का प्रतिनिधित्व करता है।

Disk शब्द का दूसरा अक्षर 'i' है, इसलिए अंतिम अवयव 'I' होगा।

इस प्रकार Disk के लिए कोड 4#I होगा।

8. उपरोक्त स्पष्टीकरण का पालन करने पर , हम "Take advance receipt" के लिए कोड 20#A 1$D 18$E के रूप में प्राप्त करते हैं।

अतः विकल्प (A) सही है।

9. उपरोक्त स्पष्टीकरण का पालन करने पर , हम "Advertise your product" के लिए कोड 1@D 25#O 16$R के रूप में प्राप्त करते हैं।

अतः विकल्प (B) सही है।

10. उपरोक्त स्पष्टीकरण का पालन करने पर , हम "Travel with wander" के लिए कोड 20&R 23#I 23&A के रूप में प्राप्त करते हैं।

अतः विकल्प (D) सही है।

11. दी गई जानकारी का उपयोग करके हम निम्नलिखित आकृति बना सकते हैं:

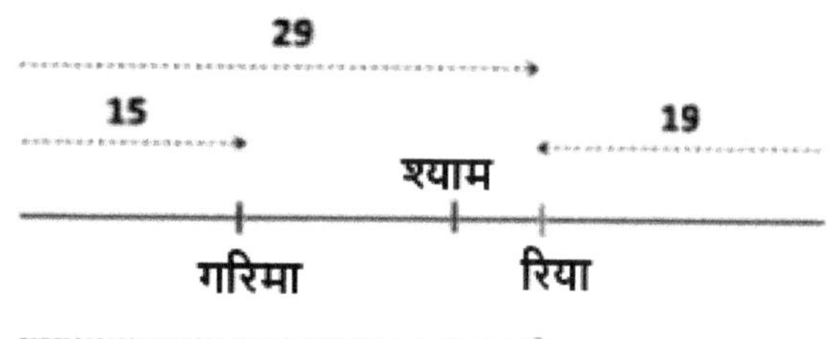

यहाँ पंक्ति में व्यक्तियों की कुल संख्या = (29 + 19 - 1)

= 47

यहाँ, पंक्ति के बाएं छोर से श्याम के स्थान (24) और रिया (5) के सन्दर्भ में उसके स्थान को जोड़ने पर 29 प्राप्त होता है।

अतः विकल्प (C) सही है।

12. दिया गया है,

40 लड़कियों की किसी पंक्ति में जब कोमल अपने स्थान से चार स्थान बायीं तरफ चली जाती है तो पंक्ति में बायीं छोर से उसका स्थान 10 वां हो जाता है।

4 को स्थानांतरित करने पर कोमल पंक्ति के बाएं छोर से 10वें स्थान पर है।

इस प्रकार कोमल का मूल स्थान बाएं छोर से 14वां था। स्वाती, कोमल के मूल स्थान के दायीं ओर 3 स्थान पर है।

स्पष्ट रूप से, स्वाती बाएं छोर से $14 + 3 = 17$ वां है।

स्वाती के दायीं ओर लड़कियों की संख्या $= (40 - 17) = 23$

इस प्रकार, स्वाती पंक्ति के दायें छोर से 24 वें स्थान पर है।

अतः विकल्प (D) सही है।

13. दिए गए कथनों के लिए न्यूनतम संभव वेन आरेख निम्न प्रकार है:

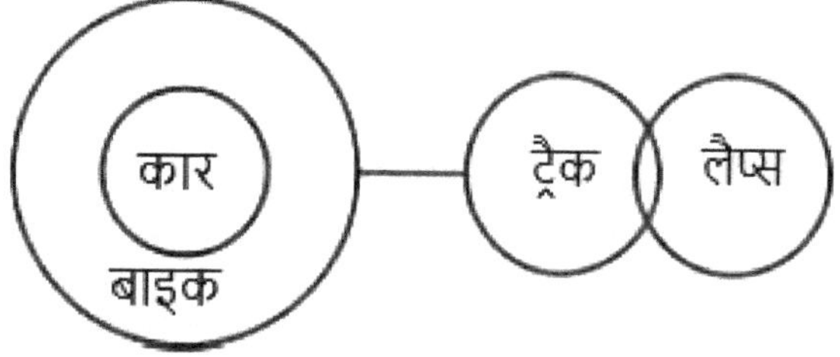

निष्कर्ष:

I. कुछ कार लैप्स हैं → असत्य (यह संभव है, लेकिन तत्वों के बीच कोई निश्चित सकारात्मक या नकारात्मक संबंध नहीं दिया गया है, इसलिए यह गलत है)

II. कोई कार ट्रैक नहीं है → सच (क्योंकि सभी कार बाइक हैं और कोई बाइक ट्रैक नहीं है → कोई कार ट्रैक नहीं है)

इसलिए, केवल निष्कर्ष II अनुसरण करता है।

अत: विकल्प (B) सही है।

14. दिए गए कथनों के लिए न्यूनतम संभव वेन आरेख निम्न प्रकार है:

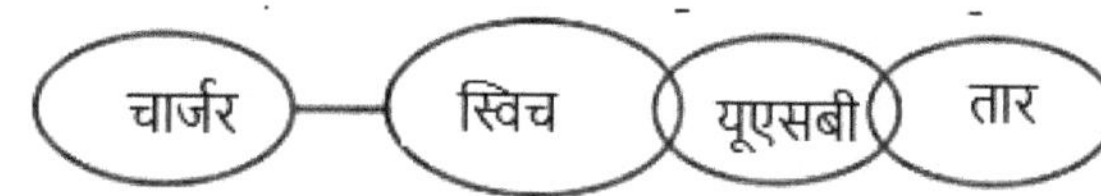

निष्कर्ष:

I. कुछ चार्जर तार हैं → असत्य (क्योंकि चार्जर और तारों के बीच कोई निश्चित संबंध नहीं है, हम यह निर्धारित नहीं कर सकते कि कुछ चार्जर तार हैं या नहीं)

II. कुछ यूएसबी चार्जर हैं → असत्य (क्योंकि चार्जर और यूएसबी के बीच कोई निश्चित संबंध नहीं है, हम यह निर्धारित नहीं कर सकते कि कुछ यूएसबी चार्जर हैं या नहीं)

इसलिए, न तो I और ना ही II अनुसरण करता है।

अत: विकल्प (D) सही है।

15. दिए गए कथनों के लिए न्यूनतम संभव वेन आरेख निम्न प्रकार है:

निष्कर्ष:

I. कुछ मिट्टी ईंट नहीं है → सत्य (क्योंकि सभी सीमेंट मिट्टी है और कोई सीमेंट ईंट नहीं है इसलिए मिट्टी का भाग जो सीमेंट है वह ईंट नहीं है, इसलिए, यह सत्य है)

II. कोई सरिया ईंट नहीं है → असत्य (क्योंकि सरिया और ईंट के बीच कोई संबंध नहीं है)

इसलिए, केवल I अनुसरण करता है।

अत: विकल्प (A) सही है।

16. दिए गए कथनों के लिए न्यूनतम संभव वेन आरेख इस प्रकार है:

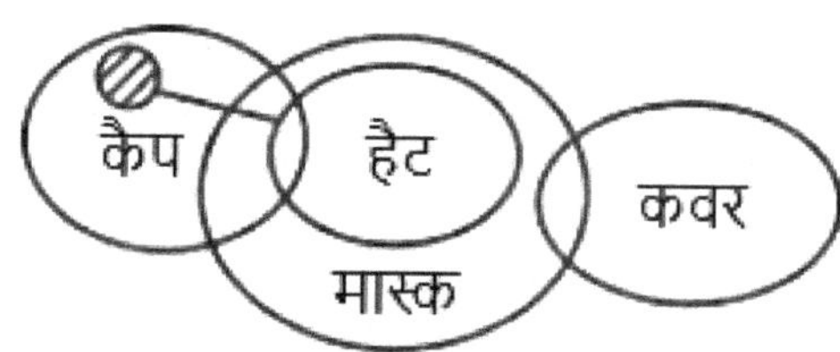

निष्कर्ष:

I. कुछ मास्क हैट हैं → सत्य (जैसा कि सभी हैट मास्क हैं, इसलिए कुछ हैट निश्चित रूप से मास्क हैं)

II. कोई कैप के कवर नहीं होने की संभावना है → सत्य (चूंकि कैप और कवर के बीच कोई संबंध नहीं है इसलिए हम यहां कुछ नहीं कह सकते हैं लेकिन कोई भी संभावना यहां अनुसरण कर सकती है, इसलिए यह सत्य है)

इसलिए, I और II दोनों अनुसरण करते हैं।

अत: विकल्प (E) सही है।

17.

कवि
कलाकार
गायक
पिता
लेखक

निष्कर्ष:

I) केवल लेखक कलाकार का मतलब है सिवाय लेखक के कोई कलाकार नहीं हो सकता। तो, यह निष्कर्ष का अनुसरण नहीं करता है।

II) कोई भी गायक कवि नहीं है। असत्य (जैसा कि यह संभव है लेकिन निश्चित नहीं है)।

III) केवल कलाकार ही लेखक हैं सिवाय कलाकार के कोई लेखक नहीं हो सकता है। तो, यह निष्कर्ष का अनुसरण नहीं करता है।

इसलिए कोई भी अनुसरण नहीं करता है।

अतः विकल्प (E) सही है।

Ques (18-22):व्यक्ति: Ds, Fg, Lm, Ms, Nd, Pe, Ps, और Xy

i) Pe, Lm के बाएं से तीसरे स्थान पर बैठा है जो केंद्र के सम्मुख बैठा है।

ii) Ms और Fg, Pe के निकटतम पड़ोसी हैं।

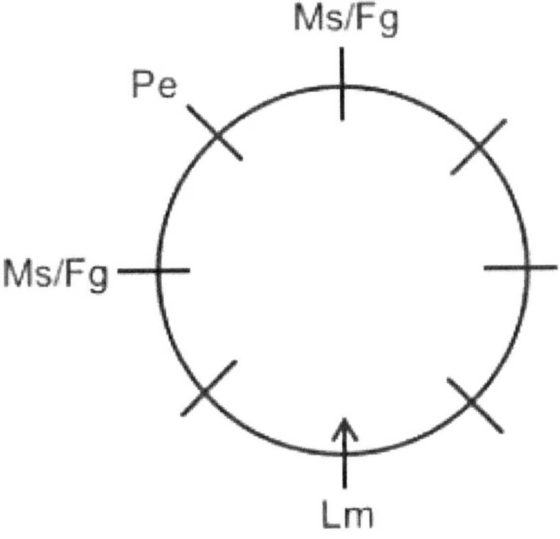

iii) Fg और Ms एक ही दिशा के सम्मुख बैठे हैं, परंतु Pe के विपरीत है।

iv) Nd, Fg की दाएं से दूसरे स्थान पर बैठा है।

v) Ds, Nd का निकटतम पड़ोसी नहीं है।

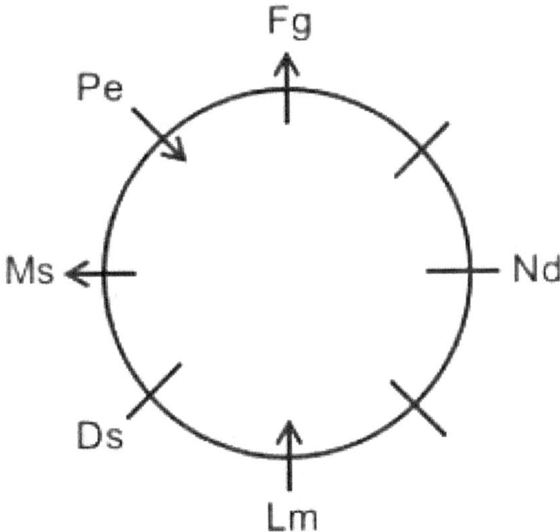

vi) Xy, Ds की दाएं से दूसरे स्थान पर बैठा है।

vii) Nd के दोनों निकटतम पड़ोसी उस दिशा के सम्मुख है जिसके Ms है।

viii) Lm उस दिशा के सम्मुख है जिसके सम्मुख वह व्यक्तित है जो उसके दाएं से दूसरे स्थान पर बैठा है।

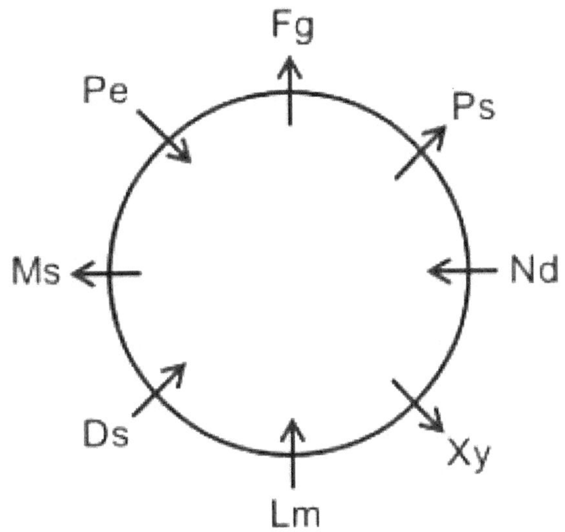

18. इसलिए Xy की दाएँ से गणना करने पर Fg और Xy के बीच 02 लोग बैठे हैं।

अतः विकल्प (A) सही है।

19. इसलिए, Nd के दाएं से गणना करने पर Nd और Ds के बीच तीन व्यक्ति बैठे हैं।

अतः विकल्प (B) सही है।

20. इसलिए, "Ps" Ds के विपरीत बैठा है।

अतः विकल्प (E) सही है।

21. इसलिए, "Pe" Ps के बाएँ दूसरे स्थान पर बैठा है।

अतः विकल्प (A) सही है।

22. इसलिए, चार व्यक्ति केंद्र के सम्मुख नहीं है।

अतः विकल्प (C) सही है।

Ques (23-27):जो व्यक्ति नीला पसंद करता है वह विक्रम का एकमात्र पड़ोसी है और वह विक्रम की बाएं बैठा है। इसलिए, विक्रम को दाएं कोने पर बैठा होना चाहिए। विक्रम और अमर एक ही पंक्ति में नहीं बैठे हैं। इसलिए, अमर को पंक्ति 2 में बैठा होना चाहिए। अमर उस व्यक्ति के पीछे बैठा है जो पीले रंग को पसंद करता है। जो व्यक्ति पीला पसंद करता है वह उस व्यक्ति के आस-पास बैठता है जो नीला पसंद करता है।

	पीला	नीला	विक्रम
____	____	____	____
____	____	____	____
	अमर		

अमर उस व्यक्ति के आस-पास बैठा है जो हरे रंग को पसंद करता है। जो व्यक्ति हरा रंग पसंद करता है वह उस व्यक्ति के पीछे बैठा नहीं है जो नीला पसंद करता है। इसलिए, जो हरे रंग को पसंद करने वाले व्यक्ति को पंक्ति 2 के बाएं कोने पर बैठा होना चाहिए। चरन उस व्यक्ति के पीछे बैठा है जो सियान को पसंद करता है। चरन को हरा रंन नहीं पसंद इसलिए, चरन को विक्रम के पीछे बैठा होना चाहिए और विक्रम को सियान रंग पसंद होना चाहिए।

	पीला	नीला	सियान
			विक्रम
____	____	____	____
____	____	____	____
	अमर		चरण
हरा			

जो लोग लाल और नारंगी पसंद करते हैं वे एक दूसरे के आस-पास बैठे हैं। उनमें से कोई भी हरे रंग को पसंद करने वाले का पड़ोसी नहीं है। इसलिए, चरन और उनके पड़ोसी को लाल और नारंगी पसंद करना चाहिए। चरन को लाल पसंद नहीं है इसलिए, उसे नारंगी रंग पसंद होना चाहिए और उसके पड़ोसी को लाल पसंद होना चाहिए। दीपक सफेद पसंद करता हैं इसलिए, दीपक को पंक्ति 1 के बाएं कोने पर बैठा होना चाहिए। अमर को काला रंग पसंद होना चाहिए।

सफेद	पीला	नीला	सियान
दीपक			विक्रम
____	____	____	____
____	____	____	____
	अमर		चरण
हरा	काला	लाल	नारंगी

फ्लिंट उस व्यक्ति के आस-पास बैठा है जो नीला पसंद करता है। इसलिए उसका पसंदीदा रंग पीला होना चाहिए। एडवर्ड को लाल पसंद नहीं है लेकिन वह अमर का पड़ोसी हैं। इसलिए एडवर्ड को हरा रंग पसंद होना चाहिए। गौतम को नीला रंग पसंद नहीं है इसलिए, गौतम को लाल होना पसंद होना चाहिए और हरीश को नीला पसंद करना चाहिए। अंतिम व्यवस्था इस प्रकार है:

सफेद	पीला	नीला	सियान
दीपक	फ्लिंट	हरि	विक्रम
____	____	____	____
____	____	____	____
एडवर्ड	अमर	गौतम	चरण
हरा	काला	लाल	नारंगी

23. गौतम को लाल रंग पसंद है।

अतः विकल्प (C) सही है।

24. अमर फ्लिंट के पीछे बैठा है।

अतः विकल्प (B) सही है।

25. एडवर्ड उस व्यक्ति के पीछे बैठे व्यक्ति है जो सफेद पसंद करता है। एडवर्ड हरा पसंद करते हैं।

अतः विकल्प (E) सही है।

26. सियान रंग विक्रम को पसंद है।

अतः विकल्प (A) सही है।

27. अमर को काला रंग पसंद है।

अतः विकल्प (C) सही है।

Ques (28-30):दी गई जानकारी के अनुसार, वंश वृक्ष है,

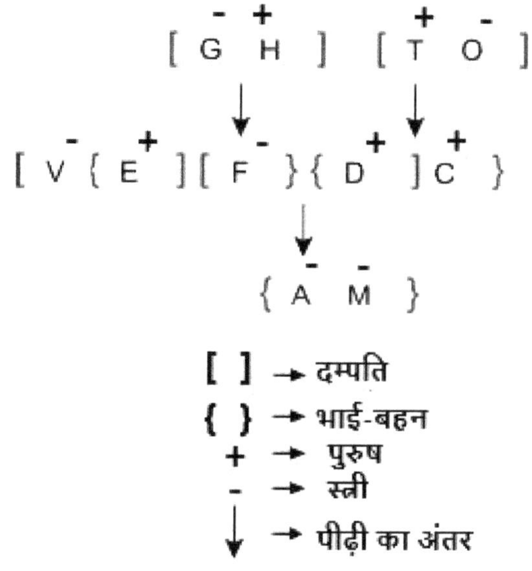

28. इस प्रकार, V, M की मामी है।

अतः विकल्प (B) सही है।

29. इस प्रकार, परिवार में 6 महिला सदस्य हैं।

अतः विकल्प (D) सही है।

30. इस प्रकार, F की सास O है, जो T की पत्नी है।

अतः विकल्प (C) सही है।

31. दिया गया अनुक्रम: S $ 6 U K 7 % * 4 J O @ 2 3 L P 9 8 A # Y ^ 5 W &

नया अनुक्रम: S $ U K 7 % * J O @ 3 L P 9 A # Y ^ 5 W &

स्पष्ट रूप से 'A' '@' के दायें से पांचवें स्थान पर है।

अतः विकल्प (A) सही है।

32. दिया गया अनुक्रम: S $ 6 U K 7 % * 4 J O @ 2 3 L P 9 8 A # Y ^ 5 W &

दाएं छोर से तीसरी अभाज्य संख्या 3 है।

बाएं छोर से तीसरी भाज्य संख्या 9 है।

अभीष्ट योग = 12

अतः विकल्प (E) सही है।

33. दिया गया अनुक्रम: S $ 6 U K 7 % * 4 J O @ 2 3 L P 9 8 A # Y ^ 5 W &

स्पष्टतः 9 बाएं छोर से 17वां है।

अतः विकल्प (B) सही है।

34. दिया गया अनुक्रम: S $ 6 U K 7 % * 4 J O @ 2 3 L P 9 8 A # Y ^ 5 W &

लॉजिक : दूसरा तत्व पहले तत्व के दायें से दूसरा और तीसरा तत्व पहले तत्व के ठीक बायें है।

इस प्रकार विकल्प (E) 'Y^A' तर्क का अनुसरण नहीं करता है।

अतः विकल्प (E) सही है।

35. दिया गया अनुक्रम: S $ 6 U K 7 % * 4 J O @ 2 3 L P 9 8 A # Y ^ 5 W &

नया अनुक्रम: $ 6 7 % * 4 @ 2 3 9 8 # ^ 5 &

इस प्रकार, 2 % और # के ठीक बीच में है।

अतः विकल्प (D) सही है।

अनुभागीय टेस्ट 05

Q.1 10 पुस्तकों का औसत मूल्य 12 रुपये है जबकि इनमें से 8 पुस्तकों का औसत मूल्य 11.75 रुपये है। शेष दो पुस्तकों में से, यदि एक पुस्तक का मूल्य दूसरी पुस्तक के मूल्य से 60% अधिक है, तो इन दोनों पुस्तकों में से प्रत्येक का मूल्य क्या है?

A. 5 रुपये, 7.50 रुपये **B.** 8 रुपये, 12 रुपये
C. 10 रुपये, 16 रुपये **D.** 12 रुपये, 14 रुपये
E. 12 रुपये, 15 रुपये

Q.2
एक मोटरबोट, जिसकी शांत जल में गति 15 किमी/घंटा है, धारा के अनुकूल 30 किमी जाती है और कुल 4 घंटे 30 मिनट में वापस आती है। धारा की गति (किमी/घंटा) में है:

A. 4 **B.** 5 **C.** 6 **D.** 10
E. 12

Ques (3-7):निर्देश: नीचे दिए गए वृत्त आरेख में 'जन धन योजना' के तहत पांच अलग-अलग बैंकों द्वारा खोले गए खातों का प्रतिशत वितरण दर्शाया गया है। इन जानकारियों का ध्यानपूर्वक अध्ययन कीजिए और प्रश्नों के उत्तर दीजिए।

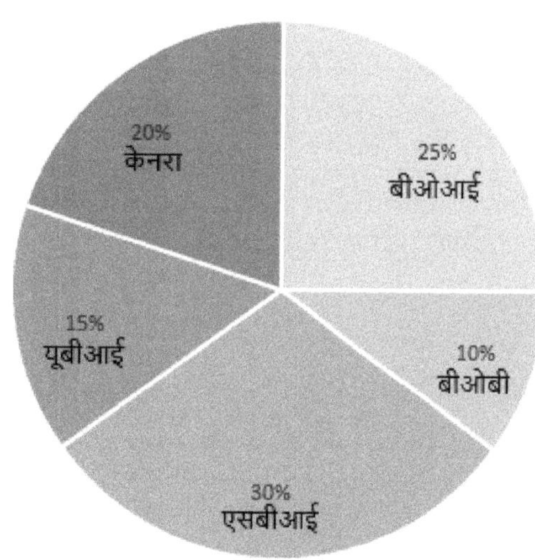

Q.3 यदि एसबीआई और केनरा द्वारा खोले गए कुल खातों के बीच का अंतर 2.1 करोड़ है, तो यूबीआई द्वारा खोले गए कुल खाते ज्ञात कीजिए?

A. 2.15 करोड़ **B.** 3.15 करोड़
C. 3.25 करोड़ **D.** 3.05 करोड़
E. 3.75 करोड़

Q.4 एसबीआई और बीओआई द्वारा खोले गए कुल खातों और केनरा द्वारा खोले गए कुल खातों का अनुपात ज्ञात कीजिए?

A. 11 : 4 **B.** 3 : 1 **C.** 4 : 1 **D.** 5 : 1
E. 1 : 1

Q.5 बीओआई द्वारा खोले गए कुल खाते, बीओबी द्वारा खोले गए कुल खातों से कितने प्रतिशत अधिक हैं?

A. 200% **B.** 125% **C.** 75% **D.** 100%
E. 150%

Q.6 यदि यूबीआई और बीओआई द्वारा खोले गए कुल खाते 3.6 करोड़ हैं, तो केनरा और बीओबी द्वारा खोले गए खातों के बीच अंतर ज्ञात कीजिए?

A. 0.64 करोड़ **B.** 0.9 करोड़
C. 0.56 करोड़ **D.** 0.48 करोड़
E. 0.42 करोड़

Q.7 यदि सभी पांच बैंकों द्वारा कुल 24 करोड़ खाते खोले गए हैं, तो एसबीआई और यूबीआई द्वारा खोले गए खातों की औसत संख्या ज्ञात कीजिए?

A. 5.6 करोड़ **B.** 5.4 करोड़ **C.** 5.2 करोड़ **D.** 6.4 करोड़
E. 7.2 करोड़

Ques (8-12):निर्देश: निम्नलिखित प्रश्न में, दो समीकरण I और II दिए गए हैं। आपको दोनों समीकरण को हल करना है और उत्तर देना है।

Q.8 I. $x^2 = 169$
II. $y^2 - 30y + 221 = 0$

A. $x > y$
B. $x < y$
C. $x \geq y$
D. $x \leq y$
E. $x = y$ या सम्बन्ध स्थापित नहीं किया जा सकता

Q.9 I. $3x^2 + 32x + 85 = 0$
II. $2y^2 + 19y + 45 = 0$

A. यदि $x > y$
B. यदि $x < y$
C. यदि $x \geq y$
D. यदि $x \leq y$
E. यदि $x = y$ या कोई सम्बन्ध स्थापित नहीं किया जा सकता

Q.10 I. $x^2 - 10x + 24 = 0$
II. $y^2 - 20y + 96 = 0$

A. $x > y$
B. $x \geq y$
C. $x < y$
D. $x \leq y$
E. $x = y$ या x और y के बीच कोई संबंध स्थापित नहीं किया जा सकता है

Q.11 I. $x^2 - 2x - 15 = 0$
II. $y^2 - 4y - 12 = 0$

A. $x > y$
B. $x \geq y$
C. $x < y$
D. $x \leq y$
E. $x = y$ या x और y के बीच कोई संबंध स्थापित नहीं किया जा सकता है

Q.12 I. $12x^2 + 29x + 14 = 0$
II. $3y^2 + 14y + 16 = 0$

A. यदि $x > y$

B. यदि $x < y$
C. यदि $x \geq y$
D. यदि $x \leq y$
E. यदि $x = y$ या कोई सम्बन्ध स्थापित नहीं किया जा सकता

Q.13 निम्नलिखित समीकरण में प्रश्नवाचक चिह्न '?' के स्थान पर क्या आएगा?

$950 + 50 \times 15 - 14 \times 22 + \sqrt{?} = 11^3 + 9^2$

A. 200 **B.** 240 **C.** 320 **D.** 400
E. 420

Q.14 निम्नलिखित प्रश्न में प्रश्न चिह्न '?' के स्थान पर क्या आएगा?
159 का 74% – [142 का 36.5% + 203 का 25.4%] = ? का 13.5% – 120 का 10.5%

A. 129.05 **B.** 149.22
C. 179.03 **D.** 199.02
E. उपरोक्त में से कोई नहीं

Q.15 निम्नलिखित प्रश्न में प्रश्नवाचक चिन्ह (?) के स्थान पर क्या आना चाहिए? (आपको सटीक मान की गणना करने की आवश्यकता नहीं है।)

$17^4 + \sqrt{2400.5} + 50.67 +$ 400 का 17% $+ \sqrt{528.9} = (?) + 44$

A. 38128 **B.** 98728
C. 50488 **D.** 83668
E. इनमें से कोई नहीं

Q.16 निम्नलिखित प्रश्न में प्रश्न चिह्न (?) के स्थान पर क्या आना चाहिए?

$$9\frac{10}{2} \times \left(\frac{3}{8} \times \frac{16}{9}\right) - 6\frac{5}{3} = 5\frac{5}{2} + 4\frac{1}{2} - ?$$

A. $\frac{14}{3}$ **B.** $\frac{31}{3}$ **C.** $\frac{28}{3}$ **D.** $\frac{33}{5}$
E. $\frac{31}{5}$

Q.17 निम्नलिखित प्रश्न में प्रश्न चिह्न (?) के स्थान पर क्या आना चाहिए?

$$\sqrt[3]{12167} \times \sqrt[3]{5832} = ?$$

A. 416 **B.** 394
C. 414 **D.** 396
E. इनमे से कोई नहीं

Q.18 निम्नलिखित प्रश्न में प्रश्न चिह्न (?) के स्थान पर क्या आना चाहिए?
(365 का 8.2%) – (108 का 1.75%) = ?

A. 16.02 **B.** 28.04
C. 42.34 **D.** 53.76
E. इनमे से कोई नहीं

Q.19 निम्नलिखित प्रश्न में प्रश्न चिह्न (?) के स्थान पर क्या आना चाहिए?

$36^2 \times 5^2 - 2400^2 = ?$

A. 520 **B.** 7200000
C. 5727600 **D.** -5727600
E. इनमें से कोई नही

Q.20 निम्नलिखित प्रश्न में प्रश्न चिह्न (?) के स्थान पर क्या आना चाहिए?

$$\frac{2}{3} \times \frac{3}{\frac{5}{6} \div \frac{2}{3} \times 1\frac{1}{4}} = ?$$

A. 2 **B.** $1\frac{11}{2.5}$
C. $2\frac{7}{25}$ **D.** $3\frac{1}{29}$
E. इनमें से कोई नहीं

Q.21 निम्नलिखित प्रश्न में प्रश्न चिह्न (?) के स्थान पर क्या आना चाहिए?

$$\sqrt{64 \times 49} \div (4)^2 \times 12 = ?$$

A. 56 **B.** 49
C. 63 **D.** 42
E. इनमे से कोई नहीं

Q.22 निम्नलिखित प्रश्न में प्रश्न चिह्न (?) के स्थान पर क्या आना चाहिए?
3 - [6 - {4 + (-4 + 5 - 2)4}] = ?

A. 3 **B.** -6
C. -3 **D.** 4
E. इनमें से कोई नहीं

Q.23 एक व्यक्ति दो पुस्तकों को 1110 रुपये में बेचता है। वह पहली पुस्तक पर 15% की हानि उठाता है और दूसरी पुस्तक पर 25% का लाभ अर्जित करता है। यदि पहली पुस्तक का क्रय मूल्य, दूसरी पुस्तक के विक्रय मूल्य के बराबर है, तो दोनों पुस्तकों का क्रय मूल्य ज्ञात कीजिए।

A. 700 रुपये और 400 रुपये
B. 600 रुपये और 500 रुपये
C. 450 रुपये और 650 रुपये
D. 500 रुपये और 600 रुपये
E. 800 रुपये और 300 रुपये

Ques (24-28):निर्देश: प्रश्नवाचक चिन्ह (?) के स्थान पर क्या आयेगा।

Q.24 2,8,26,?,242

A. 78 **B.** 72
C. 82 **D.** 84
E. इनमे से कोई नहीं

Q.25 3,13,39,89,?,293

A. 172 **B.** 171 **C.** 182 **D.** 181
E. 201

Q.26 1,3,4,7,11,18,?,47

A. 25 **B.** 28 **C.** 29 **D.** 31
E. 33

Q.27 3,2,3,6,?,37.5,115.5

A. 11 **B.** 3 **C.** 6 **D.** 12
E. 14

Q.28 26,32,58,90,?,238,386

A. 110 **B.** 130 **C.** 148 **D.** 160
E. 150

Q.29 50 लीटर दूध की एक टंकी में से 5 लीटर दूध निकाल लिया जाता है। निकाली गयी दूध की मात्रा के स्थान पर पानी मिलाया जाता है और इस प्रक्रिया को 3 बार दोहराया जाता है। इस मिश्रण को 100 रुपए/लीटर की दर से बेचा जाता है और दूध का क्रय मूल्य 100 रुपए/लीटर है, तब लाभ (रुपए में) ज्ञात कीजिये।

A. 1455 रुपए **B.** 1355 रुपए
C. 1255 रुपए **D.** 2000 रुपए
E. 1555 रुपए

Ques (30-31):निर्देश: नीचे दिए गए प्रत्येक प्रश्न में एक प्रश्न और दो कथन I और II दिए गए हैं। आपको यह तय करना होगा कि कथन में दी गई जानकारी प्रश्न का उत्तर देने के लिए पर्याप्त हैं या नहीं। दोनों कथनों को पढ़ें और उत्तर दें।

Q.30 वर्तमान में, राम और श्याम की आयु क्रमशः 5: 6 के अनुपात में है। राम की आयु कितनी है?

कथन I: वर्तमान में, श्याम और मोहन की आयु का क्रमिक अनुपात 3: 4 है।

कथन II: 5 साल बाद, राम और मोहन की आयु का अनुपात 2: 3 हो जाएगा।

A. कथन I में दी गई जानकारी प्रश्न का उत्तर देने के लिए पर्याप्त है, जबकि कथन II में दी गई जानकारी प्रश्न का उत्तर देने के लिए पर्याप्त नहीं है।
B. कथन II में दी गई जानकारी प्रश्न का उत्तर देने के लिए पर्याप्त है, जबकि कथन I में दी गई जानकारी प्रश्न का उत्तर देने के लिए पर्याप्त नहीं है।
C. प्रश्न का उत्तर देने के लिए या तो कथन I या कथन II पर्याप्त है।
D. I और II दोनों कथनों में दी गई जानकारी प्रश्न का उत्तर देने के लिए पर्याप्त नहीं है।
E. प्रश्न का उत्तर देने के लिए I और II दोनों कथनों में दी गई जानकारी आवश्यक है।

Q.31 क्या 'A' एक विषम संख्या है?

कथन I: जब A को किसी संख्या से गुणा किया जाता है तो गुणनफल एक सम संख्या है।

कथन II: जब A को दो विषम संख्याओं के गुणनफल के साथ जोड़ा जाता है तो इस प्रकार प्राप्त संख्या एक सम संख्या होती है।

A. कथन I में दी गई जानकारी प्रश्न का उत्तर देने के लिए पर्याप्त है, जबकि कथन II में दी गई जानकारी प्रश्न का उत्तर देने के लिए पर्याप्त नहीं है।
B. कथन II में दी गई जानकारी प्रश्न का उत्तर देने के लिए पर्याप्त है, जबकि कथन I में दी गई जानकारी प्रश्न का उत्तर देने के लिए पर्याप्त नहीं है।
C. प्रश्न का उत्तर देने के लिए या तो कथन I या कथन II पर्याप्त है।
D. I और II दोनों कथनों में दी गई जानकारी प्रश्न का उत्तर देने के लिए पर्याप्त नहीं है।
E. प्रश्न का उत्तर देने के लिए I और II दोनों कथनों में दी गई जानकारी आवश्यक है।

Q.32 निर्देश: नीचे दिए गए प्रत्येक प्रश्न में एक प्रश्न और तीन कथन I, II और III दिए गए हैं। आपको यह तय करना होगा कि कथन में दी गई जानकारी प्रश्न का उत्तर देने के लिए पर्याप्त हैं या नहीं। सभी कथन पढ़ें और उत्तर दें:

वर्ष 2002 में कंपनी को कितना लाभ हुआ?

कथन I: कंपनी ने वर्ष 2003 की तुलना में वर्ष 2001 में 40% अधिक लाभ अर्जित किया।

कथन II: कंपनी ने 2001 और 2002 में एक साथ कुल 20 करोड़ रुपए का लाभ कमाया।

कथन III: वर्ष 2003 में, कंपनी ने 2002 में अर्जित लाभ का 80% अर्जित किया।

A. या तो कथन III अकेले या कथन I और II एक साथ पर्याप्त हैं।
B. केवल कथन III पर्याप्त है।
C. कथन I और कथन II एक साथ पर्याप्त हैं।
D. केवल कथन I, II और III एक साथ पर्याप्त हैं।
E. इनमें से कोई नहीं

Ques (33-34):निर्देश: नीचे एक प्रश्न और तीन कथन I, II और III दिए गए हैं। आपको यह तय करना है कि कथनों में दिया गया डेटा प्रश्न का उत्तर देने के लिए पर्याप्त है या नहीं। सभी कथनों को पढ़िए और उत्तर दीजिए:

Q.33 एक व्यक्ति 49 रुपये में तीन वस्तु खरीद सकता है। महंगी वस्तु की कीमत क्या है?

कथन I: दो वस्तुओं की लागत मूल्य, महंगी वस्तु के लागत मूल्य से 1 कम है।

कथन II: दो वस्तुओं की लागत मूल्य समान है।

कथन III: सबसे महंगी वस्तु की लागत मूल्य सबसे सस्ते वस्तु की लागत मूल्य से 6.25% अधिक है।

A. या तो कथन I अकेले या कथन II और III एक साथ पर्याप्त हैं।
B. केवल कथन III पर्याप्त है।
C. केवल कथन I और II एक साथ पर्याप्त हैं।
D. केवल कथन I और III एक साथ पर्याप्त हैं।
E. इनमें से कोई नहीं

Q.34 घनाभ के रूप में एक धातु खंड जिसका घनत्व 'D' और द्रव्यमान, 'M' हैं, मोटाई 't' की पतली वर्ग शीट में पीटा जाता है, और उसे रोल करके उसी मोटाई का सिलेंडर बनाया जाता है। सिलेंडर का आंतरिक त्रिज्या ज्ञात कीजिए।

कथन I: घनाभ के आयाम (लम्बाई, चौड़ाई,ऊंचाई)10 सेमी x 5 सेमी x 12 सेमी हैं।

कथन II: मोटाई 't' = 1.5 सेमी

कथन III: ब्लॉक का द्रव्यमान, M = 216 किग्रा हैं।

A. या तो कथन III अकेले या कथन I और II एक साथ पर्याप्त हैं।
B. केवल कथन III पर्याप्त है।
C. कथन I और कथन II एक साथ पर्याप्त हैं।
D. केवल कथन I, II और III एक साथ पर्याप्त हैं।
E. इनमें से कोई नहीं

Q.35 एक कक्षा में लड़कियों की संख्या लड़कों की संख्या से 20% अधिक है। कक्षा की संख्या 66 है। यदि कक्षा में 4 और लड़कियों को प्रवेश दिया जाता है, तो लड़कियों की संख्या से लड़कों की संख्या का अनुपात है:

A. 1: 2 **B.** 1: 4 **C.** 3: 4 **D.** 5: 7
E. 1: 7

// स्मार्ट उत्तर पुस्तिका //

सही उत्तर उन छात्रों के प्रतिशत को इंगित करता है जिन्होंने प्रश्नों का सही उत्तर दिया था।

छोड़ दिया उन छात्रों के प्रतिशत को इंगित करता है जिन्होंने प्रश्नों को छोड़ दिया था।

प्रश्न संख्या	उत्तर	सही उत्तर	छोड़ दिया
1	C	51.95 %	32.55 %
2	B	25.44 %	50.72 %
3	B	8.29 %	71.94 %
4	A	23.22 %	65.62 %
5	E	23.18 %	65.28 %
6	B	21.8 %	56.1 %
7	B	30.73 %	55.52 %
8	D	17.46 %	68.68 %
9	D	6.63 %	78.1 %
10	C	5.15 %	71.6 %
11	E	61.21 %	32.89 %
12	A	2.23 %	86.27 %
13	D	49.42 %	34.98 %
14	D	18.22 %	55.35 %
15	D	15.03 %	68.72 %
16	B	26.55 %	54.7 %
17	C	1.05 %	84.94 %
18	B	51.66 %	34.42 %
19	D	14.87 %	56.9 %
20	A	2.04 %	88.57 %
21	D	15.34 %	66.29 %
22	C	19.42 %	51.2 %
23	B	32.71 %	52.5 %
24	E	64.66 %	30.26 %
25	B	19.7 %	57.61 %
26	C	17.17 %	63.93 %
27	E	7.19 %	76.89 %
28	C	16.7 %	63.3 %
29	B	2.73 %	84.5 %
30	E	50.33 %	40.33 %
31	B	15.61 %	55.56 %
32	D	50.99 %	46.23 %
33	A	13.28 %	64.09 %
34	C	18.64 %	55.93 %
35	C	21.9 %	64.97 %

कार्य विश्लेषण	
औसत अंक (%)	48.57%
टॉपर्स स्कोर (%)	71.43%
आपका स्कोर	

//संकेत और समाधान//

1. दिया गया है:

10 पुस्तकों का कुल मूल्य = Rs. 120

8 पुस्तकों का कुल मूल्य = Rs. 94

⇒ 2 पुस्तकों का मूल्य = Rs. 26

माना प्रत्येक पुस्तक का मूल्य x और y है।

⇒ x + y = 26 - - - - - -(1)

जैसा कि दिया गया है कि 1 पुस्तक की कीमत अन्य मूल्य से 60% अधिक है

$$\left(\frac{160}{100}\right)y + y = 26$$

$$\Rightarrow y\left(\frac{160}{100} + 1\right) = 26$$

$$\Rightarrow y\left(\frac{160+100}{100}\right) = 26$$

$$\Rightarrow y = \frac{(26\times100)}{260}$$

$$\Rightarrow y = 10$$

y = 10 को समीकरण (1) में रखने पर हमें प्राप्त होता है

$$x + 10 = 26$$

$$x = 16$$

अतः विकल्प (C) सही है।

2. दिया गया है,

शांत जल में मोटरबोट की गति = 15 किमी/घंटा

मोटरबोट द्वारा धारा के अनुकूल दिशा में तय की गई दूरी = 30 किमी

माना धारा की गति x किमी/घंटा है।

तब, अनुकूल दिशा में गति = (15 + x) किमी/घंटा

प्रतिकूल दिशा में गति = (15 - x) किमी/घंटा

इसलिए,

$$\frac{30}{(15+x)} + \frac{30}{(15-x)} = 4\frac{1}{2}$$

$$\Rightarrow \frac{30\times(15-x)+30\times(15+x)}{(15+x)\times(15-x)} = \frac{9}{2}$$

$$\Rightarrow \frac{900}{225-x^2} = \frac{9}{2}$$

$$\Rightarrow 9x^2 = 225$$

$$\Rightarrow x^2 = 25$$

⇒ x = 5 किमी/घंटा

अत: विकल्प (B)सही है।

3. दिया है:

एसबीआई और केनरा द्वारा खोले गए कुल खातों के बीच अंतर का मूल्य = 2.1 करोड़

वृत्त आरेख के अनुसार एसबीआई और केनरा बैंक द्वारा खोले गए कुल खातों के बीच अंतर का प्रतिशत मूल्य = 30% - 20%

⇒ 10% = 2.1 करोड़

⇒ 1% = 0.21 करोड़

यूबीआई प्रतिशत मूल्य = 15%

= 0.21 करोड़ × 15

= 3.15 करोड़

∴ यूबीआई द्वारा खोला गया कुल खाता 3.15 करोड़ है।

अतः विकल्प (B) सही है।

4. दिया है:

एसबीआई द्वारा खोले गए खातों का वितरण = 30%

बीओआई द्वारा खोले गए खातों का वितरण = 25%

केनरा द्वारा खोले गए खातों का वितरण = 20%

माना कि सभी पांच बैंकों द्वारा खोले गए खातों की कुल संख्या = $100x$

∴ अभीष्ट अनुपात = $\frac{100x\times\frac{(25+30)}{100}}{100x\times\frac{20}{100}}$

= $\frac{55x}{20x}$

= 11 : 4

अतः विकल्प (A) सही है।

5. दिया है:

बीओआई द्वारा खोले गए खातों का प्रतिशत वितरण = 25%

बीओबी द्वारा खोले गए खातों का प्रतिशत वितरण = 10%

माना कि सभी पांचों बैंकों द्वारा खोले गए कुल खाते = $100x$

बीओआई द्वारा खोले गए कुल खाते = $\frac{100x\times25}{100}$

= $25x$

बीओबी द्वारा खोले गए कुल खाते = $\frac{100x\times10}{100}$

= $10x$

∴ अभीष्ट प्रतिशत = $\frac{25x-10x}{10x}\times 100$

= 150%

अतः विकल्प (E) सही है।

6. दिया है:

यूबीआई द्वारा खोले गए खातों का प्रतिशत वितरण = 15%

बीओआई द्वारा खोले गए खातों का प्रतिशत वितरण = 25%

केनरा द्वारा खोले गए खातों का प्रतिशत वितरण = 20%

बीओबी द्वारा खोले गए खातों का प्रतिशत वितरण = 10%

माना सभी पांच बैंकों द्वारा खोले गए कुल खाते = $100x$

प्रश्नानुसार,

यूबीआई और बीओआई द्वारा खोले गए कुल खाते = $\frac{100x\times(15+25)}{100}$ = 3.6 करोड़

⇒ $\frac{100x\times40}{100}$ = 3.6 करोड़

⇒ $40x$ = 3.6 करोड़

⇒ x = 0.09 करोड़

केनरा और बीओबी के बीच अंतर = $20x - 10x$

= $10x$

(x) का मान रखने पर

= 10 × 0.09

= 0.9 करोड़

∴ केनरा और बीओबी द्वारा खोले गए खातों में 0.9 करोड़ का अंतर है।

अतः विकल्प (B) सही है।

7. दिया है:

एसबीआई द्वारा खोले गए खातों का वितरण = 30%

यूबीआई द्वारा खोले गए खातों का वितरण = 15%

सभी पांच बैंकों द्वारा खोले गए खाते = 24 करोड़

एसबीआई और यूबीआई द्वारा खोले गए खातों की कुल संख्या

= $24\times\frac{(30+15)}{100}$

= $24\times\frac{45}{100}$

= $\frac{1080}{100}$

= 10.8 करोड़

∴ अभीष्ट औसत = कुल राशि/बैंकों की संख्या

= $\frac{10.8}{2}$

= 5.4 करोड़

अतः विकल्प (B) सही है।

8. दिया गया है,

I. $x^2 = 169$

$\Rightarrow x = \sqrt{169}$

$\Rightarrow x = 13, -13$

II. $y^2 - 30y + 221 = 0$

$\Rightarrow y^2 - 13y - 17y + 221 = 0$

$\Rightarrow y(y-13) - 17(y-13) = 0$

$\Rightarrow (y-13)(y-17) = 0$

$\Rightarrow y = 13,17$

जब $x = 13,\ y = 13$ या 17 के लिए $x \le y$

जब $x = -13,\ y = 13$ या 17 के लिए $x < y$

$\therefore x \le y$

अतः विकल्प (D) सही है।

9. I. $3x^2 + 32x + 85 = 0$

$\Rightarrow 3x^2 + 15x + 17x + 85 = 0$

$\Rightarrow 3x(x+5) + 17(x+5) = 0$

$\Rightarrow (x+5)(3x+17)$

$\therefore x = -5, \frac{-17}{3}$

II. $2y^2 + 19y + 45 = 0$

$\Rightarrow 2y^2 + 10y + 9y + 45 = 0$

$\Rightarrow 2y(y+5) + 9(y+5) = 0$

$\Rightarrow (y+5)(2y+9) = 0$

$\therefore y = -5, \frac{-9}{2}$

जब $x = -5$, तब $y = -5$ के लिए, $x = y$ और $y = \frac{-9}{2}$ के लिए, $x < y$

जब $x = \frac{-17}{3}$, तब $y = -5$ के लिए, $x < y$ और $y = \frac{-9}{2}$ के लिए, $x < y$

$\therefore x \le y$

अतः विकल्प (D) सही है।

10. दिया है,

$x^2 - 10x + 24 = 0$

$x^2 - 6x - 4x + 24 = 0$

$(x-6)(x-4) = 0$

हल करने पर हमें प्राप्त होता है, $x = 4,6$

$y^2 - 20y + 96 = 0$

$y^2 - 8y - 12y + 96 = 0$

$(y-8)(y-12) = 0$

हल करने पर हमें प्राप्त होता है, $y = 8,12$

इसलिए y, x से अधिक है।

अतः विकल्प (C) सही है।

11. दिया गया है,

I. $x^2 - 2x - 15 = 0$

$\Rightarrow x^2 - 5x + 3x - 15 = 0$

$\Rightarrow x(x-5)+3(x-5)=0$

$\Rightarrow (x-5)(x+3)=0$

तब, $x=(5)$ या $x=(-3)$

II. $y^2-4y-12=0$

$\Rightarrow y^2-6y+2y-12=0$

$\Rightarrow y(y-6)+2(y-6)=0$

$\Rightarrow (y+2)(y-6)=0$

तब, $y=(6)$ या $y=(-2)$

इसलिए, जब $x=(5), y=(6)$ के लिए $x<y$ और $y=(-2)$ के लिए $x>y$

और जब $x=(-3), y=(6)$ के लिए $x<y$ और $y=(-2)$ के लिए $x<y$

∴ इसलिए, संबंध निर्धारित नहीं किया जा सकता है।

अतः विकल्प (E) सही है।

12. दिया है,

I. $12x^2+29x+14=0$

$\Rightarrow 12x^2+8x+21x+14=0$

$\Rightarrow 4x(3x+2)+7(3x+2)=0$

$\Rightarrow (4x+7)(3x+2)$

$\therefore x=-\frac{2}{3},\frac{-7}{4}$

II. $3y^2+14y+16=0$

$\Rightarrow 3y^2+6y+8y+16=0$

$\Rightarrow 3y(y+2)+8(y+2)=0$

$\Rightarrow (y+2)(3y+8)=0$

$\therefore y=-2,\frac{-8}{2}$

x का मान $\frac{-2}{3}$ और $\frac{-7}{4}$ के बीच है,जबकि y का मान -2 और $\frac{-8}{3}$ के बीच है।

हम देखते हैं कि x का न्यूनतम मान $\frac{-7}{4}$, $y(-2)$ के अधिकतम मान से अधिक है।

इसलिए, $x>y$

अतः विकल्प (A) सही है।

13. दिया है:

950 + 50 × 15 - 14 × 22 + $\sqrt{?}$ = 11^3+9^2

⇒ 950 + 750 - 308 + $\sqrt{?}$ = 1331 + 81

⇒ 1392 + $\sqrt{?}$ = 1412

⇒ $\sqrt{?}$ = 20

⇒ ? = 400

अतः विकल्प (D) सही है।

14. इस प्रश्न को हल करने के लिए BODMAS नियम का पालन कीजिए,

चरण - 1: सर्वप्रथम समीकरण के कोष्ठक वाले भाग को हल किया जाना चाहिए, और कोष्ठक में BODMAS नियम का पालन किया जाना चाहिए,

159 का 74% – [142 का 36.5% + 203 का 25.4%] = ? का 13.5% – 120 का 10.5%

⇒ 159 का 74% – $\left\{\left[\left(\frac{36.5}{100}\right)\times 142\right]+\left[\left(\frac{25.4}{100}\right)\times 203\right]\right\}=\left[\left(\frac{13.5}{100}\right)\times ?\right]-\left[\left(\frac{10.5}{100}\right)\times 120\right]$

⇒ 159 का 74% – [51.83 + 51.56] = [0.135 × ?] – 12.6

⇒ 159 का 74% – 103.39 = 0.135 × ? – 12.6

किसी गणितीय 'का' या 'घातांक' को हल किया जाना चाहिए,

⇒ $\left[\left(\frac{74}{100}\right)\times 159\right]$ – 103.39 = 0.135 × ? – 12.6

⇒ 117.66 – 103.39 = 0.135 × ? – 12.6

⇒ 14.27 = 0.135 × ? – 12.6

⇒ 14.27 + 12.6 = 0.135 × ?

⇒ 26.87 = 0.135 × ?

∴ ? = 199.02

अतः विकल्प (D) सही है।

15. दिया है:

17^4 + $\sqrt{2400.5}$ + 50.67 + 400 का 17% + $\sqrt{528.9}$ = (?) + 44

मान को निकटतम पूर्णांक तक ले जाना:

⇒ 17^4 + 2400 + 51 + 400 का 17% + $\sqrt{529}$ = (?) + 44

⇒ 83521 + 49 + 51 + 68 + 23 = (?) + 44

⇒ 83521 + 191 – 44 = (?)

⇒ (?) = 83668

अतः विकल्प (D) सही है।

16. दिया गया व्यंजक इस प्रकार है,

$9\frac{10}{2}\times\left(\frac{3}{8}\times\frac{16}{9}\right)-6\frac{5}{3}=5\frac{5}{2}+4\frac{1}{2}-?$

$\Rightarrow \left(\frac{28}{2}\right)\times[\left(\frac{3}{8}\right)\times\left(\frac{16}{9}\right)]-\frac{23}{3}=\frac{15}{2}+\frac{9}{2}-?$

$\Rightarrow 14\times\left(\frac{2}{3}\right)-\frac{23}{3}=\frac{15}{2}+\frac{9}{2}-?$

$\Rightarrow \frac{28}{3}-\frac{23}{3}=\frac{15}{2}+\frac{9}{2}-?$

$\Rightarrow \frac{28}{3}-\frac{23}{3}=\frac{24}{2}-?$

$\Rightarrow \frac{5}{3} = 12 - ?$

$\Rightarrow ? = 12 - \frac{5}{3}$

$\Rightarrow ? = \frac{31}{3}$

अतः विकल्प (B) सही है।

17. दिया है: $\sqrt[3]{12167} \times \sqrt[3]{5832} = ?$

$\sqrt[3]{12167} = 23$

और $\sqrt[3]{5832} = 18$

इसलिए, $\sqrt[3]{12167} \times \sqrt[3]{5832} = 23 \times 18$

$= 414$

अतः विकल्प (C) सही है।

18. दिया है:

(365 का 8.2%) – (108 का 1.75%) = ?

$\Rightarrow \left[\left(\frac{8.2}{100}\right) \times 365\right] - \left[\left(\frac{1.75}{100}\right) \times 108\right)\right] = ?$

$\Rightarrow \frac{[(8.2 \times 365) - (1.75 \times 108)]}{100} = ?$

$\Rightarrow \frac{(2993 - 189)}{100} = ?$

$\Rightarrow ? = \frac{2804}{100} = 28.04$

अतः विकल्प (B) सही है।

19. दिया है:

$36^2 \times 5^2 - 2400^2 = ?$

$\Rightarrow 180^2 - 2400^2 = ?$

$\Rightarrow (180 + 2400)(180 - 2400) = ?$

$\Rightarrow 2580 \times (-2220) = ?$

$\Rightarrow ? = -5727600$

अतः विकल्प (D) सही है।

20. दिया है:

$\frac{2}{3} \times \frac{3}{\frac{5}{6} \div \frac{2}{3} \times 1\frac{1}{4}} = ?$

$\Rightarrow ? = \frac{2}{3} \times \frac{3}{\frac{5}{6} \div \frac{2}{3} \times 1\frac{1}{4}}$

$\Rightarrow ? = \frac{2}{3} \times \frac{3}{\frac{5}{6} \div \frac{2}{3} \times \frac{5}{4}}$

$\Rightarrow ? = \frac{2}{3} \times \frac{3}{\frac{5}{6} \div \frac{5}{6}}$

$\Rightarrow ? = 2 \times \frac{1}{1} = 2$

अतः विकल्प (A) सही है।

21. अज्ञात को 'x' मानते हैं।

$\sqrt{64 \times 49} \div (4)^2 \times 12 = ?$

वर्गमूल के नीचे वाले पदों का गुणन करते हुए, और 4 का वर्ग करते हुए, हमें मिलता है,

$x = \sqrt{(8 \times 8 \times 7 \times 7)} \div 16 \times 12$

दिए गए पद का वर्गमूल करते हुए हमें मिलता है,

$x = 8 \times 7 \div 16 \times 12$

BODMAS नियम का प्रयोग करके,

$x = \frac{(8 \times 7 \times 12)}{16} = 42$

अतः विकल्प (D) सही है।

22. दिया है:

3 - [6 - {4 + (-4 + 5 - 2)4}] = ?

⇒ 3 - [6 - {4 + (-1)4}] = ?

⇒ 3 - [6 - {4 - 4}] = ?

⇒ 3 - [6 - 0] = ?

⇒ ? = -3

अतः विकल्प (C) सही है।

23. दिया है:

दोनों पुस्तकों का विक्रय मूल्य = 1110 रुपये

पहली पुस्तक पर हानि% = 15%

दूसरी पुस्तक पर लाभ% = 25%

प्रयुक्त अवधारणा:

SP = [CP + (CP × लाभ%)]

SP = [CP – (CP × हानि%)]

SP = विक्रय मूल्य

CP = क्रय मूल्य

माना कि दोनों पुस्तकों का क्रय मूल्य क्रमशः 20x रुपये और 20y रुपये का है।

पहली पुस्तक का विक्रय मूल्य = $20x \times \frac{85}{100}$ रुपये

= 17x रुपये

दूसरी पुस्तक का क्रय मूल्य = $20y \times \frac{125}{100}$ रुपये

= 25y रुपये

प्रश्नानुसार,

20x = 25y

$\Rightarrow \frac{x}{y} = \frac{5}{4}$

पहली पुस्तक का क्रय मूल्य = 20 × 5 = 100 रुपये

पहली पुस्तक का विक्रय मूल्य = 17 × 5 = 85 रुपये

दूसरी पुस्तक का क्रय मूल्य = 20 × 4 = 80 रुपये

दूसरी पुस्तक का विक्रय मूल्य = 25 × 4 = 100 रुपये

कुल क्रय मूल्य = 180

कुल विक्रय मूल्य = 185

प्रश्नानुसार,

185 का मान 1110 है।

6 × 185 = 1110

= 1 → 6

इसलिए, पहली पुस्तक का क्रय मूल्य = 100 × 6

= 600

इसलिए, पहली पुस्तक का क्रय मूल्य = 80 × 6

= 480

∴ दोनों पुस्तकों का क्रय मूल्य 600 रुपये और 480 रुपये है।

अतः विकल्प (B) सही है।

24. पैटर्न इस प्रकार है,

$8 = 2 \times 3 + 2$

$26 = 8 \times 3 + 2$

$80 = 26 \times 3 + 2$

$242 = 80 \times 3 + 2$

अतः विकल्प (E) सही है।

25. पैटर्न इस प्रकार है,

$13 = 3 + (3^2 + 1)$

$39 = 13 + (5^2 + 1)$

$89 = 39 + (7^2 + 1)$

$171 = 89 + (9^2 + 1)$

$293 = 171 + (11^2 + 1)$

अतः विकल्प (B) सही है।

26. पैटर्न इस प्रकार है,

$4 = 1 + 3$

$7 = 4 + 3$

$11 = 7 + 4$

$18 = 11 + 7$

$29 = 18 + 11$

$47 = 29 + 18$

अतः विकल्प (C) सही है।

27. पैटर्न इस प्रकार है,

$2 = 3 \times 0.5 + 0.5$

$3 = 2 \times 1 + 1$

$6 = 3 \times 1.5 + 1.5$

$14 = 6 \times 2 + 2 = 14$

$37.5 = 14 \times 2.5 + 2.$

$115.5 = 37.5 \times 3 + 3$

अतः विकल्प (E) सही है।

28. पैटर्न इस प्रकार है,

$58 = 32 + 26$

$90 = 58 + 32$

$148 = 90 + 58$

$238 = 148 + 90$

$386 = 238 + 148$

तो, ? के स्थान पर 148 होना चाहिए।

अतः विकल्प (C) सही है।

29. शेष दूध = क्षमता x (1 – निकाली गयी दूध की मात्रा)^n, जहाँ n दोहराई गयी प्रक्रिया की संख्या है

⇒ शेष दूध = 50 × $\left(\frac{1-5}{50}\right)^3$ = 50 × $\left(\frac{45}{50}\right)^3$ = 36.45 L

⇒ कुल क्रय मूल्य = 36.45 × 100 = 3645 रुपए

⇒ कुल विक्रय मूल्य = 50 × 100 = 5000 रुपए

∴ आवश्यक लाभ = 5000 – 3645 = 1355 रुपए

अतः विकल्प (B) सही है।

30. दिया है:

राम और श्याम की आयु का अनुपात = 5: 6

कथन I से,

राम : श्याम : मोहन = 2.5 : 3 : 4

कथन II से, 5 साल बाद

राम: मोहन = 2: 3

यदि हम दोनों कथनों को मिला दें तो हमें R की वर्तमान आयु = 25 वर्ष प्राप्त होगी

श्याम की वर्तमान आयु = 30 वर्ष और मोहन की वर्तमान आयु = 40 वर्ष

अतः विकल्प (E) सही है।

31. कथन I से हम निष्कर्ष नहीं निकाल सकते क्योंकि सम × सम = सम और सम × विषम = सम

कथन II से, हम निष्कर्ष निकाल सकते हैं क्योंकि

सम + विषम × विषम = विषम

लेकिन विषम + विषम × विषम = सम

इसलिए, केवल कथन II में दिया गया डेटा प्रश्न का उत्तर देने के लिए पर्याप्त है, जबकि कथन I का डेटा प्रश्न का उत्तर देने के लिए पर्याप्त नहीं है।

अत: विकल्प (B) सही है।

32. सभी कथनों को एक साथ लेते हुए,

माना कंपनी द्वारा 2001 में और 2002 में अर्जित लाभ $= x$ रुपये और y रुपये

2003 में अर्जित लाभ $= 1.4x$

$x + y =$ 20 करोड़ रुपये ..... (i)

कथन (III) से,

$$1.4x = y \times \frac{80}{100}$$

$$x = \frac{4}{5} \times \frac{1}{1.4} y$$

$x = \frac{4}{7} y$ .... (ii)

समीकरण (i) और (ii) से हम अभीष्ट लाभ प्राप्त कर सकते हैं।

इस प्रकार, वर्ष 2002 में लाभ ज्ञात करने के लिए सभी कथनों की आवश्यकता है।

अत: विकल्प (D) सही है।

33. माना कि दो सबसे सस्ती वस्तुओं में से प्रत्येक का क्रय मूल्य = x और सबसे महंगी वस्तु का क्रय मूल्य = x + 1

तब, x + x + x + 1 = 49,

x = 16

इसलिए, सबसे महंगी वस्तु का क्रय मूल्य = 16 + 1 = 17

कथन II से, हम कह सकते हैं कि दो वस्तुओं का लागत मूल्य समान है

अर्थात, पहली वस्तु का लागत मूल्य = दूसरी वस्तु का लागत मूल्य = x

और कथन III से, हम कह सकते हैं कि सबसे महंगी वस्तु का लागत मूल्य सबसे सस्ती वस्तु के लागत मूल्य से 6.25% अधिक है,

अर्थात तीसरी वस्तु का लागत मूल्य $= x + x \times 6.25\%$

$= 1.0625x$

प्रश्नानुसार,

$$x + x + 1.0625x = 49$$

$$x = 16$$

इसलिए, सबसे महंगी वस्तु की लागत मूल्य $= 1.0625x$

$= 1.0625 \times 16 = 17$

इसलिए दोनों कथनों को मिलाकर हम उत्तर भी प्राप्त कर सकते हैं।

अत: विकल्प (A) सही है।

34. यदि हमारे पास आयाम हैं, तो कथन a से,

घनाभ का आयतन $= 10 \times 5 \times 12 = 600$ सेमी

यदि मोटाई ' t' है और वर्गाकार शीट की भुजा S है, तो

$$600 = (S^2) \times (t)$$

यदि $t = 1.5$ सेमी कथन II से लिया गया है,

$$\frac{600}{1.5} = (S^2) = 400$$

$S = 20$ सेमी

सिलेंडर की ऊंचाई $= S = 20$ सेमी [जैसे वर्गाकार शीट को लुढ़काया जाता है, इसलिए बेलन की भुजा वर्ग की भुजा के बराबर होगी]

बाहरी परिधि $= S = 20$ सेमी $= 2\pi r$

या, $r = \frac{10}{\pi} \approx 3.185$

ली गई मोटाई, $t = 1.5$ सेमी

तो आंतरिक त्रिज्या $= 3.185 - 1.5 = 1.685$ सेमी

जबकि कथन III का कहीं कोई महत्व नहीं है।

लेकिन कोई भी कथन व्यक्तिगत रूप से प्रश्न का उत्तर नहीं दे सकता है।

इसलिए, उत्तर कथन I और II का एक साथ उपयोग करना पर्याप्त है।

अत: विकल्प (C) सही है।

35. माना लड़कों की संख्या x है।

फिर, लड़कियों की संख्या $= x + x \times \frac{20}{100} = x\left(1 + \frac{20}{100}\right) = \frac{120x}{100} = \frac{6x}{5}$

जैसा कि दिया गया है,

$$x + \frac{6x}{5} = 66$$

$$\Rightarrow \frac{11x}{5} = 66$$

$$\Rightarrow x = 30$$

∴लड़कों की संख्या = 30

लड़कियों की संख्या $= \frac{6 \times 30}{5} = 36$

∴ अभीष्ट अनुपात = 30: 40 = 3: 4

अतः विकल्प (C) सही है।

अनुभागीय टेस्ट 06

Q.1 कोई धनराशि समान साधारण ब्याज दर से निश्चित राशि 2 वर्षों में 720 रुपये और 4.5 वर्षों में 870 रुपये हो जाती है। ब्याज की दर ज्ञात कीजिए।

A. 12% **B.** 15% **C.** 10% **D.** 8%
E. 11%

Q.2 दो पाइप A और B एक टैंक को क्रमशः 15 मिनट और 20 मिनट में भर सकते हैं। दोनों पाइपों को एक साथ खोल दिया जाता है लेकिन 4 मिनट के बाद पाइप A को बंद कर दिया जाता है। टैंक को भरने के लिए कुल कितना समय चाहिए?

A. 10 मिनट 20 सेकंड **B.** 11 मिनट 45 सेकंड
C. 12 मिनट 30 सेकंड **D.** 14 मिनट 40 सेकंड
E. 12 मिनट 40 सेकंड

Q.3 निर्देश: निम्नलिखित प्रश्न में I और II से अंकित दो समीकरण दिए गये हैं। आपको दोनों समीकरणों को हल करना है और उनका उत्तर देना है।

I. $x^2 - 15x + 54 = 0$
II. $y^2 - 13y + 36 = 0$

A. $x > y$
B. $x < y$
C. $x \geq y$
D. $x \leq y$
E. संबंध स्थापित नहीं किया जा सकता है या $x = y$

Q.4 निर्देश: निम्नलिखित प्रश्न में I और II से अंकित दो समीकरण दिए गये हैं। आपको दोनों समीकरणों को हल करना है और उनका उत्तर देना है।

I. $x^2 - 13x + 40 = 0$
II. $y^2 - 11y + 24 = 0$

A. $x > y$
B. $x < y$
C. $x \geq y$
D. $x \leq y$
E. संबंध स्थापित नहीं किया जा सकता है या $x = y$

Q.5 निर्देश: दिये गए प्रश्न में, I और II से अंकित दो समीकरण दिये गए हैं। आपको दोनों समीकरणों को हल करना है और उपयुक्त उत्तर देना है।

I. $x^2 - 7x + 10 = 0$
II. $y^2 - 11y + 24 = 0$

A. यदि $x > y$
B. यदि $x \geq y$
C. यदि $x < y$
D. यदि $x \leq y$
E. यदि $x = y$ या संबंध स्थापित नहीं किया जा सकता है

Q.6 निर्देश: निम्न प्रश्न में, I और II से अंकित दो समीकरण दिए गए हैं। आपको दोनों समीकरणों को हल करना है और सही उत्तर को चिन्हित करना है।

I. $x^2 - 50x + 225 = 0$
II. $y^2 + 32y - 105 = 0$

A. $x > y$
B. $y > x$
C. $x \geq y$
D. $y \geq x$
E. $x = y$ या x और y के बीच सम्बन्ध निर्धारित नहीं किया जा सकता

Q.7 निर्देश: दिए गए प्रश्न में, दो समीकरण I और II दिए गए हैं। दोनों समीकरणों को हल कीजिए और उचित उत्तर को चिह्नित कीजिए।

I. $2x^2 - 11x + 15 = 0$
II. $9y^2 - 12y + 4 = 0$

A. $x > y$
B. $x < y$
C. $x \geq y$
D. $x \leq y$
E. $x = y$ या x और y के बीच संबंध स्थापित नहीं किया जा सकता है

Q.8 निर्देश: निम्नलिखित प्रश्न में प्रश्नवाचक चिन्ह (?) के स्थान पर क्या आयेगा?

$$6153 \div \sqrt{?} \times 53 = 4028$$

A. 6889 **B.** 6241
C. 5929 **D.** 6561
E. इनमें से कोई नहीं।

Ques (9-10):निर्देश: निम्नलिखित समीकरण में प्रश्नवाचक चिह्न '?' के स्थान पर क्या आएगा?

Q.9 $(15360 \div 4)$ का $?\% = 2^{11} - 2^9$

A. 6 **B.** 60
C. 40 **D.** 80
E. इनमें से कोई नहीं

Q.10 $27 - [16^2 - (273 + 281) \div 2] = ?$

A. 52 **B.** 58 **C.** 32 **D.** 48
E. 38

Q.11 दो मोटर साइकिल को प्रत्येक, रु. 18,750 में बेचा गया, जिसमें कि एक में 25% का लाभ हुआ और दूसरे में 25% की हानि। दो पूरे लेन देन में कुल कितने प्रतिशत की हानि/लाभ हुआ?

A. 6.25% लाभ **B.** 6% लाभ
C. $7\frac{1}{4}$% लाभ **D.** 6% हानि
E. 6.25% हानि

Ques (12-16):निर्देश: दी गई तालिका में विभिन्न परिधानों की कीमतें और उन पर ब्रांडेड परिधान कंपनी द्वारा दी गई छूट को दर्शाया गया है। तालिका का अध्ययन करें और दिए गए प्रश्न के उत्तर दें।

	अंकितमूल्य	छूट%	विक्रयमूल्य
स्वेटशर्ट	3999 रु	-	-
टी-शर्ट	-	30%	-
जीन्स	4999 रु	-	2749 रु
ट्राउजर	3499 रु	-	-
शॉर्ट्स	-	20% + 20%	4159 रु

Q.12 एक लड़के ने 4698 रुपये देकर एक स्वेटशर्ट और ट्राउज़र खरीदा। अगर किसी ट्राउजर पर छूट % स्वेटशर्ट पर 5% से अधिक है, तो स्वेटशर्ट पर छूट % ज्ञात करे।

A. 20% **B.** 35% **C.** 25% **D.** 40%
E. 45%

Q.13 यदि किसी शॉर्ट्स की कीमत उसकी लागत मूल्य से 66% अधिक है, तो कंपनी द्वारा शॉर्ट्स पर अर्जित लाभ $\%$ (अनुमानित) का पता लगाएं।

A. 6.3% **B.** 5.8% **C.** 6.1% **D.** 6.7%
E. 7.5%

Q.14 जब एक लड़का 4 टी-शर्ट खरीदता है, तो वह कुल 2400 रुपये बचाता है। यदि टी-शर्ट की कीमत उसकी लागत मूल्य से 55% अधिक है, तो एक टी-शर्ट की अनुमानित लागत मूल्य का पता लगाएं।

A. 1100 रु **B.** 1450 रु **C.** 1290 रु **D.** 2000 रु
E. 1180 रु

Q.15 यदि कंपनी जीन्स पर 4.5% का लाभ कमाती है, तो लागत मूल्य से कितने प्रतिशत अधिक पर कंपनी ने अपनी कीमत अंकित की है?

A. 80% **B.** 100% **C.** 60% **D.** 70%
E. 90%

Q.16 एक जीन्स पर दी गई छूट $\%$, टी शर्ट पर दी गई छूट $\%$ से कितना प्रतिशत अधिक है

A. 50% **B.** 60% **C.** 40% **D.** 35%
E. 72%

Q.17 एक माँ और उसके पुत्र की औसत आयु 45 वर्ष है। उनकी आयु का अनुपात 3 : 2 है। पुत्र की आयु ज्ञात कीजिए।

A. 36 वर्ष **B.** 46 वर्ष **C.** 54 वर्ष **D.** 12 वर्ष
E. 20 वर्ष

Q.18 एक फर्म में पुरुष श्रमिकों का औसत वेतन 4100 रुपये है और महिला श्रमिकों का वेतन 4800 रुपये है। यदि सभी श्रमिकों का औसत वेतन 4345 रुपये है, तो फर्म में पुरुष श्रमिकों का प्रतिशत ज्ञात कीजिए।

A. 35% **B.** 65% **C.** 45% **D.** 55%
E. 40%

Ques (19-21):निर्देश: नीचे A और B नाम की दो मात्राएँ दी गयी हैं। दी गई जानकारी के आधार पर, आपको दोनों मात्राओं के बीच संबंध निर्धारित करना होगा। आपको संभावित उत्तरों के बीच चयन करने के लिए दी गयी जानकारी और गणित के अपने ज्ञान का उपयोग करना चाहिए।

Q.19 मात्रा A: 42 श्रमिक कार्य के एक हिस्से को 17 दिनों में कर सकते हैं, 10 दिनों के बाद कार्य शुरू करने के बाद आधे श्रमिकों ने कार्य छोड़ दिया। शेष कार्य कितने दिनों में शेष श्रमिकों द्वारा पूरा किया जाता है?

मात्रा B: 15 दिन

A. मात्रा A > मात्रा B
B. मात्रा A < मात्रा B
C. मात्रा A ≥ मात्रा B
D. मात्रा A ≤ मात्रा B
E. मात्रा A = मात्रा B या कोई संबंध नहीं है

Q.20 मात्रा A: यदि 9% चीनी युक्त 18 लीटर चीनी के घोल के उबलने पर 6 लीटर जल वाष्पित हो जाता है, तो शेष घोल में चीनी का प्रतिशत ज्ञात कीजिए।

मात्रा B: 13%

A. मात्रा A > मात्रा B
B. मात्रा A < मात्रा B
C. मात्रा A ≥ मात्रा B
D. मात्रा A ≤ मात्रा B
E. मात्रा A = मात्रा B या कोई संबंध नहीं है

Q.21 मात्रा A: अमन 50 किमी/घंटा की चाल से कार्यालय जाता है और 10 मिनट देरी से पहुंचता है। अगले दिन वह 75 किमी/घंटा की चाल से जाता है और 10 मिनट पहले कार्यालय पहुंचता है। उसके घर से कार्यालय की दूरी ज्ञात कीजिए।

मात्रा B: 40 किमी

A. मात्रा A > मात्रा B
B. मात्रा A < मात्रा B
C. मात्रा A ≥ मात्रा B
D. मात्रा A ≤ मात्रा B
E. मात्रा A = मात्रा B या कोई संबंध नहीं

Ques (22-26):निर्देश: दी गई श्रृंखला में प्रश्न चिन्ह (?) के स्थान पर लुप्त संख्या ज्ञात कीजिए।

Q.22 2, 8, 28, 102, 432, ?

A. 1860 **B.** 1296
C. 2190 **D.** 2490
E. इनमें से कोई नहीं

Q.23 6, 16, 44, 126, 370, ?

A. 1100 **B.** 1050
C. 1400 **D.** 1260
E. इनमें से कोई नहीं

Q.24 51, 77, 175, 250, 279, ?

A. 313 **B.** 413
C. 512 **D.** 616
E. इनमें से कोई नहीं

Q.25 2, 2, 5, 15.5, ?, 267.125

A. 58.25 **B.** 65.25
C. 56.25 **D.** 62.25
E. इनमें से कोई नहीं

Q.26 219, 223, 232, 248, ?

A. 296 **B.** 284 **C.** 257 **D.** 273
E. 267

Ques (27-32):निर्देश: दिए गए व्यंजक को सरल कीजिए।

Q.27 $\sqrt{1024} \times 40 + 20^2 + 9600$ का $0.5\% + 469 = ?^3$

A. 23 **B.** 13 **C.** 17 **D.** 19
E. 21

Q.28 6500 का $4\frac{3}{5}\% + 3500$ का $3\frac{2}{7}\% =?$

A. 424 **B.** 414 **C.** 418 **D.** 404
E. 401

Q.29 $3\frac{1}{2} \times \frac{7\frac{2}{5}}{9\frac{3}{5}} \times 8^2 \times 60 = 2^4 \times ?$

A. 624 **B.** 2364 **C.** 647.5 **D.** 1864
E. 1946

Q.30 $\left(\frac{?}{37}\right) = \left(\frac{15}{?}\right) \times \left(\frac{1}{2145}\right) \times \left(\frac{1}{9.25}\right) \times 676 \times 143$

A. 36 **B.** 26 **C.** 69 **D.** 55
E. 52

Q.31 $[\frac{3}{2} + \frac{1}{2}\{\frac{3}{4} - \frac{1}{2}\left(\frac{7}{8} - \frac{3}{4}\right)\}] = ?$

A. $\frac{59}{15}$ **B.** $\frac{59}{32}$ **C.** $\frac{59}{37}$ **D.** $\frac{58}{11}$
E. $\frac{60}{11}$

Q.32 2529 का $\frac{1}{3}$ + 1450 का 42% $= (?)^2 - 949$

A. 51 **B.** 41 **C.** 39 **D.** 49
E. 59

Q.33 P, Q से दोगुना कुशल है, Q, R से तीन गुना कुशल है और R पूरे कार्य को 54 दिनों में करता है तो P और Q एक साथ कितने दिनों में कार्य पूरा करते हैं?

A. 9 दिन **B.** 5 दिन **C.** 8 दिन **D.** 6 दिन
E. 7 दिन

Q.34 निर्देश: दिए गए व्यंजक को सरल कीजिए।

$$\frac{\sqrt{576}+(14\times8)}{\sqrt{289}}+\frac{3}{7}\times 168=?$$

A. 110 **B.** 80 **C.** 90 **D.** 116
E. 100

Q.35 दूध और पानी के 30 लीटर मिश्रण जिसमें दूध और पानी 7: 3 के अनुपात में है इसमें कितना लीटर पानी मिलाया जाना चाहिए ताकि परिणामी मिश्रण में 40% पानी हो?

A. 2 लीटर **B.** 5 लीटर **C.** 6 लीटर **D.** 9 लीटर
E. 12 लीटर

// स्मार्ट उत्तर पुस्तिका //

सही उत्तर — उन छात्रों के प्रतिशत को इंगित करता है जिन्होंने प्रश्नों का सही उत्तर दिया था।

छोड़ दिया — उन छात्रों के प्रतिशत को इंगित करता है जिन्होंने प्रश्नों को छोड़ दिया था।

प्रश्न संख्या	उत्तर	सही उत्तर	छोड़ दिया
1	C	22.48 %	57.88 %
2	D	16.83 %	59.15 %
3	E	0.93 %	89.23 %
4	E	19.13 %	51.06 %
5	E	16.22 %	53.77 %
6	A	23.11 %	53.31 %
7	A	1.78 %	88.91 %
8	D	28.22 %	56.06 %
9	C	26.36 %	53.64 %
10	D	27.91 %	50.84 %
11	E	43.74 %	44.3 %
12	B	30.25 %	53.31 %
13	A	22.93 %	55.17 %
14	C	25.81 %	52.83 %
15	E	27.59 %	51.6 %
16	A	14.89 %	56.96 %
17	A	24.44 %	56.1 %
18	B	25.04 %	55.91 %
19	B	29.11 %	54.59 %
20	A	23.3 %	53.51 %
21	A	50.92 %	39.23 %
22	C	18.07 %	65.52 %
23	A	15.28 %	61.59 %
24	B	15.08 %	63.19 %
25	A	21.9 %	51.1 %
26	D	22.22 %	59.95 %
27	B	23.38 %	53.16 %
28	B	33.31 %	51.48 %
29	C	16.9 %	68.87 %
30	E	1.66 %	87.56 %
31	B	24.52 %	58.11 %
32	D	18.02 %	65.18 %
33	D	23.28 %	56.52 %
34	B	12.91 %	66.23 %
35	B	20.98 %	65.62 %

कार्य विश्लेषण	
औसत अंक (%)	42.86%
टॉपर्स स्कोर (%)	65.71%
आपका स्कोर	

//संकेत और समाधान//

1. दिया है:

2 वर्ष में धनराशि = 720 रुपये

4.5 वर्ष में धनराशि = 870 रुपये

सूत्र:

साधारण ब्याज(SI) = [मूलधन(P) × दर × समय] / 100

और धनराशि = मूलधन + SI

माना मूलधन P और ब्याज की दर R है

इस प्रकार, 720 = मूलधन + SI

$\Rightarrow 720 = P + \frac{(P\times R\times 2)}{100}$ ... (i)

और $870 = P + SI$

$\Rightarrow 870 = P + \frac{(P\times R\times 4.5)}{100}$ ... (ii)

समीकरण (ii) - (i)

$\frac{(2.5\times P\times R)}{100} = 150$

$\Rightarrow P\times R = 6000$ ... (iii)

अब, समीकरण (i) से,

$720 = P + \frac{(6000\times 2)}{100}$

$\Rightarrow P = 720 - 120 = \text{Rs. }600$

समीकरण (iii) से,

$600 \times R = 6000$

$\Rightarrow R = 10\%$

∴ ब्याज की दर 10% है।

अतः विकल्प (C) सही है।

2. दिया गया है,

पाइप A द्वारा टैंक को भरने में लिया गया समय = 15 मिनट

1 मिनट में A द्वारा भरा गया भाग = $\frac{1}{15}$

पाइप B द्वारा टैंक को भरने में लिया गया समय = 20 मिनट

1 मिनट में B द्वारा भरा गया भाग = $\frac{1}{20}$

पाइप A, 4 मिनट के बाद बंद हो जाता है।

4 मिनट में A और B द्वारा भरा गया भाग $= 4\left(\frac{1}{15}+\frac{1}{20}\right)$

$= \frac{7}{15}$

शेष भाग $= 1 - \frac{7}{15}$

$= \frac{8}{15}$

शेष भाग को भरने में लगने वाला समय = शेष भाग / 1 मिनट में B द्वारा भरा गया भाग

$= \frac{\left(\frac{8}{16}\right)}{\left(\frac{1}{22}\right)}$

$= \frac{32}{3}$

$= 10\frac{2}{3}$ मिनट

$= 10\frac{2}{3} \times 60$ मिनट

= 10 मिनट 40 सेकंड

टैंक को भरने में लगा कुल समय = 4 मिनट + 10 मिनट + 40 सेकंड

= 14 मिनट 40 सेकंड

∴ टैंक को भरने में लगा कुल समय 14 मिनट 40 सेकंड है।

अतः विकल्प (D) सही है।

3. I. $x^2 - 15x + 54 = 0$

$\Rightarrow x^2 - 6x - 9x + 54 = 0$

$\Rightarrow x(x - 6) - 9(x - 6) = 0$

$\Rightarrow (x - 6)(x - 9) = 0$

⇒ x = 6 या 9

II. $y^2 - 13y + 36 = 0$

$\Rightarrow y^2 - 9y - 4y + 36 = 0$

$\Rightarrow y(y - 9) - 4(y - 9) = 0$

$\Rightarrow (y - 9)(y - 4) = 0$

⇒ Y = 9 या 4

x	चिन्ह	y
6	<	9
6	>	4
9	=	9
9	>	4

∴ संबंध स्थापित नहीं किया जा सकता है या x = y

अतः विकल्प (E) सही है।

4. I. $x^2 - 13x + 40 = 0$

$\Rightarrow x^2 - 8x - 5x + 40 = 0$

$\Rightarrow x(x - 8) - 5(x - 8) = 0$

$\Rightarrow (x - 8)(x - 5) = 0$

⇒ x = 5 या 8

II. $y^2 - 11y + 24 = 0$

$\Rightarrow y^2 - 3y - 8y + 24 = 0$

$\Rightarrow y(y - 3) - 8(y - 3) = 0$

$\Rightarrow (y - 3)(y - 8) = 0$

$\Rightarrow y = 3$ या 8

x	चिन्ह	y
5	>	3
5	<	8
8	>	3
8	=	8

∴ संबंध स्थापित नहीं किया जा सकता है या x = y

अतः विकल्प (E) सही है।

5. I. $x^2 - 7x + 10 = 0$

$\Rightarrow x^2 - 5x - 2x + 10 = 0$

$\Rightarrow x(x - 5) - 2(x - 5) = 0$

$\Rightarrow (x - 5)(x - 2) = 0$

$\Rightarrow x = 5$ या $x = 2$

II. $y^2 - 11y + 24 = 0$

$\Rightarrow y^2 - 8y - 3y + 24 = 0$

$\Rightarrow y(y - 8) - 3(y - 8) = 0$

$\Rightarrow (y - 8)(y - 3) = 0$

$\Rightarrow y = 8$ या $y = 3$

x का मान	रिश्ता	y का मा
5	<	8
2	<	8
5	>	3
2	<	3

∴ x और y के बीच संबंध स्थापित नहीं किया जा सकता है।

अतः विकल्प (E) सही है।

6. 1. $x^2 - 50x + 225 = 0$

$\Rightarrow x^2 - 45x - 5x + 225 = 0$

$\Rightarrow x(x - 45) - 5(x - 45) = 0$

$\Rightarrow (x - 5)(x - 45) = 0$

$\Rightarrow x = 5,45$

II. $y^2 + 32y - 105 = 0$

$\Rightarrow y^2 + 35y - 3y - 105 = 0$

$\Rightarrow y(y + 35) - 3(y + 35) = 0$

$\Rightarrow (y - 3)(y + 35)$

$\Rightarrow y = 3, -35$

∴ x > y

अतः विकल्प (A) सही है।

7. दिया गया है:

I. $2x^2 - 11x + 15 = 0$

II. $9y^2 - 12y + 4 = 0$

I से,

$2x^2 - 11x + 15 = 0$

$\Rightarrow 2x^2 - 6x - 5x + 15 = 0$

$\Rightarrow 2x(x - 3) - 5(x - 3) = 0$

$\Rightarrow (x - 3)(2x - 5) = 0$

लेने पर,

$\Rightarrow (x - 3) = 0$ या $(2x - 5) = 0$

$\Rightarrow x = 3$ या $\left(\frac{5}{2}\right)$

II से,

$9y^2 - 12y + 4 = 0$

$\Rightarrow 9y^2 - 6y - 6y + 4 = 0$

$\Rightarrow 3y(3y - 2) - 2(3y - 2) = 0$

$\Rightarrow (3y - 2)(3y - 2) = 0$

लेने पर,

$\Rightarrow (3y - 2) = 0$

$\Rightarrow y = \frac{2}{3}$

x और y के बीच तुलना (सारणीकरण के माध्यम से):

x का मान	y का मान	संबंध
3	$\frac{2}{3}$	x > y
$\frac{5}{2}$	$\frac{2}{3}$	x > y

∴ x > y.

अतः विकल्प (A) सही है।

8. दिया गया है,

$6153 \div \sqrt{?} \times 53 = 4028$

$\Rightarrow \frac{(6153 \times 53)}{\sqrt{?}} = 4028$

$\Rightarrow \sqrt{?} = 80.96 \approx 81$

$\Rightarrow ? = 6561$

इसलिए, '?' का मान 6561 है।

अतः विकल्प (D) सही है।

9. दिया है:

$(15360 \div 4)$ का $?\% = 2^{11} - 2^9$

$\left(\frac{?}{100}\right) \times 3840 = 2^9 \times (4 - 1)$

$\left(\frac{?}{100}\right) \times 3840 = 512 \times 3 = 1536$

$? = 1536 \times \left(\frac{100}{3840}\right)$

$? = 40$

अतः विकल्प (C) सही है।

10. इस प्रश्न को हल करने के लिए BODMAS नियम का पालन नीचे दिए गए क्रम के अनुसार करें,

$27 - [16^2 - (273 + 281) \div 2]$

$= 27 - [256 - \frac{554}{2}]$

$= 27 - 256 + 277$

$= 48$

अतः विकल्प (D) सही है।

11. माना कि दोनों मोटर साइकिलों की कीमत A और B है।

दोनों मोटर सायकिलों की कुल विक्रय कीमत = 18750 × 2 = रु. 37,500

पहली मोटर साइकिल की क्रय मूल्य ($C.P._1$) = दूसरी मोटर साइकिल की विक्रय मूल्य– लाभ

⇒ $C.P._1$ = 18750 – ($C.P._1$ का 25%)

⇒ $C.P._1$ + 0.25 $C.P._1$ = 18750

⇒ $C.P._1 = \frac{18750}{1.25}$ = रु. 15,000

∴ मोटर साइकिल A की क्रय मूल्य = $C.P._1$ = रु. 15,000

मोटर साइकिल B की क्रय मूल्य ($C.P._2$) = मोटर साइकिल B की विक्रय मूल्य + हानि

⇒ $C.P._2$ = 18750 + ($C.P._2$ का 25%)

⇒ $C.P._2$ – 0.25$C.P._2$ = 18750

⇒ $C.P._2 = \frac{18750}{0.75}$ = रु. 25,000

∴ मोटर साइकिल B की क्रय मूल्य = $C.P._2$ = रु.25,000

दोनों मोटर साइकिल की क्रय मूल्य = 15000 + 25000 = रु. 40,000

∵ पूरे लेन देन का विक्रय मूल्य < C.P. पूरे लेन देन का विक्रय मूल्य

∴ पूरे लेन देन में हानि % = $\frac{C.P.-S.P.}{C.P.} \times 100 = \frac{40{,}000-37{,}500}{40{,}000} \times 100 = 6.25$

अतः विकल्प (E) सही है।

12. स्वेटशर्ट पर छूट % ' x' % मान ले

ट्राउजर पर छूट % $= (x + 5)\%$

∵ विक्रय मूल्य = अंकित मूल्य – छूट

⇒ स्वेटशर्ट की बिक्री मूल्य $= [\frac{(100-x}{100}] \times 3999$

⇒ ट्राउजर का विक्रय मूल्य $= [\frac{(100-x-5)}{100}] \times 3499$

अब, कुल बिक्री मूल्य $= 4698$

$\Rightarrow [\frac{(100-x)}{100}] \times 3999 + [\frac{(95-x)}{100}] \times 3499 = 4698$

$\Rightarrow 399900 - 3999x + 332405 - 3499x = 469800$

$\Rightarrow 7498x = 732305 - 469800 = 262505$

$\Rightarrow x = \frac{262505}{7498} \cong 35\%$

∴ स्वेटशर्ट पर छूट % 35% है

अत: विकल्प (B) सही है।

13. शॉर्ट्स पर छूट 20% की क्रमिक छूट है, 20% के बाद,

एक शॉर्ट्स की विक्रय मूल्य = $(100 - 20)\%$ अंकित मूल्य का $(100 - 20)\ \%$

⇒ एक शॉर्ट्स की चिह्नित कीमत $= \frac{4159}{(0.8\times0.8)} \cong 6498$ रु

इसके अलावा, एक शॉर्ट्स की चिह्नित कीमत = $(100 + 66)\%$ का लागत मूल्य

⇒ एक शॉर्ट्स की लागत मूल्य $= \frac{6498}{1.66} \cong 3914$ रु

∴ लाभ % $= [\frac{(4159-3914)}{3914}] \times 100 \cong 6.3\%$

अत: विकल्प (A) सही है।

14. 4 टी-शर्ट पर छूट कीमत = 2400 रु

1 टी-शर्ट पर छूट कीमत $= \frac{2400}{4} = 600$ रु

इसके अलावा,

1 टी-शर्ट पर छूट कीमत = अंकित मूल्य का 30%

⇒ 1 टी-शर्ट का अंकित मूल्य $= \frac{600}{0.3} = 2000$ रु

इसके अलावा, 1 टी-शर्ट का अंकित मूल्य $= (100 + 55)\%$ का लागत मूल्य

∴ एक टी-शर्ट की कीमत $= \frac{2000}{1.55} \cong 1290$ रु

अत: विकल्प (C) सही है।

15. मान ले अवश्यक प्रतिशत ' x' %

जैसा कि हम जानते हैं,

विक्रय मूल्य = लागत मूल्य + लाभ

⇒ एक जींस की कीमत $= \frac{2749}{(100+4.5)}\% = \frac{2749}{1.045} = 2631$ रु

अब

जींस का अंकित मूल्य $= (100 + x)\%$ जींस का लागत मूल्य

$\Rightarrow 4999 = [\frac{(100+x)}{100}] \times 2631$

$\Rightarrow 100 + x \cong 190$

$\Rightarrow x = 190 - 100 = 90\%$

∴ जींस की कीमत उसकी लागत मूल्य से 90% ऊपर चिह्नित की गई है

अत: विकल्प (E) सही है।

16. मान ले एक जीन्स पर छूट $d\%$ है।

जींस का अंकित मूल्य − छूट मूल्य = जींस का विक्रय मूल्य

$\Rightarrow 4999$ का $(100 - d)\% = 2749$

$\Rightarrow 100 - d = \frac{274900}{4999}$

$\Rightarrow 100 - d \cong 55$

$\Rightarrow d = 100 - 55 = 45\%$

टी-शर्ट पर छूट % = 30%

∴ आवश्यक प्रतिशत $= [\frac{(45-30)}{30}] \times 100 = 50\%$

अत: विकल्प (A) सही है।

17. दिया है:

माँ और पुत्र की औसत आयु = 45 वर्ष

माँ और पुत्र की आयु का अनुपात = 3 : 2

माना माँ की आयु 3x है।

माना पुत्र की आयु 2x है।

प्रश्नानुसार

$\Rightarrow \frac{(3x + 2x)}{2} = 45$

$\Rightarrow 5x = 90$

$\Rightarrow x = 18$

पुत्र की आयु = 2 × 18 = 36 वर्ष

∴ पुत्र की आयु 36 वर्ष है।

अत: विकल्प (A) सही है।

18. दिया है:

पुरुषों का औसत वेतन = 4100 रुपये

महिलाओं का औसत वेतन = 4800 रुपये

सभी श्रमिकों का औसत वेतन = 4345 रुपये

हम जानते हैं कि,

औसत = अवलोकनों का योग/अवलोकनों की कुल संख्या

माना कि x पुरुष है और y महिला है।

पुरुषों का कुल वेतन = 4100x

महिलाओं का कुल वेतन = 4800y

सभी श्रमिकों का कुल वेतन = 4345(x + y)

इसलिए, 4100x + 4800y = 4345x + 4345y

$\Rightarrow 245x = 455y$

$\Rightarrow \frac{x}{y} = \frac{13}{7}$

इसलिए, पुरुषों का प्रतिशत = $\frac{13}{20} \times 100 = 65\%$

∴ पुरुष 65% हैं।

अत: विकल्प (B) सही है।

19. मात्रा A:

दिया है:

42 श्रमिकों का समय = 17 दिन

10 दिन बाद आधे कर्मचारी बचे

मान लीजिये कि शेष कार्य x दिनों पूरा होता है।

कार्य = दक्षता × समय

कार्य = 42 × 17

साथ ही, कार्य $= (42 \times 10) + (21 \times x)$

दोनों समीकरणों को बराबर करने पर,

$(42 \times 17) - (42 \times 10) = (21 \times x)$

$\Rightarrow (42 \times 17) - (42 \times 10) = (21 \times x)$

$\Rightarrow 42(17 - 10) = (21 \times x)$

$\Rightarrow 42 \times 7 = 21 \times x$

$\Rightarrow x = 14$ दिन

मात्रा B: 15 दिन

∴ मात्रा A < मात्रा B

अत: विकल्प (B) सही है।

20. मात्रा A:

दिया है,

प्रारंभिक घोल = 18 लीटर

वाष्पित हुआ जल = 6 लीटर

चीनी % = 9%

जब घोल को उबाला जाता है तो केवल जल वाष्पित होता है और चीनी की मात्रा समान रहती है।

चीनी की मात्रा,

18 का 9% = 1.62

वाष्पीकरण के बाद,

शेष घोल = 18 लीटर- 6 लीटर

= 12 लीटर

शेष घोल में चीनी का %,

$\Rightarrow \frac{1.62}{12} \times 100$

= 13.5%

मात्रा B: 13%

∴ मात्रा A > मात्रा B

अतः विकल्प (A) सही है।

21. मात्रा A:

दिया है,

चाल = 50 किमी/घंटा; 10 मिनट देरी से पहुंचता है

चाल = 75 किमी/घंटा; 10 मिनट पहले पहुँचता है

हम जानते है,

चाल = दूरी/समय

माना कि दूरी x किमी है।

समय में अंतर = 10 + 10 = 20 मिनट = $\frac{1}{3}$ घंटा

प्रश्नानुसार,

$\frac{x}{50} - \frac{x}{75} = \frac{1}{3}$

$\Rightarrow \frac{(3x-2x)}{150} = \frac{1}{3}$

$\Rightarrow x = 50$ किमी

∴ दूरी 50 किमी है।

मात्रा B: 40 किमी

मात्रा A > मात्रा B

अतः विकल्प (A) सही है।

22. दी गई श्रृंखला है:

2, 8, 28, 102, 432, ?

पैटर्न है:

2 × 1 + 6 = 8

8 × 2 + 12= 28

28 × 3 + 18 = 102

102 × 4 + 24 = 432

432 × 5 + 30 = 2190

इसलिए लुप्त संख्या 2190 है।

अतः सही विकल्प (C) है।

23. दी गई श्रृंखला है:

6, 16, 44, 126, 370, ?

पैटर्न है:

6 × 3 – 2 = 16

16 × 3 – 4 = 44

44 × 3 – 6 = 126

126 × 3 – 8 = 370

370 × 3 – 10 =1100

इसलिए लुप्त संख्या 1100 है।

अतः सही विकल्प (A) है।

24. दी गई श्रृंखला है:

51, 77, 175, 250, 279, ?

पैटर्न है:

$51 + (5^2 + 1^2) = 77$

$77 + (7^2 + 7^2) = 175$

$175 + (1^2 + 7^2 + 5^2) = 250$

$250 + (2^2 + 5^2 + 0^2) = 279$

$279 + (2^2 + 7^2 + 9^2) = 413$

इसलिए लुप्त संख्या 413 है।

अतः सही विकल्प (B) है।

25. दी गई श्रृंखला है:

2, 2, 5, 15.5, ?, 267.125

पैटर्न है:

2 × 0.5 + 1 = 2

2 × 1.5 + 2 = 5

5 × 2.5 + 3 = 15.5

15.5 × 3.5 + 4 = 58.25

58.25 × 4.5 + 5 = 267.125

इसलिए लुप्त संख्या 58.25 है।

अतः सही विकल्प (A) है।

26. दी गई श्रृंखला है:

219, 223, 232, 248, ?

पैटर्न है:

$219 + (1^2 + 1 + 2) = 223$

$223 + (2^2 + 2 + 3) = 232$

$232 + (3^2 + 3 + 4) = 248$

$248 + (4^2 + 4 + 5) = 273$

इसलिए लुप्त संख्या 273 है।

अतः सही विकल्प (D) है।

27. दिया है:

$\sqrt{1024} \times 40 + 20^2 + 9600$ का $0.5\% + 469 = ?^3$

$\Rightarrow 32 \times 40 + 400 + 9600 \times \frac{0.5}{100} + 469 = ?^3$

$\Rightarrow 32 \times 40 + 400 + 48 + 469 = ?^3$

$\Rightarrow 1280 + 400 + 48 + 469 = ?^3$

$\Rightarrow 1280 + 448 + 469 = ?^3$

$\Rightarrow 2197 = ?^3$

$\Rightarrow ? = \sqrt[3]{2197}$

$\Rightarrow ? = 13$

अतः विकल्प (B) सही है।

28. दिया है:

6500 का $4\frac{3}{5}\%$ + 3500 का $3\frac{2}{7}\%$ =?

$\Rightarrow$ 6500 का $\frac{23}{5}\%$ + 3500 का $\frac{23}{7}\%$ =?

$\Rightarrow \left(\frac{23}{500}\right) \times 6500 + \left(\frac{23}{700}\right) \times 3500 = ?$

$\Rightarrow 23 \times 13 + 23 \times 5 = ?$

$\Rightarrow ? = 23 \times (13 + 5)$

$\Rightarrow ? = 23 \times 18$

$\Rightarrow ? = 414$

अतः विकल्प (B) सही है।

29. दिया है:

$3\frac{1}{2} \times \frac{7\frac{2}{5}}{9\frac{3}{5}} \times 8^2 \times 60 = 2^4 \times ?$

$\Rightarrow \frac{7}{2} \times \frac{\frac{37}{5}}{\frac{48}{5}} \times 8^2 \times 60 = 2^4 \times ?$

$\Rightarrow \frac{7}{2} \times \frac{37}{5} \times \frac{5}{48} \times 64 \times 60 = 16 \times ?$

$\Rightarrow \frac{7 \times 37 \times 64 \times 60}{48 \times 2} = 16 \times ?$

$\Rightarrow ? \times 16 = 7 \times 37 \times 8 \times 5$

$\Rightarrow ? \times 16 = 10360$

$\Rightarrow ? = \frac{10360}{16}$

$\Rightarrow ? = 647.5$

अतः विकल्प (C) सही है।

30. दिया है:

$\left(\frac{?}{37}\right) = \left(\frac{15}{?}\right) \times \left(\frac{1}{2145}\right) \times \left(\frac{1}{9.25}\right) \times 676 \times 143$

$\Rightarrow ?^2 = \left(37 \times 15 \times 676 \times 143 \times \frac{1}{2145} \times \frac{1}{9.25}\right)$

$\Rightarrow ?^2 = \left(37 \times 15 \times 676 \times \frac{143}{2145} \times \frac{1}{9.25}\right)$

$\Rightarrow ?^2 = \left(37 \times 15 \times 676 \times \frac{1}{15} \times \frac{1}{9.25}\right)$

$\Rightarrow ?^2 = \left(37 \times 676 \times \frac{1}{9.25}\right)$

$\Rightarrow ?^2 = 4 \times 676$

$\Rightarrow ? = \sqrt{4 \times 676}$

$\Rightarrow ? = \sqrt{4} \times \sqrt{676}$

$\Rightarrow ? = 2 \times 26$

$\Rightarrow ? = 52$

अतः विकल्प (E) सही है।

31. दिया है:

$[\frac{3}{2} + \frac{1}{2}\{\frac{3}{4} - \frac{1}{2}\left(\frac{7}{8} - \frac{3}{4}\right)\}] = ?$

$\Rightarrow ? = [\frac{3}{2} + \frac{1}{2}\{\frac{3}{4} - \frac{1}{2}\left(\frac{7-6}{8}\right)\}]$

$\Rightarrow ? = [\frac{3}{2} + \frac{1}{2}\{\frac{3}{4} - \frac{1}{2}\left(\frac{1}{8}\right)\}]$

$\Rightarrow ? = [\frac{3}{2} + \frac{1}{2}\{\frac{3}{4} - \frac{1}{16}\}]$

$\Rightarrow ? = [\frac{3}{2} + \frac{1}{2}\{\frac{12-1}{16}\}]$

$\Rightarrow ? = [\frac{3}{2} + \frac{1}{2}\{\frac{11}{16}\}]$

$\Rightarrow ? = \frac{3}{2} + \frac{11}{32}$

$\Rightarrow ? = \frac{48+11}{32}$

$\Rightarrow ? = \frac{59}{32}$

अतः विकल्प (B) सही है।

32. दिया है:

2529 का $\frac{1}{3}$ + 1450 का 42% = $(?)^2 - 949$

$\Rightarrow \frac{1}{3} \times 2529 + \frac{1450 \times 42}{100} = (?)^2 - 949$

$\Rightarrow 843 + 29 \times 21 = (?)^2 - 949$

$\Rightarrow 843 + 609 + 949 = (?)^2$

$\Rightarrow (?)^2 = 2401$

$\Rightarrow ? = \sqrt{2401}$

$\Rightarrow ? = 49$

अतः विकल्प (D) सही है।

33. दिया है:

P = 2Q

Q = 3R

R किसी कार्य को 54 दिनों में पूरा कर सकता है।

प्रयुक्त अवधारणा:

यदि A, n दिनों में कार्य करता है तो A का 1-दिन का कार्य $\frac{1}{n}$ है।

गणना:

प्रश्नानुसार,

माना, P का एक दिन का कार्य = 6 इकाई

⇒ Q का एक दिन का कार्य = 3 इकाई

⇒ R का एक दिन का कार्य = 1 इकाई

C, 54 दिनों में कार्य पूरा कर सकता है।

⇒ कुल कार्य = 1 × 54 = 54 इकाई

⇒ (P + Q) कार्य पूरा कर सकता है = $\frac{54}{(6+3)}$

⇒ $\frac{54}{9}$

⇒ 6 दिन

∴ P और Q एक साथ 6 दिनों में कार्य पूरा कर सकते हैं।

अतः विकल्प (D) सही है।

34. दिया है:

$\frac{\sqrt{576}+(14\times8)}{\sqrt{289}}+\frac{3}{7}\times168=?$

$\Rightarrow \frac{24+112}{17}+3\times24=?$

$\Rightarrow \frac{146}{17}+72=?$

$\Rightarrow 8+72=?$

$\Rightarrow ?=80$

अतः विकल्प (B) सही है।

35. दिया है:

30 लीटर मिश्रण में दूध और पानी $7:3$ के अनुपात में है।

मिश्रण में 21 लीटर दूध और 9 लीटर पानी है।

जब आप अतिरिक्त पानी मिलाते हैं, तो मिश्रण में दूध की मात्रा 21 लीटर ही रहती है।

पहली स्थिति में, अतिरिक्त पानी मिलाने के पहले, मिश्रण में 21 लीटर दूध की

मात्रा 70% है।

पानी मिलाने के बाद, नए मिश्रण में दूध 60% और पानी 40% है।

मिश्रण में 21 लीटर दूध की मात्रा 60% है।

100% मात्रा $=\frac{21}{0.6}=35$ लीटर

∴ 5 लीटर पानी मिलाया गया था।

अतः विकल्प (B) सही है।

// टिप्पणियाँ //

// टिप्पणियाँ //

www.ingramcontent.com/pod-product-compliance
Ingram Content Group UK Ltd.
Pitfield, Milton Keynes, MK11 3LW, UK
UKHW061958290726
14090UKWH00021B/1278

9 789355 564870